KB240940

플라톤과 소크라테스적 대화, 그 이후
자연 철학으로의 귀환

플라톤과 소크라테스적 대화, 그 이후
자연 철학으로의 귀환

PLATO AND THE POST-SOCRATIC DIALOGUE
The Return to the Philosophy of Nature

초판 1쇄 발행　2025년 12월 1일

—

지은이　찰스 H. 칸

옮긴이　권용해·김태훈·김한·노경호

펴낸이　이방원

책임편집　정우경　　　**책임디자인**　박혜옥

기획　김명희·박준성　　**마케팅**　최성수　　　**경영지원**　이병은

—

펴낸곳　세창출판사

　　신고번호 제1990-000013호　주소 03736 서울특별시 서대문구 경기대로 58 경기빌딩 602호

　　전화 02-723-8660　팩스 02-720-4579　이메일 edit@sechangpub.co.kr

　　홈페이지 http://www.sechangpub.co.kr　블로그 blog.naver.com/scpc1992

　　페이스북 fb.me/Sechangofficial　인스타그램 @sechang_official

—

ISBN　979-11-6684-405-8　93160

ⓒ 권용해·김태훈·김한·노경호, 2025

이 책의 한국어판 저작권은 BC 에이전시를 통해 저작권사와 독점 계약한 '세창출판사'에 있습니다.
저작권법에 의해 보호를 받는 저작물이므로 무단 전재와 복제를 금합니다.

플라톤과 소크라테스적 대화, 그 이후
자연 철학으로의 귀환

PLATO AND THE POST-SOCRATIC DIALOGUE

The Return to the Philosophy of Nature

찰스 H. 칸Charles H. Kahn 지음

권용해·김태훈·김한·노경호 옮김

세창출판사

1. 이 책은 찰스 H. 칸의 *Plato and the Post-Socratic Dialogue: The return to the Philosophy of Nature* (Cambridge University Press, 2013)를 완역한 것이다. 이는 플라톤의 초중기 대화편을 다루었던 그의 이전 저작인 *Plato and the Socratic Dialogue: The Philosophical Use of a Literary Form* (『플라톤과 소크라테스적 대화: 문학 형식의 철학적 사용』, 박규철 외 옮김, 세창출판사, 2015)의 속편이다.

2. 각 장의 담당 번역자는 다음과 같다. 서론·1장: 김태훈, 2·5장: 김한, 3·4장: 권용해, 6장· 에필로그: 노경호.

3. 역자가 이해를 돕기 위해 추가한 내용은 [ ]로 구분하였다. 주석에서는 파란색으로 표시 하여 원주와 구분하였다. 〔 〕는 저자의 대괄호이다.

4. 1장과 3장 등에서 the one과 the One, being과 Being처럼 쓰임에 따라 대소문자 표기 를 구분한 경우가 있어, 번역문에서는 대문자로 표기된 것을 작은따옴표로 처리하였다. 예: being/Being: 있음(-임)/'있음(-임)', The Largeness is large: '큼'은 크다.

5. 다음은 저자가 인용하거나 역자들이 역주를 넣는 과정에서 언급한 일차문헌의 목록이 다. 인용의 경우 원칙적으로 플라톤의 원전을 우선 참조하여 번역하였다. 필요한 경우 다음 목록에 기재한 국역본을 참조 및 인용하되, 저자의 인용 의도를 고려하고 문맥의 자연스러움과 번역서의 통일된 번역어 사용을 위하여 일부 수정하였다. 국역본과 내용 상 차이가 큰 경우에는 역주를 통해 이를 밝혀 놓았다. 목록에 없는 다른 국역본을 언급 한 경우 해당 대목에 서지사항을 모두 밝혀 놓았다.

헤로도토스:

『역사』, 김봉철 옮김, 길, 2016.

플라톤(가나다순):

『국가』:『플라톤의 국가·정체』, 박종현 옮김, 서광사, 2005.

『법률』:『플라톤의 법률』, 박종현 옮김, 서광사, 2009.

『소크라테스의 변명』, 강철웅 옮김, 아카넷, 2020.

『소피스트』, 이창우 옮김, 아카넷, 2019.

『일곱 번째 편지』:『편지들』, 강철웅 외 옮김, 아카넷, 2021.

『정치가』:『플라톤의 소피스테스/정치가』, 박종현 옮김, 서광사, 2021.

『크라튈로스』, 김인곤·이기백 옮김, 아카넷, 2021.

『테아이테토스』, 정준영 옮김, 아카넷, 2022.

『티마이오스』, 김유석 옮김, 아카넷, 2019.

『파이돈』, 전헌상 옮김, 아카넷, 2020.

『파이드로스』, 김주일 옮김, 아카넷, 2020.

『필레보스』, 이기백 옮김, 아카넷, 2020.

『향연』, 강철웅 옮김, 아카넷, 2020.

아리스토텔레스(가나다슌):

『영혼에 관하여』, 오지은 옮김, 아카넷, 2018.

『자연학』,『분석론 후서』:『아리스토텔레스 선집』, 김재홍 외 옮김, 길, 2023.

『형이상학』, 조대호 옮김, 길, 2017.

엠페도클레스, 데모크리토스, 아낙사고라스, 심플리키오스, 디오게네스 라에르티오스 단편:

『소크라테스 이전 철학자들의 단편 선집』, 강철웅 외 옮김, 아카넷, 2005.

히포크라테스:

『히포크라테스 선집』, 여인석·이기백 옮김, 나남출판, 2011.

단, 플라톤의 『파르메니데스』는 1장의 역자가 독일어 번역본을 참고하여 직접 원문을
번역하였다. 원문 편집본과 독일어 번역본의 서지사항은 다음과 같다.

J. Burnet (ed.), *Platonis Opera* (Vol. 2: Parmenides, Philebus, Symposium, Phaedrus, Alcibiades
I & II, Hipparchus, Amatores), Oxford University Press, 1922.
U. Wolf (ed.), *Platon: Sämtliche Werke* (Band 3: Kratylos, Parmenides, Theaitetos, Sophistes,
Politikos, Philebos, Briefe), F. Schleiermacher, H. Müller & F. Müller (trans.), 39th ed.,
Rowohlt Taschenbuch Verlag, 1992.

저자에 대하여

저자인 찰스 H. 칸 ^{Charles H. Kahn}은 1923년에 미국 루이지애나에서 태어나 시카고대학교에서 학사와 석사 학위를 받고, 이후 파리 소르본대학교 등에서 수학한 후 1958년 컬럼비아대학교에서 고전학 박사 학위를 받았다. 그 뒤 같은 대학교 고전학과 교수를 거쳐 펜실베이니아대학교 철학과 교수가 된 후 2012년 은퇴할 때까지 그곳에서 활동하였다. 그의 주요 연구 분야는 고대 그리스 고전문헌학과 철학에 걸쳐 있으며, 고대 그리스의 동사 에이나이 ^{einai}의 의미를 고찰한 "The Greek Verb 'To Be' and the Concept of Being"(1996) 외에 아낙시만드로스, 헤라클레이토스, 피타고라스 등 소크라테스 이전 철학자들에 대한 다수의 연구가 특히 대표적이다.

플라톤 연구와 관련해서는 『플라톤과 소크라테스적 대화: 문학 형식의 철학적 사용』(*Plato and the Socratic Dialogue: The Philosophical Use of a Literary Form*, Cambridge University Press, 1996)과 이 책 『플라톤과 소크라테스적 대화, 그 이후: 자연 철학으로의 귀환』(*Plato*

and the Post-Socratic Dialogue: The Return to the Philosophy of Nature,
Cambridge University Press, 2013)이 플라톤의 대화편들을 하나의 큰
기획 속에서 이해하고자 한 기념비적 연구서로서 꾸준히 언급되고
있다. 2023년 영면에 들기까지 뛰어난 연구를 이어 가던 그는 20세
기 고대 그리스 철학과 문헌학 연구사에 뚜렷한 족적을 남겼다.

단일론과 발전론에 관하여

플라톤의 대화편들에 대한 칸의 두 연구서는 플라톤의 철학 전
반을 해석하는 두 입장인 단일론과 발전론 사이의 오랜 논쟁을 배
경으로 한다. 일반적으로 『소크라테스의 변명』에서 시작하여 『법
률』에까지 이르는 플라톤의 철학적 여정이 하나의 일관되고 통일
된 철학적 입장을 드러낸다고 보는 견해(단일론: unitarianism)와 시기
에 따라 플라톤의 철학적 입장이 실질적으로 변화하였다고 보는 견
해(발전론: developmentalism)가 플라톤 철학을 이해하는 두 가지 주요
한 방식으로 정립되어 왔다.

흔히 플라톤의 대화편들을 저술 시기에 따라 초기, 중기, 후기로
나눌 때 초기 대화편들은 소크라테스의 대화 방식을 충실하게 재
현하고, 중기 대화편들은 플라톤의 독창적인 교설을 제시하며, 후
기 대화편들은 플라톤 자신이 중기에서 전개했던 이론들을 비판

적인 태도로 수정해 나간 것이라고 이해되고는 했다. 이러한 견해에 맞서 칸은 이 책의 전작에 해당하는 『플라톤과 소크라테스적 대화: 문학 형식의 철학적 사용』에서 초기 대화편들이 『국가』를 비롯한 이후 저작들에서 본격적으로 전개될 철학적 내용에 대한 예기 prolepsis를 담고 있다고 해석함으로써 단일론을 주장한 바 있다.

그런데 단일론적인 시각으로 플라톤 철학을 읽어 내는 이들에게 플라톤의 후기 대화편들은 넘어야만 할 거대한 산이다. 이른바 후기 대화편들에서 플라톤은 다소 직접적으로 중기의 자신이 전개했던 '형상'의 형이상학을 비판하는 듯한 모습을 자주 드러내기 때문이다. 가령 『파르메니데스』와 『소피스트』에서 플라톤은 자기 자신의 '형상' 이론에 비판적인 시각을 세우고 있으며, 『테아이테토스』에서 플라톤은 '형상' 이론에 대한 명시적 언급을 체계적으로 배제한 채 인식론적 논의를 진행한다. 플라톤의 중기 대화편과 후기 대화편 사이의 이러한 불협화음을, 특히 이 책의 전작에서 단일론을 주장한 바 있는 칸은, 어떻게 해석해야 하겠는가?

흥미롭게도 칸은 후속작인 이 책에서 플라톤이 실제로 그의 '형상' 이론을 수정하고 있음을 인정한다. 그러나 이것이 칸의 근본적인 입장 변화를 함축하는지는 분명하지 않다. 그는 플라톤에 대한 단일론적 시각을 철회한 것인가, 아니면 플라톤에 의한 '형상' 이론의 수정을 용인하면서도 여전히 플라톤 철학 전체를 통일적으로 읽을 수 있다고 믿고 있는 것인가? 이와 같은 문제의식을 품고서 이 책을 읽어 나간다면 단일론과 발전론에 대한 해석상의 문제는 물론이고 플라톤 철학 그 자체에 대해서도 더 깊고 가치 있는 사유를 발견할 수 있을 것이다.

본문의 구성

이 책은 크게 서론과 6개의 장, 그리고 에필로그로 구성되어 있다. 칸은 각각의 장에서 『파르메니데스』부터 『티마이오스』에 이르는 플라톤의 후기 대화편을 면밀히 탐구하고, 마지막 에필로그에서는 『정치가』와 『법률』에 나타난 플라톤의 정치철학자적 면모들을 검토한다. 먼저 1장에서는 플라톤의 문제적인 대화편 『파르메니데스』가 다루어진다. 『파르메니데스』의 1부에서는 '형상' 이론을 비판하는 여섯 개의 아포리아가 제시되고, 2부에서는 상호 모순적인 결론을 낳는 여덟 개의 연역들이 구성된다. 칸은 『파르메니데스』에 나타나는 이와 같은 도발적인 행보를 자연 철학으로 나아가는 플라톤 후기 철학의 출발점으로서 이해한다.

2장에서는 앎의 정의를 탐구하는 대화편 『테아이테토스』에 대한 탐구가 이루어진다. 『테아이테토스』는 플라톤의 중기 '형상' 이론을 전혀 언급하지 않는다는 점에서 특이하다. 칸은 『테아이테토스』의 이러한 독특함이 '형상들'과 대상들 사이의 분유 관계에 의

존하는 플라톤의 고전적 '형상' 이론과, 앎의 대상으로서 불변하며 안정적인 것을 요구하는 플라톤의 기본적인 형이상학 사이의 구별을 설명한다고 주장한다. 그의 관점에 따르면 오직 후자의 관점만이 후기 대화편에서 견지되며, '형상' 이론을 완전히 배제한 채 앎에 대한 정의를 시도하는 『테아이테토스』의 기획은 앎을 정의하기 위해 결국 플라톤적 형이상학이 필요함을 귀류적으로 보여 주는 것을 목표로 한다.

3장에서는 '있음(-임)'과 '있(-이)지 않음'의 문제를 바탕으로 『소피스트』를 집중적으로 탐구한다. 칸은 이 대화편에서 플라톤이 자신의 형상 이론을 개념들 혹은 형상들의 네트워크로 새로이 이해함으로써 자신의 형이상학을 재건하고 있다고 본다. 있음(-임), 같음, 다름, 운동, 정지라는 다섯 가지 최고류 간의 연결과 상호작용을 도입하는 플라톤의 논의를 분석하며, 칸은 플라톤이 '형상들'과 감각적인 것들 사이의 관계에 주목했던 고전적 '형상' 이론을 떠나 형상들 사이의 연결과 결합을 문제시하는 형상들의 네트워크로 눈을 돌리기 시작했다고 평가한다. 그에 따르면 형상들의 "함께-엮임 symplokē eidon"이야말로 『파르메니데스』의 문제 제기에 대한 대답이자 자연 세계를 탐구하기 위한 플라톤의 새로운 철학적 틀이다.

4장에서, 칸은 잠시 발걸음을 멈추어 '변증술 dialektikē'이라는 방법에 주의를 기울인다. 칸은 『소피스트』와 『정치가』의 연작을 계기로 플라톤의 철학적 방법이 혁신적으로 변화하고 있음을 발견한다. 소크라테스적 정의를 탐색하는 『테아이테토스』까지의 방법으로부터 『소피스트』 이후 본격적으로 부각되기 시작한 '나눔과 모음 Division and Collection'의 변증술적 방법으로 나아가는 변화가 플라톤의 후기 철학을 이해하는 중요한 실마리가 된다는 것이다. 이러한 관점에서 칸은 '나눔과 모음'이라는 새로운 변증술이 제안되었던 『파이드로스』로부터 시작하여 『필레보스』에 이르기까지 변증술에 대한 논의들을 추적하며 플라톤의 사유를 따라갈 것을 제안한다.

5장의 『필레보스』에서는 마침내 플라톤의 형이상학과 자연에 대한 탐구가 어떻게 화해하는지가 설명된다. 칸의 분석에 따르자면, 『소피스트』에서는 변증술의 대상이 형상들의 개념적 체계 혹은 형상들의 네트워크였던 반면, 『필레보스』에서는 '한정자'와 '무한정자 apeiron'의 혼합을 통한 세계의 구성과 우주적 질서가 변증술의 대상으로서 기술된다. 여기서 칸이 주목하는 것은 수학에 대한 플라톤의 새로운 이해 방식이다. 칸은 '적합한 것 prepon' 혹은 '시의적절한 것 kairon'을 측정해 내는 규범적인 수학이 한정의 원리로서 등장하고, 이것이 매개가 되어 형상들의 네트워크로부터 따온 구조가 세계에 적용된다고 이해한다.

마지막 6장은 플라톤이 본격적인 우주 탄생기 cosmogony에 대해 논하는 대화편 『티마이오스』를 다룬다. 이 대화편에서 플라톤은 신적인 장인인 '데미우르고스 Demiourgos'가 감각적 세계를 창조하는 신화적인 이야기를 그려 낸다. 칸의 분석에 따르면 이는 원자들 간의 우연한 충돌이나 자연 발생 및 생식과 같은 생물학적인 모델에 입각한 기존의 우주 탄생기를 기예적 제작의 관점으로 대체한다. 플라톤의 신화적 이야기는 창조를 위한 원본으로서의 형상들, 데미우르고스에 의한 창조 작용, 그리고 창조 작용에 의해 형상들을 수용하는 '수용체Receptacle'라는 세 항을 통해 세계에 내포된 합리적이고 목적론적인 구조를 설명한다. 칸은 『파르메니데스』로부터 시작해 후기 철학 전체에 걸쳐 수정되고 확장된 '형상'의 형이상학이 이 대목에 이르러 비로소 자연 세계를 설명하게 된다고 이해한다.

마지막으로 칸은 에필로그를 통해 『법률』 10권의 우주론과 『정치가』의 신화를 다루며 앞선 분석에서 충분히 다루어지지 못한 플라톤의 후기 정치 철학을 보충적으로 논한다. 『법률』 10권의 우주론은 『티마이오스』의 우주론에서 중요했던 영혼이나 '형상', '수용체'와 같은 주제들을 체계적으로 회피한다. 하지만 이러한 차이들에도 불구하고 칸은 플라톤이 여전히 이성의 원리를 바탕으로 하는 우주론을 고수한다고 주장한다. 『정치가』에서는 신화 이야기를 통해 단적인 의미에서 최선의 지배는 앎의 지배이지만 인간에게 가능한 최선의 타협책은 법률의 지배일 것임이 논의된다. 칸은 이와 같은 『정치가』의 논의가 여전히 철학과 앎의 지배에 대한 플라톤의 선호를 드러내면서도 『국가』로부터 『법률』로 나아갈 수밖에 없는 인간적 한계에 대한 플라톤의 인식을 담고 있다고 평가한다.

감사의 말

이 책의 역자들은 2022년 고전 그리스어 원전 독회를 통해 처음 만나게 되었다. 플라톤의 대화편을 함께 읽는 과정에서 서로의 관심 분야를 확인한 역자들은, 플라톤 철학을 공부함에 있어 훌륭한 길라잡이인 칸의 두 연구서 중 『플라톤과 소크라테스적 대화: 문학 형식의 철학적 사용』과 달리 그 후속작인 이 책이 아직 한국에 소개되지 않았다는 데에 아쉬움을 공유했다. 그리하여 역자들은 고심 끝에 전작만큼이나 훌륭한 이 책, 『플라톤과 소크라테스적 대화, 그 이후: 자연 철학으로의 귀환』을 함께 번역하자는 데에 뜻을 모으게 되었다.

번역서 출판이 결정된 후, 서문과 1장은 김태훈이, 2장과 5장은 김한이, 3장과 4장은 권용해가, 6장과 에필로그는 노경호가 각각 맡아 초벌 번역을 하였고, 그 후에는 약 8개월에 걸쳐 초고의 모든 부분을 함께 읽으면서 검토 과정을 거쳤다. 이 세미나는 칸이 이 책에서 다룬 여섯 개 대화편 중 하나인 『소피스트』를 읽는 모임과 나란히 진행되었다. 공역 작업은 역자들 모두에게 하나의 도전이었다. 후기 대화편들이 지닌 난해한 논증을 이해하면서, 플라톤 철학의 전체 기획 속에서 이를 재조명하는 칸의 문제의식을 파악해야 했다. 몇몇 문장을 두고는 몇 주에 걸쳐 이견이 오갔고, 점검 과정에서 발견한 수많은 오독과 오류를 바로잡으며 원고를 개선해 나가야 했다. 번역이란 단지 말을 옮겨 놓는 것으로 끝나지 않는다는 것을 절감하는 시간이었다.

이렇게 내놓게 된 우리의 번역이 이전 선배 연구자들의 성과를 바탕으로 맺어진 결실이라는 점을 돌이켜 보면 그 감회가 남다르다. 칸이 기존의 영문 번역을 활용할 수 있었던 것처럼, 우리 역시 소크라테스 이전 철학자들의 단편과 플라톤 대화편 그리고 일부 아리스토텔레스 저서의 국역본들을 번역 작업의 자양분으로 삼을 수 있었다. '선생님들'의 학문적 노고와 성취 속에서 번역을 시작하고 마칠 수 있었음에 후학으로서 존경과 감사의 마음을 전한다. 더불어 『플라톤과 소크라테스적 대화: 문학 형식의 철학적 사용』을 잇는 칸의 후속작을 우리말로 소개한다는 취지에 공감하시고 출간 제안에 응해 주신 세창출판사 이방원 대표님께, 그리고 원고를 정성껏 편집해 주신 정우경 대리님과 다른 세창출판사 임직원 여러분께 크나큰 감사의 인사를 드린다.

2025년 10월

서울, 본, 튀빙겐에서 역자 일동

차례

For Edna always

　이 책에서 나는 『파르메니데스』에서 『티마이오스』까지 플라톤 Plato의 후기 대화편 여섯 편을 탐구한다. 이는 『소크라테스의 변명』 부터 『파이드로스』까지 플라톤의 초기 저작들을 다루었던 『플라톤 과 소크라테스적 대화』[1]의 후속작이다. 지금의 탐구는 전적으로 새 로운 과제를 제시한다. 동일한 저자에 의해 쓰였지만 후기 대화편 들은 내용에 있어 이전 작들과 매우 다른 형식과 주제를 갖는다. 플 라톤의 초기 저술은 고대 산문 가운데 가장 뛰어난 문학적 성취를 보여 주고, 『향연』과 『파이돈』 같은 희곡들은 소포클레스 Sophocles와 에우리피데스 Euripides의 비극들에 견줄 정도의 기획인 데 반해, 이 후기 대화편들은 그다지 예술적인 성취를 겨냥하고 있지 않다. 플 라톤의 초기 저작이 보이는 탁월한 대화 형식은 사라지고, 문학에 관심을 둔 청중보다는 오히려 전문 지식을 갖춘 청중을 겨냥한 듯 글은 모호하다 싶을 정도로 난해하고 추론은 더 복잡하다. 담고 있

---

[1] 찰스 H. 칸, 『플라톤과 소크라테스적 대화: 문학 형식의 철학적 사용』, 박규철 외 옮김, 세창출판사, 2015. (원저: *Plato and the Socratic Dialogue: The Philosophical Use of a Literary Form*, Cambridge University Press, 1996.)

는 철학적인 내용은 더욱 놀랍다. 『파르메니데스』에서의 '형상들'의 교설을 향한 그의 비판과 『테아이테토스』에서의 경험주의적 편향, 혹은 『소피스트』에서의 복잡한 개념적 분석은 플라톤의 초기 저작에서 그에 관한 예비적 내용을 찾을 수 없는 것들이다.

결과적으로 플라톤의 후기 저작을 해석하는 사람은 완전히 새로운 과제에 직면한다. 먼저 문학적 형식이 눈에 띄게 변화한다. 우리는 소크라테스 Socrates가 중심 화자의 역할에서 물러나고 그 자리를 우선 파르메니데스 Parmenides가, 그러고는 엘레아 출신의 손님이, 그리고 마지막으로는 또 다른 그리스 서부 도시에서 온 정치가이자 과학자 티마이오스 Timaeus가 대체한다는 것을 고려해야 한다(『법률』에서는 플라톤 자신이 아테네에서 온 익명의 손님이라는 인물로 가면을 쓰고 등장할 것이다). 비록 『테아이테토스』와 『필레보스』에서는 다시금 소크라테스가 중심 화자로 돌아오지만, 인물이 지닌 극적인 성격은 감소하고, 그가 아테네 폴리스의 사회적 삶과 갈등에 직접적으로 연루되는 정도도 줄어들게 된다.

소크라테스의 인간적인 면모가 차츰 축소되는 것에 대응하여 이전 대화편들에서 핵심적인 철학적 교설이었던 '형상' 이론이 새롭고도 보다 문제적인 방식으로 다루어진다. 우리는 이 교설에 대한 『파르메니데스』에서의 (그리고 『필레보스』에서도 유사한 문제들을 떠올리게 함으로써 반복되고 있는) 급진적인 비판에서 출발한다. 다음으로 『테아이테토스』에서는 이 이론에 대한 일체의 언급이 체계적으로 회피되고 있음을 확인한다. 그 후 이 이론이 『소피스트』와 『필레보스』에서 부분적으로 재등장하고, 『티마이오스』에서 최종적으로 완전하게 재구성된다는 것을 살펴볼 것이다. 이 여섯 편의 대화편들이 이루는 혼란스러운 다양성 속에서 플라톤의 지적 기획이 갖는 배후의 통일성을 식별하는 것이 우리의 과제가 될 것이다.

『파르메니데스』부터 『티마이오스』까지 이 책에서 논하는 대화편들은 (『소피스트』와 『정치가』 사이의 극 중 연속성을 제외하면) 형식적으로 꽤나 상호 독립적이며, 하나의 전체를 이루는 연속물로 고려하지 않고서 개별적으로 해석될 수도 있다. 그러나 내가 최선이라 주장하는 것은 한 명의 철학자가 긴 생애의 후반기에 집필한 작품으로서 이 대화편들을 하나의 기획에 속하는 계기들로 이해하는 것이다. 그 기획이란, 또 다른 일련의 문제들을 염두에 두면서 앞선 대화편들에서 다루어졌던 사유 체계(이데아론)에 기반해 자연 철학과의 화해에 이르는 것이다.

이 고전적인 이론은 아테네의 정치적 삶의 맥락 속에서 소크라테스의 도덕적이고 지적인 유산을 발전시킨다는 플라톤의 본래 기획을 위한 기본틀로서 구상되었다. 따라서 플라톤의 이전 저작은 보다 넓은 대중, 즉 개선된 사회의 잠재적 시민으로서 그리스의 독서 대중을 겨냥한 것이었다. 이 책에서 다루는 대화편들은 매우 다른 목표를 갖고 있다. 이는 자연 세계에 대한 탐구를 포함하게끔 플라톤 철학의 이론적 토대를 재구축하는 것이다.

탈레스Thales에서 데모크리토스Democritus에 이르는 초기 전통에서 그리스 철학은 일차적으로 자연에 대한 철학이었다. 자신이 이러한 철학적 전통으로부터 의식적으로 탈피하여 인간의 좋은 삶과 정의로운 사회에 대한 탐구로 나아갔음을 상징적으로 보여 주기 위해 플라톤은 소크라테스라는 인물을 내세웠다. 이런 의미에서 자연철학은 소크라테스-이전pre-Socratic의 것이 되었다. 후기 대화편에서 우리는 의식적으로 소크라테스-이후post-Socratic의 것이라 간주할 수 있는 새로운 플라톤 철학을 보게 되는데, 이 탐구에서 플라톤은 소크라테스의 선행자들이 우선적으로 관심을 가졌던 문제들, 즉 앎의 본성과 자연 세계의 본성에 대한 문제들로 체계적으로 되돌아간다. 중심 화자가 소크라테스에서 파르메니데스로 그리고 그 이후에는 엘레아에서 온 손님으로 교체된 것은 이러한 복귀의 상징이다. 그러니까 플라톤이 복귀한 철학적 전통은 소크라테스와는 독립적이고 자연학을 지향하지만, 지금으로서는 파르메니데스가 도입한 불변하는 '있음(-임)Being'에 대한 형이상학에 토대를 두고 있다. 따라서 이 후기 대화편들의 기획은 가지적 형상에 대한 플라톤-엘레아 철학의 논의틀 내에서 자연에 대한 탐구를 되찾는 것이다.

본 저작이 『플라톤과 소크라테스적 대화』의 후속작으로서 기획되었으니 이전 책에서 내가 펼친 주요 주장들을 환기해도 좋을 것이다. 그 책의 한 가지 목표는 『국가』 이전의 플라톤의 철학적 발전을 두 개의 구분된 영역으로 나누어 하나는 전형적으로 소크라테스적이고 다른 하나는 보다 완전하게 플라톤적이며 이 둘 사이에는 약간의 긴장이 있다고 보는 당시의 주도적인 견해에 반대하는 것이었다. 이 두 단계 접근 방식에 반대하여 나는 플라톤 철학에서 특정하게 소크라테스적 시기라 부를 만한 것이 존재한다는 것을 거부했다. 대신에 나는 『소크라테스의 변명』에서 『국가』에 이르는 이 초중기 대화편들에 대한 보다 단일론적인 unitarian 견해를 주장했다. 나는 플라톤이 특히 형이상학적인 관념들에 대하여 어떠한 완전한 진술도 의도적으로 보류하고 있다는 가설을 도입했다. 나는 그 형이상학적인 관념들이 정의 definition 를 묻는 대화편들에 내포되어 있다고 생각했고, 플라톤이 『에우튀프론』과 『메논』과 같은 대화편에서 정의의 대상으로서 본질에 대한 관념을 도입했을 때에는, 그가 자신의 '형상' 이론의 상당 부분을 구상해 두었을 것이라는 견해를 제시했다.

지금에 와서는 플라톤이 결코 입장을 바꾼 적이 없었다거나 혹은 그가 처음부터 자신이 어디로 향하고 있는지를 알았다는 듯한 인상을 주지 않기 위해 내 견해를 보다 조심스럽게 표현하고자 한다. 이제 나는 그에 관한 직접적인 증거는 없지만 어떤 구상이 사전에 제시되고 있다고 보는 예기 豫期, prolepsis 2 의 관념에 덜 의존할 것

---

2   '예기'로 옮긴 'prolepsis(πρόληψις)'는 먼저 혹은 미리 취한다는 뜻의 동사 '프로람바네인(προλαμβάνειν)'에서 파생한 명사로, 문법이나 수사학 혹은 헬레니즘 시기 인식론 등에서 전문 용어로 사용된다. 칸은 플라톤 대화편들의 유기적인 구성을 강조하기

이다. 비록 나는 여전히 다수의 초기 대화편들(가령 『뤼시스』와 『에우튀데모스』)에서 [이후 대화편들의 내용을] 예기하려는 의도들을 찾아낼 수 있다고 믿지만, 이것이 본 저작에서 변호해야 하는 논지라고 여기지는 않는다. 그 대신 나의 주장을 텍스트에 명시적으로 드러난 것에 제한하되, 『소크라테스의 변명』에서부터 『국가』와 『파이드로스』에 이르는 일련의 대화편들에서 다음의 세 가지 단계를 식별함으로써 나의 입장을 밝히고자 한다.

(1) 『소크라테스의 변명』, 『크리톤』 그리고 『고르기아스』(또한 『이온』과 『소 히피아스』)에서 제시되는 플라톤 저술의 (전-형이상학적) 최초 단계,

(2) 정의를 묻는 대화편들(『라케스』, 『카르미데스』, 『에우튀프론』, 『메논』)에 함축되어 있는 본질에 대한 이론,

(3) 『크라튈로스』, 『향연』, 『파이돈』, 『국가』 그리고 『파이드로스』에서의 명시적인 '형상' 이론.

(이 구분은 정의에 대한 탐색을 직접적으로 포함하고 있지 않은 다수의 대화편들을 생략하고 있는데, 대표적으로 『프로타고라스』, 『뤼시스』 그리고 『에우튀데모스』가 있다. 나는 이것들이 단계 (2)의 대화편들과 대략적으로 비슷한 시기, 그리고 단계 (3)의 대화편들보다는 이전에 쓰였다고 가정한다.)

따라서 나의 견해에 따르면, 단계 (1)의 대화편들은 플라톤의 저술에서 소위 소크라테스적 시기를 대표하는데, 이 시기에 그는 소크라테스의 도덕적 입장에 열렬히 충성하면서도 아직 ―심지어 『고르기아스』에서조차도― 이러한 입장을 위한 형이상학적인 토대를 발전시키지 않았다. 이와 달리 『에우튀프론』과 『메논』과 같은 대화편에서 제시된 본질에 대한 이해 방식에서는 그와 같은 토대의 단초들이 드러나 있다. 따라서, 언급되지 않은 플라톤의 의도들에 대해 모종의 추정을 하지 않더라도 우리는 『고르기아스』에 표현되어 있는 소크라테스의 도덕적 입장으로부터 이러한 입장을 위한 이론적 토대를 탐색하는 것으로 나아가는 분명한 진전을 확인할 수 있다. 그 이론적 토대란, 단계 (2)의 대화편들에서 발견하게 되듯, 덕에 상응하는 본질에 대한 관념이다. (세 단계 모두에서 [대화편의] 논변이 내가 규범 삼원리 normative trio 라 부르는 것―즉 정의로움, 아름다움 kalon, 좋음―에 호소한다는 것은 우연이 아니다. 이것들은 소크라테스가 아레테 aretē 를 추구하기 위한 개념적 토대가 된다.)

정의를 묻는 대화편들 다음으로 우리는 본질에 대한 함축적인 존재론으로부터 '형상'에 대한 명시적인 형이상학으로 나아가는 추가적인 진전을 확인할 수 있는데, 이는 『향연』의 '아름다움'에서 시작하여 『국가』의 '좋음'에서 최고조에 이른다. 따라서 내가 앞서 단일론이라고 기술했었던 견해를 보다 정확하게 표현하자면, 처음에는 본질적으로 실천적인 이해 방식이었던 것을 위한 이론적 토대,

즉 소크라테스라는 인물을 모델로 하는 덕이라는 이상을 점진적으로 구체화하는 작업이라고 할 수 있을 것이다.

　이 이론적인 토대는 규모가 큰 "중기" 대화편들(『향연』, 『파이돈』 그리고 『국가』)에서 제시되고 『크라튈로스』와 『파이드로스』에서 거론되는 '형상들'의 형이상학에 의해 제공된다. 이 이론의 배후에 놓인 윤리적인 동기는 '좋음' 자체가 『국가』에서 최상위 개념으로 확인되기 전에도 규범 삼원리―'정의로움', '아름다움', '좋음'―가 갖는 중심적인 역할 속에서 드러난다. 이 이론은 『파이돈』에서 확장되어 ('동등성'을 시작으로) 수학적인 '형상들'을 포함하게 된다. 이것들은 이 교설의 이후 모든 형태들에서 근본적인 것으로 자리매김한다. 『크라튈로스』는 베틀의 북과 같은 인공물에까지 이 교설을 확장해 보려 손을 뻗었고, 그리하여 우리는 『국가』 10권에서 '침대의 형상'을 마주하게 된다. 그러나 플라톤은 이러한 확장을 재고했던 것 같은데, 왜냐하면 이 이론의 이후 형태에서는 이러한 인공물들이 사라지는 경향이 있기 때문이다.

　'형상' 이론을 자연계와 자연종들에 적용하지 않는다는 것도 초기 대화편에서 눈에 띄는 점이다. 우리는 『파이돈』에서 소크라테스가 그의 선행자들이 좇았던 자연 철학에 대한 대안―심지어 그로부터의 도피―으로서 이 이론을 도입했다는 것을 기억하고 있다. 파르메니데스가 지적하겠지만(『파르메니데스』 130c) 인간, 불 혹은 물과 같은 개념들에 이 이론을 적용하는 것은 여전히 심각한 문제로 남아 있다. '형상' 개념을 소크라테스의 선행자들이 답사했던 영역, 즉 자연학과 생물학의 영역에 적용하기 위해 플라톤이 수행한 '형상' 개념에 대한 체계적인 해명과 그 개념의 확장이 당면한 내 연구의 핵심 주제이다.

나의 제안에 따르면, 『파르메니데스』부터 플라톤은 오랫동안 지체되었던 자연에 대한 탐구peri physeōs historia와의 재결합을 위한 토대를 마련하고 있다. 그 결과, 수학은 새로운 역할을 수행하기 시작할 것이다. 기하학과 수는 (『국가』의 교육 계획에서 의도한 것처럼) '형상들'을 향한 상승과 가시적 세계로부터의 탈출을 이끄는 대신 이제 아래를 향하게 되는데, 이는 형상적 구조를 변화의 영역에 투사하고, 그리하여 생성과 소멸의 흐름 아래에 놓인 안정적인 패턴을 드러내기 위함이다. 수학의 이 새로운 역할은 존재와 생성 사이에 놓인 중간지대를 얼마간 인정한다는 것을 내포하는데, 이는 『파이돈』과 『국가』의 특징인 가지적 영역과 감각적 영역 사이의 날카로운 이분법을 수정한 것이다. 『필레보스』에서 "생성된 존재들"을 인정함으로써 그리고 『티마이오스』에서 '수용체Receptacle'에 수학적 구조들을 부여함으로써 '형상들'과 감각적 개별자들 사이에 놓인 이 존재론적 공간이 열리게 된 것이다. 실제로 우리가 플라톤의 후기 이론에서 마주치게 되는 것은 수학적인 측면에서 파악된, 내재된 형상이라는 새로운 관념이다. 수정된 '형상'의 형이상학이 제공하는 틀 내에서 자연과 변화에 대한 새로운 이론이 점진적으로 (그리고 부분적으로) 출현한다는 것이 이 책의 주제가 될 것이다.

물론, 후년에 이르러서도 플라톤은 윤리학과 정치학의 문제들에 대한 흥미를 잃지 않았는데, 이는 『소피스트』와 『정치가』라는 제목에도 반영되어 있다. 또한 『필레보스』는 일차적으로 좋은 삶에서 쾌락이 갖는 위치를 다룬다. 미완의 대규모 기획인 『법률』은 플라톤이 폴리스에서의 삶을 철학적으로 재구성하는 문제에 마지막까지 천착했다는 것을 입증한다. 이 실천적인 관심들은 『국가』의 반향이 담긴 『티마이오스』의 도입부 대화와 뒤이은 『크리티아스』에서의 정치적 신화에도 반영되어 있다. 이러한 화제들을 다루기 위한 세 번째 책을 기약하는 대신, 이 책에서 나는 도덕 철학 및 정치 철학에 관해 플라톤이 말년에 가졌던 관심사를 설명하기 위한 에필로그를 마련하였다.

마지막으로 내 글의 각기 다른 부분들에 귀중한 의견들을 준 데이비드 세들리David Sedley와 베리티 하트Verity Harte 그리고 레슬리 브라운Leslie Brown에게 진심 어린 감사의 말을 남긴다. 특히 레슬리 브라운에게는 그녀의 뛰어난 (그리고 아직 출간되지 않은) 『소피스트』 번역을 사용할 수 있게 허락해 준 것에 대해 감사를 표한다.

찰스 H. 칸

나는 19세기 캠벨Lewis Campbell과 리터Constantin Ritter의 연구들에 의해 확립된 연대기적 구분, 즉 대화편들을 문체적으로 구분되는 세 개의 그룹으로 나누는 방식을 받아들인다. 이 구분에 따르면 『크라튈로스』, 『향연』 그리고 『파이돈』은 (『소크라테스의 변명』, 『크리톤』, 『고르기아스』, 『메논』 그리고 다른 아홉 편의 대화편들과 함께) 가장 초기의 그룹 1에 속한다. 그룹 2는 『국가』, 『파이드로스』, 『파르메니데스』 그리고 『테아이테토스』로 이루어진다. 마지막 그룹 3은 『소피스트』-『정치가』, 『필레보스』, 『티마이오스』 그리고 『법률』을 포함한다. 이 연대기적 순서는 문체적 변화들을 통해 명확하게 표가 나기는 하지만 철학적 내용과 관련된 주요 단계들에 대응하지는 않는다. 도리어 '형상'에 관한 고전적인 교설을 특징으로 하는 소위 중기 대화편들(『향연』-『파이돈』-『국가』)은 문체적으로는 그룹 1과 그룹 2로 갈라지는 반면, 그룹 2의 마지막 대화편들(『파르메니데스』와 『테아이테토스』)은 이 고전적인 교설과의 날카로운 단절을 드러낸다. '형상'에 대한 새롭고 보다 복잡한 이해 방식은 그룹 3의 대화편들에서 점진적으로 등장하다가 『티마이오스』에서 절정에 이른다. 다른 한편으로 새로운 종류의 형이상학적 제약이 이후 『법률』을 특징짓게 될 것이다. 문체분석 stylometry 이 대화편들의 연대기적 순서에 대한 최선의 길잡이이긴 하지만, 철학적 내용의 변화에 대해 우리에게 알려 주는 바는 거의 없다. 대화편들의 연대기적 순서에 따라 플라톤의 철학적 발전을 논하기가 쉽지 않기 때문이다.

문체적 근거에 대한 보다 완전한 논의로는 Kahn(2002a), 93-127쪽을 보라.

1장

『파르메니데스』

『파르메니데스』는 플라톤의 작품들 중에서 가장 문제적이라는 평가를 받는다. 도입부에서부터 우리는 급진적으로 변화한 극의 구조와 소크라테스에 대한 묘사를 마주하게 된다. 『파이돈』과 『국가』에서 근본적인 교설을 해설하던 대가로서의 역할과 대조적으로 이 대화편에서 소크라테스는 '형상'에 대한 개략적인 이론을 품은 전도유망한 젊은이로 등장한다. 그의 이론은 파르메니데스의 혹독한 비판에 시달리게 된다. 이전의 어느 대화편에서도 파르메니데스의 이름은 거의 언급되지 않았다. 또한 그의 역사적 활약은 사실 보다 이전 세대에 속한다.[1]

대화편 속 파르메니데스와 제논^{Zeno}의 아테네 방문은 명백히 플라톤의 창작인데, 그는 이 지점에서 실제 연대상의 가능성을 기꺼

---

[1] 『향연』 178b에서 파르메니데스를 시적 형식으로 따로 인용한 대목과 195c에서의 반복을 대조해 보라. 파르메니데스의 정확한 생몰년은 알려져 있지 않지만, 적어도 전통적으로 받아들여지는 그의 "전성기"(기원전 504-기원전 501)는 믿을 만하다. 파르메니데스의 영향은 5세기 중엽 아낙사고라스(Anaxagoras)와 엠페도클레스(Empedocles)로 대표되는 후속 세대에 강하게 남아 있다. 『파이돈』에서 소크라테스가 아낙사고라스와 개인적으로 교류했다고 보고되지 않는 만큼[『파이돈』 97b-c 참고], 파르메니데스와의 교류는 더 어려웠을 것이라는 데 주목하자.

이 무시하고자 하였다. 변증술적 대담에서 소크라테스를 논박할 만하다고 여겨지는 동시에 정적인 존재론[2]에 근본적으로 찬동할 것이 분명한 유일한 철학자로 플라톤은 파르메니데스를 선택했다. 그리고 그러한 찬동은 이곳에서 분명하게 재확인될 것이다.

그러나 이 대화편의 1부에서는 플라톤이 파르메니데스의 입을 빌려 자신이 아끼는 이론에 일련의 통렬한 반론들을 제기하면서도, 이에 어떻게 답해야 할지에 관해서는 아무런 실마리도 주지 않는 독특한 장면이 펼쳐진다. 훨씬 긴 대화편의 2부도 똑같이 난처한 문젯거리를 드러내는데, 이곳에서는 하나의 가설 혹은 그 부정에서 출발하여 형식적으로 모순되는 결론들에 이르는 여덟 혹은 아홉 개의 연역들이 주어진다. 1부가 독자들에게 반론늘에 대한 어떠한 응답도 남기지 않는 것처럼, 2부는 우리에게 이 겉보기의 모순들이 어떻게 해소되어야 하는지에 관해 일말의 단서도 남기지 않는다. 대화편의 두 부분들이 맺는 관계도 불가사의하다. 2부의 연역들은 [극 중] 젊은 소크라테스^{Young Socrates}[3]와 같은 철학자를 1부에서 정

---

2 여기서 '정적인 존재론'이라 옮긴 말의 원어는 'stable ontology'이다. 파르메니데스와 제논 그리고 그들의 출신지인 엘레아에 근거한 엘레아학파는 진정으로 존재하는 것은 하나이고 그것은 변화하지 않는다는 주장을 펼쳤다고 전해진다. 파르메니데스에 따르면 생성 및 소멸하지 않고 변화하지 않는 정적인 존재는 진리의 담지자이자 사유의 대상이다(DK28B8). 대화편 『파르메니데스』 128a-b에서도 그들의 주장이 개략적으로 소개된다. 정적인 존재론은 플라톤의 '형상'을 이해하는 하나의 실마리로서 이후에도 종종 언급될 것이며, 곳에 따라 'stable'을 '안정적인'으로 옮기기도 하였다.

3 칸은 플라톤의 스승이자 소크라테스적 대화편의 중심 화자인 소크라테스와, 『정치가』의 대화자이면서 『테아이테토스』 147d, 『소피스트』 218b에서 언급되는 동명이인인 연

식화된 비판들에 대처할 수 있도록 준비시키기 위해 기획된 훈련이다. 그러나 2부의 논변들이 1부에서 제기된 문제들과 어떤 연관을 맺도록 의도된 것인지는 곧장 분명하지 않다.

1부에서 제기된 비판들에 대해 이곳에서 어떠한 직접적인 대답도 주어지지 않았다는 점에서 일부 학자들은 플라톤이 '형상' 이론을 폐기할 용의가 있었다거나, 혹은 그가 어떻게 나아가야 할지 확신이 없었다고 결론 내린다. ('솔직한 당혹감의 기록'이라는 것이 블라스토스 Gregory Vlastos의 진단이었다.)[4] 하지만 텍스트 자체는 보다 긍정적인 방향을 가리킨다. 파르메니데스는, 본인이 이런 반론들을 구성하긴 했지만, 결코 그 이론을 포기해야 한다고 제안하지는 않는다. 반대로 만약 그 이론의 핵심적인 논제, 즉 감각 지각의 가변적인 대상들과 "이성logos 안에서 가장 잘 포착할 수 있는" 안정적인 형상들 사이의 구분으로 그 이론을 축소시킬 경우, 파르메니데스는 그러한 형상들을 포기하는 것이 철학 자체를 포기하는 것과 같으리라는 뜻을 내비친다. (그래서 135c5에서 초미의 질문은 "철학에 관해 자네는 무엇을 할 것인가?"이다.) 파르메니데스는 소크라테스에게 영원한, 자기-동일적인 형상들 없이는 "자네는 생각을 향하게 할 곳을 갖지 못할 것이

하의 소크라테스(소위 Socrates the Younger)를 모두 'Young Socrates'로 표기한다. 본 번역에서는 이를 모두 '젊은 소크라테스'로 번역하였다. 연하의 소크라테스는 아리스토텔레스의 『형이상학』 VII, 1036b25에서도 언급된다.

4   Vlastos(1954), 254쪽.

고, … 이성적인 대화^{dialegesthai}의 힘을 전적으로 파괴하게 될 걸세"라고 말한다.[5] 파르메니데스에 따르면 소크라테스에게 필요한 것은 또 다른 어떤 이론이 아니라 반론들이 제기한 문제들에 맞설 수 있도록 해 주는 더 많은 철학적 훈련이다. 대화편의 2부에서 이 필수적인 훈련들이 제공된다.

『파르메니데스』의 2부는 난해한 것으로 악명이 높다. 그러나 나는 우리가 2부의 논변들을 따로 떼어 내서 보지 않고 그 대신 이 책에서 탐구하는 후기 대화편들, 즉 『테아이테토스』와 『소피스트』에서 시작하여, 『필레보스』와 『티마이오스』로 이어지는 보다 큰 맥락 속에서 고찰할 경우 그것들이 덜 혼란스러워 보일 것이라 생각한다. 따라서 나는 『파르메니데스』를 플라톤의 후기 작품에 대한 철학적 서론으로 간주할 것을 제안한다. 『테아이테토스』와 『소피스트』 사이에는 문학적 연속성을 드러내는 분명한 표지가 존재하고, 두 대화편 모두 오직 『파르메니데스』에서만 벌어진 소크라테스와 파르메니데스 사이의 허구적 만남을 언급한다.[6] 따라서, 어떤 의미에서 『테아이테토스』와 『소피스트』는 『파르메니데스』의 후속작으로 제시되는 것이다. 『필레보스』는 분유에 대한 파르메니데스의 반

---

5   이성적 탐구의 일반적인 방법으로서 넓은 의미의 "변증술"에 관해서는 『파이드로스』 266b를 보라. 이에 대한 반복은 『필레보스』 16b5–c3. 감각 지각의 대상들과 로고스(logos)의 대상들 사이의 기본적인 대조는 『파르메니데스』 130a1에서 소개되고 135e1–3에서 반복된다.

6   『테아이테토스』 183e7–184a1, 『소피스트』 217c5–6.

론들을 정확히 요약한 것을 포함해 여러 특정한 논변들을 암시함으로써 또 다른 방식으로 『파르메니데스』와 연결된다(『필레보스』 15b 그리고 『파르메니데스』 131a-e 참조). 그래서 『소피스트』와 『필레보스』는 상당 부분 『파르메니데스』에서 탐구되었던 문제들에 대한 응답 혹은 그것의 발전이라 볼 수 있다. 이는 『티마이오스』의 흐름^{flux}과 '수용체'에 관한 이론들에서도 마찬가지라는 게 드러날 것이다.

그러므로 나는 플라톤이 그의 후기 대화편들에서 '형상'에 관한 교설을 수정하고 확장하려 할 때 그 계획에 들어서는 도발적인 첫 걸음으로서 『파르메니데스』를 이해하자고 제안한다. 이 기획을 위해 그는 『파이돈』과 『국가』에서 나타난 '형상'에 대한 몇몇 언급들, 즉 불일치나 오해로 이어질 만한 대목들을 해명하거나 교정해야 한다. 그리고 그 과정에서 무엇보다도 도덕적 '형상'과 수학적 '형상'에 초점을 두었던 초기 해설들에서 체계적으로 도외시되었던 자연 세계에 대한 설명을 포함하게끔 이 이론을 발전시킬 필요가 있다는 게 드러날 것이다. (『파이돈』의 마지막 논변은 그 이론을 불이나 열과 같은 관념들로 확장하려 했으나 성공하지는 못한, 가벼운 시도로 볼 수 있다.) 『파르메니데스』의 1부는 난점들을 드러내고 해명을 요청하는 역할을 한다. 2부는 일련의 건설적인 논변들로 이 요청에 응답하며, 보다 풍부하고 포괄적인 이론을 준비하기 위한 새로운 관점들을 개시한다. 그러나 이 여덟 개의 연역들은 그것들이 해결하는 것보다 더 많은 문제들을 그 자체로 일으킨다. 하나의 긍정적인 이론이 발전하는 것을 보려면 후기 대화편들, 특히 『소피스트』, 『필레보스』 그리고 『티마이오스』를 살펴보아야 한다.

『파르메니데스』의 논변들은, 논변들 자체의 분석에서도 그리고 플라톤 이론의 실질적인 해석에 있어서도 많은 까다로운 문제들을 제기하기 때문에, 각 부의 서론으로서 나는 제기된 문제들을 요약하고 나의 해결책들을 제안한다. (2부에 대한 요약은 73-81쪽의 주석을 보라.) 이 요약들은 『테아이테토스』를 비롯한 다른 대화편들의 해석으로 곧장 넘어갔다가 나중에 『파르메니데스』의 핵심적인 세부 사항들을 확인하러 돌아오는 선택지를 독자들에게 제공하기 위해 고안되었다.

1. 1부: 여섯 개의 아포리아

소크라테스는 닮음^{like}과 안 닮음^{unlike}, 하나^{one}와 여럿^{many} 같은 반대되는 속성들이 막대기와 돌, 사람과 같이 감각적인 것들에만 적용되지, '유사성'의 형상 자체 혹은 '하나' 자체에는 적용되지 않는다고 주장함으로써 제논의 역설들[7]에 답한다(129a). 보다 일반적

---

[7] 『파르메니데스』는 제논이 젊은 소크라테스에게 자신이 쓴 책을 읽어 주는 장면으로 시작한다. 제논 본인의 설명에 따르면 이 책은 있는(-인) 것이 불변하는 하나라는 파르메니데스의 주장을 옹호하기 위해 쓰였고, 논적들을 물리치기 위해 있는(-인) 것이 여

으로 누군가 '형상들' 자체('유사성'과 '비유사성', '하나'와 '여럿', '정지'와 '운동' 그리고 그와 같은 모든 것들)가 "그것들 자체로 함께 섞이고 분리 diakrinesthai될 수 있다"(129e)라는 것을 보여 줄 수 있었더라면 소크라테스는 상당히 놀랐을 것이다. 소크라테스의 설명에 따르면 '형상들'이 반대되는 속성들을 소유하는 것뿐만 아니라 하나의 '형상'을 부분들로 나누는 것과 여러 '형상들'을 서로 결합하는 것도 배제된다. 『소피스트』를 읽어 본 사람이라면 누구나 알듯이, 이 세 가지 제약[8] 모두 플라톤이 구성하게 될 이 이론의 후기 형태에서는 지켜지지 않는다.

이러한 제약들이 실제로 『파이돈』이나 『국가』에 함축되어 있는지는 분명하지 않다. 그러나 그렇게 이해될 만한 대목들은 분명 있다. 『파이돈』에서 '형상들'이 단일하고 monoeidēs 불가분적 asyntheton, adialyton이라는 것(78c7, d5, 80b2), 또는 그것들이 여럿이기보다는 하

<hr>

럿이라고 가정할 때 발생하는 부조리한 결과들을 제시한다(128c-d). 이처럼 귀류법을 통해 다수성과 운동을 부정하는 제논의 논변들을 '제논의 역설(Zeno's Paradoxes)'이라 부르는데, 그 구체적인 내용은 오직 다른 저자들의 간접적인 보고로만 전해진다. 그중에서 지금 젊은 소크라테스가 논박하고 있는 역설은 "있는(-인) 것이 여럿일 경우 그것들은 닮은 것이면서 안 닮은 것이다"라는 내용이다(127e).

[8] 정리하자면 '형상'이 반대되는 속성들을 소유할 수 없다는 것, '형상'이 부분들로 나뉠 수 없다는 것, 그리고 '형상들'이 서로 결합할 수 없다는 것이 세 가지 제약의 내용이다. '형상들'이 반대되는 속성들을 소유하거나 상호 결합하는 것에 관해서는 129a-e. '형상'을 부분으로 나누었을 때의 문제점을 다루는 부분으로 131a-e. 특히 '형상들'의 결합에 관한 문제는 『파르메니데스』의 2부에 해당하는 여덟 개의 연역에서 중요한 화제가 되며 이후 대화편들에서는 '형상들'의 함께-엮임(symplokē eidōn)이라는 개념을 통해 다루어지게 된다.

나라는 것이 강조되는데, 이는 '형상'을 단순하고 비-복합적인 것으로 보는 이해 방식을 시사한다.[9] 그리고 반대되는 것들^{opposites} 사이를 "오가는" 개별자들과 대조를 이룬다는 점에서 '형상들'이 상반되는 속성들을 갖지 않는다는 함축이 생기는 것처럼 보이기도 한다(『국가』 5권 479d). 이러한 제약들이 '형상' 이론에 대한 초기 진술들에 의도되어 있든 아니든, 플라톤은 분명 후기 대화편들에서 이러한 원칙들을 포기한다. 설사 이 세 가지 제약들이 『파르메니데스』 129a-e에서 그토록 명시적으로 강조되어 있다 해도, 그 제약들을 거부해야 할 것으로 표시하는 것이 텍스트에 담긴 의도였다고 추론하는 데 무리가 없을 것이다.[10]

파르메니데스가 소크라테스에게 질의하며 이 이론을 재진술하는 대목에서도 유사한 의도가 분명히 드러난다. 이전 대화편들에서는 "분리된 채로^{chōris}"라는 용어가 '형상' 이론을 제시하는 데 아무런 역할도 하지 않는다.[11] 이곳 『파르메니데스』에서는 소크라테스가 어떤 이는 "'형상들' 자체를 그 자체로 분리하여 구별한

---

9   단일함(μονοειδής)에 대해서는 또한 『향연』 211b1을 보라.

10   이러한 표시는 『테아이테토스』에서의 꿈 이론에 대한 설명에서도 되풀이되는데, 205c2-d2에서 '불가분한(ἀμέριστον)', '결합되지 않는(ἀσύνθετον)' 그리고 '단일한(μονοειδής)'이 언급된다. 이하 232쪽을 보라.

11   그래서 『파이돈』에서 '코리스(χωρίς)'는 신체로부터 영혼이 분리됨을 표현하기 위해 사용되지만(64c5, 67a1), '형상들'과 감각적 분유자들(sensible participants) 사이의 구분을 표현하기 위해 사용되지는 않는다. '동등함' 자체를 παρὰ ταῦτα πάντα ἕτερόν τι["이 모든 것들과는 다른 어떤 것"]라고 상당히 다른 방식으로 재정식화하는 『파이돈』 74a11과 대조해 보라. 다르다는 것이 분리되어 있음을 함축할 필요는 없다.

다”(129d7[12])라고 설명하면서 이 용어를 한 차례 사용한다. 소크라테스가 “서로 분리된”을 뜻한 것인지 혹은 “그것들을 분유하는 것들로부터 분리된”을 뜻한 것인지는 분명하지 않지만, 파르메니데스는 후자의 의미로 받아들인다. 더 나아가 파르메니데스는 이 용어를 물고 늘어진다. 그는 직후에 ‘코리스’를 다섯 번 사용하고 뒤이은 텍스트에서는 여러 번 더 사용한다. 처음의 두 사례는 소크라테스 자신의 언급을 반복하고 또 확장한다. ‘형상들’ 자체가 분리되어 있을 뿐만 아니라 “또한 그것들을 분유하는 것들도 분리되어 있다”(130b3)라는 것이다. 이어지는 ‘코리스’의 세 용례들은 훨씬 더 교묘하다. “자네는 우리가 가지고 있는 유사성과 분리된 채로 있는 ‘유사성’ 자체가 있다고 생각하는가? … 그리고 ‘인간의 형상’은 우리로부터 그리고 우리와 같은 모든 이들로부터 분리된 채로 있는가?”(130b4-c2) 소크라테스는 이 함정을 알아채지 못한다. 그는 첫 번째 질문에 “그렇다”라고 대답하고 두 번째 질문에는 ‘형상들’을 자연종들natural kinds[13]에 귀속시켜야 할지 확신하지 못한 탓에 망설인다. 세 번째 경우 소크라테스는 머리카락, 진흙 그리고 오물의 사례들에 질색을 하며 “이런 것들 각각에 대해서도 우리가 마주치는

---

[12] διαιρῆται χωρὶς αὐτὰ καθ’ αὐτά.
[13] 이곳에서 고려되는 자연종의 사례는 사람과 4원소 중 불과 물이다(130c). 작중 젊은 소크라테스는 ‘정의로움’, ‘아름다움’, ‘좋음’과 같은 추상적인 개념에 대한 ‘형상’은 흔쾌히 긍정하지만 자연 세계에 속하는 감각될 수 있는 것들의 유에 관해서 ‘형상’을 논하는 것은 부담스러워한다.

것과는 다른 어떤 분리된 '형상'이 있는가?"(130d1)라는 질문에 그저 경멸로 답한다.[14]

파르메니데스는 여기서 분리라는 관념에 주목함으로써 '형상들'과 분유자들 사이의 간극을 열어 보이는데, '형상들'에 대한 최후의 "가장 큰" 반박(이하, 아포리아 6)에서 정식화되듯 구별되는 두 세계two distinct worlds라는 이해 방식 속에서 그 난점이 드러날 것이다. 결정적으로 '형상들' 자체와 구분되는 "우리 안의 형상들forms in us"을 받아들인 것이 치명적인 오류였다. (해당 구절은 『파이돈』에서 반복적으로 등장한다.) 따라서, 『파이돈』이 '형상들'과 분유자들이 맺는 관계가 어떤 본성을 갖는지에 대한 판단을 명시적으로 유보하고 있기는 하지만(100d), 이러한 수용은 "우리 안에" 현전하는 '형상'의 한 형태로서의 내재적 형상들의 존재를 함축한다. 이는 마지막 아포리아에서 사용될, '형상들' 자체와 우리-안의-형상들 사이의 치명적인 분리를 가능하게 만든다.

미리 내다보자면, 우리가 이후에 알게 되듯 플라톤은 현상적인 속성들을 '형상들' 자체와 분리되어 있는, 우리-안의-형상들로 기술하기를 주저하게 된다. 아포리아 6이 보여 주겠지만, 현상적 세계에 내재하는 이러한 종류의 구조들은 아리스토텔레스적 형상들

---

14 이어지는 텍스트에서 '코리스(χωρίς)'라는 용어는 각기 다른 용법으로 네 번 더 사용된다. 131a5, b1, b2, 그리고 b5.

로 흐르기 마련이고, 그 결과 플라톤의 '형상들'을 불필요한 것으로 만든다. 반면에 후기 대화편들에서 플라톤은 아리스토텔레스적 종-형상들species-forms에 대응하는 형상적 구조들을 "우리-안의-형상들"의 대체물로 받아들이는데, 이 구조들은 『필레보스』에서는 "생겨나(-되어) 있는 있음(-임)gegenēmenē ousia"으로 표현되고 『티마이오스』에서는 수학의 언어로 파악될 것이다. 그러나 이러한 이해 방식들은 차후에 등장한다. 『파르메니데스』 이전에는, "우리 안의 형상들"이 『파이돈』에서만 언급된다. 『국가』에서는 플라톤이 보다 신중하게 현상적인 속성들을 단지 '형상들'의 이미지들 혹은 외양들로만 — 가령 "우리 안의 유사성"으로서가 아니라 '유사성'의 한 이미지 혹은 외양으로만— 기술한다. 이미지들과 모방에 대한 이러한 논의들이 은유적이지 않은 방식으로 해석되려면 『티마이오스』까지는 기다려야 한다. 이미지들에 대한 어떤 일관적인 존재론을 위해 플라톤은 '수용체'에 대한 이론을 필요로 하게 되는데, 이 이론에서 이미지들은 대응하는 어떤 '형상'과의 관계로써 규정되는 '수용체'의 수학적인 변용들로 해석된다.

아포리아 1은 '형상' 이론을 자연 세계에 적용하는 데서 발생하는 근본적인 문제로 우리를 인도한다. 우리는 원소들, 혹은 인간과 같은 자연종들에 대해서도 '형상들'을 상정해야 하는가? 이곳에서는 아무런 해답도 제시되지 않고, 『티마이오스』에 이르러서야 모종의 해답이 마련될 것이다. 아포리아 2는 분유라는 비유가 동명의 감각적 대상들[15]과 그에 대응하는 '형상'의 관계를 일관적으로 설명하지 못한다는 것을 보여 준다. 아포리아 3은 악명 높은 '제3의 인간'을 통한 반론으로, 그 주장에 따르면 ('형상'-동명의 것^{homonym} 관계를 어떻게 해석하더라도) 주어진 동명의 여럿에 하나의 '형상'을 두게끔 하는 여럿에-걸친-하나$^{one\text{-}over\text{-}many}$ 원리가 무한 퇴행을 일으킨다는 걸 보여 준다. 만약 동명의 것들로 이루어진 기존의 집합에 본래의 '형상'을 더하고 그 후 여럿에-걸친-하나 원리를 다시 한번 적용함으로써 어떤 새로운 여럿이 언제나 생겨날 수 있다면 퇴행이 뒤따르게 된다. 이 퇴행을 막기 위한 플라톤의 장치는 'F임'의 두 가지 방식을 구분하는 것인데(즉, '형상 F'에 해당하는 'F임'과 다른 여느 것에 해당하는 'F임'), 이를 통해 '형상들'과 그것의 분유자들 모두를 포함하는 **F인 것들**의 단일한 집단은 발생하지 않게 된다. (미하엘 프레데는 is1과 is2로 분별하고, 이 책에서는 "**그 자체로 있음**(-임)$^{being\ per\ se}$"과 "**다른 것을 통해** 있음(-임)$^{being\ per\ aliud}$"으로 표현되는) 이 구분은 2부에서 함축적으로, 그리고 이후 『소피스트』에서 명시적으로 도입될 것이다.

아포리아 4는 '형상들'을 영혼 안의 사유들$^{no\bar{e}mata}$로 보는 모종의 심리-개념적$^{psychological\text{-}conceptual}$ 해석을 통해 퇴행을 막으려는 시도

---

15   여기서 '동명의 감각적 대상들'로 옮긴 말의 원어는 'sensible homonyms'이다. 예를 들어 '인간의 형상'이 있을 때 그것을 분유하는 감각 세계의 소크라테스 또한 '인간'이라고 불리게 된다. 즉 '형상'과 그것을 분유하는 자연 세계의 분유자가 같은 명칭(가령 '인간')을 갖게 되는 것이다. 이후 본문에서 '동명의 것'이라는 표현은 어떤 '형상'을 분유하는 감각적인 분유자들을 가리킨다.

이다. 이 제안은 '형상' 이론을 객관적인 실재objective reality에 대한 설명으로 보는 것을 포기하는 셈인데, 플라톤은 이를 진지한 대안으로 여기지 않는다. 이에 반해, 아포리아 5는 닮음 혹은 모방이라는 관념을 문자 그대로 받아들이고 그것이 '형상'과 분유자 사이의 유사성을 함축한다는 것을 보여 주는 데서 기인한다. 만약 두 개의 유사한 것들이 하나의 형상을 공유해야만 한다면, '제3의 인간' 논변에서처럼 퇴행이 발생할 것이고, 그 결과 하나의 고유한 '형상'이 아니라 무한히 많은 수의 '형상들'을 산출하게 된다. 이러한 퇴행은 모방의 경우 유사성의 관념이 상호적일 필요가 없음을 보임으로써 막을 수 있다. 그러나 어떤 경우든 이 반론은 설명을 위한 개념으로서의 이미지 혹은 모방의 관념이 갖는 한계들을 성공적으로 드러낸다.

아포리아 6은 '형상들'과 감각적 현상들 사이의 분리라는 가장 심각한 문제를 제시한다. 이 문제는 두 개의 평행하고 독립적인, 앎과 앎의 대상들의 쌍들을 통해 제시된다. 하나는 다른 '형상들'을 그 대상으로 삼는 '앎의 형상'이고, 다른 하나는 감각적 현상들을 대상으로 삼는 인간적 앎이다. 이 두 쌍들 사이의 완전한 독립성을 주장함으로써, 이 논변은 '형상들'을 그와 동명인 감각적인 것들과 이어 주는 연결고리가 설명되지 않았다는 사실을 지적한다.

우리는 이제 여섯 개의 반론들을 상세하게 살펴본다. 우리의 분석은 형식과 내용의 두 가지 차원에서 이루어질 것이다. 형식적으로, 우리는 각각의 경우에서 어떻게 반론을 막을 수 있을지를 살펴볼 것이다. 그러나 보다 중요한 것은 플라톤이 우리의 관심을 촉구하고 있는 기저의 문제를 인식하는 일이다.

아포리아 1. 적용 집단의 문제(130b-d)

이 아포리아에서는 반박해야 하는 논변 대신, 오히려 답해야 하는 질문이 던져진다. '형상' 이론은 얼마나 멀리 확장되는가? 얼마나 많은 종류의 것들이 '형상들'을 요구하는가? 젊은 소크라테스는 논리-수학적 개념들(하나, 여럿, 유사성)과 근본적인 도덕 개념들(정의로움, 고귀함, 좋음)에 대한 '형상들'은 기꺼이 인정한다. 문제는 자연 세계의 구조와 내용물에 대응하는 '형상들'을 인정하는 일이다. 소크라테스는 인간, 불 그리고 물과 같은 자연종들에 대한 '형상들'을 인정하기를 망설인다. 그러고서 머리카락, 진흙 그리고 오물에 대한 '형상들'이 제안되자 역정을 내며 거절한다. (이곳에서 나타난 소크라테스의 망설임은 『파이돈』 96c, 그리고 소크라테스가 이 분야에 대한 재능의 부족을 이유로 자연 철학을 포기한다고 알리는 이후의 대목을 상기시킨다.) 파르메니데스는 소크라테스가 이 이론을 일반화하기를 망설이는 건 그가 아직 젊은 데다 철학자답지 않게도 비웃음을 살까 두려워하기 때문이라고 대꾸한다. 다른 대화편들의 소크라테스는 ['형상'을 상정하는 데에] 더 거리낌이 없었다. 그래서, 『크라튈로스』에서는 베틀, 그리고 다시금 『국가』 10권에서는 침상 같은 인공물의 '형상들'을 인정한다. 그러나 플라톤이 그의 이론을 자연 철학에 적용하는 데 착수한 것은 이후 『필레보스』와 『티마이오스』에 이르러서이다.

아포리아 2. 분유의 문제(130e4-131e7)

『파이돈』(100c-102b)은 분유分有, metechein, metalambanein라는 비유를 자주 사용했지만, 이 관계가 어떻게 이해되어야 하는지에 대해서는 논의의 가능성을 열어 두었다. 여기서 제기되는 반론은 분유를 문자 그대로 해당 '형상'의 **부분을 소유**하는 것으로 받아들이고, 그 결과 '형상'의 어떤 측면이 분유자 **안에 현전한다**고 간주한다. 어떤 주석가들은 분유에 대한 물리적인 해석이, 아낙사고라스의 단편들(예를 들어 DK59B6)에 묘사되어 있듯, 근원적인 물질elemental stuff의 공유라는 분유에 대한 오랜 관념을 보존하고 있다고 가정한다.[16] 이와 달리, 동사 메테케인(그리고 더 드물게 메타람바네인)은, 물리적 공유의 관념 없이, 어떠한 속성이나 관계를 소유하고 있음을 비유적으로

---

[16] 아낙사고라스는 만물 안에는 온갖 성질을 가진 수적으로 무한정한 부분들이 마치 씨앗처럼 들어 있고, 그중에서 우세한 성질이 우리에게 관측된다는 주장을 한 것으로 알려져 있다. DK59B6은 심플리키오스가 아낙사고라스의 주장을 보고하는 단편으로, 이곳에는 "모든 것들은 모든 것의 부분을 분유한다(panta pantos moiran metechei)"와 같이 플라톤의 '형상' 이론에서 사용되는 것과 유사한 표현 양식이 등장한다. 칸의 설명에 따르면 아포리아 2의 발단은 플라톤식 '형상'의 분유를 어떤 질료적 부분을 그 안에 갖는 문제로 이해하는 것이다.

표현하는 데 자주 사용된다.[17] 따라서 지금의 반론에서 행해진 것처럼, 『파이돈』에서 플라톤이 동사 메테케인을 사용하는 방식을 문자 그대로 부분을 나누어 가지거나 소유한다는 측면에서 해석하는 것은 가능하다.

이 논변은 '형상'이 그것과 동명인 것 안에 전체로서 현전한다고 상정하는지 혹은 부분으로서 현전한다고 상정하는지에 따라 두 개의 하위 부분들로 나뉜다. 한편으로, 만약 여러 개의 분리된 것들 안에 '형상'이 전체로서 현전한다면, 그것은 그 자신과 분리될 것이다(131b1). (플라톤이 『필레보스』 15b5-7에서 다시금 제기한 이 반론은 현대의 보편자 이론에서 재등장할 하나의 문제를 예견한다. 어떻게 어떤 사항item이 하나이고 동일하면서도 여전히 많은 장소에 동시에 현전할 수 있는가?) 다른 한편으로, 만약 각각의 분유자가 '형상'의 일부 파편만을 소유한다면, 다른 부조리한 결과들이 뒤따른다.

이러한 반론들은 결과적으로 분유라는 비유가 동명의 것-'형상'homonym-Form의 관계에 일관적인 설명을 제공하지 않는다는 것을 보여 준다. 그리하여 (아리스토텔레스와 이후의 플라톤주의자들에게서 인기를 얻었음에도 불구하고) 『파이돈』 이외의 대화편에서는 이러한 관계를 표현하기 위해 플라톤이 동사 메테케인을 사용하는 경우가 드물다.

---

17   『향연』 211a7의 한 예시를 보라. '아름다움' 자체는 얼굴이나 손들 혹은 그와 같이 "신체가 그 몫을 갖는 어떠한 것들(ὧν σῶμα μετέχει)"처럼 나타나지 않을 것이다.

(공유라는 비유는 『향연』과 『국가』에서 한 번씩 나타나는 반면, 지금의 맥락에서 그리고 다시금 아포리아 6, 133d2에서는 자주 나타난다.)[18]

보다 심오한 결과는 ("F 자체"로 표현되는) 어떤 '형상'에서의 F임이 그와 동명인 것에서의 F임과는 다르게 해석되어야 한다는 것이다. '큰 자체'는 또 다른 어떤 큰 것이 아니다. 이는 2부에서 소개되고 『소피스트』에서 발전하게 될 **그 자체**[per se] 서술과 **다른 것을 통한**[per aliud] 서술 사이의 (즉 '큰 자체'임과 어떤 큰 것임 사이의) 근본적인 구분이 전달하는 요점이다. 이 구분은 뒤이은 아포리아 3과 더 직접적으로 연관성을 띠게 된다.

분유를 표현하는 이러한 어휘들(metechein, methexis, metalambanein)이 『소피스트』에서는 '형상들' **사이의** 관계를 표현하는 새로운 용법으로 옮겨 간다는 데 주목해야 한다(251e9, 255b3, d4, e5, 256a1, a7, b1, b6, 256e3, 259a6-b1). '형상'-'형상'의 관계를 위한 동사 메테케인의 이 후기 용법은 여기 2부에서 예비될 것이다. (137e1, 138a6, 그리고 142b6, c1 이하의 곳곳을 보라.)

---

[18] 『파이돈』 외에 사물-'형상'(thing-Form) 관계와 관련된 메테케인(metechein)에 대해서는, 『향연』 211b2와 『국가』 5권 476d1-2(이는 거의 『향연』을 인용한 것으로 간주될 만하다)를 보라. 반면에, 『국가』와 『파이드로스』, 그리고 『티마이오스』에서 플라톤은 동명의 것-'형상' 관계를 표현하는 데 이미지와 닮음이라는 용어를 선호한다.

아포리아 3. '제3의 인간'(132a1-b2)[19]

아포리아 3은 그레고리 블라스토스가 1954년에 집필한 유명한 논문 이래로 가장 숱하게 논의되었던 반론으로, 고대에도 이미 많은 논의가 이루어졌다.[20] 우선 여럿에-걸친-하나에 의해 하나의 '큼의 형상'이 상정된다. "어떤 다수의 것들을 자네가 크다고 여길 때면, 자네는 이 모든 것들을 보면서 어떤 하나의 동일한 형상이 있다고 여길 걸세." 그러나 이 '형상'의 유일함은 '큼의 형상들'의 무한정한 다수성을 낳는 퇴행에 의해 곧바로 위협받는다. 만약 매 단계에서 '형상' 자체를 다수의 큰 것들의 집합에 더한다면, 그 순간 여럿에-걸친-하나 원칙은 어떤 새로운 '큼의 형상'을 매 단계마다 도입할 것이다.

블라스토스가 지적했듯, 이 추론은 그가 자기-서술Self-predication, SP과 비-동일성Non-identity, NI이라 이름 붙인 두 개의 숨겨진 가정들

---

19   '제3의 인간(the third man, tritos anthrōpos) 논변'의 기본적인 구상은 다음과 같다. 형상 'F'와 그것을 분유하는 F인 개별자들이 있을 때, 이 형상과 개별자 모두가 F이기 위해서는 이것들이 분유해야 할 또 다른 제3의 'F'가 필요하고, 이 과정을 반복하다 보면 무한히 많은 '형상들'을 상정하게 되어 무한 퇴행의 문제에 빠지게 된다. 사실 『파르메니데스』에서 플라톤이 드는 예시는 '인간'이 아니라 '큼'이다. 아리스토텔레스가 개별자와 분리된 채로 존재하는 '형상'의 존재를 비판하기 위해 '제3의 인간'이라는 표현을 사용하면서 이것이 이 논변의 명칭으로 굳어졌다(『형이상학』 990b, 1039a2, 1079a13, '제3의 인간'에 대한 아리스토텔레스의 보다 자세한 설명은 『소피스트적 논박』 178b36 이하).

20   Owen(1957)과 Fine(1993), 203쪽 이하에서의 언급들을 보라.

에 의존한다. 자기-서술, 즉 '큰의 형상'이 그 자체로 크다the Form Largeness is itself large는 가정은 '형상'이 다수의 큰 것들의 집합에 포함되는 데 필요하다. 반면에 비-동일성(혹은 그에 상응하는 어떤 원칙)은 여럿에-걸친-하나의 원칙을 **두 번째로** 적용했을 때 생겨난 '형상'이 처음 상정된 '형상'과 다르다는 것을 보장하기 위해 필요하다. 어떤 식의 비-동일성 없이는 퇴행이 뒤따르지 않을 것이며, 여럿에-걸친-하나 원칙은 매 단계에서 최초에 이루어졌던 '형상'의 도입을 단순히 반복할 것이다. 블라스토스에 의해 재구성된 바에 따르면, 이 두 전제들은 상호 비일관적이며, 따라서 그렇게 표현된 한에서는 '형상' 이론에 대한 타당한 반론이 될 전망을 갖지 않는다.[21] 그러나 이 비일관성은 자주 사소한 형식적 문제technicality로 치부되어 왔다. 블라스토스의 NI에 관하여 곧 SP와 양립 가능하면서 퇴행을 일으키기에 충분한 대안적 버전들이 제안되었다.[22] 우리는 비-동일성의 원칙을 나중에 살펴볼 것인데 어쩌면 이 원칙은 지금의 논변에 특

---

[21] 블라스토스의 정식화를 따르면 두 조건은 각각 다음과 같이 표현될 수 있다.
자기-서술(SP)의 조건: 'F임'은 F이다(F-ness is F).
비-동일성(NI)의 조건: 만약 어떤 x가 F라면, x는 'F임'과 동일할 수 없다(if x is F, x cannot be identical with F-ness).
이제 SP와 NI를 결합하여 NI에서 x에 'F임'을 대입하면 다음과 같은 결과를 얻는다.
'F임'이 F라면, 'F임'은 'F임'과 동일할 수 없다.
이 조건문의 전건은 SP와 같고, 후건은 자기 모순으로서 거짓이다. 즉 SP와 NI를 결합하여 거짓이 나오는 것이다. 이런 정식화를 통해 블라스토스는 SP와 NI가 일관적일 수 없다고 주장한다. Vlastos(1954), 326쪽.

[22] 첫 번째 제안은 Colin Strang(1963), 193-194쪽. 이후의 형태들에 대해서는 이하, 산드라 피터슨과 데이비드 세들리에 대한 언급들을 보라.

유한 것으로 간주될 수 있을 것이다. 그에 반해, 자기-서술은 플라톤의 이론에 보다 깊게 내장되어 있는 원칙에 해당한다.

자기-서술의 정식('큼의 형상'은 크다 혹은 '큼' 자체는 크다)과 이에 대한 블라스토스 및 몇몇 이들의 해석을 구별하는 것이 중요하다. 이 정식이 플라톤이 찬동하는 어떤 원칙을 표명한다는 것에는 의심의 여지가 없다. 가령 플라톤은 『파이돈』에서는 "만약 '아름다움' 자체 외에 어떤 것이 아름답다면"(100c4)과 같은, 그리고 그보다 훨씬 이후의 대화편인 『소피스트』에서도 "'큼'이 컸었고 '아름다움'이 아름다웠던 것처럼, … 마찬가지로 '있지-않음'은 있지 않았고 또 있지 않다"(258b10)라는 예시들을 제공한다.[23]

이 주장들을 통상적인 서술들로 해석하면서, 블라스토스는 이 원칙이 "'하나'는 하나이다" 또는 "'아름다움'은 아름답다"에서와 같이 술어가 모든 '형상들'의 어떤 형상적 또는 범주적 특징인 특별한 경우들에서만 변호될 수 있다고 생각했다.[24] 그러나 "큼은 크다"와 같은 경우, 다시 말해 자기-서술 일반에 대해서, 블라스토스를 비롯한 몇몇 이들은 플라톤이 어떤 속성임(큼)과 그 동일한 속성을 소유함(어떤 큰 것임)을 논리적으로 혼동하는 오류를 저질렀다고

---

23   이 대목(『소피스트』 258b)에서 엘레아에서 온 손님은 의도적으로 『향연』-『파이돈』('아름다움')과 '제3의 인간' 논변('큼') 둘 다로부터 자기-서술을 인용(및 재확인)하고 있다.
24   즉 술어 '하나이다'와 '아름답다'는 어떤 '형상'에든 서술될 수 있는 '형상들'의 일반적인 특징이며, 실제로 주어가 '하나' 혹은 '아름다움'인 특수한 경우에만 자기-서술의 정식을 만족하게 된다고 보는 것이다.

생각했다. 나아가, 플라톤의 이론이 그와 같은 혼동에 빠져 있다는 증거로서, 블라스토스는 사랑에 대한 플라톤의 교설이 아름다움의 '형상'이 그저 [정도에 있어] 최상으로 아름다울 뿐 [방식에 있어서는] 아름다운 신체들 및 영혼들과 동일한 방식으로 아름답다는 것을 요구한다고 주장했다.

자기-서술 정식의 또 다른 해석들은 '아름다움의 형상'이 또 다른 아름다운 것이 되지 않으면서도 어떻게 아름답다고 말해질 수 있는지를 설명함으로써 이 논리적 혼동을 피하고자 한다. 그래서, 산드라 피터슨Sandra Peterson은 어떤 속성에 대한 진술이 문자 그대로 그 속성을 가진 것들에만 적용되는 비유적 표현을 설명하기 위해 "사랑은 오래 참으며 온유하다"와 같은 문구를 인용하여 바울의 「고린도전서」에서 이름을 딴 "바울식 서술Pauline predication"이라는 관념을 제안했다.[25] 피터슨의 설명에 따르면, "'정의로움'은 정의롭다"가 의미하는 바는 (개략적으로 말하자면) 어떠한 행위, 사람 혹은 제도가 정의로운 이유는 '정의로움'을 분유하기 때문이라는 것이다. '정의로움' 자체는 그것이 세계 내에 존재하는 어떠한 정의로운 것의 원천이자 설명이기 때문에 정의롭다.[26] 피터슨의 제안은 『파이

---

25   Peterson(1973), 458쪽.
26   어떤 형상을 지시하는 주어에 형상에 쓰일 수 없는 술어를 결합하는 플라톤식의 자기 서술(가령 "정의는 정의롭다")을 변호하기 위해, 피터슨은 자기 서술은 아니지만 그와 유사한 주술 결합을 보이면서도 사람들이 참이라 받아들이는 예시들이 있다고 주장한다. "사랑은 오래 참으며 온유하다"라는 「고린도전서」 속 바울의 문장이 그 예이다. 피

돈』100c의 한 대목을 해설한 것으로 간주될 수 있다. 만약 '아름다움' 자체 외에 어떤 것이 아름답다면, 오직 이 '형상'을 분유함으로써만 그럴 수 있다.

이 바울식 서술이라는 관념은 『파이돈』 100c 그리고 또한 『소피스트』에서의 플라톤의 정식에 대해 적잖은 의미를 갖는다. 그러나 자기-서술에 대한 철학적으로 보다 중요한 해석은 서술의 두 종류를 구별하는 데서 생겨나는데, 이는 미하엘 프레데^{Michael Frede}가 도입하고 콘스턴스 메인월드^{Constance Meinwald}가 『파르메니데스』에 적용한 것으로, 내가 **그 자체** 서술^{per se predication}과 **다른 것을 통한** 서술^{per aliud predication}이라고 부르는 구분이다.[27] 자기-서술은 **그 자체** 서술, 즉 그 자신의 본성에 의해 주어에 참이 되는 서술들의 기본 사례로 볼 수 있다. 그렇게 이해할 경우, 자기-서술은 **어떤 것이 무엇인지**를 그 자체로 말하면서 정의 혹은 본성에 대한 진술을 축약하는 일종의 대체물로 기능하는데, 이는 그것이 어떤 속성을 가지

터슨은 이러한 문장이 어떻게 참이 되는지를 탐구하며 플라톤의 자기 서술 "정의는 정의롭다"에서도 술어 '정의롭다'의 외연에 '정의'가 어떤 식으로든 포함된다고 주장한다. 본문에서 칸이 요약한 피터슨의 견해는 Peterson(1973), 461쪽 이하에서 확인할 수 있다.

27   프레데는 『소피스트』 255c12-13에서 이 구별을 확인했는데, 처음에는 독일어 박사논문(1967), 12-36쪽에서, 그리고 훨씬 나중에는 영어로 쓴 수정본(1992), 401-402쪽에서 이를 상술한다. 메인월드는 이 구별을 그녀의 『파르메니데스』 해석(1991)의 토대로 사용했고 이후 그 결과들을 특히 '제3의 인간' 아포리아에 적용했다(1992). 자기-서술에의 적용은 네하마스(1979, 1982)에 의해 제안되어 왔다. 프레데의 "is1"과 "is2"의 구별은 이하 87-91쪽에서 길게 설명되고 논의될 것이다.

는지를 말하는 **다른 것을 통한** 서술과는 대조되는 점이다.

(따라서 플라톤은 아리스토텔레스적인 본질적 서술과 부수적 서술을 예비한다. 그러나 플라톤적인 구별은 오직 '형상들'에만 적용되는 반면, 아리스토텔레스는 두 종류의 서술 모두에서 개별 실체들을 주어들로 허용할 것이다.)

"-이다[is]"의 이러한 용법(즉 "'큼' 자체는 크다", "'아름다움의 형상'은 아름답다"에서의 용법)을 본성에 대한 최소한의 진술로 이해할 경우, 이는 초기 대화편들에서 등장하는 "X가 무엇인가?"라는 정식에서 나타나는, 정의하는 "-이다"에 상응하게 된다. '형상'에 대한 플라톤의 가장 전문적인 표현인 'to ho estin X', 즉 "X의 무엇임[what-is-X]" 또는 아리스토텔레스가 재정식화한 "X임의 무엇임[the what-is-it-to-be-X]"[28]이 표현하는 것이 정확히 **그 자체** 서술에서의 "-이다"이다.[29]

이 구별을 인식하는 것이 '제3의 인간' 논변을 막아 내는 데 기여한다는 것은 분명하다. '큼'은 막대들이나 돌들이 큰 것과는 다른 방식으로 크기 때문에(그것은 **다른 것을 통해**, 그러니까 '큼'을 분유함으로써 큰 것이 아니다), '큼' 자체까지 포함하는 큰 것들의 확장된 집합을 상정할 근거가 없게 된다. 그런데 그러한 집합 없이는 '제3의 인간'

---

[28] 이러한 표현의 원어에 해당하는 'to ti ēn einai'에 대해서는 아리스토텔레스, 『형이상학』 7권(Z) 1029b11 이하를 보라.

[29] 나는 Nehamas(1979)로부터 플라톤식 자기-서술에 대한 아리스토텔레스적 상용구를 차용했다. 물론, 아리스토텔레스는 본질적 서술과 부수적 서술에 대한 플라톤식 구별을 자기식으로 변용했는데, 아리스토텔레스에게는 (플라톤과 달리) 개별적 본질들이 있기 때문이다.

논변을 개진할 수 없다.[30] 설사 우리가 수긍할 만한 비-동일성 원칙의 한 형태를 발견하지 못한다 하더라도, '큼' 자체를 큰 것들의 부류에 포함하는 어떠한 정당한 집합도 존재하지 않는다면 퇴행은 뒤따르지 않을 것이다. 여럿에-걸친-하나 원칙은 논리적으로 동명인 F인 것들의 집합, 즉 **다른 것을 통해** 내지는 다른 것 때문에 F인 것들만을 위한 어떤 새로운 '형상'(F-ness 1)을 도입할 수 있다. '형상' 자체는 자신 때문에 (kath hauto 또는 per se) F이므로 그것의 'F임'은 다른 어떤 것에 대한 언급을 필요로 하지 않고, 따라서 어떤 동형의 여럿에 적용되는 여럿에-걸친-하나의 원칙이 적용되지 않는다. 고대의 플라톤주의자들은 이 점을 명확하게 인지했었던 것으로 보인다. 그들은 여럿에-걸친-하나 원칙이 오직 논리적으로 동류인 것들homogenēs의 집합들에만 적용되고, 따라서 어떤 '형상'과 그와 동명인 것들로 이루어진 집합에는 적용되지 않는다고 명시적으로 주장했다.[31]

　퇴행이 시작되기 전에 논변이 저지된다면 비-동일성 원칙은 그

30　이런 까닭에서 메인월드는 다음과 같은 제목을 달았다. "'제3의 인간'과의 작별(Good-bye to the Third Man)"(1992).

31　Heinamen(1997), 369쪽에 인용된 대목들과 주석 39번과 40번, 그리고 Cherniss(1944), 298쪽 이하와 주석 197번을 보라. 하이네만은 그 원칙이 신플라톤주의자들에게 당연하게 받아들여졌음을 지적한다. 예를 들어 플로티노스는 『엔네아데스』 VI. I. I, 27에서 "οὐκ ὄντος γένους κοινοῦ, ἐν οἶς τὸ πρότερον καὶ ὕστερον"["앞선 것과 나중의 것을 포함하는 공통의 유가 없다면"]라고 말한다. 이는 콜린 스트랭(Colin Strang) 또는 산드라 피터슨에 의해 재구성된 형식적으로 타당한 형태에서조차도, '제3의 인간'을 막기 위해 필요한 원칙이다.

다지 상관없는 것이 된다. 그럼에도 이 원칙이 자기-서술과 양립하도록, 그리하여 이 논변에 대한 형식적으로 타당한 독해가 가능하도록 하기 위해 학자들이 어떤 형태로 이 원칙을 이해하자고 제안해 왔는지를 살펴보는 것이 유용할 것이다. 산드라 피터슨은 NI를 비-자기-설명^{non-self-explanation}의 원칙으로 대체할 것을 제안했다. 즉 어떤 것도 자기-설명적이지 않으며 어떤 것도 그 자신 때문에 F이지는 않다는 것이다.[32] 그러나 이 원칙은 **그 자체** 서술을 부정하는 것이나 마찬가지이다. '제3의 인간' 논변에 따르면, 여럿에-걸친-하나 원칙이 '큼의 형상'을 도입하는 데 필요했던 이유는 다수의 많은 것들에 공통된 큼은 자기-설명적이지 **않기** 때문이었다. '형상' 자체는 가령 **그 자체로** 크기 때문에, 그러한 설명을 필요로 하지 않는다. 따라서 NI에 대한 피터슨의 수정은 비-플라톤적인 전제를 그 대가로 지불할 때에만 형식적으로 타당한 논변을 제공한다.[33]

'제3의 인간' 논변을 떠나기 전에, 우리는 제약되지 않은 형태의 여럿에-걸친-하나의 원칙을 거론하는 것처럼 보이는 『국가』 10권의 두 대목들을 고려해야 한다. 596a에서 소크라테스는 그의 "익숙

---

[32] Peterson(1973), 453쪽 주석 6번. 이와 부분적으로 평행을 이루는 내용을 데이비드 세들리가 "어떠한 원인도 그 자신의 결과와 동일하지 않다"라고 NI를 재구성한 대목에서 찾을 수 있다(Sedley, 1998, 131쪽).

[33] 그 자체 서술에서 '큼'은 그 자체로(per se) 크며, 따라서 '큼'이 큰 이유는 '큼' 자신을 통해서 설명된다. 이는 피터슨이 도입하는 비-자기-설명의 원칙과 배치되기 때문에 칸의 입장에서 피터슨의 수정은 그 자체 서술이라는 형상 이론의 근본적인 구상과 충돌을 일으킨다.

한 탐구 방식eiōthuias methodou”을 다음과 같이 설명한다. “우리는 우리가 동일한 이름을 부여하는 다수의 것들 각각에 어떤 하나의 ‘형상’을 상정하곤 합니다.”[34] 마지막 구절은 두 가지 방식으로 이해될 수 있다. 우리는 하나의 ‘형상’을 상정하고 그 ‘형상’의 이름을 상응하는 다수에 적용하거나(『파이돈』에서 에포노미eponomy라 부르는 것),[35] 혹은 이미 하나의 이름으로 불리고 있는 각각의 다수(가령 많은 큰 것들)에 어떤 ‘형상’을 상정한다. ‘제3의 인간’ 논변에서 전제된 것은 후자의 독법이다. 어떠한 독법에서든, 이 대목에서 여럿에-걸친-하나 원칙은 습관화된 절차로서 제시되며, 퇴행을 일으키게 될 이 원칙의 반복적인 적용을 방지하는 어떠한 제약도 없다. 얼마 안 가 597c-d에서 소크라테스는 진정한 의미에서의 신이 왜 단 하나의 침상의 ‘형상’ho estin klinē을 만들었는지를 설명한다.[36] “만약 그가 단 두 개를 만들었더라면, 다시금 이 둘 모두가 그 형상eidos을 가질 하나의 침상이 나타날 것이고, 그것이 진정한 ‘침상’일 것이며 이는 둘이 아닐 것이네.” ‘제3의 논변’과 마찬가지로 『국가』에서의 이 논

---

34 εἶδος γάρ πού τι ἓν ἕκαστον εἰώθαμεν τίθεσθαι περὶ ἕκαστα τὰ πολλά, οἷς ταὐτ ὸν ὄνομα ἐπιφέρομεν.

35 『파이돈』 102b를 참고하라.

36 ‘진정한 의미에서의’로 옮긴 말은 ‘appropriate’이다. 이는 형상-앎-신의 관계를 고려한 번역인데, 플라톤은 형이상학적으로 먼저 다수의 침상들과 대비되는 침상의 형상이 반드시 하나일 수밖에 없다는 것을 보인 뒤, 진정한 앎은 이 형상을 아는 것이라 규정하고, 일반적으로 지혜롭다고 여겨지는 신이 이러한 의미에서 아는 자이기 위해서는 그가 반드시 하나인 침상의 형상을 만드는 자여야 한다고 생각했을 것이다. 따라서 ‘진정한 의미에서의’ 지혜로운 신, 신다운 신은 하나의 침상의 형상을 만들 것이다.

변은 어떤 다수의 X는, 심지어 (불가능한 일을 가정하자면^{per impossibile}) 이 다수에 어떤 '형상'이 포함되더라도, 그것들의 공통적인 본성을 뒷받침하기 위해 어떤 추가적인 X를 필요로 할 것이라고 가정한다. 이 논변이 함축하는 비-동일성은 난처한 결과를 낳는데, 왜냐하면 '제3의 침상'이 가정상의 두 침상들과는, **심지어 이 두 침상이 '형상들'이어도**, 다르다는 것을 함축하기 때문이다.

『국가』 10권의 이 독특한 추론에 대한 성찰을 통해 (플라톤 본인에게든 어떤 비판자에게든) '제3의 인간'에서의 퇴행이 발생하게끔 유사한 논변을 구성할 수 있다는 것이 드러났을지도 모른다. 방금 인용한 『국가』 10권의 두 대목들 모두 여럿에-걸친-하나 원칙의 어떤 제약되지 않은 용법을 포함하고 있다. 그 두 번째 대목은 '침상의 형상'과 그것의 본성 사이에 (가정적으로나 반사실적으로나) 모종의 구별을 도입했다는 추가적인 문제점을 갖는다. 그러한 구별은 동명의 것들 안에 현전하는 것으로 이해되는 내재적 형상들이라는 관념을 제시하는데, 이는 아포리아 6에서 난처한 문젯거리로 밝혀지게 될 이해 방식이다. 따라서, 이 두 대목들은 '제3의 인간'의 문제에 비추어서 수정(그리고 두 번째 대목은 아마도 삭제)되어야 할 것이다.

이와 부분적으로 평행을 이루는, 창조된 세계의 유일성에 관한 『티마이오스』 31a의 논변에서는 이런 문제가 발생하지 않는다. 그 논변에서는 가시적 세계의 유일성이 그것의 지적 모델(본)의 유일성으로부터 직접적으로 따라 나오며, 후자[즉, 지적 모델의 유일성]는 공유된 어떤 공통 본성(『국가』 10권의 '제3의 침상' 논변에서처럼)에 대한 가정보다는, 부분들의 완전한 다수성을 포함하는 어떤 포괄적인 전체라는 덜 문제적인 관념에 의해 구축된다.

아포리아 4. 사유들로서의 '형상들'(132b3-c11)

소크라테스는 그의 이론을 재정식화함으로써 퇴행을 피해 보려 하는데, 아포리아 4는 이를 위한 두 번의 시도 가운데 첫 번째 것이다. 그러나 두 번째 시도가 플라톤이 실제로 『국가』에서 사용했고 『티마이오스』에서 다시 사용하게 될 '형상' 이론의 한 대안적인 형태(본들로서의 '형상들', 이미지들로서의 감각적인 것들)를 제시하게 되는 것과는 달리, 지금의 제안은 '형상들'이 영혼들 안에 위치한 사유물 noēmata이라 봄으로써 '형상'은 어떤 것 **안에** 있지 않다는 『향연』의 근본적인 주장과 정면으로 충돌한다. '아름다움' 자체는 "어떠한 말logos이나 지식이 아니고, 어떤 장소나 어떤 것 안에 위치해 있지도 않은데, 가령 생물이나 땅이나 하늘 혹은 다른 어떤 것 안에 있지 않다"(211a7). 여기에서 소크라테스는 이 이론에 대한 한 가지 근본적인 변화를 제안했다. 초월적인 '형상들'을 고대 및 현대의 많은 철학자에게 호소하는 모종의 "개념주의적" 설명으로 대체한 것이다. 따라서, 몇몇 후기 플라톤주의자들은 실제로 '형상들'을 신의 정신 안에 있는 "관념들Ideas"로 자리매김하고자 했다. 하지만 이는 플라톤이 제시했던 형태는 아니며, 그는 이것을 빠르게 폐기한다.

어떻게 이 제안이 퇴행을 피할 수 있다는 것일까? 데이비드 세들리의 지적에 따르면 플라톤은 '제3의 인간'을 정식화하는 『파르메니데스』의 대목에서 '큼' 자체를 다수의 큰 것들에 더해 생겨난 새로운 집합을 "영혼으로써 본다"(132a7)라는 점을 강조하며 이러한 해석을 "심어 두었다." 소크라테스가 던진 새로운 제안의 요점은 만약 '형상'이 **영혼 안에** 위치해 있다면, 그것이 영혼**으로** 바라보게 되는 외적인 것들 중 하나일 수는 없고, 따라서 퇴행이 발생하지 않는다는 것이다.[37]

그러나 파르메니데스의 목소리로 플라톤이 말하길, 사유는 어떤 것인^{on ti}(132b11-c2) 독립적인 대상을 가져야만 하고, 만약 그 사유가 하나라면, 그것의 대상도 단일한 것이어야 한다. 그러나 만약 이 사유(가령 큼에 대한 사유)의 대상이 큼의 모든 경우에서 하나이자 동일하다면, 이 단일한 대상은 그 자체가 '형상'일 것이며, 우리는 다시금 퇴행에 빠지게 된다. 나아가 모든 것들의 속성들이 '형상'을 나누어 가짐으로써 설명되어야 한다면, 그리고 그 '형상'이 하나의 사유라면, 모든 것들은 사유들로 이루어질 것이고 모든 것들은 사

37　세들리는 다음과 같이 썼다. "여럿에-걸친-하나의 원리는 정신이 접근하는 일련의 객관적인(objective) 사항들을 상호 연결하도록 고안되었다. 만약 '형상'이 그와는 달리 주관적(subjective)임이 드러난다면, 이런 '형상'은 더 이상 그 탐구가 취급하는 사항이 아닐 것이다"(1998, 130쪽), 강조는 원문이다.

유할 것이다. 그게 아니라면 이 사유들은 어쨌든 사유하지 않는 것 ^{anoēta}이어야 하는가? 여기서 파르메니데스의 논박은 말장난으로 끝을 맺고, 사유로서의 '형상들'로부터 사유 중인 분유자들로 나아가는 그의 추론은 그리 설득력 있어 보이지 않는다. 어떤 이는 플라톤이 이 제안을 진지하게 받아들이지 않는다는 인상을 받는다.[38] 내 생각에 그가 이것을 언급한 이유는 다른 이들이 이를 매력적으로 여기리라는 것을 알았기 때문이다. 그러나 '형상들'의 교설은 사물들의 속성들에 대한 우리의 앎을 설명하려는 인지적인 관심뿐만이 아니라, 애초에 사물들이 어떻게 속성들을 소유하고 있는지를 설명하려는 존재론적인 문제들을 동기 삼아 생겨났다. 사유들로서의 '형상들'에 대한 이론은 세계가 사유 활동으로 이루어져 있는 경우에만 세계를 설명할 수 있을 것이다.

아포리아 5. 본들로서의 '형상들'과 그것들의 이미지들 혹은 닮음들로서의 여럿(132d-133a)

분유는 "닮게 만들어짐^{eikasthēnai}"으로 이해되어야 한다는 소크

---

[38] 마일스 번예이트(Myles Burnyeat)가 지적하듯, 플라톤은 "우리가 가진 사유의 범주들을 참고해 세계의 본성을 설명하려 시도한다는 발상을" 진지하게 고려하지 않는 경향이 있다(1982, 21쪽). 이곳에서 다룬 파르메니데스의 논변에 대한 비판으로, Gill(1996), 40-42쪽을 보라.

라테스의 두 번째 제안은 진지하게 받아들여져야 하는데, 왜냐하면 이 제안은 '형상들'을 모방을 위한 모델들, 그러니까 닮은 것들을 위한 원본들로 보는 이해 방식을 도입하기 때문이다. 이는 『국가』 와 후기 대화편들에서 플라톤의 표준적인 정식을 대표한다. (따라서 '형상'-동명의 것 관계는 『파이드로스』 250a-d, 『정치가』 300c-301a, 그리고 『티마 이오스』에서도 닮음 혹은 닮아 있음의 측면에서 표현된다.)

파르메니데스의 반론은 이 닮음 관계를 통한 이해 방식이 유사 함이라는 대칭적 관계를 수반한다는 주장에 근거한다. "만약 어떤 것이 '형상'을 닮아 있다면, '형상'이 그 닮게 만들어진 것^{tōi eikasthenti} 과, 그것이 그 '형상'과 유사하게 된 정도만큼^{aphrōmoiōthē} 유사하지 않을 수 있을까?"(132d5) 여기에서 유사성이 지닌 상호적인 성격에 관해서는 의심의 여지가 없다. 만약 A가 B와 유사하다면, B는 A와 유사해야만 한다. 문제는 그런 상호적인 유사성이 닮음 관계에 필연적으로 수반되는지의 여부이다.

(이곳에서 파르메니데스는 '형상'과 그와 동명인 것 사이의 관계가 유사성의 관계일 경우, 악순환이 뒤따를 것임을 증명하기 위한 논변을 도입하는데, 나는 이것을 분석하지 않겠다. 그 논변은 두 개의 상이한 방식들로 해석될 수 있는데, 각각의 경우 모두 퇴행을 수반한다.[39])[40]

---

[39] 대화편 속 파르메니데스가 제시하는 퇴행의 근거는 대강 다음과 같다. '형상 A'와 그것 과 닮은 분유자 a가 서로 닮았다면 그것들은 어떤 하나의 형상에 필연적으로 관여해 야 한다. 그 결과 '형상 A' 외에 또 다른 '형상 A1'이 필요하다. 그리고 '형상 A1'이 또 무

대부분의 주석가들이 파악했듯, 이 반론을 논박하는 하나의 방법은 유사성이라는 대칭적인 관계를 파르메니데스가 모종의 닮음에 의한 이미지화 또는 표상이라는 비대칭적인 관계로 대체할 때 이를 거부하는 것이다. 이러한 행보가 파르메니데스에게는 그리 어려운 것이 아니었는데, 왜냐하면 우리말 표현 "닮은 것^{likeness}"이 "닮은^{like}"에서 파생했듯, 닮은 것을 뜻하는 그리스어 표현들 중 하나인 '호모이오마^{homoiōma}'가 '-와 유사한'이란 뜻의 형용사 '호모이오스^{homoios}'로부터 파생했기 때문이다. 그럼에도 불구하고 이미지화로부터 유사성으로의 이러한 전환을 받아들이지 않을 수 있다. 왜냐하면 일반적으로 어떤 초상화가 그것의 모델^{subject}을 닮아 있다고 해서 그 결과 표상된 그 인물이 반드시 그의 혹은 그녀의 초상화를 닮아 있어야 하는 것은 아니기 때문이다. 피카소는 자신이 그린 거트루드 스타인의 초상화를 두고 그녀가 그 초상화를 닮게 될 것이라고 말한 바 있는데, 이러한 예견은 일종의 농담이었다. 어떤 사물과 그것의 이미지 사이의 닮아 있음은 쌍둥이들 간의 유사성과는 경우가 다르다. 어떤 인물과 그녀의 초상화는 (마치 어떤 동물과 그것의 사진처럼) 상이한 부류의 존재자들이기 때문에 어떠한 속성을 공통

언가와 닮아 있다면 또다시 새로운 '형상'이 도입되어야 하며 이는 무한히 계속된다 (133e-134a).
40 Gill(1996), 44쪽 이하와 Allen(1997), 181쪽 주석 28번을 보라. 이들은 이 애매함이 의도적이라는 주장을 제시한다.

으로 가질 필요가 없다. 어떤 인물과 그녀의 초상화가 닮아 있다면, 이는 그 인물도 가지고 있는 어떤 속성을 초상화가 가지고 있기 때문이 아니라, 오히려 어떤 식으로든 그 초상화가 "그녀와의 닮음을 포착했기" 때문이다. 그 초상화가 좋은 초상이 되는 것은 아마도 그 인물이 마르고 음울한데 그 초상화가 어떤 마르고 슬퍼 보이는 인물을 표상하고 있기 때문일 것이다. 그러나 그 그림 자체는 마르지도 음울하지도 않다.[41]

더군다나 닮아 있음의 관념을 도입하는 『파이돈』에서의 논변을 돌아보면, 한 쌍의 막대기들 또는 돌이 '동등함의 형상'을 닮아 있으려고 **시도**할지라도, 부득불 그에 미치지 못한다는 것(75b)을 플라톤이 주의 깊게 지적해 놓았음을 알 수 있다. 따라서 이미지 관계 자체는 이 반론이 의존하고 있는 대칭성이라는 관념을 도입하지 않는다.

아포리아 6. 최후의 가장 큰 난점으로서의 분리: 아무런 인과적 혹은 인지적 관계를 갖지 않는 두 세계(133b-134e)

이 아포리아는 지금까지의 것들 가운데 가장 길고 정교한 반론

---

41   이 대목에서 나는 리처드 패터슨(Richard Patterson)의 논의(1985), 특히 3장 "이미지와 실재"로부터 도움을 받았다.

으로, 헤겔^{Georg Wilhelm Friedrich Hegel}의 변증법에 인상적인 영향을 남긴 '주인'과 '노예'의 개념들을 다룬 대목을 포함하고 있다. 거의 아리스토텔레스적인 관점에서 보자면 반론의 요점은 "그들 자체로의 auta kath' hauta" 존재자들로서 '형상들'이 갖는 분리된 지위가 그것들을 우리에게 불가지한 것으로 만들고 "우리 가운데among us"에 있는 것들에 대한 어떠한 설명과도 무관하게 만든다는 것이다. 나는 이것이 가장 큰 난점이라는 파르메니데스의 주장에 십분 동의하는데, 왜냐하면 이것이 이 이론에 대한 가장 심오한 문제를 제기하기 때문이다. ― 이 문제는 애초에 파르메니데스가 분리를 뜻하는 표현(chōris)을 강조한 데서 암시되었다.

우리는 이미 플라톤의 이론이 내재를 일관적으로 설명하는 데서 생겨나는 어려움, 즉 감각적인 동명의 것들이 어떻게 상응하는 '형상'과의 관계에 의존하고 또 그것에 의해 규정되는지를 설명하는 데서 생겨나는 어려움에 주목해 왔다. 『파이돈』에서 이 이론에 관해 처음으로 일반적인 진술이 이루어질 때에도 이것이 문제로 인식되었는데, 그곳에서 소크라테스는 "나는 그 다른 것들에는 작별을 고한 채 … 다음과 같은 것만을 내 곁에 붙들고 있을 걸세. 그것을 아름답게 만드는 것은 다름 아닌 저 아름다움이라는 것, 그것의 현전이 되었건, 공존이 되었건, 어떤 식으로 어떻게 그것이 덧붙여지건 말일세"(100d)라고 밝힌다. 분유라는 용어는 무언가가 어떤 속성이나 특징을 가지고 있다는 것에 대한 친숙한 비유이지만, 실은 모종의 설명을 위해 세워진 대리물place-holder에 불과하다는 것이 드러난다. 아포리아 2가 보여 주었듯, 이 은유는 어떠한 설명력도 가질 수 없다. 앞서 아포리아 5에서 소크라테스는 분유를 이미지화 혹은 "-에 닮게 만들어짐"으로 대체할 것을 제안했지만, 아포리아 3에서와 유사한 퇴행의 희생양이 되고 말았다. 따라서 이 마지막 반론은 분유에 대한 어떠한 설명도 주어진 적이 없다고 가정할 수 있다. "형상들"이 감각적인 동명의 것들에 갖는 근본적인 영향은, "우리 안"에 어떤 '형상'에 대응하는 속성이 현전한다는 설명되지 않은 사실로 남겨져 있다. 아포리아 6은 '형상들'과 동명인 것들 사이의 이 설명되지 않은 수직적 관계로부터 '형상들'을 '형상들'끼리 그리고 동명의 것들을 동명의 것들끼리 연결하는 상응하는 두 수평적 관계들로 주의를 돌린다.

산드라 피터슨을 비롯한 여타의 사람들은 이 기발한 논변에 담긴 논리를 세심하게 재구성해 왔는데, 상세한 설명을 위해 그들의 논의들을 언급하고자 한다.[42] 이 논변은 형식적으로 타당하기 때문에, 우리는 '형상들'을 불가지하게 만들고 인간과 무관하게 만들기 위해 이곳에서 작동하고 있는 하나 혹은 여러 전제들을 확인해야 한다. 이 논변이 도전을 받을 만한 지점이 적어도 두 군데 있다.

(1) 비록 '주인의 형상'이 '노예의 형상'과의 관계에서 정의된다

---

[42]   Sandra Peterson(1981), 그리고 Mueller(1983)와 Rickless(2007), 85-93쪽.

는 주장이 합리적이라 하더라도, 이로부터 인간인 주인들과 노예들이 서로에 대해 (그들이 그러한 바대로) 정의된다는 점은 따라 나오지 않는다. 인간 주인은 '주인 됨의 형상^{Form of Mastery}'에서 드러나는 조건들(즉 "무엇이 주인인가?"라는 질문에 대한 대답)을 만족함으로써 정의상 주인이기는 하지만, 현실에서는 어떤 인간 노예의 주인이다. 이 논변은 '형상'과 그것의 동명의 것 사이의 수직적 관계를 "우리 가운데"의 두 당사자들이 갖는 수평적인 관계로 대체함으로써 주의를 전환한 것에 의지한다. 실제로 "우리 가운데"의 주인들과 노예들을 함께 연결하는 것은 어떤 개념적인 관계나 정의의 문제가 아니라 법적인 소유와 물리적인 위협이 갖는 힘의 관계이다. 이 오류는 인간 주인들과 그들의 노예들을 결합하는 사회적 힘^{dynamis}의 관계를 마치 상응하는 '형상들' 사이의 관계와 평행을 이루는 개념적인 참인 것처럼 취급하는 데서 발생한다.[43]

(2) 상호 관계적인 '형상들'과 상호 관계적인 동명의 것들 사이에 상정된, 오해의 소지가 있는 이 평행성은 아포리아 6의 논변에 개연성^{plausibility}을 부여하기는 하지만, 결론을 도출하는 데 반드시 필

---

[43] 우리는 133e5에서 아포리아 6의 논변이 '뒤나미스(δύναμις)'라는 용어를 애매하게 다루고 있다고 말할 수 있을 것이다. "우리 가운데의 것들은 '형상들'에 대하여 힘(δύναμις)을 갖지 않고, '형상들'도 우리에 대하여 힘을 갖지 않으며, 내가 말하듯, '형상들'은 그들 자체에 속하고 그들 자체와 관련하며, 우리 가운데의 것들은 마찬가지로 그것들 자신과 관계한다." '형상들'을 언급하는 경우에는 힘이 '형상들'의 본성 혹은 정의를 규정한다. 인간 주인들과 노예들 사이에서는 그것이 단순히 힘을 의미한다.

수적인 것은 아니다.[44] 이 논변에서 보다 불가피한 오류는 주인-노예 관계와 앎-앎의 대상 관계 사이에 상정되는 평행성으로, 이때 대상이란 참 혹은 실재(따라서 '형상들')로 이해된다.[45] 주인-노예의 경우에서는 어떠한 항도 상대항을 언급하지 않고는 정의될 수 없다. 반면에 플라톤에게는 (그리고 일반적으로 실재론자인 철학자들에게는) 인식 가능성knowability이 일반적인 경우이든 혹은 특정한 주제들에 대해서든 참의 정의를 이루는 부분은 아니다. 이 오류는 특히 앎의 특정한 대상들에서 분명하다. 그렇기에 동물학의 정의는 동물들에 대한 어떤 언급을 필요로 하지만, 그 역은 아니다.

이러한 형식적인 불완전성들이 내재되어 있긴 하지만, 이 아포리아가 상당히 강력한 반론이라고 소개된 것은 옳은 일이었다. 이 반론의 힘은 '형상들'과 동명의 것들을 서로 분리할 수 있으리라는 전망에서 생기는데, 이때 분리란 존재론적인 그리고 인지상의 완전한 독립성으로 이해된다. 감각적 세계에서 식별되는 속성들이 사물들의 영원한 본성 안에 있는 어떤 '형상'과 어떻게 관계하는지에

---

44   지금의 논점과 뒤따르는 논점과 관련해서 나는 위가르 아바치(Uygar Abaci)의 논평들에서 도움을 받았다.

45   '주인-노예'의 비유 직후 134a-e에서 파르메니데스는 우리로부터 분리된 '형상'에 대한 인식 불가능성을 주장한다. 그에 따르면 앎이란 어떤 대상에 관한 것인데, 우리 쪽의 앎은 우리 쪽의 대상에만 관계하기 때문에, 우리로부터 분리되어 있는 '형상'에 관해서 우리는 어떠한 참된 앎도 가질 수 없다. 같은 논리로 '형상'에 대한 앎을 가진 존재도 우리 쪽 세계에 관해서는 아무것도 알 수가 없다. 134e에서 파르메니데스는 분리된 두 세계에 관한 논변을 마무리하며 '주인-노예'와 '앎-앎의 대상'의 관계를 나란히 병치하는데, 칸은 사실 두 관계가 그리 평행하지 않다는 점을 지적하고 있다.

대한 아무런 설명도 갖지 못한 채, 우리에게는 평행하는 두 수준의 실재들이 남게 된다. "우리 안의" 그러한 속성들을 받아들이는 것은 아리스토텔레스의 내재적 형상 교설과 더 비슷해 보이는 또 다른 이론을 가리키는 것처럼 보인다.[46] 그러한 속성들을 인정한다면 "그 자체로 그 자체인" 분리된 '형상들'을 상정하는 것은 불필요해진다.

반면에 그와 같은 내재적 속성들에 대한 찬동은 『파이돈』의 여러 대목들에서 분명하게 함축되어 있고("우리 안의 큼") 소크라테스를 향한 파르메니데스의 질의에서도 다시금 가정된다("우리가 가지고 있는 유사성과는 분리되어 있는 '유사성' 그 자체", 130b4). 나는 아포리아 6에서 플라톤이 만족스러운 '형상' 이론에서 제거되거나 근본적으로 재해석되어야 하는 관념으로서, '형상들'과도 또 주체인 우리와도 구별되는 것으로서 우리 안의 속성들이라는 관념에 주목하도록 만들고 있다 생각한다. 미리 내다보자면 우리는 그러한 속성들이 『필레보스』에서 "생겨나(-되어) 있는 있음(-임) being that has come-to-be" 그리고 『티마이오스』에서 수학적 구조들로 재등장할 것임을 알 수 있다. 『티마이오스』에서는 완전한 설명을 위해 그러한 '형상들'의 이미지들이 나타날 수 있는 영역으로서 '수용체'에 대한 이론이 요구

---

46 아포리아 6에 대한 아리스토텔레스의 해석과 그가 아포리아 6에 빚지고 있는 바에 대한 논평으로, Allen(1997), 198-202쪽을 보라.

될 것이다.

2. 2부: 여덟 개의 연역들

대화편의 2부는 논변들로 이루어진 미궁이다. 이 논변들은 서로 모순된 결론을 가진 여덟 (혹은 아홉) 개의 연역들로 구획되어 있다. 이 중에서 다수의 논변들이 연역적으로 타당하다. 몇몇은 타당하지만 그 전제가 의심스럽고, 몇몇은 의도적으로 애매하고 불명확한 요소를 활용하는 것처럼 보인다. (어떤 학자들은 이 모든 논변들이 타당한 것으로 읽히도록 의도되었다고 주장해 왔지만, 나는 이 주장이 믿을 만하지 않다고 생각한다.)[47] 이 전체 기획이 매우 이상했기에 플라톤에게 우호적인 몇몇 이들은 모순에 대한 이 긴 훈련을 일종의 정교한 농담으로 해석함으로써 그의 명성을 지키고자 했다.[48] 이 대목이 지닌 긍정적인 철학적 기여를 모색하는 학자들은 이 연역들을 『소피스트』와 『필레보스』에서의 교설들, 그리고 아리스토텔레스의 『자연학』에서의 개념적 분석들과 결합해 주는 연결고리들을 강조해 왔다. 그러나 어떠한 해석도 이 당황스러울 정도로 복잡한 텍스트가 지닌 모

---

[47]　예를 들어, Meinwald(1991), 79쪽 그리고 179쪽 주석 1번, 그리고 Peterson(1996), 170쪽 주석 7번.
[48]　잘 알려져 있듯, Cherniss(1932)와 A. E. Taylor(1934), 8-9쪽.

든 목표와 성과를 포착할 수는 없었다. 이후 논의에서 내가 시도하는 것은 2부의 철학적 내용을 플라톤의 나머지 저작들과의 긴밀한 연관 속에서 해명하는 일이다. 나는 이 여덟 개의 연역들을 (네 개의 긍정적인 연역들의 경우) 『소피스트』에서 '형상들의 함께-엮임 symplokē eidōn'이라 부르는 것에 관한 훈련으로, 그리고 (네 개의 부정적인 연역들의 경우) 우리가 '분리되었다 chōrismos'고 부를, 다른 모든 것들로부터 분리 혹은 고립된 단일한 '형상'을 가정할 때 따르는 무익함을 드러내는 훈련으로 이해하는 것이 최선이라고 제안할 것이다.[49]

다음의 두 예비적인 견해를 밝힌다. (1) 나는 이 연역들을 역사적으로 해석하는 방식을 따르지 않을 것이다. 즉 이것들을 파르메니데스와 제논에 대한 비판적인 응답, 혹은 우리에게 알려진 바가 거의 없는 메가라학파 철학자들과 피타고라스주의 철학자들에 대한 공격으로 해석하지 않을 것이다. 이 대화편과 여타의 대화편에서 플라톤은 경외에 가까운 심정으로 파르메니데스를 대하고 제논에게는 상당한 존경심을 갖고 대한다. (반면에, 『소피스트』에서 파르메니데스의 교설을 비판해야 한다고 느낄 때는 의문의 여지가 없게끔 비판의 의도를 명확하

---

[49]　'코리스(χωρίς)'("분리된")라는 용어는 논리적으로 구별되는 것이나 수적으로 구별되는 것, 혹은 물리적으로 분리되어 있는 것을 의미할 수 있다. 그러나 내가 이곳에서 고려하고 있는 '코리스모스(χωρισμός)'는 보다 강한 어떤 것, 즉 '형상들' 사이의 어떠한 혼합이나 결합에 대한 부정, 그러니까 '형상들' 사이의 분유(μετέχειν)에 대한 부정이다. 이는 텍스트상에서는 '스테레타이(στέρεται)'에 의해서(157c1을 비롯한 도처) 그리고 연역 4에서는 '코리스'에 의해서(159b6, c4, c7) 지시된다.

게 드러낸다.) 물론 몇몇 연역들은 제논식 논변에 대한 패러디인 것으로 보이며, 플라톤의 대부분 저작에서 그러하듯 이 대화편에도 여지없이 분명한 희극의 기미가 있다. 그러나 이 논변들을 숨겨진-역사^{crypto-history} 내지는 플라톤의 몇몇 선행자들에 대한 적대적인 비판으로 읽는다고 해서 어떠한 유의미한 통찰이 획득되리라고 생각하지 않는다.

(2) 나는 이 대목에 대한 텍스트상의 안내를 우리가 액면 그대로 받아들여야 한다고 생각하는데, 그에 따르면 이 대목은 플라톤 철학의 건설적 작업에 독자들이 대비하게끔 기획된 일종의 논리적인 훈련이다. 차고 넘치는 논변의 오류들을 발견하는 것은 이러한 연습의 일환인 것이 분명하다. (아리스토텔레스의 저작 이전에는 형식적 타당성이라는 개념이 주제화되지 않았으나, [형식적 타당성에 따른 논변과] 쟁론술 사이의 대비에 익숙했던 플라톤의 독자들이라면 기만을 위한 논변이라는 관념에 익숙했을 것이다.) 그러나 이 훈련의 보다 건설적인 목표는 객관적인 개념들, 즉 '형상들' 간의 연결, 구분 그리고 상호 배제를 표현하는 논리적 구조들을 인식하는 것이다. 한 가지 중요한 혁신은 두 종류의 서술을 구분한 것인데, 이 구분은 '형상' 이론을 일관적으로 논하는 데에 필수 불가결한 것으로 드러나게 된다. 그리고 이러한 형식적 구조를 넘어서는 또 하나의 새로운 목표는 생성하고 소멸하는 자연 세계를 해석하기 위한 개념적 틀을 구상하는 것이다. 따라서 이 여덟 연역들의 기능 중 하나는 독자들이 자연 철학에서의 건설적인

작업에 준비되도록 만드는 것이다.

그러므로 『파르메니데스』는 근본적으로는 이행기의 작품으로 이해될 수 있으며, [중심 화자가] 소크라테스에서 파르메니데스로 교체되는 것이 바로 그 이행의 상징이다. 『파르메니데스』는 이전 대화편들의 형이상학적 교설을 비판적으로 회고하면서도, 그 이론이 자연 세계에 적용되게끔 재구성되리라는 기대를 담고 있기도 하다.

이제 2부의 텍스트 해석으로 넘어가자. 이 모든 연역들의 주제는 "하나the one" 혹은 "하나 외의 여타들the others than one"이다. 그런데 하나란 무엇인가? 적어도 세 가지 가능성이 있다. (1) 플라톤적 '형상'으로서 '하나 그 자체', (2) 단일성 혹은 하나임이라는 속성, (3) 하나인 어떠한 존재자가 그것이다.[50] 연역 2에서 등장하는 (3)의 특별한 사례도 있는데, 이 경우 '하나'는 연장, 시간 그리고 변화라는 속성들을 취하며, 따라서 외견상 자연 세계와 동일시될 수 있다.

'형상'이라고 작은따옴표[51]를 씀으로써 (1)과 (2)의 해석들이 맺

---

[50] Allen(1997), 247쪽과 비교해 보라. 그는 연역 2의 주어가 의도적으로 애매하다고 본다. 그것은 "추상적인 '단일성' 혹은 하나임이라는 속성일 수도 있고, 아니면 각각을 모두 통칭하는 하나인 어떠한 것(whatever is one)일 수도 있다."

[51] 본래 칸이 사용한 방식은 '형상'을 가리키는 단어의 첫 글자를 대문자로 쓰는 것이었다 (예를 들어 "Form"). 한글에는 대소문자 구분이 없기 때문에 부득이 작은따옴표를 이용해 칸의 표기 방식을 대체하였다. 그 결과 칸이 본래의 의미에서 작은따옴표를 사용하는 경우와의 혼동이 생기게 되었지만 문맥에 따라 구분이 가능하다는 판단하에 다른 별도의 기호를 도입하지 않았다. 특별히 구분이 어려운 대목에서는 주석을 통해 안내하였다. 본문에서 칸이 재차 강조하듯 이곳에서의 '형상'은 고전적인 '형상' 이론에서의 초월적인 지위를 갖고 있지 않음에 유의해야 한다.

는 관계를 예단하려는 것은 아니다. (1부에서 비판되었듯) 고전적인 이론에서 '형상들'이 갖는 형이상학적 지위가 2부에서 논해지는 화제 중 하나인지는 결코 분명하지 않다. 이곳에서는 초월적인 '형상들'에 감각적인 것들이 관여하는 문제가 언급되지도 않고, 일반적인 의미에서의 있음(-임)과 '형상들'의 "진정한 있음(-임)^{ontōs on}" 사이의 대조도 없다. 2부에서 우리는 보다 느슨하고, 덜 형이상학적으로 제기된 형상^{eidos}의 관념을 다룬다. 나는 이 대목에서 "형상^{Form}"과 "개념^{concept}"이라는 용어를, 감각 지각의 대상과 구분되는 것으로서 에이도스라 불릴 수 있는 어떠한 것에든 폭넓게 사용한다. (고전적 이론에서의) '형상'이라는 형이상학적인 관념이 배후에 놓여 있기는 하지만, 2부에서 직접적으로 말해지지는 않는다. 분명히 전문적인 표현에 준하는 상용구 hoper estin hen(139c1)과 auto to hen(143a6)[52]이 등장하기는 하지만 말이다. 2부에서 '하나'의 의미를 두고 발생하는 가장 기본적인 애매성은 아마도 구문론상의 주어와 서술어 사이의 애매성, 다시 말해, 단일성이라는 속성^{attribute}을 가진 것으로서의 하나(하나인 어떠한 것)와 속성 그 자체(하나임) 사이의 애매성이다. "하나^{one}" 같은 용어들이 지시하는 바는 연역들에 따라, 그리고 심지어 같은 그룹 내의 논변들에서도 이 두 해석 사이를 오가는 것처럼 보

---

52   'hoper estin hen'은 '하나인 바로 그것', 그리고 'auto to hen'은 '하나임/하나인 것 자체'로 번역할 수 있다.

인다.

독해상에서의 명확성을 위해 나는 이 용어들이 [각 연역마다 처음에 세워지는] 가설의 주어를 지시하는 것으로 보일 때마다 '하나One'와 '여타들Others'처럼 작은따옴표로 처리한다. 이러한 표기는 이 변증술적인 드라마의 두 중심 소재들에 부과된 약간의 의인화를 반영하게끔 한 것이다.

비록 하나의 존재자(단일성을 소유하는 어떤 주체)로서의 "하나"가 지시하는 범위가 매우 넓지만, 내 생각에 무제한적이진 않다. 이 전체 훈련은 대화편의 전반부에서 강조된 다음의 조건, 즉 이 논의가 "가시적인 것들이 아니라 어떤 이가 로고스logos 속에서 가장 잘 파악하고 형상들eidē이라 간수할 것늘에 관한" 것임을 전제하는 것처럼 보인다(135e, 그리고 130a1-2에 되풀이된다). 비록 연역 2에서의 '하나'는 공간적인 속성들과 시간적인 속성들을 가지고 생성에 관여할 것이지만(그리하여 그것은 분명 어떤 '형상'은 아니지만), 이곳에서는 색이나 냄새와 같은 어떠한 감각적 속성들도 언급되지 않고, 심지어 뜨거움과 차가움, 습함과 건조함 같은 성질들도 언급되지 않는다. 연역 2에서 이 '하나'에 대한 감각 지각aisthēsis의 가능성은 155d6에서 분명하게 긍정된다. 그럼에도 '하나'는 결코 감각적인 용어로 기술되지 않는다. 연역 2, 그리고 건설적인 한에서 다른 연역들은 자연 세계의 시-공간적인 존재에 대한 엄격하게 개념적인 틀을 제공한다. 따라서 이 연역들에서 주어지는 단일성과 다수성에 대한 설명은 특정 감각들의 대상인 감각 성질들을 체계적으로 배제하는 것처럼 보인다. 비록 연역 5에서의 '하나'는 (나의 제안에 따르면) 분명 비-'형상'이지만, 이 경우에서도 감각적 성질들에 대한 어떠한 조짐도 없다.

처음의 네 연역들은 **만약 '하나'가 있다**(-이라)면이라는 가정에서 출발한다. 연역 1과 2는 '하나'가 있을 때의 귀결을 고려한다. 연역 3과 4는 '여타들', 즉 어떤 다수성의 결과들을 고려한다. 그다음의 네 연역들은 **만약 '하나'가 있**(-이)지 **않다면**이라는 부정적인 가설로 시작하는데, 다시금 두 개의 연역들은 '하나'와 관련되고(연역 5와 6) 다른 두 개는 '여타들'과 관련된다(연역 7과 8).

이 연역들 중 네 개는 순전히 부정적인 결과에 이른다. 그리하여 연역 1은 '하나'는 어떤 여럿이 아니기 때문에, '있음(-임)^{Being}'을 포함한 어떠한 속성들도 가질 수 없다고 논한다. (따라서 연역 1의 '하나'는 전혀 있지 않고, 심지어 하나이지도 않다.) 연역 4는 만약 타자들이 '하나'로부터 전적으로 분리되어^{chōris} 있고 '하나'에 전혀 관여하지 않는다면, 그것들은 어떠한 단일성도, 속성들도 가질 수 없다고 결론을 내린다. 연역 6은 만약 '하나'가 어떠한 방식으로도 있(-이)지 않다면, 그것에 관해서 아무것도 말해지거나 알려질 수 없다고 논한다. (이 '하나'는 『소피스트』의 절대적 '있(-이)지-않음^{Not-Being}'을 미리 보여 주고 있다.) 연역 8은 만약 '하나'가 전혀 있(-이)지 않다면, '여타들'의 어떠한 외양[53]도 없다고 논한다. 따라서, 이 연역들의 기획은 비존재자^{nonentity}라는 어둠으로 끝을 맺게 된다.

네 개의 건설적인 연역들의 주장들을 요약하는 것은 더 어렵다. 특기했듯 연역 2는 자연 세계에 대한 어떤 완전한 이론을 위한 개념적인 윤곽을 제시한다. 연역 3은 '여타들'에 의해 제시되는 다수성의 관념을 탐구하여 『필레보스』와 "쓰이지 않은 교설"의 부정 '쌍수'에서 발전하게 되는 '무한정Unlimited'의 개념을 미리 보여 준다. 연역 5는 『소피스트』에서 보다 완전하게 분석될 '있(-이)지 않음'이라는 건설적인 관념을 추구하는데, 이는 부정 서술과 사실-임being-the-case이라는 의미에서 에이나이einai가 갖는 진리사적 의미를 주제로서 포함한다. 마지막으로 연역 7은 순전한 외양이라는 가장 약한 형태의 다수성을 제시하는데, 이는 '하나'에 의해 어떠한 통일성도 제공받을 수 없는 '여타들'을 조건으로 한다.[54]

이 여덟 연역의 체계 내에서 우리는 연역 2가 갖는 예외적인 위치를 인지해야 한다. 변화의 순간에 관한 부록을 합치면 연역 2는 다른 일곱 연역들을 합친 것만큼 길다(스테파누스판 기준 15쪽). 모든 연역들이 어느 정도 긍정적인 기여를 하기는 하지만, 연역 2는 시-공간적 존재와 생성에 필요한 개념적인 속성들에 대한 개괄적인 이론

---

53   '판타스마(phantasma)'를 말한다.
54   정리하자면, 여덟 개의 연역들은 최초의 가설과 도달하게 되는 결론을 기준으로 다음과 같이 분류될 수 있다. 긍정적인 가설: 연역 1, 2, 3, 4, 부정적인 가설: 연역 5, 6, 7, 8, 건설적인 결론: 연역 2, 3, 5, 7, 부정적인 결론: 연역 1, 4, 6, 8. 여덟 연역의 범위는 전통적으로 다음과 같다. 연역 1(137c-142a), 연역 2(142b-155e), 연역 1과 2에 대한 부록(155e-157b), 연역 3(157b-159b), 연역 4(159b-160b), 연역 5(160b-163b), 연역 6(163b-164b), 연역 7(164b-165e), 연역 8(165e-166c).

으로서 전적으로 다른 규모의 철학적 사유를 제시한다. 따라서 나는 이 체계를 전체로서 고찰하기 전까지는 연역 2에 대한 논의를 미룰 것이다.

나머지 일곱 연역들은 순서대로 다룬 뒤 연역 2로 돌아가도록 하겠다.

연역 1

연역 1은 '하나'에 대한 가설을 조금 다른 형식으로 제시한다. 다른 세 개의 긍정적인 가설에서 보게 되는 "하나가 만약 있다면hen ei estin"이라는 형태가 아니라 "만약 하나라면ei hen estin"이라는 형식이 제시되는 것이다. 이 두 정식들 사이에 논리적인 구별점은 없지만, 한 가지 분명한 수사적인 대조점이 있다. (논리적으로 두 정식 모두 주어의 존재가 함축되어 있는, '하나'는 하나다라는 자기-서술의 부분 형태로 읽을 수 있다.) 다른 점이라면 다른 세 연역들에서는55 이 정식이 '하나hen'를 '만약ei' 앞에 배치함으로써 '하나'가 주어임을 드러내고 서술어인 '있(-이)다estin'로 주의를 전환시킨다.56

---

55   '하나가 있다(-이라)면(hen ei estin)'으로 시작하는 연역 2, 연역 3, 연역 4를 가리킨다.
56   조건절을 이끄는 영어의 'if'에 해당하는 그리스어는 'ei'이다. 본문에 병기한 그리스어를 보면 두 정식은 'hen'(하나)의 위치가 'ei' 앞에 있느냐 뒤에 있느냐에 따라 다르다. 칸은 이 표현 방식의 차이가 갖는 철학적 함의를 논하고 있는 것이다.

이와 대조적으로, 연역 1에서의 어순은 "하나다^{is one}"를 주어가 적시되어 있지 않은 서술어로 해석하게끔 만든다. 따라서, 연역 1을 이해하는 한 가지 방식은 이 논변이 **하나임**^{being one}을 어떠한 주어나 여타의 술어들과 결합하지 않고 술어 단독으로 상정하고 있다고 보는 것이다.[57] (물론 함축적으로는 '하나'가 또한 그 자신의 주어이기도 할 것이다.)

이제 '하나'와 다른 여타의 것 사이에 어떠한 결합도 없다면, 그 결과들은 체계적으로 부정적일 수밖에 없다. (이것은 우리가 분리^{chōrismos}되었다고 파악할 수 있는 것, 즉 나머지 모든 것들로부터 분리된 어떤 '형상' 혹은 개념이 갖게 되는 숙명적인 결과이다. 이는『소피스트』에서 '늦게 배운 자들^{Late-learners}'[58]의 어리석음이라 비난받는다.) 형식적으로 말하자면, ('하나'에서 부분들, 형태, 장소, 운동 등을 부정하는) 일련의 부정적인 결과들은 모두 연역 1에서 **하나와 여럿**이라는 개념들이 서로를 배제하는 단순한 반대자들이라 가정한 데서 따라 나온다. 따라서 만약 '하나' 혹은 참되게 하나인 어떤 것도 여럿일 수 없다면, 그것은 하나라는 것 외의 다른 어떤 속성들도 가질 수가 없다. 가능한 유일한 서술은 '하나'는 하나라는 자기-서술이다(이조차도 최종적으로는 부정될 것이다.) '하나'는 자기-동일적일 수 없고 다른 것들과 다를 수도 없는데,

---

57   연역 1의 정식은 'ei hen estin'이다. 여기서 영어 'is'로 번역되는 그리스어 'estin'은 영어의 be 동사에 해당한다. 그러나 영어와 달리 그리스어에서는 주어가 문맥상 분명하거나 혹은 불특정할 경우에 자주 주어 없이 'estin' 동사가 단독으로 사용된다. 칸은 연역 1의 정식이 갖는 어순이 이런 상황에 해당한다고 보고 있다.

58   251b5-c6을 참고하라.

왜냐하면 동일성이나 차이를 갖는다는 것이 그것을 다수로 만들기 때문이다. "만약 '하나'가 하나임 외의 다른 어떤 속성들을 가졌다면, '하나'는 하나 그 이상이라는 속성을 가질 것인데, 이는 불가능하다."[59] 만약 우리가 연역 2에서 알게 되는 것처럼 '있음(-임)'과 '하나'가 구별된다면, '하나'는 다수성을 초래하지 않고서는 '있음(-임)'에 관여할 수조차 없고 이는 곧 있을(-일) 수도 없다는 것이다. 그러나 X는 F이다$^{X\ is\ F}$가 X는 있(-이)다$^{X\ is}$를 함축한다는 것은 플라톤 존재론의 한 법칙이다. 참된 서술은 주어에 대한 존재를 함축한다. 따라서 만약 '하나'가 있음(-임)을 가질 수 없다면, 그것은 **하나**일 수조차 없으며(141e9-142a1), 따라서 우리에게는 연역 1의 결론으로 최초 가설과의 순전한 모순만이 남게 된다.[60] [61]

무엇이 잘못되었는가? 최소한 우리는 하나임과 여럿임이 서로를 필연적으로는 배제하지 않는다는 것을 인식해야 한다. 이것은 『소피스트』에서 '늦게 배운 자들'을 향한 가르침 중 하나이다. 하나의 주체는 여러 속성들을 가질 수 있다(251a5 이하). 연역 1에서 "만약

---

59 140a1-3: Ἀλλὰ μὴν εἴ τι πέπονθε χωρὶς τοῦ ἓν εἶναι τὸ ἕν, πλείω ἂν εἶναι πεπόνθοι ἢ ἕν, τοῦτο δέ ἀδύνατον.

60 연역 1이 "'하나'는 하나이다"라는 자기 서술에서 출발해서 "'하나'는 하나조차 아니다"라는 정반대의 모순된 결론으로 끝난다는 것이다. 계속해서 주석 61번을 참고하라.

61 나는 지금 연역 1의 가설이 진정으로 무언가를 주장했었다고, 그러니까 그 가설이 어떠한 생략된 주어도 없이 하나임을 한낱 속성으로 상정했던 건 아니라고 가정하고 있다. 물론 생략된 주어는 '하나'였다. 연역을 위한 전제 역할을 하기 위해 가설은 어떤 서술을 포함해야만 하는데, 이 경우 그것은 자기-서술이다.

하나라면"이라는 가정으로부터 최초의 추론이[62] 이끌어지게 되었을 때, "하나는 여럿이 아니다"(137c4)라는 명제는 이 귀류법reductio의 궁극적인 결과로서 거부될 것으로 특별히 표시되었다. (심지어 이 명제는 보다 앞서 소크라테스가 '형상들'을 제시할 때도 표시되었다. 129b7, e2를 보라.)

방금 기술했듯 연역 1의 자기-서술은 연역 2 이전에는 정식화되지 않은 전제, 즉 '있음(-임)'과 '하나'의 비-동일성(142b-c)에 의존한다. 그 대신 연역 1에서의 귀류법은 플라톤주의자라면 합리적으로 거부하게 될 전제, 즉 모든 존재는 시간적이라는 전제에 실제로 의존한다. 따라서 '하나'가 있(-이)지 않다는 것에 대한 증명은 '하나'가 시간 속에 있(-이)지 않다는 것에 대한 증명에 의존한다(141d-e). 모든 있음(-임)이 시간 안에 있다는 주장은 연역 2에서 되풀이되고 (151e7), 이 대화편 어디에서도 부정되지 않는다. 이것이 플라톤의 다른 저작에서는 (『티마이오스』에서는 명시적으로, 그리고 '형상들'이 영원히 불변하는 것으로 표현되는 대목에서는 함축적으로) 부정되기 때문에, 우리는 이것을 설명이 필요한 지점으로 주목해야 한다.[63] 만약 2부 전반에 걸쳐 모든 존재가 시간 안에 있다는 주장이 받아들여진다면, 이는

---

62   연역 1 안에는 귀류법으로 구성된 작은 추론들이 다수 포함되어 있는데, 그중 첫 번째 추론이 '만약 하나라면, 하나는 여럿이 아니다'(137c4)이다.

63   나의 입장에 따르면 『티마이오스』 37d-38b는 영원한 본(eternal paradigm)이 시간 안에 있지 않다고 진술한다. 시간은 하늘과 함께 존재하게 되었다(38b6). 플라톤과 아리스토텔레스에게 시간에 대한 관념은 운동 혹은 변화에 대한 관념과 분리될 수 없다. 그래서 '형상들'이 영원히 변화하지 않는다고 말하는 것은 그것들이 시간 안에 있지 않다고 말하는 셈이다.

이곳에서 고전적 이론에서의 '형상들'이 고려되고 있지 않다는 우리의 인상을 확인해 줄 것이다.

일단 연역 1을 자기-모순으로부터 구원하고자 하는 어떤 주석가가 모든 있음(-임)이 시간적이라는 전제를 부정하는 선택을 할지도 모른다는 점을 고려해 보자. 그 경우 연역 1의 모순적인 결론은 형식적으로는 타당하지만valid 건전하지 않을unsound 것인데, 왜냐하면 거짓 전제로부터 도출되기 때문이다. 이는 2부의 모든 논변들을 형식적으로 타당한 것으로 읽고자 하는 해석가들의 주장을 지지하는 것으로 보일지 모른다. 그러나 우리가 보았듯이 명백하게 참인 전제, 즉 있음(-임)과 하나가 구별된다는 전제로부터도 파멸적 결론에 이를 수 있다. 연역 1에서 문제의 진정한 원흉은 동일한 주체가 하나이면서 여럿일 수 없다는 가정이다. 이 가정이 거짓이라는 점은 연역 2에서 당연한 것으로 받아들여질 것이다.

그렇다면 우리에게 남겨진 것은 연역 1이 '하나'가 있(-이)다는 혹은 있음(-임)을 갖는다는 자신의 전제를 최종적으로 부정하는 자기 파괴적인 논변이라고 보는 관점이다. 연역 1에서 그려진 '하나'는 어떤 일관적인 존재자entity가 아니기 때문에, 그것은 명명이나 신술 혹은 인지의 대상이 될 수 없다(142a). 그리고 만약 그것이 진술logos 또는 의견doxa의 대상일 수 없다면, 그것은 거짓 진술 혹은 거짓 믿음의 대상일 수조차 없다.[64] 그러나 애초에 이것은 왜 구성되었을까? 그리고 그 철학적 교훈은 무엇일까? 내가 제안했듯이,

최소한 **하나임**이 **여럿임**을 필연적으로 배제하지는 않는다는 것을 보여 주는 것이 요점이다. 여기서는 함축적일 뿐이나 『소피스트』에서 '늦게 배운 자들'에 반대하여 개진되는 요점은 보다 일반적이다. **하나임**과 같은 개념들은 고립된 채로는 기능할 수 없다. 서술의, 그리고 나아가 언어의 명줄을 쥐고 있는 것은 주어들과 술어들 사이의 결합, 혹은 더 일반적으로 말해, 개념들 사이의 결합이다. 엘레아의 손님이 주장하듯, "말은 '형상들' 상호 간의 함께-엮음을 통해 우리에게 주어진다"(259e). 연역 1은 결코 여럿이지 않은 어떤 '하나', 다른 '형상'과 섞이지 않는 어떤 '형상'을 주장하고자 시도함으로써 스스로와 모순된다. 『소피스트』에서는 긍정적인 방식으로 주장하게 될 '형상들의 섞임'이라는 근본적인 요구 조건이 여기서는 다수성 없이 어떤 단일성을 정의하고자 하는 이 시도가 실패로 돌아간다는 것을 통해 부정적인 방식으로 표현된다. 그리고 최종적으로 '하나'에서 단일성을 부정한 것은 이 교훈을 보다 구체적으로 표현한다. 우리가 보았듯, 플라톤에게서는 어떤 주어가 모종의 속성을 가지기 위해 있음(-임)이라는 속성을 가져야만 한다. (『소피스트』가 다루게 되겠지만, '있음(-임)'은 필수 불가결한 모음^{vowel} '형상'이다.) 만약 '하나'

---

64 연역 1과 고르기아스(Gorgias)의 논고 『자연에 관하여 혹은 있지 않음에 관하여(*On Nature or on Not-Being*)』 사이의 흥미로운 유사점들에 관해서는, Palmer(1999), 111-117쪽을 보라. 팔머가 제안하듯, 고르기아스의 논고가 연역들의 형태에 관해 플라톤에게 영감을 주었을 수 있다.

가 있음(-임)을 갖지 않는다면, 그것은 하나일 수조차 없다(141e10).

그러나 이 부정적인 교훈이 전부는 아니다. 연역 1은 우리를 다음의 개념들(혹은 '형상들'), 즉 부분/전체, 위치, 운동/정지, 같음/다름, 닮음/닮지 않음, 동등/부등, 더 늙음/더 젊음으로 통하는 길로 인도하는데, 우리는 더 많은 소득과 함께 연역 2에서 이 주제를 다시 다룰 것이다. 그리하여 하나의 부정적인 이미지로써 우리는 두 번째 연역에서 제공될 긍정적 이론의 윤곽으로 인도된다. 우리는 또한 (다시금 부정의 길을 통해) '형상들' 또는 개념들 사이의 결합이라는, 완전히 새로운 분유 개념으로 인도된다. 『소피스트』에서 체계적으로 발전하는 이 개념은 이곳에서는 '하나'가 형태, 시간, 또는 있음(-임)을 분유한다는 것을 부인하는 데서 암묵적으로 전제된다 (137e1, 138a6 그리고 여타의 곳에서). 연역 2는 '형상들' 사이의 결합이라는 이 서술 개념을 긍정적으로 사용할 것이다. 그러나 연역 1에서 우리는 이미 적어도 함축적으로라도 내가 **그 자체 서술**과 **다른 것을 통한 서술**이라고 부르게 될 두 유형의 서술을 유의미하게 구별하고 있다. (이는 미하엘 프레데가 『소피스트』에서 is1과 is2로, 그리고 콘스턴스 메인월드가 『파르메니데스』에서 자기 자신에 관한 pros heauto 서술과 다른 것에 관한 pros ta alla 서술로 적시했었던 구분이다.)[65] 이곳 『파르메니데스』에서 시작하여 이후

---

[65]   앞의 주석 27번 참조. 프레데가 이 구별을 인식한 것은 지난 세대 플라톤 연구에서 가장 중요한 기여 중 하나이다.

『소피스트』에서까지, 플라톤은 그것 자신의 본성(physis 또는 ousia) 덕분에 어떤 '형상'에 참인 것과 어떤 다른 '형상'과의 연결 덕분에 참인 것을 주의 깊게 구별한다. **다른 것을 통한 서술**에 해당하는 이 후자의 방식은 여기에서 분유의 개념으로써 표현되는데, 이는 어떤 '형상'을 나누어 가짐을 뜻하는 기존 용어를 새로운 방식으로 사용한 것이다. 대비되는 관념인 **그 자체 서술**은 '하나'가 그 밖의 것과 다르지 않음을 증명하는 과정에서 처음 제시되는데, 이는 그다지 눈에 띄는 방식은 아니었다.

> 그것이 하나인 한에서는 무언가와 다르지 않을 것이다. 왜냐하면 무언가와 다름은 하나에 속하지 ^{prosēkein} 않고, 이는 오직 무언가와 다름에만 속하지, 다른 어떤 것에도 속하지 않기 때문이다. … 따라서 하나임 덕분에 ^{tōi hen einai}, 그것은 다르지 않을 것이다.
>
> (139c3-6)

우리는 이곳에서 자신의 본성 덕분에 어떤 '형상'에 참인 것과 다른 '형상'을 나누어 가짐에 의존하는 것 사이의 대비가 암시되어 있음을 알 수 있다.[66]

---

[66] 인용된 139c3-6에 따르면 "무언가와 다름(be different form another)"이라는 동일한 술어가 '무언가와 다름'에는 본성적으로 속하지만 '하나'에는 본성적으로 속하지 않는다. 칸은 이것이 그 자체 서술과 다른 것을 통한 서술의 구분과 닿아 있다고 평가하

몇 구절 지나 어떤 '형상'에 어떤 본성이 대응한다는 관념이 다시금 강조된다. "하나의 본성은 같음의 본성이 아니다(139d2). … '같음'은 본성에 있어서 '하나'와 분리되어 있다 chōris"(139e9).[67] 물론 연역 1의 '하나'가 어떠한 속성도, 심지어 하나라는 속성도 갖지 않는 이유는 다른 어떤 '형상'과의 섞임을 부정한다는 의미에서 분리되어 있기 때문이다.

두 종류의 서술 사이의 구별은 연역 2에서 다시금 반복적으로, 그리고 심지어 더 분명하게 이루어진다. "필연적으로, '하나'의 있음(-임)은 '하나'와 다른데, 왜냐하면 '하나'는 있음(-임)이 아니라 하나로서 있음(-임)을 나누어 가진 meteschen 것이기 때문이다"(143b1-3, cf. 142b7-c2). 여기에서 "하나는 있음(-임)이 아니다"라는 문장은 부정문 형태의 **그 자체 서술**의 예를 보여 준다. '하나'가 있음(-임)을 갖는 것은 자신의 본성 덕분이 아니다. 반면에, "만약 '하나'가 있다면"이라는 최초의 가설에서의 있음(-임)은 분유의 한 사례로 파악되고, 그리하여 **다른 것을 통한 서술**의 사례로 파악된다. 이러한 대비를 보여 주는 명확한 사례들이 더 있을 것이다(이하, 94쪽 주석 72번을 보라). 메인월드를 따라, 나는 연역 1에서 있음(-임)의 두 방식들이 다소 덜 분명하게 구별된 대목에 초점을 두었는데, 이는 플라톤이 얼

고 있다.
67   이 대목에 관한 메인월드의 논의와 비교해 보라(1991), 64-67쪽.

마나 주의 깊고 섬세하게 2부를 구성했는지를 보여 주기 위해서였다. 그는 있음(-임)의 두 방식들이 명시적으로 구별되는 『소피스트』(255c12-e6)에서만 주제화되는 개념들을 이곳에서 암묵적으로 도입했던 것이다. **그 자체 서술**은 그것의 부정문 형태("하나는 있음(-임)이 아니다")에서 우리가 생각하는 동일성을 뜻하는 '**-이다**'^{is of identity}와 일치하는 것처럼 보인다는 데 주의하라. 『소피스트』 258b-c에 있는 상응하는 부정문들도 때때로 그렇게 해석되어 왔다. 그러나 이 해석은 시대착오적이고 부정확하다. 동일성의 '**-임**'에 대한 부정적 예시들은 **그 자체 서술**이 결코 아니고 '다름'을 나누어 가지는 경우를 다룬다. 플라톤에게서는 동일성에 대한 참된 진술들조차 **그 자체 서술**이 아닐 것이며 '같음'을 나누어 갖는 경우를 다룬다.[68]

　자기-서술과 '제3의 인간'의 퇴행 논변에 결부된 문제들을 고려한다면, 우리는 『파르메니데스』에서 **그 자체/다른 것을 통한**의 구별이 갖는 중요성을 이해할 수 있다. 플라톤은 자주 어떤 속성을 가짐^{having}과 어떤 속성임^{being}의 관념들을 혼동한다는 혐의를 받는다. "**F 자체는 F이다**"라는 자기 서술에서 '형상'이 F인 방식과, 감각적

---

[68]　칸의 설명에 따르면 "'하나'는 있음(-임)이 아니다"는 어떤 술어가 주어의 본성에 속하지 않는다는 것을 뜻한다는 점에서 그 자체 서술을 다룬다. 그런데 이 문장은 오늘날의 관점에서 언뜻 '하나'가 있음(-임)과 동일하지 않다는 서술로 보이기도 한다. 왜냐하면 우리말 '-이다'나 영어의 'be' 동사는 주어와 서술어 사이의 동일성을 뜻하기도 하기 때문이다. 하지만 칸은 '같다', '다르다' 등의 동일성 혹은 비동일성에 대한 진술들은 플라톤에게서 '같음'과 '다름'의 형상들을 분유하는 문제이기 때문에 그 자체 서술이 아니라 다른 것을 통한 서술임을 지적하고 있다.

인 것들이 F인 방식을 동일시했다는 혐의를 받는 것이다. '아름다움' 자체가 단순히 세계에서 가장 아름다운 것인 양 혹은 '큼' 자체가 가장 큰 것인 양 말이다. 우리가 보아 왔듯, '제3의 인간'에서의 퇴행은 '형상'을 포함한 **F인 것들**이 어떤 집합을 이루기 때문에 발생했다. 그러나 **그 자체** 서술과 **다른 것**을 통한 서술 사이의 구별은 정확하게 '형상 F'가 여타의 것들과 동일한 방식으로 F이지 않다는 것을 보증하도록 고안되었다. 프레데와 메인월드가 보였듯, 자기-서술은 그저 정의^{定義}의 **있음(-임)**^{is of definition}의 기본적인 사례, 즉 어떤 특정한 본성 혹은 F-임의-무엇임을 표현한 경우이다.[69] 그리하여 **그 자체** 서술은 아리스토텔레스의 본질 서술 개념의 시초 격이다. 그러나 그 둘이 같은 관념인 것은 아니다. 플라톤의 **그 자체** 서술과 아리스토텔레스의 본질 서술 사이의 차이는 감각적 개별자들을 이해하는 두 방식 사이의 형이상학적 차이를 반영한다. 플라톤에게서는, 오직 '형상들'만이 **그 자체** 서술의 주어일 수 있는데, 오직 '형상들'만이 특정한 본성들을 가질 수(더 정확히는 특정한 본성들일 수) 있기 때문이다.

이 대목에서 연역 1은 다수성 없는 단일성의 가능성을 반박하는 퇴행 논변으로 해석되어 왔다. 연역 1에 대한 이러한 견해를 누군

---

[69] Frede(1992), 402쪽, Meinwald(1991), 69쪽, (1992), 380쪽. Nehamas(1982), 204-205쪽과 주석 20번을 보라.

가는 2부에 부분 없는 '하나'를 "참된 하나" 혹은 "완전하게 하나"라고 언급하는 여러 대목들이 있다는 이유에서 반대할지도 모른다. 가령 연역 3에는 "만약 그것들('하나'와 다른 '여타들')이 부분들을 가지지 않았다면 그것들은 완전하게 ^{pantelōs} 하나일 것이다"(157c3)라고 적혀 있다. 마찬가지로 연역 4에서 "참된 하나^{to hōs alēthōs hen}"가 부분들을 갖는다는 것이 부정된다(159c5). 다수성을 갖지 않는, 그리하여 부분들을 갖지 않는 참된 단일성이라는 이 관념은 『소피스트』 245a8에서 "하나 자체^{auto to hen}"의 단일성을 다루는 맥락에서도 확인되는 것으로 보인다. "올바른 로고스에 따르면, 가정하건대, 참되게 하나인 것은 완전히 부분이 없어야 한다." 부분이 없음은 다수성이 없음을 의미한다. 그러나 이것은 우리가 취한 연역 1의 독법에서는 변호할 수 없는 것으로 드러난 바로 그 주장이다.

나는 이것이 외견상의 충돌에 불과하다고 생각한다. 『소피스트』 245a8에서의 주장은 어떤 단일성을 다수성 없음을 통해 정의하기를 주장하는 무제한적인 일원론에 대한 변증술적인 비판의 일환이다. 연역 2가 지적하듯, **'있는(-인) 하나**^{One that is}'는 '있음(-임)'을 나누어 가짐으로써, 이미 어떤 여럿(143a5)이다. 그러므로 다수성 없는 단일성이라는 관념을 탐구하기 위해 연역 2는 '하나' 자체를 그것이 가지고 있는 있음(-임)으로부터 분리하는 사고 실험에 의지할 따름이다. 이 추상^{abstraction}의 계기는 우리에게 '하나'와 '있음(-임)'을 분리된 채로, 하나의 쌍으로 간주하는 것을 허용하고, 그리하여

2라는 수를 도입하는 것을 허용한다. (이것들의 차이를 인식함으로써 우리는 '다름'을 더하여 하나의 트리오^{trio}를 구성하고, 그 결과 3이라는 수를 도입한다.) 수들을 다루는 한 짧은 대목(143a-144a)에서, 연역 2가 '하나' 자체를 사유를 통해 '있는(-인)-하나^{One-that-is, to on hen}'로부터 구별하는 것도 이러한 목적에서이다. 그러나 플라톤은 다수성 없는 이 '하나'가 그저 변증술적인 전략^{maneuver}이며, 존재에 발 디디지 않는 그저 사유 속에만 있는 것이라는 점을 명확히 한다. 연역 2의 나머지 부분에서 논의의 주제가 되는 대상은 부분을 가진 실제 단일성, 있는(-인)-'하나'이다.[70]

연역 3

연역 2와 그 부록에 대한 논의는 미루어 두고, '여타들^{the Others}'로 화제를 전환하는 연역 3으로 넘어가자. "만약 '하나'가 있다면 '여타들'에는 어떤 속성들이 속할까?"(157b6-8) '여타들'의 여타성^{otherness}으로부터 나오게 되는 첫 번째 추론은 **그 자체/다른 것을 통한**이라는 구별을 새롭게 적용한 것이다. 한편으로, "'여타들'은 하나가 아니다." 다른 한편으로, "'여타들'은 전적으로 '하나'를 결여

---

[70] 다른 한편으로, 이후에 보고되는 위에 있는 '하나'부터 아래로의 "부정 쌍수(Dyad)"에 이르는 확장된 구상에서는 다수성 없는 '하나' 개념에 보다 긍정적인 역할이 주어진다. 이하, 96쪽을 보라.

하지 않고 어떤 식으로 '하나'를 나누어 갖는다^{metechei}"(157b9-c2).[71] 이 대조는 이어지는 내용에서 훨씬 더 명시적으로 정식화된다. '여타들'은 여러 부분들로 이루어진 하나의 전체라는 점에서 '하나'를 나누어 가진다. 그러나 각각의 부분 또한 '하나'를 나누어 가져야 하는데, "'하나'와는 여타의 어떤 것이면서 그렇게 해야 한다. 그렇지 않으면 그것[부분]은 '하나'를 나누어 가지는 게 아니라 그 자체로 '하나'일 것이다. 그러나 실제로는 '하나' 자체^{auto to hen} 외에는 분명 어떤 것도 하나인 게 불가능하다"(158a3-6). '하나' 자체에만 배타적으로 속하는 하나임의 종류는 정확하게 **그 자체** 서술에서의 있음(-임)이다. 이는 그것의 본성 덕분에, 즉 그것의 '무엇임^{what it is}' 때문에 주체에 속하는 것이다. 연역 1에서 처음으로 제시된 이 구별은 2부 전체에 걸쳐 지속되는 주제가 된다.[72]

'하나'에 대한 고려로부터 '여타들'에 대한 고려로 전환함으로써 연역 3은 우리로 하여금 다수성에 주목하게끔 만든다. 연역 3은 우선 부분들로 구성된 어떤 전체에서의 단일성이라는 구조를 다룬다(157c-158a).[73] 다음으로 파르메니데스는 다수성 자체의 개념을 탐구

---

71 두 진술들 사이의 연관성은 문법적으로는 157b9의 οὔτε와 c1의 οὐδὲ μήν 사이의 대응으로써 표현된다.
72 『파르메니데스』에서 나는 이 구별이 발생하는 곳이 대여섯 군데라고 보는데, 그중에서 이 대목(158a)은 마지막 사례이다. 나머지 사례들은 139c-d, 142b-c, 143b, 157b-c 이다.
73 Verity Harte(2002). 특히 3장 "A New Model of Composition"은 이곳에서 플라톤이 『티마이오스』에서 모순과 의문의 원천으로 제시된 이해 방식, 즉 전체를 그것의 부

한다. 어떤 '형상'이 자주 "여럿에 걸친 하나"인(『국가』 5권 476a, 6권 507b, 10권 596a) 고전적 이론에서 다수성은 언제나 주된 관심사였다. 그래서 『파르메니데스』에서 소크라테스는 "나와 당신 그리고 우리가 '여럿'이라 부르는 여타들"(129a2)을 언급하며 이야기를 시작한다. 이 주제는 연역 2에서 재등장하는데, 거기에서 '하나'는 여러 형태의 무한정한 다수apeiron plēthos로 특징지어지는, 부분들의 어떤 전체이다. 연역 3에서 새로운 점은 다수성 그 자체, 그러니까 특정한 형상과 대비되는 어떤 원리로서의 다수성이 등장한다는 것이다.[74] 연역 2에서의 무제한적인 다수multitude들은, 제논식의 이분할(142d-143a)[75]을 모델로 하는 두 부분으로의 체계적인 분할에 의해서든 하나의 두 배와 세 배로 시작하여 자연수들을 도입하는 더함과 곱함addition and multiplication의 과정(143c-144a)에 의해서든, 수학적인 정확성을 가지고서 규정된다. 그러한 다수성들에 대해서는 불특정적인 것이 없다. 그것들은 수적으로 무한할 뿐이다. 그와 대조적으

분들과 동일한 것으로 이해하는 방식에서 벗어나고 있음을 보여 주었다.

[74] '다수성' 혹은 '여럿'이라는 관념을 '하나'라는 특정한 형상과 대비되는 '여타들'을 통해 발견하는 것이 연역 3의 출발점이다.

[75] 제논은 운동과 변화에 관련된 역설들을 남긴 것으로 전해지는데, 가령 아리스토텔레스 『자연학』 6권 9장, 239b11-14에서는 이분할의 역설(dichotomy paradox)이 다루어진다. 이에 따르면 목적지에 도달하려는 자는 반드시 전체 거리의 중간 지점을 지나야 하고, 또 그 중간 거리를 반으로 나눈 중간 지점을 지나야 하며, 마찬가지 방식으로 이동 구간을 계속해서 이분할 하는 중간 지점들을 마주치게 된다. 이렇게 중간 지점을 지나야 한다는 제약을 무한히 적용하다 보면 결국 운동은 불가능하다는 것이 역설의 요점이다. 『파르메니데스』의 142d-143a에서는 '하나'를 '하나'와 '있음(-임)'으로 나누고 각각의 부분을 다시금 '하나'와 '있음(-임)'으로 무한히 나누는 과정이 다루어진다.

로 연역 3은 어떤 무형성formlessness의 원리, 그러니까 특정성 내지는 한계peras가 없는, 내적 구조를 결여한 다수multiplicity76로서의 다수성 관념을 도입한다.

콘포드F. M. Cornford 이래로 주석가들은 이 연역 3의 무한정apeiron 에서 소위 '쓰이지 않은 교설들Unwritten Doctrines'에서 다수성의 원리로 보고되는 '부정 쌍수Indefinite Dyad'와의 친연성을 인식해 왔다.77 연역 3에서 기술된 '하나'와 '여타들' 간의 관계는 아리스토텔레스에 의해 보고되는 제일 원리들에 대한 구전 교설oral doctrine 속의 '하나'와 '부정 쌍수'(혹은 '큼'과 '작음') 사이의 형이상학적 관계와 평행을 이루는 것처럼 보인다. 불행하게도 우리는 이 쓰이지 않은 교설들을 접할 수 없다. 아리스토텔레스의 비판 조의 보고는 그저 희미한 윤곽만을 전할 뿐이다. 그러나 우리는 플라톤이 어떤 생각을 가졌었는지에 관해 모종의 이해 방식을 구성할 수 있는 세 개의 나란한 대목들을 대화편 속에 가지고 있다. 우리 앞에 놓인 첫 번째 대목은 연역 3의 무한정한 다수apeiron plēthos로서의 '여타들'에 대한 논의이다. 두 번째 대목은 '여타들'을 **외관상의**apparent 다수성이자, 다시금 "다수에 있어 무한정한" 것으로서 기술하는 연역 7의 한 대목이다. 세 번째이자 가장 완전한 대목은 『필레보스』의 우주론적 도

---

76   'plurality'를 '다수성'으로, 'multiplicity'와 'multitude'를 '다수'로 옮겼다.
77   Cornford(1939), 155-157쪽, 208-210쪽. 보다 완전한 논의로는 Sayre(1996), 276-283쪽.

식에서의 무한정이라는 원리와 관련한다. 우리는 이 셋 모두를 간략하게 살펴볼 것이다.

연역 3은 '하나' 자체를 그것이 가지고 있는 있음(-임)과 분리된 것으로서 생각해 보았던 연역 2에서의 사고 실험(143a)과 공명하는 하나의 사고 실험으로 시작한다. 여기에서 우리는 '하나'를 나누어 가지고 있으면서도^{metalambanei} **아직은** '하나'를 분유하지 않는^{oude metechontai} 순간에, 무한정한 다수의 "어떤 부분으로서 혹은 전체로서 하나를 나누어 갖는 것들"을 상상해 보도록 요구받는다("다음과 같은 식으로 살펴보자"^{hōde idōmen}, 158b8). 이때 이것들은 "그 안에 하나가 있지 않은 다수들"[78](158c1)을 표현한다.

이제 만약 우리가 사유 안에서 그러한 다수들^{plēthē}로부터 가장 작은 것을 떼어 낸다면, 그 떼어 낸 것도 또한 만약 그것이 '하나'를 나누어 갖는 게 아니라면, 하나가 아니라 다수여야만 하지 않

---

[78] 연역 3의 복잡한 표현 방식을 정리해 보자면 다음과 같다. 연역 3은 "'하나'가 있다면", '하나'와 그와는 다른 '여타들(Others)'에 어떤 귀결이 생기는지를 살펴보는 과정이다. 이때 '여타들'은 '하나'가 아니라는 점에서 수적으로 여럿이고 다수이다. 이후 157c-e에 이르기까지 이 '여타들'은 부분들을 갖는 전체로서 ―'하나'와 다른 것임에도 불구하고― 어떤 식으로든 '하나'에 관여함이 논해진다. 다음으로 그 전체의 부분들로서의 '여타들' 또한 역시 어떤 식으로든 '하나'에 관여해야 한다. 그 결과 여럿, 다수로서의 '여타들'은 곧 전체로서도 그리고 부분으로서도 그 본성 안에 '하나'가 있지는 않지만 어떤 식으로 '하나'에 관여해야 한다. '다수들(multitudes, plēthē)'이라는 다소 어색한 복수형이 등장하는 이유도 '여타들'의 어느 한 부분이라도 그것이 '하나'와 다른 '여타들'에 속하는 한에서는 그 자체로 다수라고 불려야 하기 때문이다. 즉 '여타들'은 그 자체가 다수인 각각의 부분들이 모인 다수들이라 불릴 수 있다.

겠습니까? … 따라서 언제나 우리가 그 자체로 형상^{eidos}과는 다른 것으로 그것의 본성을 이런 식으로 살펴볼 때, 우리가 그것을 보는 만큼 그것은 다수에 있어 무한정하지 않겠습니까? (158c2-7)

우리는 '여타들'을 어떤 순수한 여럿, 그러니까 어떠한 단일체로도 조직되지 않은 다수성으로 생각해 볼 것을 요청받는다. '하나'를 형상이라 언급한 것은, 이곳에서 다수성이 일종의 구조화되지 않은, 아리스토텔레스 이전에 등장했던^{pre-Aristotelian} 형상[과의 결합]을 기다리는 질료로 파악되었음을 시사한다. 시각에 대한 반복적인 언급('살펴보자', idōmen, horōmen)은 단지 이곳에서 시각적인 상상에 의지하고 있음을 가리키는 것일 수 있다. 그러나 이는 이 다수성이라는 원리와 감각으로써 지각된 세상 사이의 어떤 연관을 제시한 것일 수도 있다.

나아가, 하나하나의 각 부분이 부분이 될 때마다, 그때 부분들은 서로와 관련해서 그리고 전체와 관련해서 한계^{peras}를 갖고, 전체는 부분들과 관련하여 한계를 갖는다. … '하나'가 아닌 여타의 것들에서 다음과 같은 결과가 따라 나오는데, 즉 서로 혼화하면서^{koinōnēsantōn} '하나'와 그것들과는 다른 어떤 것이 그것들 안에 생겨나는 것처럼 보인다. 이것은 여타의 것들 서로에게 한계를 부여한다. 그러나 그것들 자신의 본성은 그들 자체로 무한정성

^{apeirian}을 부여한다. (158c7-d6)

여기서 "한계"라는 용어는, 부분들의 합을 넘어서고, 부분들로부터 전체를, 그리고 여럿으로부터 어떤 하나를 만드는 통일의 구조를 가리킨다.[79]

따라서 부분들이 이루는 전체로서 세계의 구조는 두 원리들이 혼화^{koinōnia}한 산물이다. 두 원리란 '하나', 그리고 다수성과 무한정성^{apeiria}을 낳는 '여타들'이라는 본성이다. 불특정함의 다수성이라는 동일한 본성은 연역 7에서 보다 흐릿한 형태로 재등장하는데, 거기에서는 가설상 결합할 '하나'가 없기 때문에[80] 어떠한 종류의 단일성을 도입하게 될 창조적인 혼합의 가능성이 없다. 이러한 상황에서 다수성의 원리는 현실적인 구조가 아니라 그저 그것의 외양만을 제공할 수 있다. 어떠한 단위^{unit}가 부재하는 가운데 연역 7에서는 진정한 다수성조차도 없고, 오직 덩어리 혹은 무더기^{onkoi}의 모호한 외양만이 있다. "그것들의 각 덩어리는 다수에 있어서 무제한적인 것으로^{apeiros plēthei} 보이며, 만약 당신이 가장 작아 보이는 것을 취한다면, 갑자기, 마치 꿈에서처럼, 하나로 보이는 대신에 그것이 여럿으로 나타나며, 가장 작은 것인 대신에, 그것으로부터 잘게

---

79 이 문단에 대한 주석으로는, Harte(2002), 137-138쪽, 다음으로 Gill(1996), 90-91쪽.
80 연역 7은 "'하나'가 있(-이)지 않다면"이라는 부정적인 가설에서 출발한다.

조각난 것들^{kermatizomena}과의 관계에서는 거대한 것으로 나타납니다"(164c8-d4). 여기에서 부재하는 것은 여러 부분들로부터 하나의 전체를 만들어 내는 구조, 즉 특정한 크기를 가진 더 큼과 더 작음의 변동하는 관계들로부터 무언가를 만들어 내는 구조이다. 단일성이 완전히 결여된 어떤 세계를 상상할 때, 플라톤은 『이상한 나라의 앨리스』에서 "나를 마셔"라는 라벨이 붙은 병의 내용물을 마시자 갑작스러운 크기의 변화가 일어나는 것과 같은 꿈의 체험에 의지한다.

연역 7은 구조를 갖지 않는 세계에 드러나 있는 외양상의 속성들을 계속해서 환상적으로 기술해 나간다. 덩어리들은 어떤 처음과 끝을 가진 것으로 보이지만, "당신이 사고상으로 그것들의 어떠한 일부를 처음이나 중간이나 혹은 끝으로서 취할 때마다, 처음에 앞서 또 다른 처음이 언제나 나타나고 끝 뒤에는 또 다른 끝이 남게 됩니다. … 그래서 당신이 사고^{dianoia} 속에서 취하는 모든 있음(-임)은, 내가 보기엔, 조각나고 흩어질 수밖에 없는데, 왜냐하면 분명 그것은 언제나 '하나'가 없는 어떤 덩어리^{onkos}로 잡히게 될 것이니까요. … 따라서 그러한 것은 그것을 멀리서 희미하게 보고 있는 사람에게는 하나로 나타나겠지만, 가까이에서 날카롭게 사유로 파악하는 사람에게는^{noounti} 각각의 것이 다수에 있어 무제한적으로 나타날 수밖에 없지 않은가요? 그것이 있(-이)지 않은 '하나'를 결여하니까요"(165a7-c3).

사고 실험에서 나타난 시각에 대한 의존이 시사하는바, 다시금 이 불특정함은 그 기만적 성격 _{deceptiveness}을 개념적인 사유 _{noein}로써 부분적으로만 극복할 수 있는 감각 지각의 세계와 관계한다. 이곳에서는 그 구조가 오직 외양적으로만 제시되는 어떤 세계의 전체적인 모습이 대단히 희극적으로 제시된다. (마지막 두 연역들에서는 존재하지 않는 '하나'에 의해 '여타들'이 폐기되는데, 이는 아마 파르메니데스가 137b20에서 약속한 "힘겨운 놀이 _{pragmateiōdēs paidia}" 중 가장 우스꽝스러운 순간들일 것이다.) 그 진지한 의미를 따지자면 연역 7의 기여는 '하나'를 모든 단일성의 불가결한 원천, 즉 그것 없이는 세계가 어떠한 구조도 가지지 않게 되는 원리로 보는 견해를 함축한다는 것이다. 아마 신플라톤주의자들은 그들의 초월적 '하나'를 연역 1의 성공적이지 않은 단일성보다는 연역 7의 부재중인 원리 속에서 파악하는 것이 더 현명할 것이다.

반면에 다수성에 대한 연역 3에서의 긍정적인 설명은 무한정자라는 개념에서 주어지는데, 이는 '하나'와 결합하여 구조화된 다수성을 조직하는 어떤 한계를 형성하고, 그리하여 세상을 부분들의 통일된 전체로 만들어 낸다. 따라서 연역 3은 '한정-무한정 _{Limit-Unlimited}'이라는 도식을 도입하는데, 『필레보스』의 사중 우주론에서 플라톤은 이를 보다 완전하게 발전시키게 된다. 여기서는 그와 같은 도식의 간단한 개요만이 주어진다. 『파르메니데스』에는 『필레보스』의 네 번째 원리, 즉 목적론적 원인 혹은 '한정'과 '무한정'을 조화롭게 혼합하는 우주적 '이성'cosmic Reason에 대해 예비하는 바가 없다. (또한 『파르메니데스』에는 『필레보스』에서 나타나는 '존재Being'와 '생성Becoming'의 혼합에 대한 단서도 없다.) 『필레보스』는 수학적 비율의 측면에서 '한정'이라는 원리에 대해 보다 풍부한 설명을 제공하고, '무한정'에 대해서는 더와 덜more and less의 수준이 무제한적일 수 있음을 허용한 채 뜨거움과 차가움과 같은 반대되는 속성들의 쌍으로 이를 설명한다.

『필레보스』는 아마도 훨씬 더 나중에 쓰였을 것이고 플라톤이 『파르메니데스』를 작성했을 때 이 이론 전체를 마음속에 품고 있었다고 가정할 이유는 없다. 그럼에도 불구하고, 여기에서 두 대화 편들은 놀라울 정도의 연속성을 보인다. 『필레보스』에서 플라톤은 '하나'와 '여럿'을 논하는 맥락에서 다시금 '한정'과 '무한정'의 교설을 제시하는데, 이곳에서 단일성이 다수성을 배제한다는 개념은 단지 논리 게임을 하기 위한 하나의 놀잇감으로 언급된다. 대신에, 이 양자 사이의 역설적인 결합(하나는 여럿이고 여럿은 하나이다)은 "진술들logoi 자체의 죽지도 늙지도 않는 속성"(15d)이라 말해진다. **있**(-이)다라고 말해진 모든 것이 "하나와 여럿에서 (비롯된) 있음(-임)"으로 기술되고 그리하여 "본성적으로 그것들 안에 한정과 무한정을 가지고 있다고" 표현된다(16c9-10). 이것은 본질적으로 연역 3의 교설인데, 그곳에서 여럿으로서의 '여타들'이 그것들 자체의 본성으로 무한정성apeiria을 산출하고, 그에 반해 한계는 '여타들'이 '하나'

와 맺는 결합으로써 산출된다. 연역 3에서는 무한정한 다수^{apeiron}^{plēthos}가 '하나' 없이 '여타들'에 의해서만 표상되기 때문에, '있는 (-인)-하나^{One-that-is}'에서 유래하는 연역 2에서의 수학적인 무한들은 갖지 않는다(이하, 120-129쪽을 보라). 여러 '여타들'을 '부정 쌍수'로 표현한다고 할 때, 이 하나-여럿 혹은 한계-무한정의 도식을 어떻게 구술에 기반한 고찰^{oral speculation} 속에서 해설했을지에 관해서 우리는 단지 추측만 할 수 있다. 『필레보스』에서 한계가 비율과의 연관 속에서 설명되는 것을 통해 시사되듯, 아마도 우리는 후기 이론에서 수학적인 이해 방식들이 보다 두드러진 역할들을 수행했을 것이라고 합리적으로 가정할 수 있을 것이다. 우리가 연역 3에서 볼 수 있는 것은 오직 이러한 사유 패턴에 대한 최초의 밑그림으로, 이는 이후 『필레보스』와 구술적 가르침에서 발전한다.

연역 4

연역 3의 '여타들'은 그것들이 '하나'를 분유하기 때문에 진정한 의미의 여럿을 이루며,[81] 사실상 연역 2에서의 '하나'의 복수형이 된다. 바로 앞에 나온 [연역 2에서의] '하나'와의 이 연속성은 연역 3의

---

[81] 앞서 설명했듯 '하나'가 없는 연역 7에서는 단일성을 결여한 여럿들이 구조 없는 외양 뿐인 세계를 이루었지만, 연역 3에서는 '하나'와 결합한 '여타들'이 한계를 갖춘 세계의 구조를 만들어 냈다.

결론에 반영되어 있다. 그곳에서 '여타들'은 "서로 같으면서도 다르고, 운동하면서 정지하고, 그리고 모든 상반된 속성들을 가지고 있다"라고 말해지는데, 이는 연역 2의 결론과 공명한다. (159a6을 147b7과 비교하라.) 이와 대조적으로 연역 4는 '하나'와 '여타들'이 서로 분리되어 있다고 가정하며 시작하는데(159b6), 이때 '분리'는 구별을 뜻하는 것이 아니라 양립 불가능을 뜻한다. 연역 3의 '여타들'과 다르게, 이곳에서의 '여타들'은 전적으로 '하나'를 나누어 갖지는 않는다.[82]

연역 1이 (부정을 통해) 어떤 주체가 다른 것을 나누어 갖기 위해서는 '있음(-임)'을 나누어 갖는 것이 필수적임을 보였듯이, 이제 파르메니데스는 어떠한 속성이든 가지기 위해서는 '하나'를 나누어 갖는 것이 필수적임을 보일 것이다. 사실상 '하나'와 '있음(-임)' 모두 『소피스트』 253a에서 나타난 의미에서 '모음 형상들'로 제시된다. 어떤 주체가 어떤 본성을 가지려면, 그것은 반드시 '있음(-임)'과 '하나' 모두를 분유해야 한다.[83]

따라서 연역 4의 논변은 이 '여타들'이 어떠한 단위도 갖지 않기에, 다수성을 이루지 않는다는 점을 이끌어 낸다("여럿이 아니다", 159d4). 그 결과, 그것들은 둘, 셋 혹은 일반적으로 수 자체를 나누어

---

[82] 159e1, 160b1을 보라. 157c1과 대조해 보라.
[83] 우리는 아마 이곳에서 『형이상학』 7권(Z)의 한 대목을 떠올릴 수 있는데, 그곳에서 아리스토텔레스는 있음(-임)과 하나가 교환 가능한 술어들임을 보이고 있다(1030b10).

가질 수가 없는데, 수들은 단위들의 집합들이기 때문이다. 그것들은 "심지어 하나조차 가질 수 없기 때문에"(159e7) 상반된 속성들^{eidē}의 쌍들을 가질 수 없다. 어쩌면 이 대목에서 "하나임"을 둘러싼 표현상의 애매함^{equivocation}이 있을지 모른다. (하나의 속성을 가진다는 것은 세기 위한 어떤 단위를 가지는 것과 같지 않다.) 핵심은 어떤 것이기 위해서는 반드시 하나의 것^{one thing}이어야 한다는 것 — 즉 어떤 종류의 단일성을 가져야만 한다는 것이다.[84]

어떤 형태의 단일성과도 전적으로 분리됨으로써, 연역 4의 여럿은 모든 속성들을 결여한다. 연역 4의 어휘에 주목할 필요가 있는데, 왜냐하면 이곳에서 닮음과 닮지 않음이라는 속성들을 가리키기 위해 에이도스^{eidos}라는 용어가 두 번 사용되기 때문이다(159e5, 160a1). 이와 유사하게 연역 3에서는 부분들로부터 어떤 전체를 만들어 내는 구조를 가리키기 위해 이데아^{idea}라는 용어가 사용되었다(157d8).[85]

이것은 1부에서 고전적 이론에서의 '형상들'을 가리키기 위해 사용되었던 익숙한 용어이다. 우리는 2부에서 (이곳 연역 3과 4를 시작으로) 이 용어들(eidos, idea, genos)이 이후 『소피스트』와 『필레보스』에서처럼 어떤 특정한 형이상학적 함축 없이도 추상적인 구조들과

---

[84] 『소피스트』 237d와 비교하라.
[85] 158c6의 연역 3에서의 에이도스(eidos)도 보라.

대상들의 유들을 가리키기 위해 보다 자유롭게 사용되는 것을 발견한다. 이 대목이 고전적 이론의 완전한 존재론을 충실히 따른 것이 아니라 하더라도, 이 용어들은 이 대화편의 도입부에서 수립된, 가시적인 것들과 "우리가 로고스에서 파악하고 형상들이라 생각하는" 저 존재자들 사이의 근본적인 대조를 간직할 것이다.

연역 5와 연역 6

연역 5와 연역 6은 하나의 쌍을 이루어, "만약 '하나'가 있(-이)지 않다면" '하나'에 무슨 일이 일어날지를 다룬다. 우리는 '있(-이)지 않음'에 대한 두 가지 대안적 해석들을 얻는데, 이것들은 이후 『소피스트』에서 완전하게 논의될 주제를 미리 그려 내고 있다. 연역 6의 '하나'는, 어떤 방식으로도 있(-이)지 않다는 점에서, "생각될 수 없고, 말해질 수 없고, 비합리적인" 것으로서 『소피스트』에서 거부되는 절대적인 '있(-이)지 않음'에 대응한다(『소피스트』 238c10). 반면에, 연역 5의 '하나'는 부정 서술을 위한 특정한 주어로, 이는 어떻게든 있음(-임)ousia을 나누어 갖는 것으로 드러난다. 연역 5는 『소피스트』에서 주어지는 '있(-이)지 않음'에 대한 긍정적인 분석을 위한 예비적인 탐구로 보인다. 그러나 여기에는 아직 이후 대화편[『소피스트』]에서 제시될 여타-임being-other의 측면에서 이루어지는 '있(-이)지 않음'에 대한 설명의 실마리가 나타나지 않는다. 연역 5가 제공해야 하는 것은 부정 서술의 관념을 포함하는 '있(-이)지 않음'에 대한 어떤 긍정적인 이해 방식이다.

이야기할 바가 거의 없는 연역 6을 먼저 다루는 것이 좋겠다. 연역 6에서의 "있(-이)지 않다"는 있음(-임)의 전적인 부재를 의미한다. 그것은 "있(-이)지-않은 것to mē on"이 결코 무언가가 아니며 있음(-임)을 나누어 갖지 않는다는 것을 의미한다"(163c). 여기에서 우리는, 해당 단어가 사용된 건 아니지만, 강한 의미에서의 분리chōrismos의 관념에 도달한다. 따라서 이 '있(-이)지 않음'은 생성coming-to-be을 허용하지 않고 (왜냐하면 생성은 있음(-임)의 획득을 의미하기 때문이다) 소멸(있음(-임)의 상실)도 갖지 않으며 변화나 운동 혹은 정지를 겪을 수도 없다. 그것은 어떠한 성질들이나 관계들도 갖지 않으며 어떠한 상태나 조건에 처해 있지 않다. 최종적으로는 있(-이)지 않은 것으로 드러나게 되는 연역 1에서의 '하나'와 마찬가지로, '있(-이)지 않은 하나'는 어떠한 이름, 진술 혹은 인식의 주체일 수 없다(164b1, 142a3-4와도 공명한다). 그와 같은 주체에 대한 언어와 사고의 가능성을 부정하는 연역 1의 결론을 파르메니데스가 반복하는 곳은, 오직 절대적인 '있(-이)지 않음'을 다루는 지금의 연역 6뿐이다. 따라서 연역 6은 연역 1의 근본적인 가르침을 보강한다. 있음(-임)을 나누어 갖지 않는 주체는 어떤 것도 될 수 없고, 따라서 일관적인 진술 혹은 부정의 주어일 수조차 없다.

연역 5의 '있(-이)지 않음'에 관한 이야기는 훨씬 더 엉켜 있다.

이것은 부정적인 네 가설들 중에서 가장 완전하며, 연역 2에서의 긍정적인 있음(-임)에 대응한다.[86] 이것은 부정적인 가설들 가운데 '하나'가 서술을 위한 특정한 주체를 표현하는 유일한 경우이다. 나는 이때의 긍정적인 서술들이 모두 **다른 것을 통한** 서술들인 반면, 지금의 가설("만약 '하나'가 있(-이)지 않다면")에서 부정되는 있음(-임)은 **그 자체** 있음(-임)으로 이해되는 것이 최선일 것이라 제안한다. 서술의 이 두 종류를 구별하는 것만이 160e7의 역설적인 주장에서 도출되는 날카로운 대조를 설명할 수 있다. "있음(-임)은 '하나'에 가능하지 않은데, 왜냐하면 그것은 **있**(-이)**지 않기 때문이다.** 그러나 무엇도 그것이 여러 것들을 나누어 갖는 것을 막지 않는다." 여기서 "나누어 가짐"은 오직 **다른 것을 통한** 있음(-임)만을 의미할 수 있다. 뒤이어 텍스트에서 설명하듯, '하나'는 필연적으로 여러 것들을 나누어 가지게 되고, 그것이 어떤 특정한 주체라면 여러 속성들을 가지게 될 것이다. 만약 그것이 있(-이)지 않음의 기체^{基體, subject}로서 상정된^{hypokeitai} 어떤 구체적인 하나—다른 하나가 아니라 바로 이 하나^{this one}—라면, "그것은 필연적으로 [지시대명사] **저것**을 그리고 다른 여러 것들을 나누어 가질 것^{meteinai}이다"(161a4).

여기서 우리는 **그 자체** 있음(-임)이 부정되는 어떤 긍정적인 주체

---

86   부정적인 가설에서 출발하는 네 연역은 5, 6, 7, 8이고 이 중에서 5는 2와 마찬가지로 '하나'와 '있음(-임)'에 관한 건설적인 결론을 내린다. 앞의 역주 54번을 참고하라.

를 다루기 때문에, 이 하나는 어떤 '형상'일 수 없고 따라서 가지적인 본성을 가질 수도 없다. 그럼에도 불구하고 그것은 속성들이 할당되거나 부정될 수 있는 어떤 특정한 존재자^{definite entity}, 개체적 대상^{individual object} 혹은 감각적 개별자^{sensible particular}이다(160c8). 기술되기 위해 선택된 주체로서, 이 하나는 여타들과 다른 것으로서 인식 가능하고^{gnōston}, 따라서 그것에 관한 어떠한 앎이 있을 것이다(160d5). 여기서 '앎^{epistēmē}'은 인지 일반을 가리키기 위해 대단히 넓은 뜻으로 사용되었다는 데 주의해야 하는데, 이 경우에는 지시를 위해 어떤 대상을 골라내는 최소한의 능력까지 포함한다. 만약 우리가 이야기하고 있는 것이 무엇인지를 안다면, 우리는 그것을 다른 것들로부터 구별할 수 있어야 한다. 그렇지 않으면 무언가 발화하려고 시도하는 것조차 가치 없는 일이 된다^{oude phthengesthai dei ouden}(161a3). 지시를 위해 어떤 특정한 것을 식별하는 것은 인식뿐만 아니라 의미 있는 발화의 필수적인 토대이다.

계속해서 파르메니데스는 논의를 위한 이 최소한의 주체에 필요한 것들을 적시한다. 인식되고 발화되는 어떤 것으로서 이 하나는 **저것**^{that}을 나누어 가져야 할 뿐만 아니라 다른 것들이 관련될 수 있는 **이것**^{this}과 **어떤 것**^{something, ti}도 나누어 가져야 한다. 비록 (어떤 특수한 의미에서의) 있음(-임)은 이 하나에서 부정되어 왔지만, 그것은 여전히 일반적인 (다른 것을 통한^{per aliud}) 서술의 주체가 될 수 있다. 따라서 연역 5의 '하나'는 여타들과 구별되는 어떤 것이자 어떤 특정한 것 혹은 개별자이지만, 어떤 본질이나 '형상'은 아니다.『국가』 5권의 표현에 따르면, 이것은 있으(-이)면서-있(-이)지-않은-어떤 하나^{a one that-is-and-is-not}이다.

이 논변은 나아가 일련의 미심쩍은 추론들을 통해, 닮음과 닮지 않음, 부등과 동등, 큼과 작음 등의 반대되는 속성들의 쌍들을 '이 하나'에 할당하는 데 이른다. 또한 이후의 한 대목에서는 운동과 정지를 포함해, 변화함과 변화하지 않음, 생성과 소멸, 그리고 생성하지 않음과 소멸하지 않음 등의 다른 모순적인 속성들의 쌍들이 할당될 것이다. 여기에는 반대되는 속성들을 '하나'에 귀속시키는 연역 2, 그리고 변화와 관련된 속성들을 다루는 연역 2의 부록과의 어떤 형식적인 평행 관계가 있다. 동등성을 부정하는 대목은 특별한 관심을 받는데, 어떤 속성들이든 가지려면 어떤 의미에서는 어떤 것이 있음(-임)을 가져야만 한다는 연역 1의 (그리고 연역 6에서 반복되는) 가르침을 재진술하기 때문이다. 우리는 아마 이것을 플라톤 존재론의 제1법칙이라 말할 수 있을 것이다. X는 Y다는 X가 있(-이)다를 함축한다. "나아가, 그것[하나]은 여타들과 동등하지도 않다. 왜냐하면 만약 그것이 동등했다면, 그것은 이미 **있**(-이)고, 따라서 동등성의 측면에서 여타들과 닮기 때문이다. 이 둘[두 있음(-임)의 사례들]은, 만약 하나가 있(-이)지 않다면 불가능하다"(161c3-5). 이곳에서의 추론은 놀라운데, 왜냐하면 **그 자체와 다른 것을 통한**의 구별을 무시하는 것처럼 보이기 때문이다. 그것은 연역 5의 가설에서 **있**(-이)

다의 부정을 모든 있음(-임) 일체의 부정으로 해석하는 것처럼 보인다. 그런데 만약 그랬더라면 하나는 속성들을 전혀 가질 수 없었을 것이고, 연역 5는 연역 6에서의 절대적인 비-존재^{non-entity}로 붕괴했을 것이다.

이곳에서 파르메니데스의 논변은 이처럼 '하나'에서 모든 속성들을 부정하게 되는 결론을 피하기 위해 교묘한 형식적 장치를 사용한다. 그는 있음(-임)을 귀속시키지 않으면서도 어떻게든 속성들을 귀속시키고 그로써 제1법칙에 대한 형식적인 위반을 회피한다. '하나'를 주어로 두고 계사 '-이다^{is}'를 이용해 속성들을 귀속시키는 통상적인 방법 대신에, 연역 5의 파르메니데스는 영리하게도 여격^{dative}으로 쓰인 '하나'에 에이나이를 결합하는, 소유의 뜻을 가진 문장 구조에 의지한다. 이러한 문장 구조에서 있(-이)다의 문법적 주어는 그 속성이지 '하나'가 아니게 된다.[87] 예를 들어 "그리고 여타들에 대하여 그것['하나']에 부등성이 있다"라고 말해 보자.[88] 이때 문자 그대로 이해하면 있(-이)다고 말해지는 주체는 '하나'가 아니라

---

[87] 그리스어에시 여격과 있음(-임)을 뜻히는 동시 에이나이(einai)를 함께 쓰면 마치 우리말에서 'A에게 B가 있다'라고 할 때와 같이 소유의 의미가 생긴다. 칸의 논지는 예컨대 "사과는 빨갛다" 대신 "사과에는 빨강이 있다"라고 말함으로써 주어가 어떤 속성을 소유한다는 뜻은 유지하면서도 문장 형식은 바꾸는 것이 파르메니데스의 전략이라는 것이다. 예시 속 새로운 문장 구조에서 문법적 주어가 속성의 소유자인 사과가 아니라 속성인 빨강이 되듯, '하나'를 주격이 아니라 여격으로 쓰는 문장 형식을 택함으로써 파르메니데스는 '하나'를 주어로 쓰지 않으면서도 그것을 속성의 소유자로 표현한다.

[88] καὶ ἀνομοιότης ἄρα ἐστὶν αὐτῷ πρός τὰ ἄλλα(161a6).

'부등성'이다.[89]

그리하여 연역 5는 어느 정도는 '하나'에 있음(-임)을 할당하지 않으면서 '하나'를 기술해 내고, 따라서 형식적으로는 제1법칙을 위반하지 않는다. 그러나 궁극적으로 이 논변은 이 '있(-이)지 않음'이 또한 있음(-임)을 가진다고 주장할 (그리고 따라서 『소피스트』에서 플라톤이 수행하는 파르메니데스에 대한 교정을 예견하는) 어떤 방편을 찾아야만 한다. 이는 참이라는 관념과 관련되어 있는 진리사 '-이다[is]'를 도입함으로써 이루어지는데, 이는 **그 자체/다른 것을 통한**의 이분법에 의해서는 다루어지지 않는 에이나이의 메타-문장적 용법이다. '-이다'의 이 이차적인 용법은 무엇이 사실인지를 be 동사를 사용하지 않으면서 드러내는 한 대안적인 숙어를 통해 처음으로 표현된다. echein houtōs, "사태가 -하다[being so]"가 그것이다. 이 숙어는 플라톤에게 동사 '에이나이'를 전혀 사용하지 않으면서도 진리사의 관념을 도입할 수 있는 교묘한 장치를 제공한다.

> 그러나 그것은 어떤 식으로든 있음(-임)[ousia]을 나누어 가져야 한다. … 그것은 우리가 말했던 대로의 상태여야 한다[echein houtōs]. 왜냐하면 이런 상태가 아니라면[mē houtōs], 우리가 **하나가 있(-이)지 않다**고 말할 때 참을 말하는 것이 아닐 것이다. 만약 우리가 말한

112

것이 참이라면, 우리는 **사실인 것들**을(onta auta, "그러한 바의 사태")
분명하게 말하는 것이다. (161e3-6)

이 마지막 말들은 "사실이 그러하다 being the case"라는 뜻에서 에
이나이의 진리사적 용법을 도입한다. 이는 프로타고라스 Protagoras 부
터 아리스토텔레스에 이르기까지, "있는(-인) 것에 관해 그것이 있
(-이)다"라는 뜻에서 전통적으로 진리에 대한 정식으로 사용되는 관
용적인 표현이다. 에이나이의 이 진리사적 용법은 **그 자체** 서술과
다른 것에 의한 서술을 구분한 것으로는 다루어지지 않는데, 구문론
적으로 더 높은 차원에 놓여 있기 때문이다. (이 용법은 사물들이 아니
라 명제적 내용이나 사태 states-of-affairs 를 주어로 삼는다.) 형식적인 측면에서 말
하자면, 진리사 에이나이는, 에이나이가 계사로서 기능하는 대상
문장에 참의 개념을 적용하는, 하나의 문장-연산자 sentence-operator 이
다.[90] (어떤 경우에는 이 동사의 일회적인 사용으로 진리사적 관념과 술어적 기능
이 모두 표현될 것이다.) 서술에 대한 표지이자 진릿값에 대한 표지로서
있다(-이다)가 갖는 이 이중적인 기능은 이곳 161e-162b에서 세심하
게 작동하고 있다. '하나'가 **참으로** truly 있(-이)지 않기 위해 — 그러
니까 "'하나'가 있(-이)지 않다"라는 가설이 참이기 위해 '하나'는 진
리사적 의미에서 **있음**(-임)을 **나누어 가져야**만 한다. 우리가 이 가설

---

90   Kahn(1981)을 보라.

에서 최초의 있음(-임)/있(-이)지-않음을 "존재하는/존재하지-않는"
으로 번역한다면 파르메니데스의 추론이 보다 분명해질 것이다.

"그렇게 보이듯, '하나'는 존재하지-않는 것^{ouk on}**이어야** 한다. 왜
냐하면 만약 그것이 존재하지-않는 것**이** 아니라 어떤 식으로 〔진리
사적〕있음(-임)으로부터 〔진리사적〕있(-이)지-않음으로 미끄러진다면,
그것은 곧바로 어떤 존재하는 것^{on}이 되기 때문이다"(162a1-3). 여기
에서 강조점은 이중 부정이 아니라, 배중률 같은 것을 포함한 단순
부정문('하나'는 있(-이)지 않다)이 갖는 진릿값에 있다.[91] 만약 'X는 Y가
아니다'가 거짓이라면, 'X는 Y이다'는 참이다. 그리하여 만약 '하
나'가 어떤 존재하는 것이 아니라는 게 거짓이라면, '하나'는 어떤
존재하는 것이다. 이때의 에이나이^{einai}는 어떤 주어와 어떤 참된 술
어 사이의 진리사적 연결^{desmos}인데, 이는 다음의 구문에서 분명해
진다.

---

91   직전 인용문에서 "그것이 존재하지-않는 것이 아니다"라는 문장을 단순히 이중 부정
      으로 본다면 그 문장에서 에이나이(einai, be) 동사는 존재사의 의미만을 갖게 된다.
      하지만 칸이 주장하는 파르메니데스의 교묘한 장치에 따르면 이 문장에서는 존재사의
      의미와 진리사의 의미 두 용법이 작용하고 있다. 그래서 '존재하지-않는 것'에서는 에
      이나이의 존재사적 의미, 그리고 '-이 아니다'에서는 진리사적 의미가 작동한다. 이러
      한 독법에 따르면 이 인용문의 함축은 "그것이 존재한다"가 아니라 "그것이 존재하지-
      않는 것은 거짓이다"이다. 이렇게 에이나이의 용법을 구별하는 것은 연역 5의 '하나'를
      전적인 비존재로 이해하지 않기 위해서이다. '하나'가 존재사의 의미에서는 '있음(-임)'
      을 분유하지 않더라도 참 거짓 값을 갖는 명제의 주체가 될 수 있다는 진리사적인 맥
      락에서는 여전히 '있음(-임)'을 분유한다고 주장할 수 있기 때문이다.

그래서 만약 그것이 존재하지 않을 것이라면^{ei mellei mē einai}, 그것의 존재하지 않음의^{tou mē einai} 연결로서 어떤 존재하지-않는 것임^{to einai mē on}을 가져야만 하는데, 존재하는 것^{to on}이 완전하게 있(-이)기 위해서, 존재하지-않는 것^{to mē on}이 〔진리사적으로〕 아님^{not-being non-existent}을 가져야 하듯이 말이다. 그리하여 존재하는 것^{to on}은 분명 존재할 것이고, 존재하지-않는 것은 존재하지 않을 것인데, 왜냐하면 그것이 완전하게 있(-이)고자 할 경우, 존재하는 것은 존재하고 있음의 〔진리사적으로〕 임^{ousias tou einai on}을 나누어 가지면서, 존재하지-않지 않음의 〔진리사적인〕 아님^{mē ousias tou mē einai mē on}을 나누어 갖기 때문이다. 반면에, 존재하지-않는 것 또한 완전하게 존재하지-않으려면, 존재하지-않는 것은 존재함^{on}의 〔진리사적인〕 아님을 나누어 갖고, 존재하지-않음의 〔진리사적〕 임을 나누어 가져야 한다. (162a4-b3)

여기서 나는 버넷^{John Burnet}의 텍스트를 번역하되, 쇼리^{Paul Shorey}의 수정을 반영하였다.[92] [93] 이 반복되는 부정문 때문에 필사가가 혼

---

[92] Shorey(1891), "On *Parmenides* 162 A. B.," *Classical Philology* 12, 349-353쪽에서는 a8에서 'μὴ'를 삽입하여 τοῦ ⟨μὴ⟩ εἶναι μὴ ὄν으로 수정할 것을 제안한다. 그리고 이런 취지에 맞춰 Allen(1997) 등의 학자들이 b2에서도 'μὴ'를 삭제하여 τοῦ μὴ εἶναι [μὴ] ὄν으로의 수정을 제안했다. 이 두 번의 수정은 앞뒤 문장의 표현에도 부합하고 내용 이해를 용이하게 만들기 때문에 널리 받아들여진다. 칸의 경우에도 이 수정을 받아들이고 있지만 본문의 영문 번역에서는 b2에서의 수정이 반영되지 않은 것처럼 보인다. "not-being of not being existent (on)"라는 문장에서 칸은 b2에서 'μὴ'를 삭제

란을 겪었더라도 이는 이해할 만하다. 그러나 수정된 후에 이 텍스트는 있음(-임)의 수준들이 소급하는 것에 대한 혼란이나 두려움을 일으키지 않는다. 우리는 그저 다음의 세 경우를 구분하면 된다. (1) to on과 to mē on이라는 존재사적인 있음(-임)(여기서는 "존재하는/존재하지-않는"으로 번역되었다), (2) 통상의 구문론적 계사(162a4, 6, 8에서 세 차례 그리고 b2에서 두 차례 사용된 einai), 그리고 (3) 이 논변에서 도입된, 의미론적 혹은 메타-문장적 계사인 진리사 에이나이. 있(-이)지-않은-'하나' 가 어떤 속성이라도 갖기 위해, 그리고 특히 연역 5에서 가설이 갖는 의미에 따라 **참되게** 있(-이)지 않은 **것이기** 위해, 그러니까 참되게 있지-않기 (혹은 "존재하지 않기") 위해 (162b5), 어쨌든 있음(-임)을 나누어 가져야 한다는 것은 이 세 번째, 진리사적 의미에서이다.[94]

논변은 있음(-임)과 있(-이)지 않음이 모두 있(-이)지-않은-'하나'에 속한다고 결론을 내린다(162b6-7). 앞서 보았듯, 이 결론은 변화와 생성에 관한 일련의 모순적인 속성들을 도입하는 기능을 하는데, 이는 연역 2의 부록과 밀접한 평행성을 보인다. 이 평행 관계는

하여 ὂv으로 읽었다는 것을 괄호 안에 표기했지만, 영어 문장에서는 'not'이 삭제되지 않고 남아 있다. 역자는 이 문장이 본래 "not-being of being existent"를 의도한 것이라 판단하여 부정어를 빼고 번역하였다.

93   그에 반해, Gill and Ryan(1996), 170쪽에서는 필사본의 독법을 따른다.

94   여기서 나는 이전에 내가 했던 분석(1981), 115-117쪽을 확장한다. Gill(1996), 95-99쪽은 이 논변을 다르게 해석하는데, 관여(참여)에 대한 분석이 어떤 퇴행을 수반한다고 간주한다. 그녀는 계사의 구문론적 역할과 의미론적 역할을 구별하지 않는다.

연역 5의 이 있으(-이)면서-있(-이)지-않은-'하나'One-that-is-and-is-not가 특정한 본성을 갖지 않은 어떤 개별적인 것으로서 연역 2의 있는(-인)-'하나'의 흐릿한 복사본임을 제시한다. 마치 일반적으로 동명의 것들이 상응하는 '형상'의 흐릿한 복사본들인 것처럼 말이다.

연역 7과 연역 8

만약 '하나'가 있(-이)지 않다면, 무엇이 여타들의 조건인가? 연역 7의 두드러진 특징은 '하나'가 **있(-이)지 않다**는 사실에도 불구하고 '여타들'이 **있고**, 그리고 '여타들'이 **여타들이라고** 주장한다는 것이다(164b6-7, 165e1). 그러나 어떤 종류의 다수성이 단위 없이 있을 수 있고, 어떤 종류의 있음(-임)이 '하나' 없이 있을 수 있는가? 대답은 다음과 같다. 오직 있음(-임)과 여럿임의 **외양**appearance만이 있을 수 있다. 그리하여 연역 7은 있음(-임)에 안정적인 토대를 두지 않은 채 오직 외양뿐인 세계에 대한 밑그림만을 제공한다. 연역 8에서는 다수성의 외양조차 부정되는데, '여타들'과 그 외 다른 것 사이에 어떠한 연결koinōnia도 없기 때문이다. 그렇기에, "아무것도 없다nothing is"(ouden estin, 문자 그대로 "단 하나도 없다")라고 끝맺는 연역 8은 순전한 분리chōrismos를 제시함으로써 일련의 부정적 논변들(연역 1, 4 그리고 6)을 완결 짓는다. 반면에, 연역 7은 연역 2와 3에서 주어졌던 단일성과 다수성에 대한 긍정적인 설명의 최종적이면서도 (왜냐하면 순전히 외견상의 것이기에) 가장 약한 버전을 제시한다.

연역 7은 "여타^{other}"라는 용어가 "다른^{different}"이라는 용어와 동일한 것을 지시한다는 설명으로 시작한다(164b). 두 용어 모두 완전하지 않다(그리고 또한 재귀적이다). 어떤 것이 다르기 위해서는 (마찬가지로 그것과는 다른) 그 밖의 무언가와 달라야만 한다.[95] 불완전성은 '다름' 개념이 갖는 불가분의 특징으로, 『소피스트』(255c12-d7)에서 '다름'을 '있음(-임)'으로부터 구별하는 역할을 한다. 해당 대목에서 '있음(-임)'은 완전하면서도^{auta kath' hauta} 또한 다른 것과 관계적이라^{pros alla} 말해진다. 이 대조는 때때로 단지 구문론상의 대조, 그러니까 '있다(-이다)^{is}'의 절대 구문^{absolute construction}과 서술 구문^{predicative construction} 사이의 대조로 해석되어 왔다. 그러나 (미하엘 프레데를 따라) 우리는 이것을 바로 두 종류의 의미론적인 혹은 존재론적인 있음(-임) 간의 구별, 그러니까 '있음(-임)'이 [주체에] 단독으로 귀속^{attribution}하느냐 혹은 또 있음(-임)이 다른 '형상' 혹은 개념과 함께 귀속하느냐의 구별로 인식할 수 있다. 이 구별은 때때로 절대 구문("완전한") 그리고 계사적 구문("불완전한") 사이의 구문론적 이분법과 일치할 수도 있지만, 반드시 그런 것은 아니다. 'F 자체가 F이다'라는 형상의 자기-서술에서 동사의 구문론적 성격은 계사적이지만 이 있

---

[95] '다르다'는 관계적인 속성이므로, A가 '다름'이라는 속성을 갖기 위해서는 언제나 관계항 B를 필요로 한다("A는 B와 다르다"). "A는 다르다"라는 말에 "무엇과 다른가?"라고 묻게 되듯 '다름'이라는 말은 단독으로서는 그 의미가 완전하지 않다.

음(-임)은 F에 **그 자체**로 귀속하는데, 왜냐하면 '있음(-임)'이 아닌 어떠한 '형상'도 주체 F에 귀속되지 않기 때문이다. 반면 'F는 하나이다'에서는 '하나'라는 '형상'이 '있음(-임)'과 함께 F에 귀속된다.

'다름'이 불완전한 속성이기 때문에 '여타들'은 무언가와 달라야 한다. 그것들이 '하나'를 결여한 까닭에, 연역 7의 '여타들'은 오직 그들 자신과만, 즉 자기들끼리만 다를 수밖에 없다. 그러나 이는 만족스럽지 않은데, 왜냐하면 그것들에는 하나도 단위도 없고, 그에 따라 참된 다수성도 없기 때문이다. 단일성의 결핍이 초래하는 부정적인 결과들은 연역 6의 텅 빈 비-존재자에서 드러난 바 있다. 여기 연역 7에서 우리는 특정한 단일성을 갖지 않는 어떤 다수에 의해 주어지는 다수성의 **외양**으로부터 보다 긍정적인 결론들을 이끌어 낸다. 앞서 안정적인 구조를 갖지 않는 "덩어리들^{masses}"이라는 꿈같은 환상이, 참된 다수성에 대한 연역 3의 설명(97-99쪽)과의 연계 속에서 기술되었다. 이 '여타들'은 오직 "멀리서 희미하게 보고 있는 사람에게 하나로 나타나겠지만, 가까이에서 날카롭게 사유로 파악하는 사람에게는^{noounti} 각각의 것이 다수에 있어 무제한적으로 나타날 것이다"(165c1). 안정적인 특성을 갖지 않은 탓에 그것들은 서로 닮으면서 닮지 않았다. 그것들은 어떤 시각적 환영이 갖는 정도의 실재성을 갖는다. "꼭 멀리 서 있는 사람에게 그림 속의 모든 것들이 구별된 단일체들로 나타난다." 가령 남자들과 여자들, 신들과 여신들의 표상들로 말이다. 하지만 감상자가 그 그림에 가까이다가가면, 이 외양상의 단일체들은 색의 뭉치로 흩어진다(165c-d).[96] 연역 7에서의 다수성은 그저 현상계에서 사물이 갖는 기만적이고 일시적인 특정성과 같은 변화하는 일련의 이미지들일 뿐이다.

연역 8의 '여타들'에 관해서는 이야기할 것이 훨씬 더 적다. 이 '여타들'은 연역 6의 절대적인 '있(-이)지 않음'의 복수 버전으로, 이 것들에 대해서는 어떠한 참된 진술들이 없는데, 심지어 외양만을 다루는 표현을 통해서도 불가능하다. 이곳에서 우리가 갖는 결론은 다음의 한낱 부정문이다. "만약 '하나'가 있(-이)지 않다면, 아무것도 없다If the One is not, nothing is"(166c1). 그리하여 우리는 실상 최초의 가 설이 갖는 순전히 부정적인 결과로 돌아오며 여덟 연역들을 마무리 짓게 된다.

연역 2

연역 2는 2부의 핵심으로, 시공간 내의 있음(-임)의 윤곽을 그리 기 위해 주체로 상정되는 어떤 '하나'에 대한 건설적 이론에 해당한 다. 연역 1에서 '하나'와 관련해 부정되었던 모든 속성들이 여기서

---

96   이는 당시 회화기법으로서의 음영화(schiagraphia)에 대한 설명이다. 아폴로도로스 (Apollodorus)가 사용했다고 전해지는 기법으로 당대의 정확한 용법은 알려져 있지 않지만 후대에 전해진 내용으로는 색의 배합을 통해 적절한 거리에서는 깊이감 있는 그림으로 보이나 가까이에서 보면 그 뚜렷한 형태를 잃게 되는 채색법을 가리킨다.

는 긍정문의 형태로 제시된다. 그 결과, '하나'는 하나와 여럿, 전체와 부분, 한정과 무한정, 자신 안in itself과 다른 것 안in another, 운동과 정지, 같음과 다름, 닮음과 안 닮음, 동등과 부등, 더 큼과 더 작음, 더 늙음과 더 젊음 같은 외양상 양립 불가능한 일련의 속성들로써 기술된다. 많은 경우에 이 양립 불가능성은 겉보기에 그친다. 그래서 이 주체는 정합적으로 하나이자 여럿인데 왜냐하면 그것은 여러 부분들로 구성된 하나의 전체이기 때문이다. 부분들은 다시금 수적으로 무한하지만, 또한 전체 안에 통일되어 있기에 한정되어 있다. 장소에 있어서도 마찬가지이다. '하나'는 어떤 전체 안에 포함된 부분들로서는 **자신 안에** 있지만, 다른 무언가에 포함된 어떤 전체로서는 **다른 것 안에** 있다(145e). 후자의 경우 외양상의 모순은 주체에 대한 상이한 두 기술("한편으로, 또 다른 한편으로hē men, hē de") 사이에서 '-로서qua'를 구분함으로써 명시적으로 해소된다. 그 밖의 경우들에서는 진정한 모순을 피하기 어려워 보이며, 뒷받침하는 추론도 마찬가지로 문제적이다. 특히 주목할 만한 것은 '하나'가 그 자신과 다르지만 여타의 것들과 동일한 한편(146b-147b), 또한 그 자신과 안 닮았으면서도 여타의 것들과 닮았다(147c-148b)는 주장들이다. 어느 주석가가 주목했듯, 이러한 경우들에서는 그럴듯하지 않은 어떤 결론이 그보다 더 그럴듯하지 않은 논변들에 의해 뒷받침되는 것처럼 보인다.[97] 반면에 자명한 것으로 받아들여질 만한 논제, 가령 '하나'가 그 자신과 동일하다는 점은 상대적으로 전망이 어두운 대안들을 체계적으로 제거함으로써 "증명된다"(146b-c). 어떤 대목들에서는 그 추론이 장난스럽거나 오류인 것처럼 보이는데, 이런 대목들에서는 변증술을 배우는 학생이 기만적인 논변들의 수풀을 헤치며 자신의 길을 발견하도록 시험을 받고 있는 것이라고 응당 가정하게 된다.

좋고 나쁘고 기발하기도 한 논변들이 이루는 이 급류를 따라 풍부한 철학적 통찰들이 부유물처럼 전해진다. 이들 중 다수가 여타의 주석가들에 의해 식별되어 왔다.[98] 나는 약간의 세부 사항들을 더하도록 하겠다. 그러나 가장 먼저 해야 할 일은 하나의 전체로서 연역 2를 특징짓는 것이다.

연역 2는 플라톤이 (그가 『메논』에서 이야기하듯) 수학자들로부터 빌려 온 가설의 방법을 가장 폭넓게 사용한 사례이다. 물론 가설적 방법은 연역 추론의 한 방법이지만, 그것뿐인 것은 아니다. 『파이돈』에서 소크라테스는 그것이 "매번 내가 가장 강하다고 판단하는 말을 가정한 다음hypothemenos, 이것에 부합한다고symphōnein 내게 생각되는 것은 … 참인 것으로 놓고, 그렇지 않은 것은 참이 아닌 것으로 놓는" 절차라고 설명한다(100a). 여기서 조화 혹은 일치라는 은유가 갖는 논리적인 힘에 관해 학자들 사이에 숱한 논쟁이 있어 왔

97　이 구절은 리처드 패터슨에게서 빌린 것이다(출간되지 않은 그의 『파르메니데스』 주석서 285쪽). 모든 것들은 (다름이라는 공통 속성을 가지고 있기에) 모든 것들과 유사하다는 148a에서의 "증명"은, 『필레보스』 13c-d에서 가장 열등하고 미숙하게 추론(logoi)을 수행하는 자들의 징표라고 인용된 논변 형태의 대표 사례라는 데 주목하자.
98　예를 들어 Owen(1970)과 Allen(1997), 246-312쪽을 보라.

다. 전제와 모순된다면 무엇이든 거부하는 것이 합리적이지만, 전제와 논리적으로 양립 가능하다고 해서 무엇이든 받아들이는 것은 합리적이지 않다. 『파이돈』의 이 대목에 관한 앞선 논의에서, 나는 여기에서 '조화하다'라는 말로 플라톤이 뜻한 바가 논리적인 일관성^{logical consistency}보다는 강하지만 논리적인 함축^{logical entailment}보다는 약한 것이라고 주장하였다.[99] 그렇기에 소크라테스는 귀결들을 가설로부터 논리적으로 뒤따르는^{symbainein} 것이라 말하지 않고 그로부터 "나아간 것^{ta hormēthenta}"(101d4)이라 말한다. 가설은 그 위에 무언가를 세우기 위해 토대로서 놓인^{hypothesthai} 것이다. 나는 해당 방법을 건설적인 이론 수립의 한 형태로 이해할 것을 제안한다. 이때 어떤 제안은 마치 하나의 선율 속의 음들이나 함께 노래하는 목소리들처럼 그것이 어떤 정합적인 기여를 하는 경우에 가설과 "조화"할 것이다. 모순을 피해야 한다는 논리적인 제약이 있긴 하지만, 엄밀한 의미에서 이것은 논리적 추론의 한 형태가 아니다. 이것은 오히려 수학이나 물리학에서 이론을 구성할 때와 같이, 명확하게 규정된 토대 위에 일관적인 구조를 발전시키는 하나의 유연한 방법이다.

가설적 방법에 대한 이 건설적인 견해가 연역 2의 몇 가지 특징

99　Kahn(1996), 315쪽[국역본은 칸(2015), 『플라톤과 소크라테스적 대화: 문학 형식의 철학적 사용』, 박규철 외 옮김, 세창출판사, 487-488쪽], Robinson(1953), 126-136쪽과 비교해 보라.

들을 설명해 줄 것이다. 논변의 첫 단계들은 '하나가 있(-이)다' 혹은 '하나'가 있음(-임)을 갖는다는 가정에 대한 논리적인 분석으로 해석될 수 있다. 그러나 이 전제로부터 '하나'가 부분들의 어떤 전체라는 최초의 결론이 따라 나오는 것은, 오직 '있는(-인) 하나^{to on hen}'를 '하나'와 '있음(-임)'을 그것의 논리적 부분들로 갖는 결합(연언, conjunction)으로 해석할 경우에만 그렇다.[100] 그런 뒤에 이 결론은 일반화된다. "그래서 무엇이든 하나인 것은 어떤 전체이고 부분들을 갖는다"(142d8). 이 부분들 각각은 다시금 동일한 유형의 결합으로, 즉 하나인 어떤 있음(-임)과 있음(-임)을 갖는 어떤 하나로 해석된다. 그리고 이러한 전개는 제논의 반복되는 선분의 이분할[101]을 모델로 하는 모종의 추론 속에서 부분들의 부분들에 대해서도 반복될 것이다("이를 한 번 언급하고 마는 것이나 계속 언급해 나가는 것이나 마찬가지이다." DK29B1). 배가^{reduplication}를 반복하는 이 과정은, 있는(-인)-'하나'가 하나일 뿐만 아니라 수적으로 무한하다는^{apeiron to plēthos}(143a2) 최초의 역설적인 결론에 이르게 된다.

그리하여 몇몇 암묵적인 전제('모든 있음(-임)은 하나이다' 그리고 '모든

---

100 어떤 개념적 전체의 논리적 부분으로서의 부분(μέρος) 혹은 몫(μόριον)이라는 관념은 다른 대화편들을 통해 잘 알려져 있다. 그래서 『메논』에서는 유-종(genus-species) 관계를 표현하기 위해 전체-부분의 용어법을 사용한다. 덕은 전체이고 정의와 경건은 그 부분들이다(78e1, 79a3). 연역 2에서 모든 수들은 수의 부분들로 인식될 것이다 (144a8).

101 앞의 역주 75번을 참고하라.

하나는 있음(-임)이다'. 이는 142e7에서 거의 명시적으로 제시된다)를 함께 고려할 경우 이 추론은 연역적 추론으로 해석될 수 있다.[102] 그러나 '하나'가, "곧음이든 굽음이든 혹은 둘의 어떤 혼합이든"(145b3), 모양 schēma을 나누어 가진다고 말해지는 경우는 더 이상 연역 추론으로 해석되기가 어렵다. '하나'는 이제 논리적 부분들로 이루어진 어떤 전체가 아니라 공간적 부분들을 갖고 있는 어떤 연장을 지닌 존재자로 제시된다. '하나'에 대한 이 새로운, 공간적인 이해 방식은 장소, 접촉, 크기 그리고 운동이라는 속성들을 고려함으로써 발전한 것이다. 콘포드는 연역에서 새로운 방식으로의 이 전환을 파악하였는데, 그는 '하나'가 모양을 가질 것이라는 진술을 "연장 속성이 어떠한 불합리함 없이 더해질 수 있다"라는 의미로 해석한다. "나[콘포드]는 이 대목들이 단순하게 '하나의 존재자One Entity'부터 시작하여 … 〔그 뒤로도〕 우리가 공간 안에 위치하고 운동하고 정지할 수 있는 어떤 물리적인 물체라는 이해 방식에 도달할 때까지 추가적인 속성들을 계속해서 〔더해 가는,〕 사고 과정을 통한 일종의 진화를 묘사하는 것으로 이해한다."[103] 만약 우리가 이 발전을 시작점과 양립 가능하지만 그로부터 도출된 것은 아닌 새로운 속성들을 더함으로써 이론이 점진적으로 구성되는 것으로 본다면, 이는 내가 해석해 온

---

102   그렇기에 파르메니데스는 142b3, c3, 8에서 먼저 그 가설로부터 무엇이 따라 나오는지(συμβαίνειν)를 묻는다.
103   Cornford(1939), 146쪽.

가설적 모델의 한 사례로 드러나게 된다. 연역 2에서 여전히 이례적인 것은 한편으로는 각각의 주장을 뒷받침하는 복잡한 논변들이고, 다른 한편으로는 (적어도 겉보기에는) 모순적인 속성들이 체계적으로 주장된다는 것이다. 플라톤은 의도적으로 문제가 되는 속성들과 '하나' 사이의 가능한 모든 관계들을 전개시키고 있다. 그 결과, 연역 2의 '하나'는 최종적으로는 어떤 특정한 존재자로 (그리고 확실히 어떤 영원한 '형상'으로) 제시되는 게 아니라, 속성들의 (자주 양립 불가능한) 쌍들이 만들어 낼 수 있는 조합들의 주체로서 제시되는데, [그 조합의 범위가] 부분-전체 관계가 갖는 기본적인 다수성에서부터 운동, 변화, 생성 등의 다른 형태들에까지 이른다. 결과적으로 시공간 내의 어떤 있음(-임)에 대한 기본적인 속성들의 전체 범위를 보여 주는 윤곽 혹은 개념적인 틀grid이 마련된다. 이는 자연에 관한 어떤 이론을 그리기 위한, 말하자면 개념적 밑그림이며, 그 세부 사항들은 추가적인 논변 혹은 아마 관찰에 의해 규정되어야 한다.

연역 2의 이 체계적인 구조를 다른 관점에서 볼 수도 있는데, 이를 단일성에서부터 다수성과 공간적 연장 그리고 변화로 내려가는 단계적인 수직 하강이라 생각해 보는 것이다. 꼭대기에서 우리는 있음(-임)을 분유한다는 것 외에는 우리가 아는 바가 없는 전적으로 추상적인 '하나'에서 출발한다. 부록에서 우리는 바닥에 이르러 시공간에 존재할 뿐만 아니라 모든 종류의 변화와 생성을 겪는 어떤 연장된 존재자에 종착한다. 그러나 모양과 장소라는 공간적인 수준으로 하강하기에 앞서, '하나'는 먼저 수들을 비롯한, 무한한 수의 논리적 부분들로 나누어진다. 그것이 모양을 획득할 때 그것은 "곧거나 혹은 굽었거나"와 같은 기하학적인 용어들로 기술된다. 다음으로 장소, 접촉 그리고 움직임 같은 물리적 존재자의 공간적인 속성들이 뒤따른다. 마지막으로, 변화의 순간에 관한 부록에서의 분석을 통해 우리는 변화와 생성을 포함한 시간적인 속성들에 이르게 된다. 앞서 연역 3과 7에서 제안했듯 만약 우리가 '쓰이지 않은 교설들'에 의해 제공되는 용어들로 이 패턴을 해석하면, 우리는 연역 2를 수준들의 위계로 해석할 수 있다. 이 위계는 구술적 가르침에서의 '하나'에 비견되는 단일성이라는, 모든 것에 걸친 원리에서 시작하는데, 이 단일성은 곧바로 부분-전체 관계의 형태를 한 다수성과 짝을 이룬다. 그 아래 단계는 수학적 속성들로 특징지어지는데, 첫째는 수의 속성들이고 그다음은 기하학적 도형의 속성들이다. 그런 후에 논의는 점차 (입체 기하학에서 제시되는) 공간적인 있음(-임)으로 하강하고, 그런 후에는 (천문학에서 제시되는) 운동으로, 그리고 마침내 모든 형태의 변화와 생성으로 하강한다. (이 대목은 수학적 학문들의 질서를 다루는 『국가』 7권에 얼마간 비견된다.) 몇몇 '형상들'은 '하나', '있음(-임)' 그리고 '다름'의 형태로(143b) 최상위 수준 혹은 그 바로 아래 수준에서 등장한다. '형상들' 아래로는 아리스토텔레스가 "수학적인 것들the mathematicals"이라 부르는 것들이 오는데 ― 산술이 처음이고 그다음으로 기하학이 온다. 최하위 수준은 자연 세계의 일시적인 변화와 생성을 특징으로 한다. 그러나 연역 2의 '하나'가 감각 지각의 대상으로 명시적으로 확인되었음(155d6)에도 불구하고 이 마지막 수준에서조차 감각적 성질들에 대한 언급이 부재한다는 것은 놀라운 일이다. 이곳에서는 물체 자체는 언급되지 않고, 오직 공간적인 장소, 접촉 그리고 운동에 대한 언급만이 있다. 우리는 양립 불가능한 대안적인 가능성들을 인식하면서도, 그것들 중 어떤 것을 선택해야 할지에 대한 근거를 갖지 않은 채, 자연 과학을 위한 말하자면 선험적인a priori 조건들을 갖고 있는 셈이다. 그 결정은 관찰과 감각 지각에 의해 경험적으로 내려져야 할 것이다. 그러나 그러한 데이터는 『파르메니데스』의 변증술적 훈련의 영역을 벗어난다. 사실상, 이곳에서 우리가 보는 것은 자연 세계를 본질적으로는 수학적인 방식으로 설명하기 위한 도식적인 윤곽이며, 이러한 종류의 설명은 결국 『티마이오스』에서 주어질 것이다. 이곳에서 주어지는 것은 그저 일반 원칙들로부터 도출한 준-논리적 연역의 형태를 한 일련의 추상적인 조건들이다.[104] 그러나 이 '있는(-인)-하나to on hen'는 어떤 의미에서는 생성이 일어나는 자연 세계와 (혹은 적어도 그것의 수학적 구조와) 동일시되기 때문에, 그에 맞춰 연역 2는 연역 1과 마찬

---

[104] 이 부분을 쓰고 나서, 나는 뤼크 브리송(Luc Brisson)이 2부 전반에 대해 [그 배경으로서 '하나-둘(One-Dyad)'을 언급하지는 않았지만] 유사한 결론을 내렸음을 알게 되었다. "여덟 개의 연역들은 어떤 우주론의 개념적인 구조를 형성한다. … 『파르메니데스』는 어떤 우주론적 모델의 수립을 위해 필요한 '도구 상자(tool box)'를 제공한다"(2002), 18쪽.

가지로 모든 있음(-임)은 시간 안에 있음(-임)이라는 것을 가정할 수 있다(151e7-152a3).

이제 철학적으로 흥미로운 개별 논점들을 다루며 연역 2에 대한 논의를 마무리 짓도록 하겠다.

(i) 우리는 이미 **그 자체** 있음(-임)과 **다른 것을 통한** 있음(-임) 사이의 구별에 주목한 바 있다. 이 구별은 연역 1에서 도입되었지만 이곳 연역 2에서 보다 완전하게 발전되었다. 그리하여, '하나'와 '여타들' 사이의 동등성에 대한 논의에서, 그것들은 "그들 자신의 본질들^{ousiai}에 의해서", "'하나'가 하나여서 혹은 '여타들'이 '하나'의 여타여서"(149e1-4) 더 크거나 더 작다고 말해지지 않는다. 그것들이 크거나 작을 수는 있겠지만 그것들 자신의 본성 때문에 그런 것은 아니다. 반면에, "어떠한 형상에든 큼이 덧붙여지면 그것이 더 클 것이고, 어떤 것에든 작음이 덧붙여지면 그것은 더 작을 것이다."[105] 이는 크다^{being large}와 작다^{being small}를 **다른 것을 통해**, 그러니까 어떤 주체에 현전하는 큼^{largeness} 혹은 작음^{smallness}으로써 규정한다. (이 부분은 잠시 후 보게 될 『파이돈』에서의 문제적인 대목의 반복, 심지어 패러디이기도 하다.) 그런데 큼이 주체에 "덧붙여진다^{proseinai}"라는 이 표현은 모호하다. 이 표현은 공간적인 인접성을 뜻할 수도 있고 논리적인 결

---

[105] 149e7-8. 이러한 맥락에서, 에이도스(eidos)라는 용어는 '하나'와 '여타들'뿐만 아니라 큼과 작음도 지시한다.

합을 의미할 수도 있다. 이어지는 내용에서는 공간적 해석이 취해진 뒤, 그것이 부조리로 귀결됨을 보이게 된다. 이 논변은 부분에서든 전체에서든 작음은 어떠한 있음(-임)에도 현전할 수 없다고 계속해서 추론하기 때문이다. 분유를 물리적인 현전으로 간주함으로써 이 논변은 **다른 것을 통한** 서술, 가령 작음을 분유함으로써 작다는 것을 물리적으로 해석하는 데 대한 귀류 논증^{reductio}을 만들어 낸다(150b6).[106] 따라서 그 논변은, 어떤 것이 작다면 그것은 오직 **그 자체로** 작은 것일 수밖에 없다고, 즉 "작음 자체 외에는 어떤 것도 작지 않을 것이다"라고 결론을 내린다.[107] (이러한 해석에서는) 분유가 불가능하기 때문에, **다른 것을 통한** 서술 같은 것은 없고, 자기-서술만이 유일한 참된 서술이 된다.

---

106   이 귀류법적 논증을 재구성하자면 다음과 같다.
가정: '하나'에 '작음'의 형상이 "덧붙여져 있기" 때문에 '하나'는 작다(per aliud pre-dication).
→ 가정에 대한 물리적 해석: '하나' 안에 '작음'의 형상이 현전한다.
1. '작음'의 형상은 전체로서의 '하나' 안에 현전할 수 없다(150a3-b2).
2. '작음'의 형상은 부분으로서의 '하나' 안에 현전할 수 없다(150b2-6).
3. '작음'의 형상은 전체로서도 부분으로서도 어떤 것 안에 현전할 수 없다(1과 2의 귀결).
4. 따라서 '작음'의 형상은 있는(-인) 것 안에 현전하지 않는다(150b6, 최초 가정과의 모순).
5. 따라서 '작음' 자체 외에는 그 무엇도 작지 않다(150b7, per se predication이자 Self-predication).

107   연역 3에도 이에 비견되는 결론이 있다. "'하나' 자체를 제외하면 어떤 것도 하나일 수 없다"(158a5). 이 논리는 "큰 자체는 작음 자체를 제외한 어떤 것보다도 크지 않을 것이고, 작음 자체는 큰 자체를 제외한 어떤 것보다 작지 않을 것이다"(150c4-6)를 함축한다. 이 주장들은 산드라 피터슨이 1부의 마지막 아포리아에서 정의적 고립(definitional isolation)의 원칙이라 불렀던 것과 호응한다. 주인 자체는 노예 자체를 지배하지만 인간 노예를 지배하지는 않는다.

(ii) 분유를 물리적 현전으로 보는 잘못된 해석은, 작음도 큼도 그 안에 현전할 수 없기에 '하나'가 크기에 있어서 '여타들'과 동등하다는 것을 증명하는 과정(150a-d)에서 다시 활용된다. 콘포드를 비롯한 몇몇 이들이 지적했듯, 이 대목은 『파이돈』의 한 교설을 암묵적으로 수정한 것이다.[108] 『파이돈』에서 분유의 관념을 설명하는 가운데, 소크라테스는 왜 심미아스^{Simmias}가 소크라테스보다 크면서 파이돈^{Phaedo}보다는 작은지를 설명하기 위해 "심미아스 안의" 큼과 작음을 언급했다(『파이돈』 102b). 그곳에서 소크라테스는 "우리 안의 큼"은 그것의 반대자를 받아들이지 않고 작음이 접근하면 "물러나거나 소멸한다"라고 말했다(102d). 『파이돈』에서의 이 공간적인 언어가 문자 그대로 받아들여지도록 의도된 것인지는 분명하지 않다. 직전(100d)에 소크라테스는 장소상의 현전^{parousia}이 분유에 대한 올바른 이해인지에 대해 의문을 표했었다. 그러나 『파이돈』의 뒤이은 논변에서는 속성들이 접근하고 물러난다는 관념이 중심 역할을 한다(가령 103d를 보라). 『파이돈』의 이 대목들에서 그가 어떤 생각을 가졌었든, 연역 2에서 플라톤은 내재^{immanence}를 뜻하는 그와 같은 표현을 문자 그대로, 즉 공간적인 측면에서 해석할 경우, 받아들일 수 없는 결론들에 이르게 된다는 점을 분명히 한다.

---

[108]   Cornford(1939), 172-175쪽.

만약 '하나'에 작음이 현전하게 된다면, 그것은 전체로서의 '하나'에 현전하거나 '하나'의 부분에 현전해야만 한다네. … 만약 그것이 전체 안에 있게 된다면 어떨까? 그것이 '하나' 전체에 걸쳐 동등하게 퍼져 있음으로써^{tetamenē} '하나'에 속하는가, 아니면 '하나'를 포함함으로써 그러한가? … 만약 작음이 '하나' 안에 동등하게 퍼져 있다면 그것은 동등하고, 만약 그것이 '하나'를 포함한다면 [하나보다] 더 크겠지? … 따라서 작음이 무언가와 동등하거나 더 큰 것일 수 있고, 큼과 동등함의 일을 하지만 자신의 일은 하지 않을 수 있겠지? … 따라서 작음은 어떤 전체로서의 '하나' 안에 있는 게 아니고, 어쨌든 그 안에 있는 거라면, 어떤 부분 안에 있을 것이네. … 그런데 전체 부분 안에 있는 건 아니네. 그렇지 않다면 전체 안에 있을 때와 동일한 일을 할 걸세. 그것은 어떠한 부분 안에 있든지 그것과 동등하거나 더 클 것일세. … 그래서 작음은 부분에도 전체에도 있지 않기에, 어떠한 있는 것들에도 현전하지 않을 걸세. 그리고 작음 자체를 제외하면 어떤 것도 작지 않을 것이고. (150a1-b7)

이 기이한 논변은 『파이돈』의 교설, 즉 소크라테스가 그 안에^{in him} 있는 작음에 의해서 심미아스보다 더 작다는 것을 논박하기보다는 우스꽝스럽게 만드는 것 같다. 이 논변은 작다는 것의 두 가지 상이한 방식이 구별된다는 걸 당연한 것으로 전제하고, 그런 후에 분유에 해당하는 **다른 것을 통한** 작음의 가능성을 제거함으로써 이러한 결과를 만들어 낸다. 요점은 [연역 2가] 우리로 하여금 사물들을 작게 만드는 일을 하는 작음 자체는 어떤 작은 것이 아니라는 점을 상기하게끔 만든다는 것이다. 반복하자면, F임^{F-ness}이 F인 것과, 다른 무언가가 F인 것이 같지 않기 때문이다. 이 대목에서 플라톤은 명백하게 거짓인 결론을 통해 의도적으로 F임의 두 가지 방식이 갖는 이 근본적인 구별을 상기시키는 것처럼 보인다. 이 구별이 『파이돈』에서 부재한다는 사실은 적어도 하나의 의심스러운 결론을 설명해 준다.

(iii) 연역 2의 또 다른 고약한 논변이 갖는 논리적인 기여를 다루면서 논의를 마무리 짓겠다. 147c1-148a6에서 파르메니데스는 '하나'와 '여타들'이 서로 다르다는 점에서 서로 닮았음을 증명한다 (그리고 하나의 명백한 귀결로, 동일한 이유에서 모든 것은 다른 모든 것과 닮는다). 그는 뜻과 지시체^{sense and reference}에 대한 프레게^{Gottlob Frege}식의 구별을 거의 예견하는 듯한 어떤 기발한 의미론적 논변으로부터 이 결론을 이끌어 낸다. 이 논변은 의미화^{meaning}를 명명^{naming}으로 보는 고대의 (그리고 『크라튈로스』에서도 계속 활용되는) 이해 방식을 이용하는데 "다른^{different, heteron}"이라는 용어를 반복적으로 말하는 게 동일한 본성^{nature, physis}(147e5)을 서술하거나 명명하는 것으로 이어진다고 주장하기 위해서이다.[109] 이로부터 '하나'와 '여타들'이 서로 다름으로써 동일한 속성^{tauton peponthos einai}, 즉 '다르다'를 공유할 것이라는

점이 뒤따른다. 그렇기에 이것들['하나'와 '여타들']은 앞서 제공된 "닮다 homoion einai"의 정의를, 즉 어떤 속성을 공동으로 소유한다는 정의(연역 1, 139e8)를 만족한다. 이 쟁론술의 대가다운 솜씨는 '하나'와 '여타들'이 다르다는 점에서 닮았을 뿐만 아니라 같다는 점에서는 닮지 않았음을 보이면서 한 번 더 발휘된다(148c1-2).[110]

이곳에서 유사성을 주장하는 논변은 "다른"이 상호 관계적 co-relative 용어라는 사실, 즉 『소피스트』에서 말해지듯, "다른 것이라면 무엇이든 필연적으로 **다른 어떤 것과 다른 것**"(255d6)이라는 사실을 이용한다. 따라서 '다름'의 [그 자체로 지닌] 본래적 의미 혹은 본성 physis은 이 단어가 반복적으로 말해지는 내내 동일하게 유지되지만(그리고 이 안정성이 언어를 가능하게 만들지만), 어떤 특정한 상황에서 이 용어가 갖는 완전한 의미는 이 용어가 자신의 지시체를 무엇**으로부터** 차별화시키는지에 달려 있다. 그래서, 이 오류는 의미의 이 두

---

109   프레게는 어떤 언어적 명칭이 갖는 뜻(sense, Sinn)과 그것이 지시하는 지시체(reference, Bedeutung)를 구별한다. 예를 들어 '샛별'과 '개밥바라기'는 금성이라는 동일한 천체를 지시체로 갖지만, 그 명칭이 가진 뜻은 다르다. 『파르메니데스』 147e에서 플라톤은 '다른(different, heteron)'을 일종의 이름(onoma)으로 이해하고, '하나'와 '여타들'이 동일한 이름, 즉 '다름'으로써 명명(onomazein)될 때(그리스어 원문을 보자면 단수인 'to hen'도 복수인 'talla'도 모두 단수형 'heteron'이라 불린다), 이 이름은 어떤 동일한 본성(physis)을 지시한다. 공통의 본성을 지시하기 위해 그와는 정반대의 뜻을 갖는 이름인 '다름'을 사용한 것이다. 칸은 이러한 플라톤의 접근 방식이 언어적 표현의 의미와 지시체에 관한 후대 논리학의 문제를 예고한다고 평가한다. 하지만 직후 칸이 지적하듯 플라톤의 이해 방식은 프레게와 정확히 같지는 않다. 『크라틸로스』는 사물과 그것의 이름 사이의 관계를 묻는 대화편이다.

110   이 논변 형식에 대한 플라톤 자신의 평가로는 앞서 주석 97번에서 인용된 『필레보스』 13d를 보라.

종류를 의도적으로 구별하지 않는 데 성공하는데, 그중 하나가 '다름'이라는 용어의 안정적 개념 혹은 뜻이다. 경우에 따라 변화하는 의미는 지시에 관한 프레게식 관념에 정확하게 대응하지는 않는다. 그러나 이 논변은 플라톤이 말-사물 간 결합이 갖는 애매성을 의도적으로 활용하고 있다는 걸 보여 준다. 마치 『소피스트』의 유명한 한 대목이 플라톤이 사용-언급의 구별을 명료하게 의식하고 있다는 걸 보여 주듯(257b9-c3) 말이다.[111]

두 번째 부분에 대한 최종적 평가

우리는 긍정적인 가설을 갖는 두 개의 연역들(연역 2와 연역 3: "만약 '하나'가 있다면(-이라면)")과 부정적인 가설을 갖는 두 개의 연역들(연역 5와 연역 7: "만약 '하나'가 있(-이)지 않다면")로 이루어진 네 개의 건설적인 연역들을 알아보았다. 이들 중에서 연역 2는 자연 세계에 대한 어떤 추상적 이론 안에서 모든 긍정적인 속성들을 다루는 탐구로서

---

[111] 플라톤이 뜻-지시체 구별을 선취하는 또 다른 대목으로 『크라튈로스』 439d9를 보라. 하나의 대상을 영속적인 흐름(flux) 속에서 기술하는 것은 불가능한데, 왜냐하면 "우선, 이것이 이것(eikeino)이라고 말하고, 그다음으로는 이것이 이러저러하다(toiouton)고 말하는 것"은 불가능하기 때문이다. 왜냐하면, 우리가 말을 하고 있는 중에도, "이것은 즉각적으로 떠나서 더 이상 같은 조건에 있지 않기 때문이다(mēketi houtōs)." 지시체(touto, "이것")와 기술(toiouton, "이러저러함") 사이의 보다 날카로운 대조는 흐름에 관해 논하는 대목인 『티마이오스』 49e1에 있다. 이 텍스트들에 대한 논의는 이하, 6장을 보라.

홀로 동떨어져 있다. 그 속성들에는 공간적인 속성들과 시간적인 속성들이 포함되지만 감각적 성질들은 제외된다. 연역 3은 한정과 무한정자의 혼합으로서 단일성과 다수성이라는 훨씬 더 일반적인 구조를 탐구한다. 연역 5는 부정 서술로 이해된 '있(-이)지-않음'에 관한 긍정적인 설명을 전개한다. 이는 가장 완전한 의미에서의 있음(-임)이 아닌 것, 즉 어떤 '형상'이 아닌 주체에 대한 것이다. 마지막으로 연역 7은 단일성이라는 안정적인 원리를 결여한 탓에, 다수성이 순전히 외양적인 것이 된 어느 세계에 대해 간략한 개요를 전달한다. 그리하여, 이 건설적 연역들 각각은 맥락상 자연 세계에 대한 가능한 설명으로서, 다수성의 상이한 측면을 탐구한다.

반면에, 긍정적인 가설을 갖는 두 개의 연역들(연역 1과 연역 4: "만약 '하나'가 있다면(-이라면 …)")과 부정적인 가설을 갖는 두 개의 연역들(연역 6과 연역 8: "만약 '하나'가 있(-이)지 않다면")로 이루어진 나머지 네 개의 연역들은 모두 내용 면에서 부정적이다. 이 파괴적인 연역들은 상정된 주체('하나')가 '있음(-임)'으로부터, 그리하여 여타의 어떠한 '형상'으로부터 어떤 방식으로 완전히 분리되는지를 설명하는데, 이는 모든 서술과 모든 명제적 내용을 배제하는 하나의 고립이다.

그리하여, 『파르메니데스』의 2부는 우리에게 단일성과 다수성, 한정과 무한정자, 형상과 형상 없음에 대한 개념적 공간의 목록, 즉 광범위에 걸친 가능한 구조들을 제공한다. 이러한 대안들 중에서, 연역 2의 '하나'는 자연 세계와 특정한 관계를 맺고 있다는 점에서 두드러진다. 그것은 생성과 소멸뿐만이 아니라 운동과 정지를 겪으며, 실제로 앎과 의견의 대상이자(155d), 감각 지각의 대상이기도 하다. 요약하자면, 연역 2는 자연 세계에 대한 가능한 속성들의 추상적인 범위an abstract range를 제시한다. 그러나 이 연역들은 실제로 어떤 속성들이 세계에 실현되는지에 관해 말해 주는 바가 없다. 이를 위해 우리는 감각 지각에서 얻은 정보가 필요할 것이다. 비록 이곳에서 지각과의 어떠한 관계가 인식되기는 하지만, 여기에는 감각적 성질들에 대한 어떠한 논의도 포함되어 있지 않다. 『파르메니데스』의 방법론적 훈련은 자연학을 위한 하나의 준비로 간주될 수 있지만, 그것 자체로는 자연 과학을 위한 토대를 제공할 수 없다. 그것을 위해 우리는 어떤 경험적 데이터, 말하자면, 감각과 지각적 판단doxa에서 비롯한 정보가 필요할 것이다. 그리하여 우리는 이 두 능력들에 대한 비판적 이해를 위해 『테아이테토스』로 향한다.

후기 대화편들의 맥락 속에서
『테아이테토스』

『파르메니데스』로부터 『테아이테토스』로 진행하는 가운데, 우리는 추상적 존재론에 대한 훈련으로부터 경험적 인식론에 더 가까운 무언가로 나아가게 된다. 이러한 전환은 갑작스럽기는 하다. 그러나, 내가 제안하기로는, [이 둘 사이의] 이러한 연속을 표시해 주는 하나의 형식적 단서가 있다. 그것은 『테아이테토스』와 『소피스트』 둘 다 대화편 『파르메니데스』 속에서 보고된 파르메니데스와의 만남을 회고하는 언급들을 포함한다는 것이다.[1] 그러므로 문학적 측면에서 『테아이테토스』와 『소피스트』는 모두 『파르메니데스』의 후속편으로서 제시되는 것이다. (이어서 『소피스트』가 드라마적 전작에 해당하는 『테아이테토스』를 역으로 다시 언급하면서 이러한 연속을 확인시켜 준다.)

왜 플라톤은 『테아이테토스』가 어떤 의미로는 『파르메니데스』와 이어진다고 제시하고자 했는가? 확실히, [『파르메니데스』] 1부의 비판은 방법론적으로 '형상' 교설과는 거리를 두는 역할을 수행한다. 다른 한편으로, 2부가 경험적 자료들에 대해 아무런 언급도 하지

---

1   『테아이테토스』 183e, 『소피스트』 217c.

않은 것은 앎에 대한 어떤 완전한 설명에 있어서든 감각 지각의 역할에 대한 고찰이 필요하다는 것을 지적하는 것이겠다. 추상적 형이상학과 경험적 앎 사이의 연결고리에 대한 이러한 관심은 왜 플라톤이 『테아이테토스』를 『파르메니데스』에서 이어지는 모종의 후속 작업으로서 제시하고자 했는지를 설명할 수 있다. '형상들'을 중심으로 하는 형이상학을 철저히 비판한 이후에야 우리는 그와 같은 형이상학적 관심이 체계적으로 제거된, 앎에 대한 설명으로 돌아서는 것이다.

1. 해석적 문제: 『테아이테토스』를 어떻게 읽을 것인가?

『테아이테토스』는 모든 방면에 있어서 비범한 대화편이다. 인식론에 관한 독립적인 저작으로서 읽을 경우, 이 대화편은 데카르트의 꿈 이론에서부터 20세기의 논리적 원자론에 이르기까지 오늘날 철학에서 특별히 주목해 온 놀랄 만큼 많은 주제들에 관하여 일련의 빼어난 논증들을 제공한다. 다른 한편으로, 플라톤의 다른 저작들이 이루는 맥락 속에서 이 대화편을 읽을 경우, 우리는 또 다른 종류의 놀라움과 마주하게 된다. 소크라테스는 우리가 알던 친숙한 모습으로 돌아온 것으로 보이며, 그가 이 대화편에서 자기 자신에게 부여하는 지성적 산파라는 역할은 초기 대화편들 속에서 우리가 마주했던 소크라테스의 전형적인 모습과 일치한다. 반면, 우리가 플라톤 특유의 것이라고 생각하는 철학은 『테아이테토스』에서는 찾아볼 수 없다. 이는 마치 플라톤이 그의 초기 저작들에서 보여주었던 아포리아적 서술 방식으로 되돌아간 것처럼 보인다. 실상, 『테아이테토스』의 형식적 구조는 『에우튀프론』이나 『메논』과 같은 정의를 묻는 대화편들의 형식적 구조를 본뜨고 있다. 어쩌면 『테아이테토스』는 『메논』의 개념적 후속편이라고 주장할 수도 있을 것이다. 『메논』은 "탁월성이 무엇인가?"라는 질문을 던지고서 탁월성이 일종의 앎이라는 소크라테스적 답변을 논의하는데, 그에 뒤따르는 질문은 아무래도 [『테아이테토스』에서 중심 소재가 되는] "앎이 무엇인가?"라는 질문일 것이니 말이다. 그러나, 이 질문이 『테아이테토스』에서 실질적으로 제기되었을 때, 그 바탕이 되는 철학적 지평은 [『메논』의 철학적 지평과는] 완전히 다르다. 『메논』은 상기론과 가설의 방법을 도입함으로써 『파이돈』과 『국가』에서 나아가 발전될 법한 앎에 대한 이해 방식을 드러낸다. 그러나 『테아이테토스』가 "앎이 무엇인가?"라는 질문에 실질적으로 답하고자 시도할 때, 그 대화편 속에서는 상기론이나 가설의 방법 중 그 어느 것도 언급되지 않는다. 무엇보다도, 그 내화편 속에서는 『파이돈』과 『국가』의 앎에 대한 이해 방식에서 주된 것이었던 '형상들'에 대한 형이상학적 교설에 관해서 그 어떤 언급도 이루어지지 않는다. 비록 (우리가 보게 될 바와 같이) 『테아이테토스』 속 여러 단락이 '형상들'이라는 관념에 대한 간접적 암시로서 읽힐 수는 있겠으나, 이것들은 저자가 대화편 속의 등장인물들을 제쳐 두고서 분별력 있는 독자에게 [직접] 전달하듯이 남긴 실마리들이다. 마치『메논』속 동명의 소크라테스처럼,『테아이테토스』속의 소크라테스는 그가『파르메니데스』에서 청년기의 자신이 발명한 것이라고 제시한 ['형상들'에 관한] 이론에 대하여 전혀 들어 보지 못한 것처럼 행세한다. 흡사『파르메니데스』속에서의 '형상'에 대한 비판이 그것을 깡그리 없던 일로 만들어 버린 듯이 말이다.

여기에서 소크라테스가 보이는 무지는 놀라운데, 왜냐하면 바로 이 대화편 속에서 소크라테스는 자신이 이전에 파르메니데스와 만났던 일에 대하여 실제로 언급하기 때문이다(확실히 해야겠는데, 그 둘 사이의 만남은『파르메니데스』대화편 바깥에서는 전혀 일어나지 않았다). 우리가 다른 대화편『필레보스』에서 소크라테스를 다시 만날 때(여기에서 그는 플라톤 대화편의 중심 화자로서는 마지막으로 등장한다), 그는 고전적 이론 classical theory을 연상시키는 모나드 교설[2]에 관하여서도 그리고『파

---

[2] 여기에서 '모나드 교설'이 가리키는 것은『필레보스』15a-c에서 "언제나 동일한 것이며 생성도 파멸도 받아들이지 않음에도 불구하고 … 가장 확고하게 하나"인 것이라 제시되고 있는 모나드(monas)에 대한 교설이다. 해당 대목에서 플라톤은 그가 다루고자 하는 '하나인 것(henas)'이 '소 한 마리'나 '사람 한 명'과 같은 생성하고 소멸하는 하나의 것들이 결코 아니라는 점을 환기하며, 그가 주목하는 것은 "사람을 하나로, 소를 하나로, 아름다움을 하나로, 그리고 좋음을 하나로 상정하려 할 때, 이들 하나인 것들과 이런 유의 것들"이라고 강조한다. 말하자면 플라톤은 '사람은 두 다리로 걷는다'나 '소는 네 다리를 갖는다'라고 말할 때처럼 우리가 '사람'과 '소'를 어떤 하나로서 상정하듯 말하는 경우에 다루게 되는 일종의 '형상'이나 집합 혹은 보편자와 같이 역할을 하

르메니데스』 대화편에서 그 자신에게 제기되었던 분유[라는 개념]의 문제점들에 관하여서도 친숙해 보인다(『필레보스』 15b, 『파르메니데스』 131a-e). 이 점을 염두에 둔다면 『테아이테토스』에서 그가 나타내 보이는 무지는 더더욱 영문을 알 수가 없어 보인다. 그렇기에, 『파르메니데스』로부터 『필레보스』에 이르는 플라톤의 중-후기 대화편들 가운데에서, 『테아이테토스』 속에서 나타나는 소크라테스의 형이상학적 무지는 놀라울 정도로 난데없으며, 이는 설명을 필요로 한다.

이와 같은 "플라톤적 형이상학에 대하여 거의 전적으로 결백한"[3] 소크라테스라는 문제는 최근 데이비드 세들리에 의하여 다루어졌는데, 그는 플라톤이 『테아이테토스』에서 의도적으로 아포리

는 '사람'과 '소'에 주목하는 것이며 바로 이러한 '사람'과 '소'가 플라톤이 『필레보스』에서 제시하고 있는 모나드에 해당하는 것이다. 이러한 모나드를 기술하는 플라톤의 표현, 언제나 동일한 것이며 생성하고 소멸하는 것이 결코 아닌 것이라는 표현 자체가 벌써 그의 '형상'을 떠올리게 하는 만큼 칸은 이러한 모나드 교설이 '형상'에 대한 플라톤의 고전적 이론을 연상시킨다고 평가하고 있는 셈이다. 다만 이와 같은 모나드가 곧 '형상'과 동일시될 수 있는지의 여부에 대해서는 확답을 할 수 없을 것처럼 보이는데, 왜냐하면 선술하였듯 모나드에 해당하는 '사람'과 '소' 등은 '형상'일 수도 혹은 보편자나 집합명사와 같은 것일 수도 있기 때문이다. 물론 모나드를 기술하는 플라톤의 표현이 '형상'을 기술하는 표현과 유사하다는 점이나 『필레보스』에서 해당 부분 직후에 이어지는 '하나'와 '여럿' 사이의 관계에 대한 물음이 곧 '형상'과 '생성하고 소멸하는 것들' 사이의 분유 관계에 대한 물음과 유사하다는 점은 우리가 모나드와 '형상' 사이의 밀접한 유사성을 추론할 수 있도록 하는 것이 사실이다. 다만 이로부터 추론될 수 있는 것은 여전히 유사성이라는 점 그리고 플라톤의 '형상'에 대한 고전적 이론에서 '사람'이나 '소'와 같은 구체적 생물 종에 대응하는 '형상'에 대한 서술을 찾기 어렵다는 점을 떠올려 보면 칸이 모나드 교설과 '형상'에 대한 고전적 이론 사이의 관계를 연상 관계로 국한시키는 이유를 알 수 있을 것이다. 모나드 및 하나인 것들(혹은 단일체들)에 대하여서는 이 책 5장 4절과 6장 2절의 논의 역시 참고하라.

3   즉, 『파이돈』이나 『국가』 등의 중기 대화편에서 전개된 바 있는 플라톤적 형이상학에 대하여 거의 전적으로 무지한'의 의미이다.

아적 대화편들 속에서 그려졌던 등장인물 소크라테스로 되돌아가고 있다고 제안한다.[4] 그러니까 소크라테스는 여기에서 오로지 "플라톤주의의 산파"로서, 『파이돈』과 『국가』에서 제시된 성숙한 플라톤주의의 역사적 그리고 철학적 조상으로서만 그려진다는 것이다. 아포리아적 대화편들 속에서와 마찬가지로, [『테아이테토스』에서] 소크라테스 자신은 어떤 긍정적 교설도 가지고 있지 않다.

나는 이 대화편에서 플라톤이 의도적으로 소크라테스를 플라톤 자신의 철학적 입장으로부터 떼어 놓고 있으며, 이 대화편이 그러한 입장에 대한 완곡한 단서들을 제공하고 있다는 점에 관하여서는 세들리에게 동의한다. 그러나 왜 플라톤은 앎에 관한 이 정교한 논의를 수행하기 위하여 형이상학적으로 불임인barren 소크라테스를 선택한 것인가? 산파로서의 소크라테스에 대한 이해 방식은 한편으로는 『테아이테토스』와 『파르메니데스』 사이의 긴밀한 관계를, 또 다른 한편으로는 『테아이테토스』와 그 직후의 후속편인 『소피스트』 사이의 관계를 설명하지 못한다. 내가 보기에 『테아이테토스』에 대한 그 어떤 해석에 있어서건, 관건은 이 대화편의 공공연한 비-플라톤적인 혹은 심지어 반-플라톤적인 형이상학적 관점을 『파르메니데스』 및 『소피스트』와 같은 이웃한 대화편들 속에서 표현된 플라톤 철학의 나머지 부분들과 연관시키는 것이다.

4   Sedley(2004), 7, 17쪽.

『국가』와 『파이드로스』에서 제시된 바와 같은 '형상들'에 대한 고전적 이론은 『파르메니데스』에서 공격에 직면한다. 그러고서 이 이론은 『테아이테토스』에서는 눈에 보이지 않다가, 『소피스트』에서 오직 비판적 검토의 대상으로서, 즉 '형상의 친구들 Friends of Forms' 이 가진 교설로서만 재등장한다. 『소피스트』에서 엘레아로부터 온 손님은 '형상들'을 바라보는 새로운 방식을, '형상들'을 하나의 연결된 네트워크 속의 구성물들로서 보는 방식을 제공할 것이다. 그러나 고전적 [형상] 이론의 핵심이었던 '형상들'과 감각적인 사물들 사이의 관계는 『소피스트』에서는 오직 '형상의 친구들'이 가진 견해로서만 등장한다.

우리는 ['형상' 이론에 대한] 『테아이테토스』에서의 침묵 그리고 『소피스트』에서의 비판적 거리 두기를 어떻게 이해해야 하는가? 몇몇 학자들은 플라톤이 형이상학적 '형상들'을 포기했다고 추론한다. 그러나 우리가 1장에서 보았듯이 플라톤적 형이상학에 대한 그러한 완전한 거부는 『파르메니데스』에 의해서도 혹은 다른 어떤 후기 대화편들에 의해서도 확인되지 않는다. 이쯤에서 고전적 ['형상'] 이론과 플라톤의 기본적인 형이상학을 명료하게 구별하는 것이 필수적이겠다. 한편으로, '형상들'과 그것늘에 대응하는 동명의 감각적인 것들 사이의 고전적인 분유 관념은 『파르메니데스』에서 공격에 직면했으며 『필레보스』(15b)에 이르기까지 문제적인 것으로 남는다. 다른 한편으로, 변화하는 감각 지각의 대상들과 "우리가 로고스^{logos} 속에서 가장 잘 포착할 수 있는" 안정적인[5] 형상들 사이의 대조는 파르메니데스에 의해 재확인되며 『테아이테토스』라는 유일한 예외를 제외한 모든 후기 대화편들 속에 전제되어 있다. 심지어 『소피스트』에서도 그 속의 주된 화자인 엘레아의 손님은 앎을 위해 변하지 않는 대상이 필요하다는 확고한 입장을 취한다(248b-d). 『테아이테토스』는 플라톤의 후기 저작들 가운데에서, 인지가 그 대상으로서 안정적인 존재를 요구한다는 엘레아적 주장을 고려조차 하지 않으면서도 앎의 문제를 심도 있게 다루는 유일한 텍스트이다. 우리가 보게 될 바와 같이, 만물유전설에 대한 [『테아이테토스』 속 플라톤의] 논박은 어떤 앎의 대상에 관하여서건 안정성이 필요하다는 것을 분명하게 함축한다. 그러나 그러한 적극적 결론은 결코 명시적으로 도출되지 않는다. 대조적으로, 이 대화편 속의 앎에 대한 논의는 불변하는 존재에 관한 그 어떤 이론적 고려도, 그것이 플라톤적이건 혹은 엘레아적이건 상관없이 회피하도록 체계적으로 고안되어 있다.[6]

이와 같은 『테아이테토스』 및 『소피스트』의 특이한 점들과 『파

---

5   '안정적'이라는 번역어는 원문의 'stable'을 옮긴 단어이다. 이는 변화하는 것과 대비되는 안정적인 것 혹은 동적인 것과 대비되는 정적인 것으로서의 형상들의 성질을 나타내기 위해 칸이 사용하고 있는 단어로, 문맥에 따라 대비 대상이 '변화하는 것'일 경우에는 '안정적'이라고 그리고 대비 대상이 '동적인 것'일 경우에는 '정적인' 혹은 '부동의'라고 서로 다르게 옮겼으나 원문의 단어는 항상 같음을 알린다.
6   183d-e에서 이 대화편은 세계 속에 있는 모든 것들이 정적이라는 극단적인 엘레아적 논지를 언급하기는 하나, 그에 대해 논의하지는 않는다.

르메니데스』의 고전적 형상 이론에 대한 플라톤의 공격을 연관 짓는 것은 자연스러운 수순이다. 『테아이테토스』와 『소피스트』 둘 모두 『파르메니데스』의 그늘 속에 있는 것처럼 보인다. 바로 그것이 공격에 처한 이론, 즉 고전적 '형상' 이론에 대하여 이 두 대화편들이 의도적으로 중립을 취하는 이유이다. 이 대화편들은 우리로 하여금 파르메니데스적 비판으로부터 고전적 '형상' 이론의 얼마나 많은 부분이 살아남을 수 있을지에 대해 진지하게 고민하도록 만든다. 물론, '있음(-임)^{Being}'과 '생겨남(-됨)^{Becoming}'[7] 사이의 기본적인 형이상학적 대조는, 『정치가』에서의 환기 및 『소피스트』에서의 희미한 암시와 더불어 『필레보스』와 『티마이오스』에서 재등장할 것이다. 그러나 그사이에, 『소피스트』와 『테아이테토스』에서는 그 이론

---

[7] '생겨남(-됨)'이라는 번역어는 그리스어 gignesthai에 대응하는 영어 표현 'become' 및 'come-to-be'를 옮긴 단어이다. gignesthai는 '생성', '생겨남', '태어남', '-하게 됨' 등의 여러 의미를 포괄하는 단어로서, 우리가 '있음(-임)'으로 번역한 바 있는 einai와 마찬가지로 두 가지 의미 층위를 중첩적으로 담아내는 단어이다. 이 책 1장에서 주목하였듯이 그리스어 einai와 영어 표현 be는 한편으로는 주어의 존재를 나타내는 양화사적 표현으로도 그리고 다른 한편으로는 주어의 성질이나 속성을 나타내는 서술적 표현으로도 사용될 수 있는 중첩적 단어였다. 이와 마찬가지로 지금 다루고 있는 그리스어 gignesthai와 영어 표현 become 및 come-to-be 역시 한편으로는 주어가 '있게 되다'라는 존재적 뜻을 담아내기도, 다른 한편으로는 주어가 '어떠하게 되다'라는 서술적 뜻을 담아내기도 하는 중첩적 단어이다. 원래 없었던 것이 '있게 되다'라는 존재적 의미를 남아내는 한에서 이 단어는 '생성', '생겨남', '태어남'과 같은 의미를 표현하기도 하며, 어떠어떠하지 않았던 것이 '어떠하게 되다'라는 서술적 의미를 담아내는 한에서 이 단어는 '-하게 됨'과 같은 의미를 표현하기도 하는 것이다. 바로 이러한 점에서 우리는 그리스어 einai 및 영어 단어 be를 번역함에 있어 두 가지 의미 층위를 모두 나타내는 '있음(-임)'이라는 번역어를 선택했던 것과 동일하게 그리스어 gignesthai와 영어 표현 become 및 come-to-be를 번역함에 있어서도 두 가지 의미 층위를 모두 나타내고자 '생겨남(-됨)'이라는 번역어를 채택하고자 한다.

전체에 괄호가 쳐진다. ─ 그 둘 중 어느 대화편에서도 그 이론 전체
는 거부되지도 전제되지도 않고, 외려 후자에서는 무시되며 전자에
서는 비판적 검토의 주제가 된다.

이제 논의를 『테아이테토스』로 한정시켜서 다음의 질문을 제기
해 보도록 하자. 이 대화편에서 무슨 일이 일어나고 있는가? 왜 플
라톤은 일시적으로 형이상학을 제쳐 두고서 본질상 경험주의적인
관점에서 앎이라는 개념을 논의하였는가? 왜 그는 앎을 첫째로는
감각 지각aisthēsis과 관련하여 그리고 그다음으로는 판단doxa과 관련
하여 정의 내리고자 시도하며, 두 경우 모두에서 안정적인 존재론
없이, 즉 인지를 위해 불변하는 대상이 필요하다는 언급은 완전히
도외시한 채로 그러한 시도를 진행하는 것인가? 이는 『테아이테토
스』의 텍스트로부터 직접적으로 그 답을 찾아낼 수는 없는 질문이
다. 우리는 『테아이테토스』의 인식론과 플라톤의 나머지 저작들 사
이의 이러한 기본적인 차이를 설명하기 위해 몇 가지 해석학적 가
정을 세울 필요가 있다.

나는 이에 대한 실마리를 『파르메니데스』의 한 구절로부터 찾
는다. 그 구절에서의 주장에 따르면, 변증술의 방법이란 우리 자신
의 논지로부터 도출된 결과뿐만 아니라, 그에 대한 부정으로부터
따라 나오는 것까지도 고려하는 것이다(136a). 내가 제안하기로는,
이러한 방법의 원리가 『테아이테토스』 속 교설의 독특한 점을 설
명할 수 있다. 지금 문제가 되고 있는 플라톤적 논지는 앎과 지성

understanding, nous이 안정적이며 불변하는 대상을 필요로 한다는 주장이다. (이는 본질적으로 『국가』 5권에서 정식화되고 『소피스트』 249b-c에서 재차 주창된 엘레아학파적 논지이다.) 플라톤의 관점에서, 감각 지각과 판단을 기반으로 앎을 정의하려는 시도는 이러한 논지에 대한 부정을 함축한다. 그렇기에 『테아이테토스』의 1부[8]에서는 감각 지각적 인식론과 만물유전설[9] 사이의 논리적 연결이 명시된다.[10] 유사한 존재론과

[8] 대화편 『테아이테토스』는 크게 세 부분으로 구성된다. 이 대화편의 내용 전개를 이끌어 가는 핵심적 질문은 '앎이란 무엇인가?'라는 소크라테스의 질문인데, 소크라테스의 대화 상대자인 테아이테토스는 세 차례에 걸쳐 이 질문에 답하여 앎의 정의를 제시하고자 시도하며 그러한 세 가지 정의를 다루는 논의들이 이 대화편의 세 부분을 구성하게 된다. 1부는 테아이테토스가 첫 번째로 '앎은 지각이다'라는 정의를 제안하고 소크라테스가 이 정의를 논박하는 내용을 담고 있으며, 2부는 '앎은 참된 판단이다'라는 테아이테토스의 두 번째 정의와 그에 대한 소크라테스의 논박을, 그리고 3부는 '앎은 설명(logos)을 동반한 참된 판단이다'라는 테아이테토스의 세 번째 정의 및 그에 대한 소크라테스의 논박을 그 내용으로 갖는다. 이렇듯 『테아이테토스』는 '앎이란 무엇인가?'라는 질문에 마주한 테아이테토스가 세 차례에 걸쳐 앎의 정의를 시도하고 소크라테스가 그 세 차례의 시도를 전부 논박하는 내용으로 구성되어 결과적으로는 앎에 대한 정의의 시도가 실패로 돌아가는 국면을 그려 낸다. 앎을 정의하고자 시도하였으나 결국 앎을 정의하는 데에 실패하는 것으로 끝맺는 아포리아적 특성은 플라톤의 초기 대화편들이 갖는 전형적인 특성이다. 독특한 점은 『테아이테토스』가 플라톤의 초기 대화편이 아니라는 점이다. 『테아이테토스』는 플라톤의 중기 대화편 중 거의 마지막에 해당하는 작품인데, 이 작품보다 연대기적으로 앞서는 것이라 여겨지는 『파이돈』 및 『국가』 등의 대표적인 중기 대화편들에서 이미 플라톤이 아포리아적 구성보다는 소크라테스를 자신의 대변인처럼 내세워 영혼 불멸 논증이나 '형상' 이론 등을 적극적으로 주장하는 서술 방식을 택하고 있었다는 점은 우리가 『테아이테토스』의 아포리아적 특성에 무언가 숨은 의도가 있을 것이라 추측하도록 만든다. 칸은 바로 이러한 면과 더불어 『테아이테토스』에는 중기 대화편에서 이루어졌던 '형상' 이론에 대한 언급이 전혀 없다는 점이 이 대화편의 해석적 어려움을 자아낸다고 평가하고 있다.
[9] 칸은 이 장에서 '보편적 흐름의 이론(the theory of universal flux)', '보편적 흐름의 존재론(the ontology of universal flux)', '보편적 흐름의 교설(the doctrine of universal flux)', '흐름 이론(the theory of flux)', '흐름의 존재론(the ontology of flux)', '흐름 교설(the doctrine of flux)' 등의 매우 다양한 표현을 통해 헤라클레이토스적 만물유전설의 논지를 가리키고 있다. 그러나 이러한 다양한 표현들은 적어도 이

판단 사이의 연결은 『테아이테토스』의 2부에서는 암시적인 정도로만 남겨지고, 파르메니데스의 존재 교설에 대해 논의하기를 거부함으로써 간접적으로 표현된다(184a). 『국가』가 설명하는 바와 같이(그

장에서는 모두 헤라클레이토스의 만물유전설을 가리키고 있기에 이해를 돕기 위하여 '만물유전설'이라는 통일된 번역어를 택하였음을 알린다. 단, 헤라클레이토스적인 보편적 흐름이라는 논제는 이후 플라톤의 대화편 『티마이오스』에 이르러서는 '수용체'라는 개념을 경유해 플라톤적 해석 안으로 그 내용이 포함되는바, 그 대화편을 주로 다루게 되는 이 책 6장에서는 'theory of flux'라는 단어로 무제약적인 흐름의 논제에 일종의 제약을 가하여 플라톤이 자신의 체계 안에 통합시킨 '플라톤 판' 흐름 교설을 가리키기도 한다. 그리하여 6장에 이르러서는 '만물유전설'이라는 번역어의 통일을 유지하지 않고 맥락에 따라 어떤 때에는 플라톤의 것으로도 읽을 수 있도록 중립적인 단어인 '흐름 이론' 또는 '흐름 교설'이라는 번역어를 택하게 될 것임을 미리 알린다.

10 플라톤은 "'앎'은 지각이다"라는, 테아이테토스가 제시하는 지식에 대한 첫 번째 정의를 프로타고라스(Protagoras, 기원전 490-기원전 420경)의 인간척도설 및 헤라클레이토스(Heraclitus, 기원전 535-기원전 475경)의 만물유전설과 연결시키고 있다. 테아이테토스의 정의가 프로타고라스의 인간척도설과 연결된다는 것은 비교적 자명한데, 왜냐하면 프로타고라스의 인간척도설이 중심으로 삼는 내용이 다름 아니라 "각각의 것들은 내게 나타나는 그대로 내게 있고, 그런가 하면 자네에게는 자네에게 나타나는 그대로 있다"(『테아이테토스』 152a7-8)라는 것이었기 때문이다. '나에게 나타나는 바', 곧 '내가 지각하는 바'가 그대로 내가 갖게 되는 지식이 된다는 것이 프로타고라스의 인간척도설의 요지인 한에서, 플라톤은 테아이테토스의 첫 번째 정의를 프로타고라스의 교설에 연결시키는 것이다. 그런데, 이러한 테아이테토스의 정의, 그리고 그 정의와 동일시되는 프로타고라스의 교설이 어떻게 헤라클레이토스의 만물유전설을 상호 함축하는지에 대해서는 조금 더 나아간 설명이 필요하다. 한 가지 설명은 바로 헤라클레이토스의 만물유전설이 프로타고라스의 교설 및 테아이테토스의 첫 번째 정의가 가능하게끔 하는 존재론적 배경으로서 역할 한다는 것이다. 즉, 헤라클레이토스의 비밀 교의가 주장하는 끊임없이 변화하는 세계가 가정되는 한에서만 프로타고라스의 교설과 테아이테토스의 첫 번째 정의가 옳은 것으로 성립할 수 있다는 것이다. 가령, 똑같은 한 잔의 포도주가 건강한 사람에게는 달게 느껴지고 병든 사람에게는 쓰게 느껴지는 경우, 프로타고라스나 테아이테토스의 주장을 지키기 위해서라면, 건강한 사람이 '포도주가 달다'라고 그리고 병든 사람이 '포도주가 쓰다'라고 말하는 것들이 모두 참이어야만 하는데, 이 두 모순적 진술이 동시에 참이기 위해서는 실제로 그 두 사람이 포도주를 맛보는 상황에서 포도주가 단 것에서 쓴 것으로 변화했어야만 한다. 그리고 이처럼 똑같은 한 잔의 포도주가 이렇게 '실제로 변화했다'라는 것은 오직 모든 것이 언제나 변화하고 있다는 헤라클레이토스의 만물유전적 존재론하에서만 가능하다. 바로 이러한 방식으로, 즉 테아이테토스의 첫 번째 정의와 프로타고라스의 인간척

리고 『테아이테토스』가 다시금 주장하게 될 바와 같이), 판단은 변화를 겪는 대상들에 대한 인지에 있어 감각 지각과 본질적으로 연결된다.[11] (변화와 결부된 것으로서 판단을 이해하는 이러한 이해 방식은 물론 앎이 안정된 '있음(-임)'을 그 대상으로서 취한다는 파르메니데스식의 이해 방식에 대응한다.) 따라서, 파르메니데스주의자로서의 플라톤에게도 지각과 판단 양자 모두 앎 혹은 앎을 정의하기 위한 기반을 제공할 수는 없는데, 왜냐하면 그 둘 중 무엇도 변화로부터 벗어난 부류의 있음(-임)과 접점이 없기 때문이다. 대화편을 하나의 변증술적 훈련으로서 읽게 된다면, 여기에서는 앎을 정의하려는 시도에 대하여 두 개의 귀류법이 있는 셈이다. 첫째는 감각 지각과 관련한 귀류법이고 둘째는 판단과 관련한 귀류법으로, 이는 앎을 위한 대상으로서 안정된 '있음(-임)'에 관한 존재론이 요구된다는 엘레아적 논지에 간접적인 근거를 제공하는 것이겠다. 이러한 두 귀류법에 비추어, 전체적으로 『테아이테토스』는 더 넓은 규모에서 흐름의 존재론에 반하는 주장을 반복하고 있는 것이라고 읽힐 수 있다(181c-183b). 믿을 수 있는 인지

도설이 가능할 존재론적 배경을 제공해 주는 방식으로 헤라클레이토스의 비밀 교의는 나머지 두 교설과 상호 함축적으로 연결되는 것이다. 이러한 상호 함축에 대한 더 나아간 논의는 이정석 및 게일 파인(Gail Fine)의 논문 등을 추가로 참고하라[이정석, 2016, 「『테아이테토스』에서 지각으로서의 앎과 프로타고라스-헤라클레이토스주의」, 『철학연구』 제113권, 철학연구회, 1-32쪽, G. Fine, 1996, "Conflicting Appearances: *Theaetetus* 153-154d," in C. Gill & M. M. McCabe (eds.), *Form and Argument in Late Plato*, Oxford: Clarendon Press, pp. 105-133].

11　　『국가』 478a-480a, 『티마이오스』 28a. cf. 『필레보스』 59a1.

와 참된 말[12]은 둘 다 그 대상에서의 안정성을, 그러니까 순전한 '생겨남(-됨)'보다는 '있음(-임)'의 어떤 요소들을 필요로 한다. 나는 이 대화편에서 제안되는 모든 [앎의] 정의가 실패하는 것이 이러한 암묵적 가정에 의하여 설명될 것이라고, 즉 감각 지각도 판단도 안정된 '있음(-임)'과의 맞닿음을 보장하지 못하기 때문임을 통하여 설명될 것이라고 생각한다. 바로 그러한 이유로 감각 지각과 판단 그 둘 중 무엇도 앎에 대한 충분한 설명의 근거를 제공할 수 없는 것이다.

그렇기에, 『테아이테토스』는 앎의 대상으로서 불변하는 '있음(-임)'의 몇몇 요소가 필요하다는 그 긍정적 결론을 대화편 전체의 부정적인 결과[13]를 통해 암시하면서, 나아가 무제약적 흐름 unrestricted flux에 대한 반박을 통해 더욱 직접적으로도 드러내는 셈이다. 그러나 당연히 이 결론이 [곧장] 『파이돈』이나 『국가』에서 전개된 바 있는 존재론에 대한 지지를 함축하지는 않는다. 콘포드는 『테

---

12   여기에서 '참된 말(orthos logos)'은 참인(true) 말을 뜻하는 것이 아니라, 제대로 된 (in order) 말을 뜻하는 것이다. 곧, 참된 말이 그 대상에서의 안정성을 필요로 한다는 말은, 우리가 무언가 제대로 된 말을 하기 위해서는 안정적인 진술 대상이 필요하다는 말이겠다. 안정적인 대상은 '제대로 된 말', 혹은 '유의미한 말'을 위해 필요한 것이고, 바로 이러한 말을 가리키는 것이 '참된 말'이다. 그렇게 제대로 혹은 유의미하게 말해진 바가 참인지 거짓인지 하는 것은 그다음의 문제가 되겠다.

13   여기에서 "대화편 전체의 부정적인 결과"는 아포리아적 특성을 가지는 대화편으로서의 『테아이테토스』가 갖게 되는 결론의 특징을 가리킨다. 앞서 논하였듯이 이 대화편은 앎이 무엇인지에 답하고자 한 세 차례의 정의 시도가 모두 수포로 돌아가 결국 앎의 정의에 실패하는 장면으로 마무리되는데, 앎의 정의를 찾지 못했다는 이 결과가 바로 "부정적인 결과"라고 표현되고 있다. 『테아이테토스』의 아포리아적 대화편으로서의 성격에 대해서는 이 장의 앞선 역주 8번을 참고하라.

아이테토스』에 대한 이러한 긍정적 해석의 결과가 고전적 '형상' 이론을 옹호한다고 가정함으로써 이를 다소 과장한 바가 있다.[14] 그의 해석과는 반대로, 이중적 귀류법은 보다 일반적이며 또 보다 파르메니데스적인 주장을 가리킨다. 앎에 대한 적절한 설명은 세계 속의 사물들을 위한 하나의 고정된 구조를 상정함으로써 사유와 언어를 위한 어떤 확정된 대상을 제공하는 존재론을 필요로 할 것이다. 그렇기에 『테아이테토스』의 부정적 결말로부터 뒤따르는 긍정적 속편은 고전적 이론에 대한 플라톤의 대변자인 소크라테스에게 맡겨질 것이 아니라 엘레아의 손님에게 맡겨지게 될 것이다.

『테아이테토스』에 대한 이러한 건설적 독해는 대화편의 텍스트를 넘어서는 것이기에, 해석의 전략에 대하여 한마디를 덧붙여 두도록 하겠다. 나는 여기에서 저자와 독자들 사이 하나의 암묵적인 공모 관계가 있다는 가정을 세우고서 그에 기반하여 해석을 전개하고자 한다. 독자로서 우리는 초기 대화편 및 후기 대화편 속에 나타난 플라톤의 철학에 접근할 수 있다. 따라서 우리는 『테아이테토스』 속에서 형이상학적으로 불임 상태인 소크라테스가 우리를 위해 직접 도출해 주지는 않을 그러한 결론을 스스로 도출할 수 있는

---

14   Cornford(1934/1957), 161쪽 이하. 콘포드의 해석과 부분적으로 유사한 것들에 대해서는, 마일스 번예이트(Burnyeat, 1990, 238쪽, 133번 주석)에 의하여 인용된 처니스(Harold F. Cherniss), 쇼리(Paul Shorey), 그리고 로스(William D. Ross)의 언급들을 보라.

입장에 서 있는 것이다. 예를 들어, (소크라테스는 그렇게 하지 않지만) 우리는 172c-177b에서의 다소 긴 윤리학적 '여담'으로부터 『고르기아스』와 『국가』의 서로 다른 윤리적 교설들의 반향을 알아볼 수 있다. 유사하게, 우리는 사람들이 정의로운 삶을 삶으로써 혹은 부정의한 삶을 삶으로써 그와 닮게 된다고 말해지는 "실재의 세계 속 두 가지 본paradeigmatōn en tōi onti hestōtōn" 속에 '형상들'이라는 개념에 대한 간접적 암시가 있으리라고 의심할 수 있다(176e).[15] 그리고 우리는 아마 몸에 의하여서가 아니라 영혼 자체에 의하여 인지되는 사유의 공통적인 대상들(코이나koina)에 대한 이후의 언급으로부터 '형상들'을 다시 떠올릴 수도 있을 것이다(184b-186). 『테아이테토스』의 이러한 텍스트들은 플라톤의 형이상학적 견해들을 직접적으로 제시하지는 않는다. 그러나 이 텍스트가 그의 철학적 내용에 익숙한 독자들로 하여금 바로 그러한 견해들을 떠올리게끔 고안되었다는 것은 분명하다.

바로 이러한 저자-독자 공모 관계에 기반하여, 플라톤은 소크라테스가 우리를 위해 직접 도출해 주지는 않으나 우리가 도출해야만 하는, 앞서 제시된 간접적인 결론을 암시할 수 있는 것이다. 우리가 감각 지각으로써 앎을 정의하고자 하는 제안을 처음 마주치는 순간부터 그 제안을 의심할 수 있는 까닭은 바로 우리가 『파이돈』과

---

15   여담에 관하여서는 이 책 이 장의 부록 2를 참조하라.

『국가』에서 본 바 있는 이론에 익숙하기 때문이다. 이러한 의심은 판단으로써 앎을 정의하고자 하는 또 다른 시도에 의하여 더욱 확실해질 것이다. 왜냐하면, 이러한 두 시도 모두가 통상적인 플라톤적 가정들과 정면으로 상충한다는 것을 우리가 알아차리기 때문이다. 바로 이러한 알아차림을 통해 우리는 이 대화편 전체가 하나의 변증술적 기획으로서 의도되었을 수도 있다는 가능성에 주의를 기울이게 된다. 이와 같은 기획은 플라톤과 그의 독자들 사이의 암묵적인 소통에 관련하여 이해되어야 하지, 소크라테스와 테아이테토스 사이에 이루어지는 명시적인 대화의 관점에서 이해되어서는 안 된다. 플라톤의 철학을 잘 아는 독자의 관점이라는 이와 같은 작품 외재적 관점으로부터라야 우리는 『테아이테토스』의 내용이 적절한 존재론적 기반 없이 앎을 정의하고자 하는 모든 시도에 맞서는 하나의 귀류 논증이라는 것을 알아볼 수 있다.

2. 1부: 감각 지각으로서의 앎

『테아이테토스』 151e에서 테아이테토스는 감각 지각을 통한 앎의 첫 번째 정의를 제시하는데, 플라톤의 [다른] 저작에서는 이에 상응하는 것을 찾아볼 수 없다. 감각과 이성적 인지는 보통 서로 대비된다. (예컨대 『파이돈』 64b-66a, 『국가』 6권 508c를 보라.) 테아이테토스의 제안은 테오도로스로부터 배운 '수학 4과^{四科, quadrivium}'[16]에 대한 반복적인 언급 및 기하학에서의 무리수에 해당하는 양^{irrational quantities}에 대한 그의 보고 이후에 제시된 것이라는 점에서 더더욱 뜻밖이었다(145a, c-d2, 147d-148b2). 두 뛰어난 수학자들과의 대화 가운데 앎에 대한 탐구가 감각 지각이라는 관념으로부터 시작한다는 것이 대체 어떻게 가능한 것인가? 합리주의자의 거두^{arch-rationalist}인 플라톤은, 서두에서부터 인식의 모델로서의 수학의 역할을 강조함으로써, 테아이테토스의 정의에 의하여 도입될 경험주의적 접근과 수학 사이의 이러한 날카로운 대조를 처음부터 의도적으로 드러낸 것이다. 처음에 제시된 수학에 대한 강조는 이 대화편에서 이루어지는 앎의 정의에 대한 탐구가 플라톤이 흔히 취했던 관점으로부터 가능한 한 멀리 떨어진 지점에서부터 시작할 것이라는 사실에 우리가 촉각을 곤두세우도록 한다.

테아이테토스가 제시한 정의의 함축들은 우리가 대화편 『크라튈

---

[16] 여기에서 '수학 4과'는 산술, 기하학, 천문학, 화성학의 네 가지 수학적 학문을 통틀어 일컫는 것으로서, 이 번역어는 '교양학(artes liberales) 7과'를 이루는 논리학, 수사학, 문법학을 3학(三學, trivium)이라고 그리고 산술, 기하학, 천문학, 화성학을 4과(四科, quadrivium)라고 부르는 바에 착안하여 이 중 후자로부터 그 용어를 차용하였다. 플라톤은 『국가』 7권에서 감각적이며 생성하고 소멸하는 세계 속에 태어나 길러지는 이들을 어떻게 지성적이며 영원한 것들로 향할 수 있게끔 교육할 것인지를 다루는 과정에서 '형상'에 대한 탐구를 위한 예비적 학문으로서 이 네 가지 학문이 가지는 중요성을 직접 언급한다. 지금 대화편 『테아이테토스』에서 그는 테오도로스와 테아이테토스가 이 네 학문을 열심히 공부한 이들이라는 점을 구실 삼아 앎이 무엇인지를 탐구하는 과정에 그 둘을 끌어들이고 있다.

로스』를 통해 친숙해진 다음의 두 교설의 도움을 받아 발전한다. (1) 프로타고라스적 주관적 상대주의의 논지 — 사물들은, 그것들이 어떤 주어진 주관에 나타나는 바대로 있(-이)다는 교설, 그리고 (2) 모든 사물은 변화하며 그 무엇도 가만히 있지 않는다는 만물유전이라는 비의(만물유전설)가 그 둘이다. (『크라튈로스』[17]에서 이 교설은 152c10에서 처음에는 프로타고라스에게 귀속되나, 나중에는 헤라클레이토스에게 귀속된다.)

(1)과 (2) 사이의 연결고리는 다음의 감각 이론 (3)에 의해 수립된다. 감각은 두 작용agencies의 결합 생산물 혹은 산물로서, 그 두 작용은 두 개의 느린 운동으로 파악되며 그중 하나는 내적 운동이고 다른 하나는 외적 운동인바, 이는 지각하는 주관에게 투사되는 하나의 성질과 외부 대상 혹은 감각의 원인에게 투사되는 또 다른 하나의 성질로 구성되는 쌍둥이 성질들을 생산한다(156a 이하). 이러한 감각 이론은 플라톤 자신의 발명인 게 분명한데, 이는 엠페도클레스 및 데모크리토스에 의해 제안된 지각에 대한 기계론적 설명을 좀더 정교하게 만든 것에 해당한다. 이와 같은 쌍둥이 이론은 직접적으로 논박된 바가 없기에, 그 이론이 플라톤 자신의 견해를 대변하

---

17 만물유전설이 프로타고라스에게 귀속되었다가 이후 헤라클레이토스에게 귀속되는 152c-e와 160d-e는 『크라튈로스』가 아니라 『테아이테토스』의 내용이다. 『크라튈로스』에서 만물유전설이 프로타고라스와 헤라클레이토스 양자 모두에게 주요한 논지였음이 소개되는 장면은 그 대화편의 386c-e와 401d의 장면에 해당한다. 두 대화편 모두에서 유사한 내용이 등장하는 만큼, 칸이 혼동하여 대화편 이름을 잘못 쓴 것으로 추정된다.

는 것인지 아닌지에 대하여 학자들 간에 의견 차이가 있다. 그에 대한 어떠한 해석을 택하건, 여하간 이 이론은 지각이라는 현상에 관해 훌륭한 설명을 제공한다. 곧, 한편으로 이는 주관 내부에 투사된 것으로서의 지각된 성질에 관한 사적 감각 경험을 허용하면서도, 다른 한편으로 주관 외부의 대상에 투사되는 쌍둥이 성질을 허용함으로써 세계에 대한 유용한 정보들을 설명할 것이다. 적절한 수정이 가해진다면, 이 이론은 『티마이오스』에서 제공되는 지각 이론에 대한 플라톤 자신의 기계론적 설명과 양립 가능한 것이 될 수 있다.[18] 현재의 맥락에서는, 쌍둥이 이론은 감각 지각 기저의 만물유전설을 기반으로 하는 기제에 대한 그럴 법한 설명을 제공한다.

3. 흐름의 존재론

흐름의 존재론 자체는 다른 이야기이다. 이는 단순히 지각 이론의 한 구성 성분이 아니며, 앎을 위한 확고한 대상을 요구하는 플라톤 자신의 엘레아학파적 주장에 대한 직접적인 부정이다. 실재와 현상 사이의 프로타고라스적 동일성에 대한 토대로서, 『테아이테토스』 속의 만물유전설은 앎과 감각 지각 사이의 동일시를 지지

---

[18]　쌍둥이 감각 이론에 대한 더 완전한 논의는 부록 3을 참조하라.

하는 '비밀 교설Secret Doctrine'의 주추centerpiece를 제공한다. 『크라튈로스』에서와 같이, 여기에서 만물유전설은 실재의 안정적이고 객관적인(관찰자-상대적이지 않은) 구조에 대한 플라톤 자신의 이해 방식에 가장 직접적으로 반대되는 세계관을 대변하기 위하여 프로타고라스적 상대주의와 연결되었다.[19]

플라톤 자신이 만물유전설을 감각적인 세계에 대한 하나의 설명으로서 받아들인 적이 있었는가? 아리스토텔레스는 그런 적이 있다고 주장한다. 『형이상학』 1권(A) 6장에서 아리스토텔레스는 "플라톤은 젊은 시절 처음으로 크라튈로스와 헤라클레이토스의 의견들에 친숙하게 되었다. 이런 의견들에 따르면 모든 감각물은 언제나 흘러가는 상태에 있어서 이것들에 관한 학문적 인식은 존재하지 않는데, 그는 나중까지 이런 생각을 그대로 견지했다"라고 전한다.[20] 이 점에서 많은 현대의 연구자들이 아리스토텔레스를 따라 플라톤은 감각적 현상들을 끊임없이 변화하는 영역이라 생각했다고 보았다. 그리고 『파이돈』의 한 대목으로부터 이 해석에 대한 근거

---

[19] 『크라튈로스』의 도입부에서 인용된 프로타고라스의 견해와 이후 이 저작에서 자세하게 설명된 만물유전설 사이의 이러한 연결은 그것들이 함께 부정되는 데에서 확립된다. (우리는 우리 각각의 사적인 실제를 갖지는 않으나) "사물들 자체는 우리와 관련해서 있지도 않고 우리로 말미암아 있지도 않네. 그것들은 우리의 상상에 따라(τῷ ἡμετέρῳ φαντάσματι) 이리저리 흔들리지 않고 그 자체로 자신들의 본질과 관련해서 본래 있는 그대로 있는(οὐσία τις βέβαιος) 거라네"(『크라튈로스』 386e).

[20] 『형이상학』 987a32. 나는 "이후에도 또한(καὶ ὕστερον)"이라는 표현으로 아리스토텔레스가 『크라튈로스』뿐만 아니라 『테아이테토스』까지도 의미하고 있다고 여긴다.

를 찾아낼 수도 있다. '형상들'은 모든 종류의 변화로부터 자유롭다고 말해지는 반면, '형상들'과 동명인 감각적인 것들은 "자기 자신에도 다른 것들에도, 어느 때에도, 말 그대로 어떻게도 같은 식으로 있지 않"(78e3)다. 우리는 『국가』 5권에서도 감각적 대상들에 대한 동일한 견해가 발견된다고 주장할 수 있는데, 거기에서는 여러 아름다운 대상들은 모두 추하게도 나타나며 여러 정의로운 행위들은 모두 부정의하게 나타나기도 하므로, 감각적 사물들은 일반적으로 "있(-이)지 않은 것과 순수하게 있는(-인) 것 사이를 전전하는 *kylindeitai*"(479a, d4) 것처럼 보인다는 주장이 제시되고 있다.

그렇다면 플라톤이 감각 가능한 "여럿"의 영역을, '형상들'의 불변하는 있음(-임)과 대비되는, 변화와 생겨남(-됨)의 영역으로서 제시하고 있다는 것은 참이다. 그러한 한에서 만물유전설에 대한 플라톤의 지속적인 관심은 자연 세계를 변화하는 것으로 대하는 그 자신의 이해 방식을 반영한다. 그러나 이로부터 『크라튈로스』와 『테아이테토스』에서 제시되는 만물유전설이 곧 플라톤 자신의 견해를 대변한다는 결론이 따라 나오는 것은 아니다. 그와 반대로, 두 대화편 모두에서 이 교설은 비정합적인 것으로서 거부된다. 두 대화편 모두가 보이는 것은 —그리고 아리스토텔레스의 텍스트가 제공한 영향 때문에 놀랄 만큼 도외시된 것은— 우리가 생겨남(-됨)에 대한 플라톤의 견해와 만물유전설을 분명하게 구별해야만 한다는 점이다. 강한 의미로 앎을 이해한다면, 플라톤에게 있어서 감각적인 사물들에 대해선 그 어떤 앎^{epistēmē}도 없었다는 아리스토텔레스의 주장이 옳았을지도 모르겠으나, 우리가 여전히 사람들이나 말들, 망토들 등에 대해 어떤 종류의 인지를 가진다는 것은 그런 플라톤에게조차 분명하다. 그에 대조적으로, 보편적이고 무제한적인 흐름 속에 있는 세계에 대해서는 그 어떤 인지도 불가능하다. 플라톤이 끊임없는 변화라는 논지에 매료되었던 것은 그가 크라튈로스식으로 극단적인 헤라클레이토스주의자이기 때문이 아니라, 그 자신의 '있음(-임)'과 '생겨남(-됨)' 사이의 대조가 헤라클레이토스의 강이라는 상징을 통해 알맞게 나타낼 수 있을 자연 세계에 대한 한 가지 견해를 반영하기 때문이다.[21] 『크라튈로스』와 『테아이테토스』의 논증들은 그러한 세계가 안정성이 갖는 필수적인 요소들 **역시도** 포함해야만 한다는 것을 보이기 위한 것들이다. 그리고 이 점에 있어서는 헤라클레이토스가 동의하지 않을 이유가 없다. 어쨌건 그에게 있어서도 강물은 언제나 새로운 것이겠지만 그 강 자체는 같은 것으로 남아 있으니 말이다. 여기에서 구체적으로 플라톤적인 요소는

---

[21] 플라톤은 어쩌면 헤라클레이토스주의자였을 수는 있어도, (아리스토텔레스에게는 미안한 일이지만) 그가 크라튈로스의 추종자였을 가능성은 희박하다. 쉿쉿 하며 손가락을 흔드는 크라튈로스에 대한 아리스토텔레스의 묘사는 아이스키네스의 소실된 대화편으로부터 유래했다. 『수사학』 1417b1은 오직 손을 내젓는다고(τοῖν χειροῖν διασείων)만 언급하고 손가락을 흔든다고는 하지 않는다(『형이상학』 1010a13). 그러나 크라튈로스에 대한 이와 같은 두 상세한 묘사가 독립된 대화편들로부터 왔을 것 같지는 않다. (그러한 문제들에 있어서 아리스토텔레스의 기억이 틀렸을 수도 있다.) 그 저작에서 크라튈로스는 플라톤의 대화편에서 완고하게 논증에 저항하며 등장했던 것보다 훨씬 더 우스꽝스러운 인물로서 표현되었을 것이다.

안정성에 대한 요구 [자체]가 아니라 생성의 지속적인 구조를 위한 원천으로서의 절대적으로 불변하는 존재에 대한 가설이다. 바로 이 것이 『크라튈로스』에서는 분명하게 암시되었던, 그러나 『테아이테토스』에서는 전혀 언급되지 않았던 기저의 견해이다.

소크라테스가 『파이돈』에서 아름다운 인간들과 말들 그리고 망토들이 "어떤 방식으로도 ^oudamōs^"(78e4) 같지 않다고 기술했을 때, 그는 [다소] 과장을 하고 있었던 것처럼 보인다. 그는 단지 그것들이 영원히 그리고 변함없이 아름답지는 않다는 것만을 의미한 것이다.[22] 만일 『파이돈』의 이 구절을 과하게 문자 그대로 받아들인다 하더라도, 우리가 원한다면 『크라튈로스』에서 나타나는 무제한적인 흐름에 대한 거부가 『파이돈』의 이 대목에 대한 의도적 교정이라고 생각해도 좋겠다. 그러나 어느 경우에서건 감각적 실제에 대한 플라톤의 견해라 여겨지는 바가 무제한적인 (크라튈로스적) 흐름의 교설과 동일하다는 아리스토텔레스의 해석을 따르는 것은 잘못된 일이겠다. 『테아이테토스』의 흐름은 『크라튈로스』에서의 흐름과 마찬가지로 거부되어야 할 한 교설을 대변하는 것이지, 플라톤

---

[22]　『파이돈』 78e4에서의 이와 같은 수사학적 과장은 "말하자면(ὡς ἔπος εἰπεῖν)"이라는 표현에 의해 다소 완화된다. 이는 앞서 78d6에서 '형상들'에 대한 그 어떤 변화도 거부했던 바(οὐδέποτε οὐδαμῇ οὐδαμῶς ἀλλοίωσιν οὐδεμίαν)와 대칭적인 대비를 이룬다. (어떤 같은 방식으로도 같지는 않은) 아름다운 여럿의 것들에 대하여 과장되게 부착되었던 οὐδαμῶς는 『필레보스』 59b1-2와 『티마이오스』 28a의 나란한 진술들에 있어서는 제거된다.

의 감각적 세계에 대한 설명으로 수용되어야 할 것이 아니다.

물론, 만물유전설은 '형상들'과 '형상들'에 대응하는 감각적인 동명의 것들 사이의 대조에 대한 플라톤 자신의 견해에 있어 어떤 본질적인 것을 포착하기야 한다. 이는 『국가』 5권의 정식에서 더욱 주의 깊게 표현된 요점이기도 하다. 어떤 '형상' F에 대해서, 감각 가능한 여러 F들은 F이기도 하며 F이지 않기도 하다(479b9, 이는 아름다움 자체와 많은 아름다운 것들 사이의 대조에 대해 말하는 『향연』 211a2-5를 떠올리게끔 한다). 혹은, 같은 요지의 또 다른 정식화에 따르면, 형상에 대응하는 감각적인 동명의 것들은 F들인 것으로 **나타나지만** 참으로 F이지는 않은데, 왜냐하면 그것들은 영원히 그리고 변함없이 F이지는 않기 때문이다. 따라서 F인 것으로 나타남 혹은 F로 보인다는 것은 F이면서 F이지 않다는 관념과 동치equivalent이다.23

아리스토텔레스식의 내재적 형상들과는 다르게, 플라톤적인 감각적 대상들은 그것들 자신의 본래의 본성으로서 안정된 본질을 갖지 않는다. 그것들의 안정성은 모두 불변하는 '형상'으로부터 파생된 것이다.24 바로 이것이 분유의 문제가 그리도 근본적인 이유이

23　'형상'이 아닌 것들이 ['형상들'에 비견해] 갖는 독특한 점으로서의 'F-로 나타남'에 대해서는, 『국가』 479a7-b4의 φανήσεται, φανῆναι, φαίνεται, 『향연』 211a5의 φαντ-ασθήσεται, 『파이돈』 74b8-d5의 φαίνεται, ἐφάνη, φαίνεται를 보라. 『파이돈』에서, 반대로-나타남(appearing-opposite)은 결여와 직접적으로 연결된다(ἐνδεῖν, ἐνδεέσ-τερα, φαυλότερα, 74d6-75b8).

24　이는 여하간 『파이돈』과 『국가』의 고전적 이론에 있어서는 참이다. 우리가 보게 될 바와 같이, 존재로 생성된 본성 혹은 본질인 생겨나(-되어) 있는 있음(-임)(γεγενημένη

다. 플라톤은 흐름의 논제로 반복적으로 되돌아오는데, 이는 플라톤 이전의 철학자들 가운데에서 이 논제가 유명했기 때문인 것도 있겠지만(물론 파르메니데스를 제외한 모든 이들에게 이 논제를 귀속시킨 것은 아마 그의 과장이었을 것이다), 그것이 자연 세계의 바로 이러한 근본적인 존재론적 결함을 표현하기 때문이다. 이런 이유로 그는 자신의 우주론 속에서 '형상들'의 '수용체'에 대한 설명을 위해 흐름이라는 관념을 전용할 것이다.[25]

『테아이테토스』 181c-183b에서 나타나는 만물유전설에 대한 이러한 논박이 갖는 독특한 특징들은 우리가 『크라튈로스』 후반부에서 이루어진 유사한 교설을 반박하는 논증과 비교할 경우 더욱 분명하게 드러날 것이다. 두 논증 모두 "모든 것은 영원히 움직인다 panta aei kineitai"라는, 보편적이고 무제한적인 흐름에 대한 교설을 논박함을 목표로 한다. 그리고 두 논증 모두 "심지어 우리가 그에 대해 이야기하는 중에도"(『크라튈로스』 439d10에서는 "우리가 이야기하는 것과 동시에 hama hēmōn legontōn", 『테아이테토스』 182d7에서는 "우리가 이야기하는 중에

οὐσία)의 관념을 도입하는 『필레보스』에서 플라톤의 교설은 더욱 복잡하다(27b8). 유사하게, 『티마이오스』에서 원소들의 수학적 구조는 변화하는 세계 내의 안정성에 한 가지 본래적 기반을 제공한다.

25 『티마이오스』 49-52. 이런 이유로 번예이트의 주석과 관련하여 'A 독해'와 'B 독해' 둘 중 그 어느 것도 『테아이테토스』의 만물유전설에 대하여 전적으로 올바르지는 않다. (Burnyeat, 1990, 8-9쪽, 45-52쪽을 보라.) 만물유전설이 수용 불가능한 것으로 드러나기에, 그것은 자연 세계에 대한 플라톤 자신의 설명이 될 수 없다. 그러나 생성에 대한 플라톤의 견해와의 밀접한 관련성 때문에, 그것은 단순히 귀류법 논증의 계기보다는 더 많은 것을 표현한다.

도 [그것들은 영원히 빠져나가 버린다]^{aei legontos hypexerchetai}"라고 표현된다) 사물들은 변화한다는 주장을 강조하는데, 왜냐하면 그 두 대화편은 모두 변화의 과정 속에서 사물들을 올바르게 기술하는 문제에 관심을 기울이는 중이기 때문이다.[26] 그렇기에, 두 논증 모두 만일 사물들이 모든 측면에서 언제나 변화하고 있다면 그에 대해 도통 그 어떤 일관적인 설명도 주어질 수 없으리라고 결론짓는 것이다. 그러나 그 둘 사이의 차이는 시사하는 바가 크다.

『테아이테토스』의 논증에서는 언어로 기술하기라는 문제가 중심적이다. 그 논증은 무제한적인 흐름의 논제가 새로운 어법^{phōnē}을 필요로 할 것이라고 결론짓는데, 왜냐하면 우리가 사물들을 정지시키지 않고서는 이 교설을 정식화할 수 있을 그런 표현들^{rēmata}을 가지고 있지 않기 때문이다. 바로 그것이 만물유전설이 자기-논박적인 이유이다. 『소피스트』에서의 '늦게 배운 자들'의 교설과 마찬가지로, 그것은 그 자신의 부정을 전제하지 않고서는 정식화될 수 없는 것이다. 실제로 『테아이테토스』의 논증은 양편의 끝에 놓이는 고정 지점 없이는, 즉 불변하는 어떤 사물들이나 어떤 개념들 없이

---

[26] 『크라튈로스』 439d8의 "그것에 관해 ⋯ 제대로 말하는 것(προσειπεῖν ὀρθῶς)", 『테아이테토스』 181e5의 "말하는 것이 ⋯ 더 옳은 것(ὀρθῶς ἕξει εἰπεῖν)", 182c10의 "아마 우리는 말할 수 있게 될 겁니다(εἴχομεν ἄν που εἰπεῖν)", d4의 "대체 그것을 ⋯ 부를 수가 있는가요? 그것을 제대로 지칭할 만하게 부를 수 있느냐는 말입니다(οἷόν τέ τι προσειπεῖν ⋯ ὥστε καὶ ὀρθῶς προσαγορεύειν)", e3의 "그렇게 말해야만(προσ-ρητέον)" 등을 보라.

는, 우리가 세계를 기술하는 언어를 가질 수 없다는 것을 보여 준다. 극단적인 흐름의 결과는 "언어는 모든 긍정하는 의미들을 잃고서 공허하다"[27]라는 것이다.[28]

어떻게 논의가 이러한 파멸적인 결론에 도달하게 되었는지에 관하여 주석가들 사이에 이견이 있다. 세계 속의 변화들은 어떻게 우리의 말들로부터 의미를 박탈하는가? 요점은 고립적으로 고찰된 언어에 대한 것이 아니라 기술하는 것으로서의 언어에, 즉 언어와 세계 사이의 들어맞음에 대한 것이다. 만일 모든 것이 "우리가 이야기하는 중에도" 변화하고 있다면, 말들이 지칭할 확정적인 대상은 없는 셈이 될 것이다. 그런데 확정적인 대상 없이는 단어들은 그 자체로는 확정적인 의미를 가질 수가 없다. 바로 이러한 한에서, 단어들은 그 의미가 근본적으로 지칭적이라는 점에서 이름들과 유사하다.

오늘날의 사상가라면, 비록 객관적 세계 속에는 어떤 안정적인 구조도 없다고 하더라도 언어나 마음 속에는 고정된 개념들이 있으리라고 믿을 수도 있을 것이다. 그러나 플라톤은 개념들에 대하여

27　만일 모든 것들이 극단적인 흐름 속에 놓여 있어서 그 무엇도 안정적이지 않다고 한다면, 언어로 무언가를 가리키거나 의미하는 순간 그 가리켜진 것 또한 곧장 다른 것으로 변해 버려 그 언어가 애초에 가리켰던 것은 사라지고 말 것이기 때문에 우리는 언어로써 그 어떤 것도 도통 가리키거나 의미할 수 없고 따라서 모든 긍정 진술은 그 주어 자리에 올 것을 잃어버려 공허한 것이 되리라는 염려를 표현하는 문장이다.

28　Burnyeat(1990), 45쪽. Sedley(2004), 93쪽은 '비밀 교설'을 따르는 헤라클레이토스주의자들이라 일컬어지던 자들이 안정성을 암시하는 일상 언어의 단어들을 의식적으로 거부했다는 것을 우리가 떠올리게끔 한다(152d, 157b). 그들이 알아차리지 못한 것은 그들의 논지를 정식화할 어떤 단어도 더 이상 남지 않을 것이라는 점이다.

서는 실재론자이다. 한 사유가 확정적이기 위해서는 그것은 확정적인 **무언가**에 대한 사유여야만 한다. (이러한 이유로 『파르메니데스』 132b-c는 어떤 사유 내용 ^noēma^이건 있는(-인) 하나의 무언가 ^on ti hen^에 대한 사유여야만 한다고 추론한다. 우리가 다음 장에서 보게 될 바와 같이, 플라톤에게 '있(-이)지-않음 ^Not-Being^'과 거짓의 문제가 그리도 중요하게 대두되었던 것은 바로 개념적 내용에 대한 이러한 실재론 때문이었던 것이다.) 플라톤에게는 가시계에든 가지계에든 세계 내의 사물에 대한 적용과 완전히 독립적인 의미를 가질 수 있는 그런 심적 개념들이 자리할 영역은 존재하지 않았기 때문이다.

『테아이테토스』의 논증에 따르면, 만일 세계 속에 확정적인 그 무엇도 없는 경우 인간의 사유 속에도 확정적인 것은 무엇도 없을 것이다. 확정적인 의미는 확정적인 대상들을 요구한다. 바로 그것이 완전한 흐름의 영역 속에서는 "어떤 것을 보지 않음이라고 하기보다 봄이라고 불러서도 안 되며, 어떤 것을 지각 아님이라고 하기보다 다른 어떤 지각이라고 불러서도 안 된다"(182e)라는 주장 뒤에 숨겨진 발상이다. "희다"라거나 "보고 있다"와 같은 단어들에 해당하는 대상이 전혀 없다고 하더라도 그 단어들이 고정된 의미를 지닐 수 있다고 가정하는 것은 오해를 낳을 것이다. 그러한 의미들이 고정적이라면, 최소한 몇몇 부정적 주장들은 그 어떤 안정적인 실재가 없어도 여전히 참일 것이기 때문이다. 그러나 183b1에서 소크라테스는 "전혀 그러하지 않다 ^oud' houtōs^"라는 순전한 부정 결어마저도 안정성의 귀속을 피해 낼 만큼 충분히 불확정적인지에 대하여 의심하고 있는 것처럼 보인다.

완전한 흐름 속에 있는 세계는 언어를 통해 정합적으로 표현될 수 없다는 여기에서의 결론은 대화편 『파르메니데스』에서 파르메니데스가 제시했던, 안정적인 형상들^{eidos, idea} 없이는 우리가 사유^{dianoia}를 위한 어떤 대상도 가지지 못할 것이며 또한 이성적 대화^{dialegesthai}를 위한 어떤 능력도 가지지 못할 것이라는 경고와 상응한다(『파르메니데스』135b-c). 요구되는 것이 고전적 '형상' 이론에서 본 바 있는 초월적 '형상들'이어야만 하는 것은 아니다. 하지만 최소한의 어떤 안정적 구조 혹은 고정된 실재가 필요하다는 것은 명백하다.

『크라튈로스』와 『테아이테토스』 속에 나타나는 무제한적인 흐름에 대한 논박과 『소피스트』 속에 나타나는 무제한적인 '있(-이)지 않음'에 대한 거부 사이에는 어떤 유사함이 있다. 거부되어야 할 것으로 제시되는 그 개념을 정합적으로 정식화하는 것은 두 경우 모두에서 불가능하다. 그러나 조금 더 신중한 정식화를 통하여 그 개념의 제한적인 형태나마 구제해 내는 일은 두 경우 모두에서 단지 가능할 뿐만 아니라 필수적이기까지 하다. 그러한 구제는 『소피스트』에서의 '있(-이)지 않음'의 개념을 논하는 과정에서 성취된다.[29] 만물

---

[29] 무제약적인 흐름과 구별되는 제한적 흐름, 즉 가시적 세계의 흐름이라는 흐름 개념의 제한적 형태는 플라톤이 『소피스트』에서 '있(-이)지 않음'을 '전적인 있(-이)지 않음'과 '다름으로서의 있(-이)지 않음'으로 구별함으로써 구제된다. 가령 플라톤은 '붉지 않음'이나 '아름답지 않음'과 같은 가시적 세계에서 흔히 말해지곤 하는 '있(-이)지 않음'은 사실 '다름'을 달리 표현하는 것과 마찬가지라고 주장하는 것이다. 그리하여 '붉지 않

유전의 교설까지 구제해 내는 작업은 훨씬 더 복잡하며, 이는 『티마이오스』에서의 '수용체'에 대한 정교한 이론까지도 요구할 것이다.

다시 『크라튈로스』에서 제기된 [『테아이테토스』보다] 앞선 논증으로 되돌아오자. 그것은 계속되는 흐름 속에 있는 사물들을 기술하는 언어의 문제―"우리가 이야기하는 중에도"(439d10) 변화하는 사물들의 문제―를 언급함으로써 시작하지만, 곧바로 그 질문은 인식 가능성의 질문으로 옮겨 간다. 그 질문은 인지의 의미를 알아차림 recognition, gnōsis을 포함할 만큼 매우 넓게 취하면서, 인지의 그 어떤 대상이건 그것은 반드시 확정적인, 따라서 최소한 안정적인 하나의 사물이나 사실이어야만 한다고 주장한다. "결코 같은 상태로 있지 않는 것이 어떻게 '어떤 것'일 수 있겠나? … 게다가 그것은 누구에게도 알려질 gnōstheiē 수조차 없을 것이네"(439e7). 그러니, 전적으로 불확정적인 대상은 **있을** 수 없다. 그리고 심지어 만일 그러한 어떤 것이 있다고 하더라도, 그것은 지각의 주체에게 세계에 대한 아무런 정보도 제공할 수 없을 것이다. 그렇기에 『크라튈로스』에서의

음'은 '붉음과 다름'으로 그리고 '아름답지 않음'은 '아름다움과 다름'으로 바꾸어 쓸 수 있으며, 이 경우 우리는 대체 어떻게 '있(-이)지 않은' 것을 말할 수 있느냐는 소피스트의 주장에 반박할 수 있게 된다. 이러한 '다름으로서의 있(-이)지 않음', 즉 있는 것이되 다만 다를 뿐인 것이 말할 수 있는 것으로 확보된 이후에야 어떠어떠하지 않은 것들에 대한 설명이 가능하고 그로써 운동과 정지가 설명될 수 있다. 그리하여 가시적 세계 속의 변화와 흐름, 그리고 운동 등은 '다름으로서의 있(-이)지 않음'을 확보함으로써 비로소 그 설명이 가능하게 되는 것이며 따라서 바로 이러한 논의 이후에 플라톤은 가시적 세계에 제한된 흐름 개념의 제한적 형태를 복권시킬 수 있게 되는 것이다.

흐름에 대한 거부는 존재론적이며 또한 앎과 관련된 것이기도 하다. 그러한 불확정적인 대상은 있을 수 없으며, 또한 그것은 알 수도, 심지어 정확하게 식별할 수조차 없다.

인지의 가능성에 관한 『크라튈로스』의 이러한 관심은 『테아이테토스』 속의 상응하는 논증에서는 사라지는 요소이다. [논의를 진행하는] 방법론적인 견지에서, 『테아이테토스』는 흐름에 대한 인식 가능성이라는 사안을 회피하는데, 왜냐하면 이 대화편에서 문제가 되고 있는 것은 앎의 개념 자체이기 때문이다. 두 번째 중요한 차이점은 『크라튈로스』의 맥락 속에는 '형상들'이 등장한다는 것이다. 『크라튈로스』는 만물유전설 전반을 부정하는 것보다는 "있는(-인) 것들ta onta"이라고 불리는 존재자들의 범위에 만물유전설을 적용하기를 거부하는 데에 관심을 기울인다. 만물유전설에 대항하여, 소크라테스는 (439c-7에서 제시되는 소크라테스의 꿈 이야기에서와 마찬가지로) 변화하지 않는 안정적인 '형상들'에 관한 교설을 도입한다. "아름다운 것 자체가 있고 좋은 것 자체가 있으며, 있는(-인) 것들 하나하나가 마찬가지로 그러하다ta onta houtō"(439c8-d5). 『크라튈로스』는 있는(-인) 것들과 동명인 감각적인 것들(예컨대 아름다운 얼굴들과 같은 것들)이 실제로는 흐름 속에 있을 수 있다는 가능성을 열어 둔다. 그러나 그것들이 **전적인** 흐름 속에 있을 수는 없다. "결코 같은 상태로 있지 않는 것이 어떻게 '어떤 것'일 수 있겠나? 그것이 언젠가 같은 상태에 있다면, 적어도 그때는 전혀 변하지 않는다는 것은 분명하네"(439e-2). 따라서, 『크라튈로스』의 논증은 부분적 혹은 일시적 변화의 가능성을 허용한다. 그러나 이것[즉, 이 논증]은 흐름으로부터 완전히 벗어난 "아름다움 자체, 좋음 자체, 그리고 있는(-인) 것들 각각"(440b-6)에 대한 언급과 함께 논의를 시작하고 끝맺는다. 『크라튈로스』는 '형상들'의 **존재**에 대하여 논하지 않는다. 그것들이 존재한다는 것은 대화편의 시작에서부터 가정되어 있다(389b). 이 대화편은 오직 그러한 '형상들'이 불변해야 한다는 것만을 주장한다.

'형상들'에 대한 언급을 생략함으로써, 그리고 인지가 아닌 언어적 표현에 대한 질문으로 범위를 제한함으로써, 『테아이테토스』는 더 밀도 있고 첨예한 논증을 제공한다. 그것은 또한 변화의 두 종류(위치 운동locomotion과 질적 변화alteration)를 구분하고 그리하여 이 논지가 **모든** 종류의 변화에 적용됨을 분명하게 밝힌다. 이 구분은 새로 도입된 것으로, 새로운 전문 용어를 필요로 한다. ("성질quality"을 뜻하는 단어 poiotēs는 [보통] 182a-8에서 새롭게 만들어진 단어라고 받아들여진다.) 그러나 만물유전설은 처음부터 전적인 흐름에 관한 논제였다.[30] 『테아이테토스』 152d와 157b의 '비밀 교설'은 본질적으로 『크라튈로스』에서 나타난 일반적인 헤라클레이토스주의와 동일한 것이다.[31]

---

[30] 『크라튈로스』 402a8을 보라. "모든 것은 나아가며 아무것도 머물러 있지 않다(πάντα χωρεῖ καὶ οὐδὲν μένει)", cf. 401d5. 질적 변화는 『크라튈로스』의 흐름 속에 심지어 새로운 용어를 사용하지도 않은 채로 포함되어 있었다. "다른 것, 즉 다른 성질의 것이 되어서, 그것의 성질이나 상태가 어떠한지 더 이상 알려질 수 없을 테니까(ἄλλο καὶ ἀλλοῖον γίγνεσθαι … μηδαμῶς ἔχειν)"(440a1-4).

그러나 『크라튈로스』의 유사한 그 대목과 달리, [『테아이테토스』의] 흐름에 대한 새로운 논박은 '형상들'을 언급하지 않는다. 이는 예상 가능한 일인데, 『테아이테토스』가 변화하지 않는 것들에 대한 모든 논의를 전반적으로 회피하기 때문이다. 다른 한편으로, 만일 모든 것이 언제나 모든 방식으로 변화한다는 것이 사실이 아니라면(그리고 만일 무언가가 도통 있다고 한다면), 어떤 것은 때로 어떤 식으로인가 변화하지 않고 남아야만 한다. 이러한 긍정문 형태의 결론은 183b에서 논박이 완료되었을 때 [텍스트로부터 직접] 도출되는 것은 아니고 암묵적으로 함축되는 것이다. 우리는 그러한 안정성을 어디에서 찾을 것인가? 불변하는 '형상들' 외에 그러한 안정성의 기반이 될 어떤 것이 있는가? 『테아이테토스』 대화편의 다음 부분[184-186]에서 도입되는 것은 신체의 기관들을 통해서가 아니라 영혼이 "그 자체로 그 자체를 통하여" 파악하는 공통적인 대상들 혹은 개념들(코이나, koina)이다(185b-e). 이러한 공통적인 것들의 존재론에 관해서는 무엇도 언급되지 않으며, 또 그것들이 변화로부터 자유롭다는 것도 언급되지 않는다. 그것들은 비신체적인 인지의 대상들로서 오직 인식과 관련해서만 대두된다. 이는 『테아이테토스』가 '형상들'을 알아차리게 되는 것과 유사하다. 혹은, 『티마이오스』의 수학적 구조들과 『필레보스』의 "생겨나(-되어) 있는 있음(-임)^{Being that has come to}

---

31   이 논증에 대한 다른 독법에 관해서는 McDowell(1973), 180-184쪽을 보라.

be"을 미리 내다보자면, 여기서의 공통적인 것들은 오히려 '형상들'과 감각적 사물들 사이의 중간자들로서 여겨져야 하겠는가? 『테아이테토스』의 저자는 어쩌면 이러한 중간자들에 대한 질문에 관하여 아직 마음을 정하지 못했을 수도 있다. 『크라튈로스』 속의 유사한 논증에서 인지의 불변하는 대상들로서 제시되는 것들은 '형상들' 자체이다. 공통적인 것들에 대한 어떠한 해석에서건, 우리는 여기에서의 공통적인 특징들을 만물유전설에 대한 거부로부터 암묵적으로 수혜를 받는 것들[32]이라 여겨야 할지도 모르겠다.

공통적인 것들과 '형상들' 사이의 암시적 연결은 대화편의 텍스트를 벗어나는 문제이다. 더 내적인 연결은 만물유전설의 부정과 쌍둥이 감각 이론 사이에, 감각 기관과 대상의 느린 움직임이 감각 지각 작용의 빠른 움직임을 낳는 그곳에 존재한다. 지각에 대한 이러한 쌍방적 도식 그 자체는 변화로부터 벗어나 있어야만 할 것이기 때문이다. 절대적 흐름에 대한 플라톤의 거부는 또한 요소 삼각형들elementary triangles[33]에 대한 이론과 같은 자연학에도 중요한 결과

---

[32] '공통적인 특징들', 즉 공통적인 것들은 만물유전설이라는 이론이 세상을 설명하는 이론인 한에서는 도통 상정될 수 없는 것인바, 『테아이테토스』의 이 대목을 통해서 만물유전설이 거부되고 있으니 공통적인 것들은 이 대목을 통하여 직접적으로 옹호되고 있는 것은 아닐지라도 암묵적으로 혹은 간접적으로 옹호되고 있는 것이 된다. 그렇기에 여기에서 공통적인 것들은 만물유전설에 대한 거부로부터 암묵적으로 수혜를 받고 있다는 것이다.

[33] 요소 삼각형에 대하여서는 이 책의 6장 6절을 참고하라. 플라톤은 『티마이오스』에서 장인신 데미우르고스에 의한 세계의 창조를 그려 내는 과정 속 두 종류의 요소 삼각형을 통해 4원소가 구성되고 그 4원소를 통해 세계가 조직되는 구도를 제시한다.

를 가져올 것이다. 그러나 그러한 결과들을 탐구하는 것은 『테아이테토스』의 과제가 아니다. 자연학 이론은 『필레보스』와 『티마이오스』, 그리고 궁극적으로는 『법률』 10권에 이르러서야 본격적으로 다루어진다.[34] 앎에 대한 지금의 논의 내에서는 오직 공통적인 개념들 혹은 코이나koina만이 '형상들'의 안정적인 체계를 옅게나마 반영하고 있다.

4. 사유의 대상으로서의 공통적인 것들

앎은 감각 지각이라는 테아이테토스의 첫 번째 정의에 대한 마지막 논박은 인지의 두 층위를 주의 깊게 구분하고 그중 오직 한 부분만을 앎으로 인정함으로써 이루어진다. 이러한 구분은 다양한 측면에서 중요한데, 여기서는 그중 한 측면만을 검토하고자 한다.[35] 이 텍스트는 이성 또는 지성을 정신의 특징적인 능력으로 보는 고전적 이해 방식으로의 결정적인 진일보를 담아낸다.

이 구분이 원리상 새로운 것은 아니다. 데모크리토스는 이미 다

---

[34] 『테아이테토스』 자체 안에는 준-원자론적 자연학 이론에 대한 하나의 실마리가 있다. 157b9의 인간, 동물, 그리고 돌 등에 상응하는 느린 운동들의 "모음($\mathring{\alpha}\theta\rho o\iota\sigma\mu\alpha$)"에 대한 언급 배후에 이와 같은 종류의 무언가가 놓여 있어야만 한다.

[35] 인지적 경험의 통일된 주체에 대하여 여기에서 일반적으로 인정하고 있는 바에 대해서는, Burnyeat(1976), 29-51쪽과 (1990), 58-62쪽의 논의를 보라.

섯 가지 신체적 감각의 양상들로 정의되는 감각 지각^{aisthēsis}과, 우리가 이성이라고 받아들일 수 있는 상위 형태의 인지를 구분한 바 있다.[36] 데모크리토스는 이러한 두 능력 사이의 생생한 레슬링 경기를 상상해 냈다. 감각은 이렇게 말한다. "가여운 정신이여^{phrēn}, 그대는 우리로부터 그 믿음들을 얻었음에도, 우리를 내던지는가? 우리의 전복은 그대에게는 몰락이다"(DK68B125). 지금은 소실된 데모크리토스의 맥락에서, 이 두 능력 사이의 기원상의 불일치는 짐작건대 이성에 의하여 상정되나 감각에 의하여서는 접근이 불가능한 원자들 및 진공의 존재에 관련된 것이었다. 이제 두 인지적 능력 사이의 이러한 구별은 —그것들 사이의 갈등이라는 관념과 함께— 일반화되어 플라톤에 의해 『파이돈』에서 채택되며, 『파이돈』에서 이성적 원리는 영혼^{psychē}과 동일시되고 감각적 인지는 신체에 배정된다. 데모크리토스와 마찬가지로, 플라톤은 영혼이 진리를 포착하게 되는 것은 신체적인 감각 지각에 의해서가 아니라 추론 혹은 헤아림^{logizesthai}에 의한 것이라고 주장한다(『파이돈』 65b-c). (이는 『테아이테토스』에서 앎은 감각 지각이라는 정의에 대한 마지막 반대 논증을 다루는 가운데 다시금 중심적인 주장이 될 것이다.) 『파이돈』에서의 플라톤의 영혼에 대한 이해 방식은 실로 새로운 것인데, 왜냐하면 그것은 이제 상기라는

---

[36] 데모크리토스는 인지(γνώμη)의 두 양태를 진정한(γνησίη) 것과 어두운 혹은 어렴풋한(σκοτίη) 것으로 구분한다(DK68B11). 어렴풋한 인지는 봄, 들음, 냄새 맡음, 맛봄, 그리고 접촉을 통해 지각함(αἰσθάνεσθαι)을 포함한다.

방식으로 영원한 '형상들'과 연결되기 때문이다. 그러나 플라톤의 새로운 이해 방식은 그가 데모크리토스로부터 이어받은 영혼-신체 이원론이라는 구도 가운데에 자리하는 것이다.[37]

전적으로 플라톤적이면서도 새로운 그의 도상은 『국가』의 영혼 삼분설과 함께 도입된다. 이성은 다시금 헤아리는 부분^{logistikon}으로서 제시되나, 감각은 이제 관심에서 벗어난다. 이러한 영혼 삼분설의 관심은 인식과 관련된다기보다는 동기에 관련된다. 그렇기에 이 이론에서는 감각 지각이 아니라 기개와 욕구라는 감정들이 이성과 구별되며 잠재적으로 이성에 반대되는 원리로 표현된다. 플라톤이 『국가』 10권에서 예술에 대한 인식 차원에서의 비판으로 돌아설 때, 그는 이러한 비-이성적 영혼에 대한 이해 방식이 지각적 판단까지도 포함하게끔 그것을 확장한다(602c-603a). 그러나, 이 두 이론은 원만하게 조화되지 않는다. 영혼의 세 번째 부분에서, 감각 지각과 감정 사이의 관계는 모호한 채로 남는다. 상황은 『티마이오스』에 등장하는 영혼 삼분설의 이후의 형태에 이르러서도 그다지 나아지지 않는다. 그곳에서 다시금 "비이성적 감각-지각^{aisthēsis alogos}"은 영혼의 비-이성적인 부분 속에서 즐거움과 고통을 포함하는 감정들

37　구체적 사항들에 대해서는 Kahn(1985), 1-31쪽을 보라. 데모크리토스는 이성을 가리키는 고정된 용어를 가지지 않았으나, 그는 (플라톤과 마찬가지로) 종종 계산을 가리키는 단어 λογισμός를 채택했다. DK68B187을 보라. 또한 DK68B236의 "합리적인, 계산에 능한"을 뜻하는 어원이 같은 단어 εὐλόγιστος에 대한 그의 사용도 참조하라.

과 단순히 "함께 섞인다"(69d).

　플라톤은 그 자신의 영혼 삼분설을 인식론보다는 도덕적 심리학과 행위 이론을 위해 고안한바, 그로써 그가 데모크리토스로부터 이어받은 이성과 감각 지각 사이의 순전히 인지적인 대조를 그것과[영혼 삼분설과] 스스로 완전히 통합한 적은 전혀 없었던 것으로 보인다. 한편으로 그 두 능력 사이의 이분법은 이성적 인지의 대상들noēta이 시각의 대상들horōmena을 비롯한 감각의 대상들로부터 체계적으로 구분되는 『국가』의 중심적인 책들books 38의 핵심이 된다. 다른 한편으로, 『국가』 4권과 8-9권의 영혼 삼분설에서 이성은 지각과 대조되는 것이 아니라 격정 및 욕망의 영향 아래에서 내려지는 나쁜 판단과 대조된다. 플라톤은 실천적 이성과 이론적 이성 사이의 아리스토텔레스적 구분을 받아들일 [충분한] 준비가 되어 있지 않았다. 『국가』에서 "헤아리는 부분logistikon" 그리고 "배움을 사랑하는 것philomathes"이라 불리는 원리는 영혼을 지배하기도 하고 또한 '형상들'을 탐구하기도 하게끔 되어 있다. 정신nous에 대한 아리스토텔레스적 설명은 이론과 실천 사이의 대비를 도입함으로써 이성에 대한 서로 다른 두 이해 방식을 수반하는 다음과 같은 기원상 독립적인 두 전통을 통합해 내기에 이른다. 그중 하나는 호메로스까지 거슬러 올라가는, 좋은 판단 및 합리적인 행위라는 실천적 관

38　　『국가』의 중심적인 책들이라 함은 보통 해당 대화편의 5-7권을 가리킨다.

념의 전통이며, 다른 하나는 데모크리토스가 먼저 이성과 감각 사이의 전투라고 극화해 표현한, 그리고 『국가』의 중심적인 책들 속에서 플라톤이 다루었던 정신과 감각 지각 사이의 대조로써 더 정교해진 인지적 능력들 사이의 이론적 구별에 관한 전통이다. 우리는 이후의 저작 『티마이오스』에서와 마찬가지로 『국가』에도 그 두 전통이 나란히 들어 있다는 것을, 그리고 그 두 전통이 정신에 관한 하나의 일반 이론으로는 결코 완전히 통합된 적이 없다는 것을 발견한다.

우리가 다루고 있는 『테아이테토스』의 텍스트와 마찬가지로, 『파이드로스』의 중요한 한 대목에서 플라톤은 감정들 혹은 그것들이 행위에 미치는 영향에 대해서는 언급하지 않은 채 보다 엄밀하게 인식적인 이성 개념으로 되돌아온다. 여기에서 경험을 이성적인 측면에서 해석하는 우리 능력의 원천으로서 상기설이 언급된다. "인간은 형상에 따라 이야기되는 것을, 즉 여러 지각에서부터 추론 logismos에 의해 그러모아져 하나로 이행하는 것을 이해해야 하기 때문이지. 그게 언젠가 우리의 혼이 신과 함께 나아가며 현재 우리가 '있다(-이다)'고 부르는 것들을 내려다보면서, 있는 것답게 있는 것 to on ontōs에로 머리를 내밀고 보았던 것들의 상기 과정이야"(『파이드로스』 249b6-c4). 상기는 따라서 플라톤에게 있어 개념들의 영역에 대한 우리 인간의 접근을 의미한다.

『파이드로스』의 이 대목은 공통 개념들에 대한 지금 우리의 대목에 직접적인 배경을 제공한다. 『파이드로스』의 텍스트에서는 이성과 감각 사이의 전통적인 데모크리토스적 구별에 두 가지 요점이 추가된다. (1) '형상' 이론에 의해서 도입된 하나와 여럿 사이의, 그리고 '형상' 및 '형상'과 동명의 것들 사이의 대조가 여기에서 여러 지각들로부터 하나의 통일된 개념으로 진전하는 하나의 인지적 성취로서 제시된다. (2) 이에 더하여, 일반적 개념들을 형성하는 이러한 능력이 언어 능력과 동일시된다. "형상에 따라 이야기되는 것을 … 이해해야 한다"[249b]라는 구절에서 "형상에 따라 kat' eidos"라는 표현은 "이야기되는 것"과 "이해해야" 둘 다에 애매하게 적용된다.[39] 그렇기에 여기에서는 능동적 언어 능력과 수동적 언어 능력 둘 모두가 형상들 혹은 개념들에 대한 포착에 의존한다고 말해진다. '형상들'의 교설과의 이러한 연결은 『테아이테토스』에서 필연적으로 사라질 것이다. 『파이드로스』의 대목은 철저히 인식적인 측면에서, 곧 감각 경험에 대한 이성적 해석을 위해 요구되는 다양한 언어

---

[39] 해당 부분의 그리스어 원문 "δεῖ γὰρ ἄνθρωπον συνιέναι κατ' εἶδος λεγόμενον" (249b)를 직역하자면 다음과 같다. '왜냐하면 인간은 형상에 따라 이야기되는 것을 이해하는 것이 필수적이기 때문이다.' 이 문장은 부사구로 쓰인 '형상에 따라(κατ' εἶδος)'를 '이야기되는 것(λεγόμενον)'을 수식하는 것으로도 혹은 '이해하는 것(συνιέναι)'을 수식하는 것으로도 해석할 수 있는 중의적 문장처럼 보인다. 칸은 이러한 중의성이 플라톤에 의해 의도된 것이라고 받아들이고, 이야기되는 것(λεγόμενον)을 수동적인 언어 능력이라고 그리고 그렇게 말해진 것을 이해하는 것(συνιέναι)을 능동적인 언어 능력이라고 부르면서 그 두 언어 능력 모두가 '형상'을 파악하는 활동에 의존(κατ' εἶδος)한다고 읽고 있다. 국문 번역본에서는 "인간은 부류[즉, 형상]에 따라 이야기되는 것을 … 이해해야 하기 때문이지"라고 번역함으로써 칸의 해석과는 달리 '형상에 따라'가 '이야기되는 것'을 수식하는 것으로 읽고 있다(cf. 『크라튈로스』, 김주일 역).

적 개념들로서 그 교설을 제시한다. — 이는 칸트적 선험성[a priori]에 대한 훌륭한 선취이기도 하다. 이제 『테아이테토스』의 공통적인 것들[koina]을 논의하기 위한 무대가 준비되었다.

테아이테토스가 제안한 앎의 정의[즉, '앎은 지각이다'라는 정의]에 반대하는 그의 이 최종적 논변에서, 플라톤은 신체적 기관들과의 관계에 의해 정의되는 감각의 양상들과, 오직 정신에만 귀속되는 상위 인지 사이의 데모크리토스적 구분으로 되돌아온다. 이제 이러한 신체적 감각 기관과의 연결에 의존하여 플라톤은, 어쩌면 사상 처음으로, 감각 작용 혹은 협소하게 이해된 감각 지각과 일반적으로 여겨진 지각 판단을 주의 깊게 구별하기 위한 토대를 마련한다. 이러한 넓은 의미에서의 지각은 플라톤이 "사유[dianoia]" 혹은 "판단[doxa]"이라고 부르는 더 높은 층위의 인지를 도입한다. 그로부터 이어지는 내용에서, 생각함은 영혼이 자기 자신을 향해 말하는 무언의 대화[logos]라는 준-언어적인 활동으로 분석될 것이다(189e-190a). 『파이드로스』에서와 마찬가지로 『테아이테토스』에서도, 이성적 인지는 언어적 능력을 본으로 삼는다. 언어와 사유를 위해 요구되는 개념들은 여기에서 공통적인 것들로서, 즉 개별적인 감각적 양상들에 의해서는 직접적으로 접근될 수 없고 따라서 "신체를 통해" 지각되지 않는 공통적 속성들로서 도입된다. 상위 인지 혹은 사유는 그렇기에 두 가지 방식으로 구별된다. 한편으로 그것은 둘 이상의 감각적 양상을 그 대상으로 갖는 것으로서 구별되고, 또 다른 한편으로 그것은 그것이 지닌 준-언어적 구조에 의하여 구별되는 것이다. 아리스토텔레스의 "공통 감각의 대상들"이라는 관념(가령 운동, 수, 모양 그리고 크기)이 둘 이상의 감각들의 직접적인 대상으로 정의된 속성이었던 것과 달리, 플라톤의 공통적인 것들은 본질적으로는 언어-의존적이자 재귀적이며, 감각 지각 그 자체의 고유한 대상들이 아니다. 플라톤의 공통적 속성들은 개별적 감각들의 대상들에 **적용되지만**, (아리스토텔레스의 공통 감각의 대상들과는 달리) 그 자체로는 그 어떤 신체적 감각의 대상도 아니다.[40]

공통적인 것들의 목록은 『소피스트』에서도 "최고류"의 첫 세 가지 유로서 다시 등장할 세 항목인 있음(-임), 같음, 다름(185a)과 함께 시작하고, 『국가』의 고전적인 이론을 통해 우리에게 친숙한 아름다움과 추함, 좋음과 나쁨(186a8)으로 끝난다.[41] 그 목록은 부정, 유사성, 비유사성, 반대, 그리고 짝수와 홀수 같은 수학적 용어들과 더불어 수 [개념] 등을 포함한다. 여기에서 우리는 다른 대화편들에

---

[40] 아리스토텔레스의 공통 감각의 대상 관념에 대하여서는 『영혼에 관하여』 418a를 보라. 지금의 맥락에서 플라톤이 운동이나 모양 등을 논의하지는 않으나, 이것들은 『파르메니데스』에서 감각질로서라기보다는 이성의 개념들로서 다루어진다. 플라톤은 수와 단일체가 "신체를 통해"(『테아이테토스』 185d1-e2) 지각될 수 있다는 것을 분명히 부정한다. 거기에 반대하는 아리스토텔레스의 견해는 어쩌면 동물의 지각에 대한 그의 더 큰 관심을 반영하는 것이겠다. 이러한 두 심리학 사이의 불일치에 관해서는 또한 이하의 주석 45번을 보라.

[41] 여기에서 긍정적 용어들("아름다움"과 "좋음") 이후에 부정적 용어들("추함"과 "나쁨")이 언급되는 바는 '형상' 이론의 진술에 있어서는 드문 일이나, 전례가 없지는 않다. 유사한 예들에 대해서는 『국가』 5권 476을 보라.

서 '형상들'의 교설을 통해 다루어졌던 개념적 영역에 들어서게 된다. (예를 들어, 『파르메니데스』 130b에서의 목록과 비교해 보라.) 『테아이테토스』가 존재론을 직접적으로 논하지 않는 한, 그러한 형상들은 여기에서 완전한 존재자들onta로서가 아니라 오직 사유의 대상들로서만 그리고 언어의 개념들로서만 등장할 것이다. 그럼에도 불구하고 플라톤적 실재론에서 특징적으로 남는 것은 인지 능력이 그 대상에 의해서 정의되는 것이지 그 반대는 아니라는 것이다. 우리가 이성의 능력이라고 부를 법한 것은 여기에서 그것의 특유한 내용, 말하자면, '형상' 교설에 해당하는 개념들의 집합에 의해서 구체화된다. 그렇기에, 심지어 존재론의 개념이 가장 희박하게, 속성들의 목록으로 환원된 형태로 나타나는 『테아이테토스』에서조차 인식론은 존재론에 의존한다.

테아이테토스의 정의에 대한 논박에 있어 결정적인 것은 그 어떤 진리 주장을 위해서건 요구되며 따라서 그 어떤 앎의 주장을 위해서건 요구되는 있음(-임)이라는 관념이 이 목록 속에 있다는 것이다. 어떤 앎도 진리 없이는 불가능하며, 어떤 진리도 있음(-임)ousia 없이는 불가능하다. 이것이 186c의 논증이 갖는 전제이다. 이 논증의 목적들을 위해 필수적인 것은 감각 지각이 감각 양상들의 측면에서 협소하게 정의되어야 하며, 따라서 "신체를 통해" 획득되는 감각적 경험pathēmata으로 국한되어야 한다는 것이다. 이는 있음(-임)에 도통 아무런 접근도 할 수 없을 만큼 매우 엄밀하게 정의된 감각

지각이다.[42]

　따라서 엄밀한 의미의 감각 지각은 지각적 판단과 세심하게 구별되고 있다. 플라톤이 항상 이렇게 주의 깊었던 것은 아니다.『파이돈』과『국가』에서 감각 지각이라는 용어는 더 느슨하게 사용되었으며,『테아이테토스』에 이르러서는 판단에 속하게 될 요소들을 자주 포함하곤 했다. 예를 들어, 영혼이 지성적 사유를 하도록 만드는 개념들에 관련한『국가』7권의 유명한 대목에서 감각들은 무언가가 단단한지 혹은 부드러운지 등과 같은 서로 반대되는 성질들을 판단해 내고 krinein 그러한 반대되는 성질들을 영혼에 보고 parangellein 한다고 말해지는데(523e6, 524a3-8), 이러한 감각적 판단들은 수나 크기에 대한 양적 판단과 구별되지 않는다.[43]『테아이테토스』 자체의 앞선 대목들에서도 감각 지각은 지각적 판단을 포함하는 것으로 넓게 이해되었다. 예컨대, 그것이 외양 phainesthai(152a-c, 그리고 여러 부분) 과 동등한 것으로 취해졌을 때처럼 말이다. 지금 여기에서는 신체

42　"신체를 통해 영혼으로 향하는"(『테아이테토스』 186c1) 움직임으로서 파악된 감각 지각의 이 관념에 대해서는,『필레보스』 33d-34a,『티마이오스』 43c4를 비교하라.『국가』 584c4에는 즐거움의 감각에 대한 유사한 부분이 있다.

43　『국가』 7권 523-24의 구분은 오직 해당 성질이 그에 반대되는 것과 함께 지각되는지 아닌지의 여부만이 중요하지, 이러한 성질들이 감각만의 문제인지의 여부는 중요하지 않다. "이것은 손가락이다"라는 판단은 족히 감각질을 넘어서는 것이지만 (이 단락에 따르자면) 이성을 소환하지는 않는데, 왜냐하면 그것은 "이것은 부드럽다"나 "이것은 크다"와는 달리 반대되는 판단을 동반하지는 않기 때문이다. 플라톤이『테아이테토스』 186b에서 다시금 지각적 판단의 주제들로서 "단단함"과 "부드러움"을 도입하는 것은 아마도『국가』 7권의 이러한 단락들을 염두에 둔 것일 터이다. 그러나 지금은 그 구분이 더욱 주의 깊게 이루어지고 있다.

적인 감각 기관들을 하나의 기준으로 삼고서 감각 양상들로 돌아옴으로써, 플라톤은 그 자신이나 데모크리토스가 이전에 했던 것보다 더 엄밀하게 감각과 지성 사이의 구분을 다시금 그려 낼 수 있게 된 것이다.

이러한 구별의 맥락에서 "신체를 통한" 감각은 색을 보거나 소리를 듣는 감각적 사건pathēma으로 협소하게 생각되며, "이것은 붉다"라거나 "이것은 시끄러운 소음이다"와 같은 경험의 명료한 식별로서 파악되지는 않는다. 감각[의 내용]을 기술하는 이러한 명명은 같은 색을 보는 서로 다른 사건들에 적용되어 이를 통일해 주는 관념인, 단어 "붉음"의 개념적 상응물을 도입할 것이다. 이러한 의미에서의 붉음의 관념은 정확히 『파이드로스』의 그 대목에서 "형상" 혹은 "구조eidos"라고 불리는 것으로, 이것을 파악하면 "여러 감각 지각들로부터 이성logismos에 의해 한데 모아진 단일체로" 건너갈 수 있다. 오직 그러한 유사-언어적 인지 속에서만 영혼은 그 자신과의 무언의 대화를 통하여 단어 "붉음"에, 혹은 그에 상응하는 개념에 접근할 수 있게 된다.[44] 색에 대한 하나의 경험을 "붉음"이라고 명명하는 것은 (『파이드로스』의 그 대목이 분명히 하듯이) 기억 속에 저장된, 복수의 것들이 동일하다고 일반화하는 판단을 함축한다. 그러

[44]   『테아이테토스』의 [감각과 지성에 관한] 구분에 대한 다른 견해는 Cooper(1999)로 재간된 Cooper(1970), 130-134쪽, 141쪽을 보라.

한 이름 붙임은 『테아이테토스』에서 판단 혹은 의견, 그리고 사유라고 부르는 것에 속하는 것이지 엄밀하게 이해된 감각에 속하는 것은 아니다. 이러한 이름 붙임은 유사-언어적인 인지 방식을 표현하는데, 이런 방식으로 영혼은 신체를 통해서가 아니라 "그 자체로 그 자체를 통해서" 활동하기 때문이다.[45]

감각 경험으로부터 그 어떤 개념적 내용도 박탈시키면서, 플라톤은 경험주의적 인식론에 대한 급진적인 공격을 위한 기반을 마련한다. 이와 같은 그의 공격은 흥미롭게도 현대에 이루어지는 "소여의 신화"[46]에 대한 비판과 유사해 보인다. 우리의 텍스트에 따르자

---

[45] 비-언어적 동물들이 감각적 입력값을 통합하고 세계에 대한 정보를 획득하는 지각의 중간적 능력에 관해, 감각과 준-언어적인 지각적 판단 사이의 이러한 구별은 도통 그 어떤 설명도 남기지 않는다. 동물들은 어떻게든 언어 없이 그들의 감각적 입력값들을 통합할 수 있어야만 한다. 그러나 플라톤은 여기에서 고유한 의미의 감각을 지각적 판단 및 인간의 고등 인지로부터 분리하는 데에만 관심을 보이며, 더 넓은 범위의 동물적(비-언어적인) 지각을 규정하는 데에는 관심을 기울이지 않는다. (중세에 aestimatio라고 불리는) 동물의 비-언어적 인지 개념은 아리스토텔레스의 심리학에서도 미약하게 발전될 뿐이며, 플라톤에 의해서는 분명하게 무시되었다.

[46] '소여의 신화'란 그 자체로는 정당화의 필요성을 지지 않는 그저 감각적으로 주어지는 것(즉, 감각 소여)이 있으며 바로 이러한 감각 소여가 경험적 기초 믿음을 정당화한다는 토대론적 논제를 비판적으로 일컫는 이름이다. 소여의 신화에 대한 비판은 대표적으로 윌프리드 셀라스(Wilfrid Sellars)에 의한 논증이 있겠는데 그는 감각 소여에 의한 기초 믿음의 정당화가 무한 퇴행의 문제를 발생시키거나 혹은 감각 소여는 기초 믿음을 정당화할 수 없을 것이라는 딜레마 논변을 제시한다. 첫째로 만일 기초 믿음을 정당화하기 위한 감각 소여에 대한 파악이 명제적인 것이라면, 그 감각 소여에 대한 파악 스스로가 하나의 명제적 믿음이 될 것이기에 우리는 그 명제적 믿음에 대한 정당화 요소를 추가적으로 요구하게 될 것이며 이러한 과정은 무한히 반복될 것이다. 둘째로 만일 감각 소여에 대한 파악이 비명제적인 것이라면 감각 소여에 의한 기초 믿음의 정당화는 성립되지 않을 것인데, 왜냐하면 정당화란 일종의 추론 과정인바 비명제적인 것과 명제적인 것 사이에는 추론 관계가 성립하지 않기 때문이다. 이러한 소여의 신화에 대한 딜레마 논증 가운데 두 번째 뿔은 칸이 주목하는 바와 마찬가지로 플라톤

면, 감각에 주어지는 것은 오직 감각적 사건 자체뿐으로, 말하자면 봄이나 들음이라는 사실뿐이다. 그것은 "신체를 통해 영혼에" 도달하기에, 이 사건은 동물도 가질 수 있을 법한 그런 느낌 혹은 의식 awareness과 같은 어떤 것이 된다. 그런데 언어라는 개념적 자원 없이는, 이러한 순전한 느낌은 (그리고 그에 따른 행동은) 진리 주장의 기반으로서의 역할을 수행할 만한 인지적 내용을 갖지 않는다. 참이나 거짓 둘 중 무엇이라도 되기 위해서라면 이 감각적 내용은 지각적 판단으로, 하나의 명제에 대응하는 심리적 상응물로 표현되어야만 하며, (플라톤의 관점에서) 이는 신체가 제공할 수 없는 것으로 영혼이 자기 자신이 갖추고 있는 것으로써 형성해야만 하는 것이다.

5. '있음(-임)'의 독특한 역할

영혼이 갖추어야만 할 많은 개념들 가운데, 왜 **있음**(-임)이 진리를 위해 필수 불가결한 것으로서 꼽히는가? 그에 대한 온전한 답을 내놓기 위해, 우리는 다음 장에서 이루어질 '있음(-임)'에 대한 논의에 이르기까지 기다려야만 한다. 여기에서 우리는 앎이 감각 지각

의 경험주의에 대한 비판, 즉 감각적 사실은 개념적 자원 없이 진리 주장의 근거로 역할을 할 만한 인지 내용을 가질 수 없다는 비판과 흥미로울 만큼 유사해 보인다.

이라는 테아이테토스의 앎의 정의에 반대하는 마지막 논증에서 등장하는 동사 에이나이^{einai 47}의 역할을 검토함으로써 그러한 온전한 답에 대한 예비 작업을 수행해야 하겠다.

있음(-임)은 모든 공통적인 것들 가운데 가장 공통적인 것이라고 말해진다. 그것은 모든 지각적 판단의 사례나 감각적 경험에 대한 반성의 사례에 포함되어 있다^{malista epi pantōn parepetai} (186a2). 플라톤이 일차적으로 염두에 두었던 것은 [무언가를] 기술함에 있어서 기본적이며 모든 판단 속에 함축되어 있는 의미론적 '있(-이)다' 혹은 진리 주장이었던 것으로 보이는데, 왜냐하면 바로 이것이 다음의 예시들 속에 언급된 관념이기 때문이다. ("신체를 통해" 경험되는 질적인 느낌인) 단단함과 부드러움의 촉감과는 대조적으로, 영혼은 반성과 비교로써 "(단단함과 부드러움의) 있음(-임), 그것들이 (어떤 것으로) 있다는 것 [그것들이 (어떤 것)이라는 것], 그것들이 서로에 대해 갖는 대립성, 그리고 그것들의 대립성의 있음(-임)"(186b)을 판단^{krinein}하고자 시도한다. 여기에서 우리는 단단하거나 부드러운 무언가를 느끼는 감각적 사건에 대한 개념적 반성의 예시 서너 개를 확인할 수 있다.

(1) "단단함과 부드러움의 있음(-임)^{ousia}." 여기에서 단어 우시아는 여러 방식으로 해석될 수 있다. 그것은 (a) 그것들의 "존재"로 해

---

⁴⁷ 그리스어 동사 에이나이(einai)에 관해서는 이 책 1장의 연역 5와 연역 6절, 3장 2절, 그리고 이 책 이 장의 역주 7번과 50번을 참고하라.

석되어 아래의 두 번째 요점[(2)]을 선취하도록 하는 것으로 해석될 수도 있다. 혹은 (b) 그것들의 본성이나 본질이 무엇인지에 관련하는 강한 의미에서 "그것들이 무엇으로 있는지(무엇인지)^{what they are}"[48]로 해석될 수도 있다. 또한 (c) 단지 그것들을 **단단하다**거나 **부드럽다**고 명명하거나 혹은 그러하다고 받아들이는 것에 관련하는 약한 의미에서 "그것들이 무엇으로 있는지(무엇인지)"라고 해석될 수도 있다. 이 중 있음(-임)에 대한 가장 약한 독해인 (c)가 이미 준-언어적이라는 데에 주목해야 하겠다.

(2) hoti eston, 그것들이 (아무것도 아닌 것이 아니라 무언가로) 있다는 (-이라는) 것, 즉 단단한 것이나 부드러운 것과 같은 그러한 것이 있(-이)다.

(3) "그것들이 서로에 대해 갖는 반대됨", 즉 그것들은 한 쌍의 반대쌍을 구성한다.

(4) 그것들의 반대됨의 있음(-임) 혹은 본성. 이것이 (3)과 다른 것이어야 한다면, 여기에서 있음(-임)은 앞서 (1)-(b)에서 언급된 강한 의미로 여겨져야만 한다.

'있음(-임)'이라는 개념(혹은 공통적인 것)에 대한 이러한 설명에 앞

---

[48] 곧 우시아(ousia)는 '그것들이 무엇으로 있는가?' 혹은 '그것들이 무엇인가?'라는 질문에 대한 대답으로 제시될 만한 바로 그것을 가리키기도 한다는 말이며, 이러한 질문에 대한 답이 될 것인 '그것들이 무엇으로 있는 바' 혹은 '그것들이 무엇인 바'가 곧 그것의 본질을 가리키게 될 것이다.

서, 소리와 색에 대한 감각에 관련하는 하나의 유사한, 그리고 부분적으로 중복되는, 일련의 관찰이 주어졌다(185a-b5).[49] 이전의 논증은 공통적인 것들이라는 관념을 둘 이상의 감각에 공통적인 속성들로서, 따라서 그 어떤 특정한 감각에 관해서도 고유한 대상이 아닌 것으로서 도입하였다. 테아이테토스는 우리가 청각을 통해 지각하는 어떤 것을 시각을 통해서는 지각할 수 없다는 사실에 동의한다. "그러면 양자에 관해 자네에게 뭔가 생각이 떠오른다면^{dianoēi}, 자네는 적어도 한쪽의 〔신체적〕 수단을 통해서는, 그리고 다시 다른쪽의 수단을 통해서도 그 양자에 관해 지각하질^{aisthanesthai} 못할 것이네"(185a4-6). 바로 이것이 정확하게 하나보다 많은 감각의 대상에 적용되는 개념인 공통적인 것이 의미하는 바이다. 동사 에이나이는 모든 예시들 속에서 나타날 것이다. 그리하여, 소리와 색에 관련하여 우리는 다음의 것들을 생각할 수 있다.

(1*) "그것들이 둘 다 **있다는**(-이라는) 것^{that they both are}",

(2*) 그 각각이 서로와 다르게 있으나(다르나), 그 자체로서는 같게 있다(같다)는 것^{that each is different from the other, but the same as itself},

(3*) 양자는 둘로 있으나(둘이나), 각각은 하나로 있다는(하나라는)

49　이 대목의 국역은 다음과 같다. "소리와 색깔 그 양자에 관해서, 우선 자네는 바로 이런 생각을 떠올리는가? 양자가 있다는 것 … 그 양자가 각기 서로 다르지만 그 자신과는 동일하다는 생각 … 양자가 두 가지이며 그 각각은 하나라는 것 … 양자가 서로 유사한지 안 유사한지를 고찰할 능력도 있겠군?"

것^{that both are two, but each is one},

(4*) 그것들이 서로와 유사한 것으로 있거나(유사하거나), 유사하지 않은 것으로 있다는(유사하지 않다는) 것^{whether they are similar or dissimilar to one another} [50]

이 두 텍스트들[51]은 이 마지막 논증 속에 사용된 있음(-임)이라는 개념을 구체화하기 위하여 고안되었다. 문법적으로 보면, 여기에서 있음(-임)이라는 관념은 있(-이)다^{einai}가 계사로 사용된 여섯 가지 예시와 존재적으로 사용된 두 가지 예시(2와 1*)를 통해 설명된다. 그러나 플라톤에게 이 동사의 이와 같은 여덟 가지 발화 사례들이 하나의 단일한 개념, 그 언어의 가장 보편적인 개념을 표현한다고 여겨졌음은 분명하다. ("그것은 모든 사례에 적용된다", 186a2.) 이 모든 예시들이 공통적으로 드러내는 것은 이것들이 명제적 형태를 가진다는 점이다. 명제적 형태라는 말로써 내가 의미하는 바는 서술적인 구조와 확언적 주장 및 진리 주장이 갖는 효력 둘 모두이다. 우리는 이 맥락 속에서 플라톤이 갖는 있음(-임)에 대한 기본적인 관념은 "이

---

50   그리스어나 영어에서 형용사를 사용한 표현을 할 때 그리스어의 einai 동사 및 영어의 be 동사가 문장 속에 드러나는 바와 달리, 한국어에서는 형용사를 사용하는 표현을 할 때 '있(-이)다'라는 동사가 문장 속에 드러나지 않는다. 한국어에서는 형용사를 마치 부사처럼 변용하여 문장을 구성할 때에야 비로소 '있(-이)다'가 문장 내에 드러나게 되므로 위와 같은 번역을 택하고, 이해를 돕기 위하여 영어 원문을 병기하였다. 이러한 표현은 강성훈의 논문에서 제안된 번역 제안을 따른 것임을 알린다(강성훈, 2012, 「고대 그리스어 'einai'에 해당하는 한국어는?: 비정언적 존재 개념으로서의 '있음'과 'einai」,『서양고전학연구』제48권, 한국서양고전학회, 77-115쪽).

51   단단함과 부드러움을 다루는 186b와 소리와 색을 다루는 185a-b5를 가리킨다.

것이 사물들이 실상 어떠하게 있(-이)다는 바이다^{This is how things stand}"
라는 것이었다고 말할 수 있을 것이다. 이는 앞서 프로타고라스로
부터 인용된 정식 속에서 설명되었던 관념이다. 즉 인간이 "있는
(-인) 것에 대하여 있(-이)다고, 그리고 있(-이)지 않은 것에 대하여 있
(-이)지 않다고" 하는 척도라는 것이다. 그러한 정식은 있(-이)다의
진리사적 혹은 "의미론적" 사용의 전형으로, 이 정식은 (나의 해석에
따르자면) 주어에 대해서는 존재[를 표현하는 용법의 einai]를, 그리고 술
어에 대해서는 진리 주장 혹은 "속함"[을 표현하는 용법의 einai]을 둘
다 포함한다. 이와 같이 (단순히 구문론적으로가 아니라) 의미론적으로
이해된 명제적 형태에서는, 술어가 (언어-외적인) 주체에 **속하는** 속성
으로서 간주되는 그러한 술어의 관념과 동일하다.[52]

앞서의 모든 예시 속에서의 있(-이)다의 사용이 나타내 주는 바
는 주어에 대해서는 존재를, 술어에 대해서는 진리 주장을 포함하
는 이러한 의미에서의 명제적 형태이다. 그리고 플라톤에 따르면,
이러한 형태는 평서형 발화의 구조와 판단 및 사유의 구조 둘 모두
를 표현하는 것이다. (판단은 단적으로 영혼이 자기 자신을 향해 하는 말^{logos}이
다.) 이와 같은 있음(-임)에 대한 명제적 이해 방식 속에서, 진리 주장
이라는 관념은 필수적인 구성 성분이다.

에이나이를 명제적 구조로서 읽는 이러한 독해에서, 테아이테토

스의 정의에 대한 마지막 논박은 완전히 명료해진다. 진리 내용 없이 앎은 있을 수 없으며, 진리 주장이라는 요소 없이 진리 내용은 있을 수 없다. 그런데 진리 주장은 명제적 구조를, 다른 말로 하자면, 있음(-임)을 필요로 한다. 따라서 "있음(-임)에[조차] 도달하지 않은 누군가가 진리에 도달하는 것은 [도통] 가능하지 않은"(186c7) 이유를 이해하기란 어렵지 않다. 감각 지각은 그것 혼자로는 'X가 무언가이다'라거나 혹은 'X가 있다'라거나 하는 판단을 행할 수 없다. 따라서 감각 지각은 참이거나 거짓일 수 없고, 그렇기에 그것은 앎일 수 없다.

설령 (내가 다른 곳에서 언급했듯이) 이 논증에서 있음(-임)이라는 관념에 중대한 다의성이 있다고 하더라도, 분명히 이 논박은 결정적이다.[53] 한편으로, 있음(-임)은 위에서 분석한 진술 및 판단의 구문론적 혹은 의미론적 형태를 표현한다. 그리고 바로 이러한 명제적 구조가 무언가가 참이거나 거짓이라고 말하거나 판단하는 것을 가능하게 만든다. 다른 한편으로, 있음(-임)은 그러한 하나의 진리 주장이 타당하거나 혹은 부당하게끔 만드는 세계의 상태—사물들의 존재 방식—를 지칭할 수도 있다. 프로타고라스의 논지에서와 마찬가지로, 『소피스트』에서 나타나는 참이거나 거짓인 진술을 위한 온전한 정식에서(236b) 이 두 관념들은 이 동사의 반복들을 통해 표현

---

53   Kahn(2007)과 Kahn(1981)을 보라.

된다. 참인 진술은 (그 [진술이 담고 있는] 주장 안에서) 있는(-인) 사물들에 대해, 그것들이 (실제로) 있(-이)다고 말한다. 지금 우리가 주목하는 『테아이테토스』 논증에서 있음(-임)의 이 두 관념들은 구분되기보다는 융합되어 있다. 진리 개념이 있음(-임)에 대한 접근을 필요로 한다는 증명 속에서 두 관념들 모두가 작동한다. 우선 진리 주장을 위해 요구되는 것은 명제적 구조의 내재적intentional54 있음(-임)이며, 이것은 감각이 제공할 수 없는 있음(-임)이다. 그러나 그러한 주장이 타당하기 위해서, 그것은 사물들이 실제로 어떻게 있는지라는 객관

54 이 단락에서 칸은 있음(-임)의 두 역할을 구분한다. 칸이 분석하는 있음(-임)의 첫째 역할은 어떤 진술이나 판단이 그에 대한 참과 거짓을 판단할 수 있는 것이 되게끔 만들어 주는 역할로, 이는 어떤 진술이 참인지 거짓인지를 판단하기에 앞서 그 진술이 유의미한 진술일 수 있게끔 하는 의미론적 역할이다. 이와 같은 있음(-임)의 의미론적 역할이 수행되고 난 이후에야, 우리는 유의미한 진술에 대하여 그것의 참과 거짓을 판정할 수 있고 이때 작동하는 것이 있음(-임)의 두 번째 역할이다. 이와 같은 맥락에서, 칸이 진리 주장 자체를 위해 요구되는 것이라고 지목하는 명제적 구조의 내재적(intentional) 있음(-임)이란 곧 상술한 첫째 역할을 수행할 수 있는, 곧 감각으로 파악 가능한 외부 세계와의 관련 없이 명제의 구조 자체에 작용하여 진술의 유의미성을 확보하게끔 하는 있음(-임)을 가리키는바, 이 대목에서 영단어 'intentional'은 '내재적'이라는 단어로 옮겼음을 알린다. 칸은 이와 같은 이중성이 플라톤의 있음(-임)에 대한 사유에서뿐 아니라 그의 형상에 대한 사유에서도 발견된다는 것을 나아가 주장하게 된다. 이후 그의 주장에 따르면 플라톤이 그의 후기 철학에서 '형상'을 가리키기 위해 사용하는 용어들인 게노스(genos)나 에이도스(eidos) 등 또한 앞서 발견한 것과 유사한 이중성, 그것들이 한편으로는 무시간적이며 가지적인 지성적 개념을 지칭하기도 하고(intentional denotation) 다른 한편으로는 그러한 개념과 정의를 만족하는 시간상의 생성 및 사멸을 겪는 감각적 개별자들의 집합 혹은 범위를 가리키기도 하는(extensional denotation) 이중성을 띠고 있다. 칸은 바로 이러한 분석을 바탕으로 하여 비로소 플라톤이 어떻게 그 원리상 지성적인 대상들을 대상으로 할 수밖에 없는 변증술이라는 활동으로써 우주론과 자연 세계에 대한 탐구를 포괄할 수 있는지를 해석해 낸다. 플라톤의 용어 게노스와 에이도스에 대한 분석 및 그를 통한 플라톤의 변증술과 우주론 사이의 연결에 대해서는 이 책 5장 7절의 내용을 참고하라.

적 있음(-임)에 의하여 충족되어야만 한다. 앎 개념은 [이러한] 두 가지 의미의 있음(-임) 모두를 필요로 한다.

최종적 논증은 이러한 구분을 생략하나, 그로부터 어떤 오류가 귀결되지는 않는다. 테아이테토스의[55] 정의를 논박하기 위해 요구되는 것은 오직 첫 번째 의미의, 진리 주장을 위해 요구되는 명제적 구조를 위한 능력으로서 있음(-임)의 내재적 관념뿐이다. 그리고 정확히 바로 이것이 감각 자체가 제공하지는 않는 능력이다. 그런데 진리 주장이라는 관념 없이는, 그러한 주장의 타당함에 대한 더 나아간 관념은 고려되지 않게 된다. 그렇다면 논박이라는 목적에 있어서 이러한 애매성은 무해하다.

6. 2부: 참된 판단으로서의 앎과 거짓 판단의 문제

감각으로써 앎을 정의하려는 시도를 포기해야만 하게 된 테아이테토스는 앎을 "있는(-인) 것들에 대하여 peri ta onta 그 자체로 몰두할 때의 활동"(187a)에 관련하여, 즉 진리적 사유 혹은 판단으로써

---

[55] 원문에서는 기울임꼴로 저서 『테아이테토스』를 가리키고 있다. 그러나 문맥과 내용을 고려할 때 여기에서는 저서 『테아이테토스』가 아니라 해당 저서의 등장인물 테아이테토스를 가리켜야 한다. 칸의 오기로 추정되므로 번역문에서는 바로잡는다.

정의하자고 제안한다.[56]

우리가 주목했듯이, 2부의 주된 성취 중 하나는 판단 혹은 믿음을 무언의 발화로서 이해하는 방식이겠다(190a). 이는 플라톤이 거짓 믿음의 문제를 거짓 진술의 문제로 환원할 수 있도록 용인하며, 그는 『소피스트』에서 진술을 주어-서술어 형태로 분석함으로써 그러한 거짓 진술의 문제를 해소하게 된다. 서구 사유의 역사에서, 문장 구조를 이렇게 주어-서술어(명사-동사)로 분석한 것은 근본적인 중요성을 지니는 것으로 드러날 것이다. 이러한 해법은 우리가 지금 다루는 대화편에서는 도달되지 않는다. 그러나 『테아이테토스』의 독자는 일련의 수수께끼들과 역설들을 통해 그러한 해법을 받아들이기 위한 마음의 준비를 하게 될 것이다.

테아이테토스가 앎은 참된 판단이라는 앎에 대한 새로운 정의를 제안하면서 2부를 시작할 때, 그의 제안은 곧바로 그 누구도 거짓되게 판단할 수 없음을 보이겠다고 주장하는 세 개의 역설적인 논증들에 직면한다. 실제로 『테아이테토스』의 2부는 거짓 판단의 문제에 전념하게 된다. 그 [2부의] 말미에 다다라서야 우리는 겨우 애초에 제안되었던 앎은 참된 판단이라는 정의로 되돌아오게 되지만, 이 정의는 순식간에 거부된다. 중간에 끼어드는 거짓 판단에 대

56　비록 δόξα에 대한 더 통상적인 번역어는 "의견" 혹은 "믿음"이겠으나, 그럼에도 나는 그 단어를 "판단"으로 옮기는 『테아이테토스』 번역가들의 번역을 따랐다.

한 논의는 세 개의 수수께끼들과 두 개의 인상적인 이미지들, 즉 밀랍 서판의 이미지와 새장의 이미지를 도입한다.

7. 거짓 판단에 대한 세 아포리아(188a-190e)

여기에서 나는 거짓되게 판단하는 것이 불가능하다는 것을 보이겠다고 주장하는 세 개의 논변들에 대한 구체적인 설명은 생략한다. 이 논변들은 이 대화편에서는 제시되지 않을 진리와 오류에 대한 긍정적 이론으로써 해소될 문제들을 제기하도록 고안되었다. 다른 한편으로, 그러한 이론의 두 가지 주요한 구성 성분들이 여기에서 도입되며, 『소피스트』에 이르러 완전히 발전된다. 그 두 가지 구성 성분들 중 첫째는 무언의 발화로서의 사유에 대한 해석(189e-190a)이며, 이는 우리가 이미 살펴본 바 있다. 둘째는 명제적 형태를 주어와 속성 혹은 서술어로 분석하는 것이다. 주어-서술어 형태로의 분석 자체가 이 대화편 속에서 명시적으로 드러나지는 않으나, 그러한 분석의 필요성 자체는 암시되고 있는데, 특히 두 번째 아포리아aporia에 대한 논의에서 그러하다(188d-189b).

있(-이)지 않음이라는 오래된 파르메니데스적 문제는 이전의 두 대화편들에서 언급되었고, 마침내 그것이 해소되는 『소피스트』에서 재등장하게 될 것이다. 이 문제가 등장하는 이전의 대목들 중 하나는 『크라튈로스』 429d[57]이며, 그곳에서 소크라테스는 많은 사람들이 "지금도 그리고 이전에도" 견지하는, 거짓되게 말하는 것이란 있는(-인)-것을 말하는 것이 아님^{to mē ta onta legein}이기에 불가능하다는 입장을 전달한다. (그리고 크라튈로스는 그 견해를 곧바로 수용한다.) 『크라튈로스』의 이 대목에서 『에우튀데모스』에서 나타나는 거짓에 대한 문제에 관한 더 긴 논의가 되풀이되고 있는 것처럼 보인다. 해당 대화편[『에우튀데모스』]에서 거짓이 불가능하다는 소피스트들의 주장은 소크라테스가 프로타고라스나 그보다 훨씬 더 이전의 사람들에게까지 거슬러 올라가는 "많은 사람들로부터 자주" 들었던 입장으로 제시된다.[58] 『에우튀데모스』에서 거짓의 부정은 만일 누구든 무언가를 말한다면 그들이 말하는 것은 다른 있는(-인) 것들^{onta}과 구분되는 하나의 특정한 사물 혹은 있는(-인) 것^{on}이라는 가정에 기반한다. 거짓되게 말하는 것은 있(-이)지-않은-것^{ta mē onta}을 말하는 것일 터이다. 그런데 있(-이)지-않은-것은 아무것도 아닌 것이며, 어떤 대상도 아닌 것이다. 아무것도 아닌 것을 말하는 것은 말을 하지 않는 것에 다름없다. 따라서 누구든 무언가를 말할 때면 언제건 그들은 있는(-인) 것을 말하는 것이고 참되게 말하는 것이다(284a-c).

---

[57] 원문에는 『크라튈로스』 429b로 되어 있으나 해당 내용이 등장하는 대목은 429d이다. 칸의 인용 표기 오류로 추정되므로 번역문에서는 바로잡는다.

[58] 『에우튀데모스』 286c. 프로타고라스에 대한 암시는 모든 판단들이 참이라는 주장으로 이해되는 그의 논지인 '인간척도설'을 언급하는 것임이 분명하다. cf. 『크라튈로스』 385e6.

『에우튀데모스』에서는 이러한 거짓 진술에 대한 부정에 이어 다른 누군가가 말하는 바에 반박하는 것^{antilegein}이 불가능하다는 똑같이 역설적인 주장이 따라 나온다(『에우튀데모스』 285e-286b). 이 논증은 앞서의 것과 마찬가지로 사물들과 그 사물들에 고유한 "말들^{logoi}" 사이의 일대일 상관 관계에 대한 가정에 의존한다. 각각의 있는(-인) 것^{on}은 그 자신에 대응하는 진술, 즉, 그것이-있(-이)다고^{hōs estin} 말하는 고유한 진술^{logos}을 갖는다.[59] 이제 만일 우리 둘 모두가 같은 사물^{pragma}에 대하여 같은 로고스를 말한다면, 우리는 의견을 달리하고 있는 것이 아니다. 다른 한편으로, 만일 우리 둘 중 누구도 이 사물에 대한 어떤 로고스를 말하지 않는다면, 우리는 심지어 그것을 언급조차 하고 있지 않는 것이다.[60] 마지막으로, 만일 우리 중 한 명이 어떤 로고스를 진술하고 다른 한 명이 진술하지 않거나 다른 로고스를 말한다면, 우리는 서로에 대해 반박을 하고 있는 것이 아닌 것이다.

『크라튈로스』 속의 언어에 관한 논의의 많은 부분을 이와 같은 명명과 기술하기 사이의 나란함[61]이 주도하고 있으며, 그 나란함이

---

[59] 고유 명사들에 관한 유비에 착안한, 고유한 λόγοι에 대한 이러한 관념은 일반적으로 아리스토텔레스의 『형이상학』 1024b32-34를 따라 안티스테네스의 것으로 여겨진다.

[60] 『에우튀데모스』 286b2, 누구도 그 사물(것)을 아예 언급하지 않고 있는 상태인가(οὐδ' ἂν μεμνημένος εἴη τοῦ πράγματος).

[61] '나란함'이라는 번역어는 원문의 영단어 'parallel'을 옮긴 단어이다. 'Parallel'이라는 단어가 단순한 평행성이나 나란함 등은 물론이고 비교되는 두 항들 사이에 놓인 구조적 유사성 혹은 상응성 등을 가리킬 수도 있는 만큼 번역 과정에서는 '나란함' 혹은 '유

그리스어 단어 오노마^{onoma}가 이름과 단어 둘 모두를 의미한다는 사실에 의해 강화된다는 바는 자주 받아들여져 왔다. 그렇기에 『크라튈로스』속의 "어원학"에 대한 추구는 이름들을 위장된 기술구로, 즉 "참된 말들^{etymoi logoi}"로 해석해야만 하겠다는 가정에 기반한다. 『크라튈로스』에서도 그리고 지금의 대화편[『에우튀데모스』]에서도, 플라톤 그 자신이 이러한 나란함에 의해 오도된 것인지, 아니면 (내가 믿는 바와 같이) 무엇이 잘못되었는지를 독자인 우리가 깨닫게끔 촉구하고 있는 것은 아닌지 하는 의문이 생겨난다. 우리는 하나의 사물을 명명하는 일과 그것에 대해 무언가를 말하는 일 사이를 성공적으로 구분할 수 있는가? 『에우튀데모스』로부터 인용된 바로 앞의 대목 속에는 한 주체를 언급하는 일과 그것의 로고스를 말하는 일 사이의 암묵적인 구분이 존재한다. 바로 그것이 독자로 하여금 어디에 오류가 놓여 있는지를 알아차리도록 하는 하나의 실마리가 될 수 있겠다.

마일스 번예이트가 관찰했듯이, 이러한 오류들을 분석할 재료는 주어와 서술어 사이의 구조적 관계를, 그리고 단지 거짓 판단 문제뿐만 아니라 "사유 및 언어가 세계에 대해서 가지는 관계에 대한" 더 일반적인 문제를 이해하는 네에 이와 같은 [주어와 서술어] 관계가 가지는 중요성을 환기시키는 방식으로 『에우튀데모스』에 제시되어 있다.[62] 이제 주어와 서술어 사이의 이러한 관계는 우리가 테아이테토스의 정의에 대한 논박에서 찾아냈던 명제적 구조에 관련한 '있음(-임)'에 대한 이해 방식과 정확히 들어맞는다. 플라톤이 『소피스트』에서 그 문제들에 대한 자신의 분명한 해결책을 제시하기 훨씬 이전에 그가 이미 존재론과 인식론 모두에서 주어-서술어 구조가 갖는 중요성에 대해 온전히 인지하고 있었다는 것을 보이는 더 많은 증거가 있다. 예를 들어, [이 책이] 앞서 『크라튈로스』에서 인용했던 만물유전설에 대한 논박에서 플라톤의 논증은 반복적으로 주체를 식별하는 것과 주어에 속성들을 부여하는 것 사이를 구별하고 있다.

> 만약 그것이 끊임없이 자신을 떠난다면 그것에 관해 우선 "그것이 이것ekeino이다"라고, 그다음에는 "그것이 그러그러하다toiouton"라고 우리가 제대로 말할 수 있을까? 아니면 우리가 그것에 관해 말하는 순간 곧바로 그것은 다른allo 것이 되고, 자신을 떠나며, 더 이상 같은 상태에 있지houtōs echein 않을 수밖에 없는가? (439d)

---

62   Burnyeat(2002), 50쪽.

『크라튈로스』의 이 논증은 이어서 그러한 순간적인 존재자가 **있는**(-인) 것이 불가능할 뿐만 아니라 그런 것을 아는 것 또한 불가능하다는 것을 보인다. 왜냐하면, 알고자 하는 주체가 그것에 접근할 때면 그 대상은 "다른^{allo} 것, 즉 다른 성질의 것^{alloion}이 되"(440a1)기 때문이다. 이 텍스트 속에서는 세 번에 걸쳐 대명사와 형용사형 서술어(혹은, 한 사례에서는 서술어에 해당하는 부사) 사이의 문법적 구별이 사용되어 사물과 그 사물의 속성들 사이의 논리적 대조를 표시하고 있으며, 같은 구별을 『소피스트』는 명사-동사 구성으로 조리 있게 설명하게 될 것이다.

그러나 『크라튈로스』와 『에우튀데모스』의 이러한 대목들이 명제적 사유의 주어-술어 구조에 대해 [플라톤이] 명백히 의식하고 있음을 반영하기는 해도, 『소피스트』 이전의 그 어떤 텍스트도 이에 대응하는 명사와 동사 사이의 언어적 구별에 주의를 기울이지 않았다는 것을 주목하는 것이 중요하다. 바로 이러한 명사와 동사 사이의 구별을 통하여 하나의 문장 속에서의 주어-표현과 술어-표현 사이의 구문론적 연결에 집중하게 되고서야 플라톤은 『소피스트』에서 그에 상응하는 주체와 속성 사이의 존재론적 관계에 애매하지 않은 하나의 정식을 제공할 수 있게 되는 것이다.[63] 만일 『소

---

[63] "주체/주어(subject)"와 "서술어(predicate)"라는 우리의 용어들은 체계적으로 애매한 것으로, 종종 언어-외적인 사물들과 속성들을 가리키기도 하지만 더 자주 그에 대응하는 문장의 구성 성분들을 가리키기도 한다. 『크라튈로스』와 『에우튀데모스』로부터

피스트』이전의 대화편들 속에서 플라톤이 이러한 분석을 명시적으로 하지 않은 것이 있었다면, 그의 침묵은 (번예이트가 시사하듯) 교육적인 이유, 즉 독자들이 스스로 이 이해에 도달해 보기를 선호했기 때문만은 아닐 것이다. 그는 또한 사람들과 같은 개별자들이 변화와 감각 지각의 영역 안에 있는 주체들로서 수행하는 역할을 강조하는 것을 철학적으로 꺼렸을 수도 있다. 우리가 보게 될 바와 같이, 심지어 『소피스트』에서조차 거짓 판단의 **주체**subject에 대해서는 어떤 이론적 설명도 주어지지 않는다. 우리는 오직 참된 진술과 거짓된 진술 둘 모두가 "테아이테토스에 대한" 것이라고만 전해 듣게 될 뿐이다.

플라톤이 여기에서 신중을 기하는 데에는 철학적인 이유가 있을 수도 있다. 아리스토텔레스가 『범주론』에서 근본적 원리로서 주어-서술어 분석을 취하기로 택할 때, 개별자들을 서술의 일차적인 주어들이라고 이해하는 아리스토텔레스의 이해 방식은 근본적으

우리가 인용한 대목들에서 플라톤은 그 언어-외적 형태에서 이러한 구분을 하고 있다 (아리스토텔레스가 "주체"에 대하여 자신의 용어 기체를 사용함으로써 그리하는 것과 마찬가지로 말이다). 『소피스트』에 이르러서야 플라톤은 그에 상응하는 주어 표현과 술어 표현 사이의 언어적 구별을 도입하며 그에 각각 이름(onoma)과 동사(rhēma)라는 단어를 배정한다. 이 후자의 용어들을 아리스토텔레스가 『명제론』에서 이어받는다. 그렇기에, 기체(hypokeimenon)와 서술하다(katēgoreisthai)라는 아리스토텔레스적인 전문 용어 없이도, 명제적 구조에 대한 주어-술어 분석은 『크라틸로스』와 『에우튀데모스』에서부터 시작하며 플라톤의 저작들에서 [이미] 완전히 발전되었던 것이다. Burnyeat(2002), 45쪽에서 지적하듯이, 이에 필적하는 구별이 또한 『파이돈』 102b-d에서 심미아스와 심미아스의 큼 및 작음 사이를 대조하는 장면에서도 암시된다.

로 비-플라톤적^{un-Platonic}인, 심지어는 반-플라톤적인^{anti-Platonic} 존재론의 토대 역할을 할 것이다. 여기에서 플라톤의 입장은 더 양가적이다. 한편으로, 그는 의미와 진리에 대한 이론의 많은 문제들을 명료하게 하기 위해 명제적 구조의 주어-서술어 분석을 필요로 한다. 다른 한편으로, 그는 일반적이고 준-아리스토텔레스적인 서술 이론을 그 자신의 존재론의 근본적 원리로 채택하기를 바라지는 않는다. 그렇게 한다면 (아리스토텔레스가 보여 주게 될 바와 같이) 인간을 포함한 감각 가능한 개별자들을 서술의 일차적인 주어들로서 그리고 따라서 일차적인 존재자들^{ousiai}로서 식별하는 경향을 채택하는 것과 마찬가지일 것이기 때문이다. 그러나 이는 플라톤이 수용할 수 있을 만한 존재론이 아니다. 『티마이오스』에 등장하는 가장 완전하게 발전된 주체-속성 구조에 대한 그의 논의에서, 속성들의 주체로서 인정될 수 있는 유일한 개별자, 단 하나의 참된 "이것"은 전체로서 받아들여진 우주적 '수용체'뿐이다(49b-50a). 아리스토텔레스는 『범주론』에서 그의 반-플라톤적인 존재론을 발전시키기 위해 단지 플라톤의 주어와 술어 사이의 구분을 포용하고서 그것을 감각 가능한 개별자들에 대한 진술들에 체계적으로 적용하기만 하면 되었다. 플라톤의 형이상학적 직감이 그가 그러한 적용을 피하도록, 그리고 따라서 아리스토텔레스 유형의 일반 서술 이론을 발전시키기를 피하도록 이끌었던 것이다.

8. 밀랍 서판

　『테아이테토스』 188a-190e의 세 가지 수수께끼들이 품은 견해에 숨겨져 있는 논리적 혼동들 가운데에서, 주어-서술어 구조의 복잡성은『테아이테토스』에서 이어지는 대화편『소피스트』에 이르러서야 해명된다. 그 대신에, 이 대화편[『테아이테토스』]에서 소크라테스는 첫 번째 아포리아 속에서는 간과되었던 인지의 두 종류 사이의 구별에 주의를 환기시킴으로써 "사유로 포착함ephaptesthai tēi psychēi"이라는 관념을 명료하게 설명하고자 한다. 바로 여기에서, 어떤 사람이 동일한 것을 알면서 알지 못할 수도 있다는 가능성을 부정하는 것이 왜 실수였는지를 보여 주기 위해, 기억을 밀랍 서판에 빗대는 그 유명한 비유가 소개된다. 누군가가 테오도로스와 이미 대면한 바 있어 알고 있음에도 특정한 한 상황에서 그를 알아보는 데에 실패할 수 있다. (191b 이하에서부터, "대면하여 알게 되다"를 뜻하는 동사 gignōskein은 이처럼, "알다"를 뜻하는 표준적인 동사들인 oida와 epistasthai와는 대조적으로 다소 약한 인지 관념을 표현한다.) 마음속의 밀랍 서판은 이전의 지각으로부터 얻게 된 기억에 새겨진 인장印章들sēmeia을 보존하는데, 이 인장들이 지금 보고 있는 그 사람에 대한 현재의 지각에 상응할 수도 상응하지 않을 수도 있다. 그렇다면 한 사람(예컨대, 테오도로스)에 대한 현재의 지각을 다른 사람(예컨대, 테아이테토스)을 봄으로써 얻게 되었던 기억 인장에 잘못 맞춤으로 인해 거짓 판단이 가능하리라고 설명할 수 있다. 그리하여 우리는 감각 지각으로 앎을 정의한 이전의 이해 방식을 가능한 한 유지할 수 있게 된다. 다만 기억이라는 요소를 도입하고 기억이 잘못될 수 있다는 가능성을 용인함으로써, 우리는 감각으로써만 앎을 정의하고자 했던 이전의 시도에서는 고려되지 않았던 지각적 판단에서의 성공과 실패라는 새로운 차원을 허용하게 된다. 물론, 우리는 명제적 구조에 관한 더 심도 깊은 문제들을 아직 다루지 않았기에 지금은 참인 판단과 거짓 판단 사이의 어떤 일반적 구별에 대해서도 준비되지 않은 상태이다. 우리가 거쳐 가야만 할 여러 다른 층위의 인식론적 복잡성이 있다.

밀랍 서판 모델이 얼마나 확장될 수 있을지 묻는 질문은 아직 대답되지 않았다. 이 모델은 오류 사례들을 "감각 지각들 사이의 관계 속에도 사유들^{dianoiai} 내에도 위치시키지 않고, 감각 지각과 사유의 연결 속에"(195d1), 즉 지각적 판단 속에 위치시킨다. 『필레보스』에서 플라톤은 어떻게 지각과 기억 사이의 상호작용이 특정한 인물을 식별하는 문제에 국한되지 않고 더 넓은 범위의 사례들에 대한 참된 판단들과 거짓된 판단들을 만들어 낼 수 있는지를 보이게 될 것이다.[64] 그러나 소크라테스는 『테아이테토스』의 이 시점에서는 밀

---

[64] 불분명한 시각적 지각에 관련하는 참 및 거짓인 판단들(δόξαι)이 묵언적 발화로 정식화되는 『필레보스』 38b-e를 보라. 세들리는 『필레보스』의 이 단락이 『테아이테토스』의 모델을 사용하되 그것에 φαντασία라는 자원을 덧붙임으로써 확장한다고 지적한

랍 서판 모델로 설명하기에는 충분하지 않은 새로운 수준의 복잡성으로 얼른 진행하고 싶어 한다.

9. 새장

밀랍 서판의 비유를 통한 설명에서 소크라테스는 기억 인장들이 지각으로부터 유래할 수 있는 만큼 사유로부터^{ennoiai} 유래할 수도 있다는 것을 인식하게 되었다(191d5-6). 탐구의 다음 단계는 감각 지각으로부터의 직접적 투입 없이 사유만으로 진행할 때의 오류에 대한 것이다. 실제로 우리는 여기에서 신체를 통한 영혼의 지각은 영혼이 그 자체로 탐구하는 "공통 개념들^{koina}"에 대해 그것[영혼]이 갖는 관계와 다르다는 구별로 되돌아온다. 새로운 오류는 후자의 범주에 속한다. 여기에서 플라톤은 지각적 판단으로부터 기인하는 오류들이 아니라, 흄이 말한 관념들의 관계와 칸트가 말한 선험적^{a priori} 앎들의 사례들에 해당하는 개념들의 영역으로부터 기인하는 오류들에 관심을 기울인다. 구체적 예시로 일곱이나 다섯과 같은 수 개념들, "일곱 명의 사람이나 다섯 명의 사람이 아니라 다섯 자체와 일곱 자체"(196a2)가 주어진다. 지각 판단에 관해서는 밀랍

다(Sedley, 2004, 137쪽 이하, 24번 주석).

서판 모델이 일반화될 수 있는 것이라 할지라도, 그것이 우리에게 산술에서의 오류들을 이해하기 위한 도움까지 주지는 않을 것이다.

만일 수학에 대한 플라톤의 일반적인 견해를 염두에 둔다면, 우리는 여기에서 그가 수학적 오류들을 다루는 것이 하나의 심각한 방법론적 문제에 직면하게 될 것임을 알 수 있다. 『국가』 6권의 '앎의 선분'에서 수학에 배정되는 자리를 상기해 본다면, 우리는 이러한 수학적 예시들이 우리를 감각 및 지각 판단에서의 오류들로부터 이성적 개념들에 관련한 질문들, 그리고 궁극적으로는 '형상들'에 관련한 [더 높은 차원의] 질문들로 끌어올리게 될 것임을 인식하게 된다. 수학적 사유의 대상으로서의 "사각형 자체"와 "대각선 자체"(『국가』 6권 510d)가 어떻게 가지적 영역으로부터 가시적 영역을 분리해 내는 '선분'의 위쪽 부분에 위치하고 있는지를 떠올려 보라. 『국가』에서, 이후 『티마이오스』에서와도 마찬가지로, 인지적 차원에서의 '가지적인 것과 감각적인 것 사이의 대조'는 존재론적 차원에서의 '있음(-임)'과 '생겨남(-됨)'의 구분에 상응한다. 가지적 실체들로서, 수학적 대상들은 안정적인 '있음(-임)'의 영역에 속할 것이다. 그러나 '있음(-임)'에 대한 존재론은 『테아이테토스』의 논의로부터 배제되어 있다. 그에 대응하는 대상들이 이미 앞서 규정된 탐구 범위 바깥에 놓여 있는 한, 여기에서 수들에 관련한 거짓 판단은 어떻게 분석되어야 하겠는가?[65]

나는 『테아이테토스』 전체에서 가장 회화적면서도 동시에 가장 불만족스러운 이 에피소드는 이 대화편의 기획을 한정하는, 존재론 [에 개입하지 않기로 한] 제약 때문에 생겨나는 결과라고 생각한다. '2부' 의 절정은 정신에 대한 새장 모델로서, 그 모델에서 앎의 대상들은 비둘기와 같은 새들처럼 갇힌 장소 안을 날아다니는 것으로서 묘사 된다. 새장 모델이 철학적으로 기여하는 바는 그것이 하나의 상태 로서의 앎의 획득(ktēsis, "앎의 소유")과 현행적^{occurrent} 앎(echein, "앎의 포착" 혹은 앎을 정신 속에 가지는 것) 사이의 구별을 생동감 있게 묘사하 기 때문이다. 이러한 플라톤의 설명은 아리스토텔레스가 이후에 행 했던 가능태와 현실태 사이의 구별을 위한 길을 닦은 것으로서 자 주 주목되어 왔다. 이 구별은 새장 모델 속에서 어떤 숫자-새를 새 장 속에 가두어 소유하고 있는 것과 그 새를 당장 손에 움켜쥐는 것 사이의 구별과 상응한다. 이 모델은 어떻게 누군가가 같은 대상을, 가령 수 열둘 등을, 알면서도(잠재적인 앎으로서 소유하면서) 알지 못할 ([당장] 정신 안에서 포착하고 있지는 않을) 수 있는지에 대한 설득력 있는 도상을 내놓는다. 하지만 다소 놀랍게도, 플라톤의 도상에서 그 새 들은 일곱이나 다섯이라는 심적 "관념들"과 같은 수 개념들을 표현 하는 것으로 그려지지는 않는다. 만일 그가 그리했더라면, 그 모델 은 수학적 오류에 대한 (설명이라고 할 수는 없을지라도) 하나의 설득력

---

65   세들리는 다른 경로를 통해 유사한 결론에 도달한다. "만일 소크라테스가 거짓이라는
      퍼즐의 해답에 도통 도달하지 못했다고 한다면, 이는 다시금 그가 형이상학을 도외시
      한 탓일 것이다"(2004, 149쪽).

있는 도상을 제공할 수 있었을 것이다. 산술에서 실수를 하는 것은 단순히 새장 속을 날아다니고 있는 새들 중에서 그른 새를 잡아채는 것, 즉 틀린 수를 잡아채는 것을 의미했을 것이다.[66] 그러나 그렇게 하는 대신에, 소크라테스는 그러한 새장 모델을 "안다는 것이 어떠한 것인지 hoion esti to epistasthai"(197a)에 대한 설명으로서 도입하고, 그리하여 새들은 특정한 앎의 단편들이나 앎의 부류인 것들 epistēmai 에 대응한다. 이러한 [설명적] 장치는 앎을 아직 정의하지 않았음에도 앎에 대한 어떤 설명을 가정하는, 방법론적으로 좋지 않은 길을 택하고 있[었으나 앞으로도 그래야만 하겠]다는 양해와 함께 도입된다 (196d-197a). 이 모델은 궁극적으로는 오류의 책임을 앎에 전가하도록 만들고 있으며, 이는 합리적인 설명이 아니라는 근거에 기반하여 거부된다(199d).

왜 플라톤은 새장 속 새들을 숫자에 대응하는 개념들 혹은 관념들로서 해석하는, 우리에게 자연스럽게 보이는 방식을 피하고, 대신에 새장 모델이 특정 앎의 조각이나 파편들로서 이루어진 것이라고 표현하기를 선택했던 것인가? 이러한 입장에는 확실히 몇몇 철학적 장점이 있다. 우리가 보았듯이, 이는 플라톤이 저장된 혹은 잠

---

[66] 여전히 어떻게 수 일곱에 해당하는 새와 수 다섯에 해당하는 새가 합쳐져 수 열둘에 해당하는 새가 되는지에 대해서는 아무런 설명이 주어지지 않을 것이다. 그러나 그것 [이 모델 안에서도 7+5=12라는 사실]은 이 모델이 어떻게 해석된다고 하더라도 [여전히] 참이다.

재적인 앎과 그때그때 동반되는 현행적 앎 사이의 분명한 구분을 끌어낼 수 있도록 해 준다. 아리스토텔레스의 가능태와 현실태 사이의 구분을 선취하는 것 이외에도, 새장 속의 새들과 손에 움켜쥔 새들 사이의 구분은 가용한 인지적 자원들과 현행적 인지 활동 사이의 생생한 대조가 이루어지도록 해 준다. 이러한 관점에서 새장 모델은 기억 및 지각적 차원들을 설명하는 밀랍 서판 모델보다 더 일반적인 설명을 제공하는 하나의 심리적 도상이다. ("새장 속에 소유하는 것"은 기억에 그리고 "손에 움켜쥐는 것"은 지각에 상응할 것이다.) 새장 모델은 플라톤이 이후에 『필레보스』에서 기억과 상상을 설명하기 위해 필경사와 화가의 모델을 추가하면서 추진하게 될, 심적 활동의 더 완전한 도상을 그려 내는 기획을 여기에서 가볍게나마 건드려 보고 있다는 것을 보여 준다. 그러나 왜 여기에서 새들은 수의 개념들이나 사유들이 아니라 수들에 대응하는 앎의 항목들로서 여겨지는 것인가? 이는 거짓 판단을 향한 탐구 전체가 순환적임을 보인 다음 이를 이유로 그 탐구를 거부하고, 그리하여 200c-d에서 앎의 정의를 찾는 탐구로 되돌아오기 위한 준비 단계로 고안된 전략적인 조치인 것처럼 보인다.

나는 여기에 더 많은 것들이 문제가 되고 있다는 의심을 가지고 있다. 인식론에 있어서 실재론자인 플라톤은 정신 속의 의미들[67]과 같은 심리적 존재자들로서의 개념들이라는 관념을 필요로 하지 않는다. 수 개념들이 서로로부터 구별될 수 있는 것은 오직 수들 그

자체들에 관련함으로써이다. 『파르메니데스』에서 그 어느 '형상'에 대한 사유^{noēma}이든, 그것은 하나의 확정적 존재자^{hen on}로서의 [그 사유의] 대상에 관련함으로써 식별될 필요가 있었던 것과 마찬가지로 말이다(『파르메니데스』 132c). 플라톤은 어떤 개별적인 사유들이나 개념들이 그것들의 대상들과는 논리적으로 독립적인 방식으로 정신 속의 주관적인 혹은 심리적인 무언가들로서 갖는 정체성을 인정하기를 꺼린 것처럼 보인다. 새장 속 앎의 단편들^{epistēmai}은 수-개념들에 의해 수행될 법한 그러한 역할을 수행하도록 고안되었다. 플라톤의 관점에서, 심적 개념들에 비견하여 그것들이 갖는 장점은 그것들의 존재론적 지위가 애초부터 문제적인 것으로 인식된다는 사실이다. 어쨌건 우리는 앎의 정의에 대한 여지껏 성공적이지 않은 탐구에 참여하고 있으니 말이다!

이것이 왜 플라톤의 정신적 새들이 수-개념들이 아니라 그 대신에 앎의 단편들을 표현하는지에 대한 나의 최선의 추측이다. (그가 보기에) 앎이라는 관념은 그 대상에 대한 성공적인 접촉을 함축하는 반면 개념이라는 관념은 그러하지 않기 때문에, 플라톤은 수-개념들보다 수-앎^{number-knowledge}을 선호하리라는 것이 함축될 것이다.

67 곧, 여기에서 칸은 플라톤이 인식론적 실재론자라는 바를 근거로 하여, 그에게 있어서 수 개념에 대한 설명은 '새장 속 새들'로 비유되는 정신 속의 의미들과 같은 비실재적이며 심리적인 개념들이 아니라 가시적 세계보다 더 높은 층위에 실재하는 '수 자체들' 혹은 수의 '형상들'에 의해 제공되어야 하는 것이리라고 추론하고 있다.

그러나 어쩌면 이러한 짐작은 불필요한 것일 수도 있다. 플라톤은 단순히 잠재적 앎과 현행적 앎 사이의 구별을 발전시키기 위해서 수-앎이라는 관념을 선택했을 수도 있다.

10. 앎은 참된 판단이라는 정의의 거부

아무튼, 새장 모델을 거부하면서 거짓 판단에 대한 긴 여담은 마무리되고(187d-200d), 우리는 앎이 참된 판단 doxa이라는 테아이테토스의 앎에 대한 두 번째 정의로 되돌아온다.

『메논』에서 참된 판단은 그것이 덜 안정적이며 원인에 대한 어떤 합리적인 설명 aitias logismos(98a)에 의해 고정될 필요가 있다는 근거로 앎과 구별되었다. 『메논』은 또한 오직 앎만이 어떤 이를 성공적인 교사로 만들 수 있다고 암시했다(99b8). 같은 구별이 유사한 근거를 바탕으로 『티마이오스』 51d-e에서 다시금 주장되는데(여기에서는 판단에 대조되는 것으로서 앎 epistēmē 대신에 지성 nous이 논해진다), 그곳에서는 관련한 인과적 설명 aitia이 '형상들'을 거론할 것임이 분명히 나타난다. 그리하여 『티마이오스』는 앎이 '형상들'을 그 대상으로 취하는 반면 판단은 감각적 대상들을 그 대상으로 취한다는 『국가』 5권, 478-79에서 확립된 구분을 따르고 있는 것이다. '형상들'은 『메논』에서는 언급되지 않았다. 그리고 당연히 우리는 『테아이테토스』에서 그것들을 찾을 것이라고 예상하지도 않는다. 대신에^{instead}, 앎과 참된 판단 사이의 구별은 형이상학적 기반을 근거로 해서도 인과적 설명에 관련해서도 도출되지 않고, 『고르기아스』에서 처음으로 언급된(454c-455a) 가르침과 수사적 설득 사이의 오래된 구별에 기반해서 도출된다. 즉, 연설가는 설득을 낳는 것이지, 가르침을 낳지 않는다. 참된 판단과 진정한 앎 사이의 이러한 구별은 (이는 지금의 대화편에서는 증언 청문^{聽聞}과 목격 사이의 대조로써 예화되는데[68]) 그만큼 친숙한 것이기에, 참된 판단으로서의 앎에 대한 설명은 순식간에 폐기된다(201a-c). 이는 테아이테토스의 앎에 대한 마지막 정의로 이어진다.

---

[68]　지금의 대화편 『테아이테토스』에서는 연설가 혹은 법정 변론가라고 불리는 이들이 재판관들에게 제공하는 설득이 가르침과는 다르다는 점이 지적되어, 그들이 설득을 통해 얻게끔 하는 것은 진정한 앎이라기보다는 참된 판단임이 강조되고 있다. "연설가나 법정 변론가들 … 아마도 이들은 자신의 기술을 가지고 설득하지만, 가르쳐서 설득하는 게 아니라 자신들이 원하는 대로 판단하게끔 만듦으로써 설득한다네. … 오로지 목격한 사람만 알 수 있고 달리는 알 수 없는 그런 일들과 관련해서 재판관들이 정당한 방식으로 설득될 경우, 그때에 이 일들을 청문을 통해 판정하여 참된 판단을 얻는다면, 그들은 앎은 지니지 못한 채 판정을 내린 것 아니겠나? 그들이 판결을 훌륭하게 내린다면, 옳은 것들에 대해 설득된 것이긴 하지만 말일세"(201a-c). 이 대목에서 대조되는 것은 '목격을 통해 아는 것'과 '증언 청문을 통해 설득된 것'이며, 이 중 전자는 앎인 반면 후자는 앎을 지니지 못한 채 참된 판단을 가지는 것에 해당한다.

앎을 로고스를[설명을] 동반한 참된 판단으로 정의하고자 하는 세 번째 시도는 다시금 『메논』에서 도달했던 분석의 수준으로 되돌아온다. 앎과 판단 사이의 구별은 당연하게도 그보다 더 오래된, 크세노파네스(DK21B34) 혹은 파르메니데스까지 거슬러 올라갈 만큼 오래된 것이었다. 그들 이후에 이 구별은 지금은 제목만 남아 있는 안티스테네스의 저작에 의해서 길게 다루어졌다. 『메논』은 플라톤이 이 구별을 명시적으로 다루었던 첫 대화편인데, 해당 대화편에서 플라톤이 앎과 판단 사이의 관계에 대해 말하는 바가 완전히 분명한 것은 아니다.[69] 『메논』은 흔히 참된 판단을 앎의 필수적인 구성 성분으로서 포함시킨다고 여겨져 왔다. 앎을 정당화가 덧붙은 참된 판단으로서 정의하려는 현대의 시도들과 마찬가지로, 이 견해에서 앎은 어떤 추가적인 단서를 덧붙인 참된 판단으로서 여겨진다. 그러나 『메논』에 대한 이러한 해석은 심각하게 시대착오적anachronistic인 것처럼 보인다. 그것은 파르메니데스까지 거슬러 올라가는 두 인지적 상태들 사이의 전통적인 대조를 무시한다. 플라톤의 나머지 저작들에서와 마찬가지로 『메논』에서도, 참된 판단은 앎

---

[69] 안티스테네스, 『억견과 앎에 대하여(περὶ δόξης καὶ ἐπιστήμης)』, 네 권의 책에서!(D. L. VI 17)

의 구성 요소라기보다는 앎에 다다르기 이전의 어떤 상태로서 이해되는 것이 적절하다.[70]

어느 쪽의 독법에서건, 『테아이테토스』 속 앎이 갖는 독특한 특징으로서의 로고스 관념이 『메논』에서 앎을 참된 판단으로부터 구별하는 기준으로서 논해진 "원인에 대한 조리 있는 설명aitias logismos"에 대응할 수도 있겠다. 『메논』은 이 기준에 대해 더 이상의 어떤 설명도 우리에게 전해 주지 않는다. 우리는 『국가』로부터 앎을 판단으로부터 구별하는 것은 '형상' 이론과의 어떤 연결이어야 한다는 것을 알 수 있다. 그러나 그러한 연결은 [현재 논의의] 원리상 『테아이테토스』에서는 배제된다. 이 대화편에서 다루어지는 로고스는 『국가』가 요구할 법한 존재 혹은 본질ousia의 의미와 연관되는 "존재 혹은 본질에 대한 설명logos tēs ousias"과 동일시될 수는 없다 (534b3[71]). 우리는 그 대신에 로고스의 한층 덜 형이상학적인 개념을 찾게 되며, 이후 이는 성과 없는 탐구임이 밝혀진다.

---

70   플라톤의 단어 선택에 모호한 면이 있다. 『메논』 98a의, "(참된 판단들은) 우선 앎이 되고, 그다음에 안정적이게 된다(πρῶτον μὲν ἐπιστῆμαι γίγνονται, ἔπειτα μόνιμοι)" 라는 구절은 앎이 참된 판단(doxa)을 대체한다는 것을 의미할 수도 있고, 혹은 앎이 참된 판단을 포함하거나 완성시킨다는 것을 의미할 수도 있다. 나는 그중 첫째의 독해 만이 옳다고 생각한다. 모든 다른 플라톤적 맥락들 속에서 그 두 인지적 상태들은 양립 불가능하기 때문에, 『메논』의 대목은 플라톤의 나머지 다른 글들과 일관적으로 읽혀야 하는 것에 더하여 파르메니데스까지 거슬러 올라가는 전통을 인정하기도 하는 방식으로 읽혀야 자연스럽겠다.

71   원문에는 533b3으로 되어 있으나 해당 내용이 등장하는 대목은 534b3이다. 칸의 인용 표기 오류로 추정되므로 번역문에서는 바로잡는다.

앎을 로고스를 동반한 참된 판단으로서 정의하려는 첫 번째 시도는 소크라테스의 꿈이라고 알려진 대목에서 시작된다.

12. 소크라테스의 꿈: 『크라튈로스』의 선행 사건

소위 '꿈 이론'은 아마도 플라톤의 다른 어떤 텍스트보다도 더 많이 철학자들로부터 관심을 받았는데, 이는 20세기에 버트런드 러셀Bertrand Russell 및 다른 이들에 의해 발전된 '논리적 원자론'과 그것이 갖는 눈에 띄는 유사함 때문이었다. 비트겐슈타인Ludwig Wittgenstein도 직접 그의 『철학적 탐구』 #46에서 [자신의 철학과] 그것을 비교하고 있다. 지금 우리가 다루는 『테아이테토스』 201e-202b의 단락을 인용하면서, 비트겐슈타인은 플라톤이 말한 이름만 붙일 수 있는 일차적인 것들primary nameables을 러셀의 "개별자들" 그리고 자기 자신의 저작 『논리 철학 논고』의 "대상들"과 동일시한다. 비트겐슈타인의 그러한 논평이 출판되기 이전에도 유사한 평행 관계들이 1939년에 길버트 라일에 의해서 논의된 바 있다. 소크라테스의 꿈과 이러한 현대 의미론의 [여러] 이론들 사이의 유사점들과 차이점들은 마일스 번예이트에 의해 완전히 논의된 바 있으며, 나는 여기에 더 보탤 것이 없다.[72]

이와 같은 현대적 유사성들에 주목하는 대신에, 나는 이 이론을

『크라튈로스』 속의 연관된 교설들과 비교함으로써 명료하게 하고자 한다. 이는 『크라튈로스』와 『테아이테토스』 사이의 연속성이 시사하는 바가 많다고 드러나는 또 다른 사례이다.[73]

『크라튈로스』에서 소크라테스는 한 단어의 어원 혹은 원형이 그런 이름을 가진 사물들에 대한 기술을 포함한다는 견해를 따름으로써 이름들의 올바름을 탐구했다. 올바름의 원리는 이름이 그 사물이 실제로 무엇인지를 밝히는 것이어야만 한다는 것 ^{dēloun hoion hekaston esti tōn ontōn}(422d)이다. (여기서 플라톤은 아마도 최초로 어떤 이름의 참된 뜻 ^{etymos logos}을 찾는 것이라는 어원학 ^{etymologia}에 대한 고전적 관념을 설명, 혹은 확립한다.) 그러나 이와 같은 기술들의 구성 부분들은 또 다른 더 단순한 이름들이다. 그렇다면 궁극적 혹은 일차적 이름들은 무엇인가 하는 질문이 생겨난다. "만약 누군가가 이름이 어떤 어구들 ^{rēmata}에서 나왔는지를 묻고, 그 어구들은 또 어떤 어구들에서 나왔는지를 물어서 알아내는 식으로 이 과정을 계속하게 된다면, 대답하는 사람이 결국에는 입을 다물 수밖에 없지 않겠나?"[74] 멈추어도 될 바

---

72 Burnyeat(1990), 149-164쪽.

73 『크라튈로스』와 『테아이테토스』 사이의 흥미로운 연속성을 보여 주는 다른 하나의 사례에 관해서는 이 책 2장 7절의 논의 내용을 참고하라.

74 『크라튈로스』 421d9-e4, 리브(Reeve)의 번역에 따름. 탐구자가 최종적으로 포기하거나(ἀπειπεῖν) 혹은 제일 원리(ἀρχή)에 도달하게 되리라는 유사한 후퇴가 제시되고 있는 『뤼시스』 219c5와 비교해 보라. 『뤼시스』의 대목에서는, "-을 위해서(for the sake of)"의 관계가 첫째 친구(πρῶτον φίλον)를 향해 우리를 이끄는데, 바로 그 첫째 친구를 위해서 우리는 다른 모든 것들을 친구라고 말하게 되며, 또한 그것이야말로 정말로 친구인 것이다.

른 때는 그가 일차적 이름들에, 즉 "다른 모든 구^{logoi}나 이름들의 요소^{stoicheia}가 되는", 그리고 "더 이상 다른 이름들로도 되돌릴 필요가 없"는 이름들에 다다랐을 때이다(『크라튈로스』 422a3, b1).

여기에서 요소를 뜻하는 단어 스토이케이온^{stoicheion}[75]은 알파벳 글자, 즉 알파벳 순서로 배열된 글자들과 음소들^{grammata}을 뜻하는 일상적 용어이다. 그런데 같은 용어가, 기하학에서와 같이 순서대로 놓인 배열의 기본적 구성 부분들에 대하여서도 사용된다. 소크라테스 및 플라톤과 동시대에 살았던 수학자인 키오스의 히포크라테스는 처음으로 기하학을 요소들^{stoicheia}의 형태로 제시했다고, 즉 기하학이란 더 기본적인 원리들로부터 [기하학적 귀결들을] 이끌어 내는 것이라 제시했다고 알려진다.[76] 이와 같이 히포크라테스는 이후 에우클레이데스의 『원론^{*Elements, Stoicheia*}』에까지 다다르는 전통을 시

75 　'요소'라는 번역어는 원문의 영단어 'element'를 옮긴 단어로, 이에 대응하는 그리스어 단어는 'stoicheion'이다. 앞서 '요소 삼각형'이라는 번역어를 선택한 배경을 설명하는 과정에서 간략히 논하였듯이 『티마이오스』에 이르러 플라톤은 세계를 구성하는 4원소가 요소 삼각형의 조합으로 이루어진다는 구도를 그려 내며 '원소'를 이루는 더 작은 단위인 '요소 삼각형'을 상정하고 있다. 이러한 논의에 더해 지금의 맥락에서 플라톤이 다루는 stoicheion은 자연학적 배경의 4원소나 현대 과학의 원소와는 다른 어떤 복합체를 구성하는 최소 단위를 가리킨다는 점을 고려하여 이 장에서는 영단어 element에 대한 일반적 번역어인 '원소'를 따르지 않고 '요소'라는 번역어를 택했다. 그러나 이후 이 책의 다른 부분들에서 같은 영단어가 물, 불, 공기, 흙이라는 자연학적 4원소를 가리킬 때에는 문맥을 고려하여 '원소'라고 옮기기도 했음을 알린다. 요소 삼각형에 대한 논의에 관해서는 이 책의 2장 3절 및 6장 6절을 참고하라.
76 　프로클로스, 『에우클레이데스에 대하여』, 65쪽, Heath(1921), I, 170쪽으로부터 인용. στοιχεῖα에 대한 플라톤의 이해 방식에 있어서 이러한 수학적 개념이 갖는 중요성에 관해서는, Morrow(1970)를 보라. 플라톤의 『티마이오스』에서는 원소 삼각형이 στοιχεῖον이라 불린다(54d6을 비롯한 여러 부분).

작한다.

우리가 보게 될 바와 같이, 요소들에 대한 이러한 수학적 관념은 플라톤의 견해에서 어떤 역할을 수행한다. 그러나 스토이케이온이라는 용어의 모든 용례들 중 가장 영향력 있는 용례는 자연 세계의 제일 원리들, 즉 고대 자연학 및 현대 물리학에서 다루는 "원소들"에 이 용어가 사용될 때라는 게 드러날 것이다. 이러한 원소들은 말하자면 자연의 알파벳이다. 에우데모스는 플라톤이 바로 이러한 의미에서 스토이케이온이라는 용어를 처음으로 사용했다고 전하는데(단편 31), 그는 아마 지금 우리가 다루고 있는 텍스트인 『크라튈로스』를 염두에 두었을지도 모른다.[77] 소크라테스는 일차적 이름들이 실재를 드러내는 것들 혹은 실재의 모방물들^{mimēmata}로서 올바르게 배정되었는지 아닌지를 확인하기 위해 우리가 단어들을 그 구성 부분들로 분석해야 할 뿐만 아니라 사물들 또한 그 원소들(424d)로 분석해야만 한다고 주장하기에 이르기 때문이다. 그러고서 그는 언어적 구성 부분들의 체계적 배열이 세계 속 있는(-인) 것들^{onta}의 체계적 구조를 (유사성에 의해, homoiōtēs, 424d6) 정확하게 반영할 그러한 어떤 이상적인 언어에 관한 제안을 발전시킨다. 『크라튈로스』의 다음 내용은 플라톤이 어떤 복잡한 체계의 구소를 [나타내기] 위해 알

---

[77] 또는 에우데모스가 『티마이오스』 속 원소 삼각형들에 대해 στοιχεῖον이라는 용어를 사용한 것을 가리킨 것이었을 수도 있는데, 왜냐하면 그 맥락에서 원소의 의미가 수학적인 것으로부터 자연학적인 것으로 전이된 것이 반영되기 때문이다.

파벳을 하나의 본으로 삼는 여러 텍스트들 가운데 첫 번째 것이다.

　그렇다면 우리도 그렇게 해야 하네. 먼저 모음들을 구별하고, 그 다음에 나머지 자모들을 종류별로 ^{kat' eidē} "자음"이면서 "폐쇄음" 인 것들과 ―이 방면의 전문가들이 그렇게 부른다네― 모음도 폐쇄음도 아닌 것들로 구별해야겠지? 그리고 모음들 자체도 서로 종류가 다른 것들을 모두 구별해야겠지? 그리고 이것들을 구별 했을 때, 이번에는 이름을 붙여야 하는 '있는 것들^{ta onta}' 모두를 잘 구별해야 하네. 그래서 이름이 자모들로 되돌려지듯이, 있는 것들이 모두 되돌려질 수 있는 자모와 같은 요소들^{stoicheia}이 있는지, 즉 있는 것 자체를 알 수 있게 해 주는 있는 것들의 구성 요소들이 있는지, 그리고 원소(자모)들에 여러 종류들^{eidē}이 있듯이, 있는 것들에도 여러 종류들이 있는지를 알아야 하네. (『크라튈로스』 424c5-d4)[78]

　글자들을 음성학적 종들^{eidē}로 나눈다는 관념은 『필레보스』에서 다시 등장하여, 합리적 분석의 일반적인 방법으로서 제시되는 '모

---

[78]　여기의 [혹은 이 대목의] 텍스트는 압축적이며, 몇몇 단어들은 누락되었을 수도 있다. 그러나 담겨진 생각은 분명하다. 424d1에서 나는 διελώμεθα 뒤에 쉼표를 삽입했고, (버넷은 괄호 처리하였지만) τὰ ὄντα를 유지하였으며, διελέσθαι를 다시금 εὖ πάντα 뒤에 오는 것으로 이해했다.

음과 나눔^{Division and Collection}’이라는 변증술적 방법을 설명하는 데에 기여한다(『필레보스』 16d-18d). 그러한 이후 방법에서 사용될 전문 용어가 여기[『크라튈로스』]에서도 또한 나눔과 결합에 관한 말들을 반복적으로 사용함으로써 제시되고 있다.[79] 그러나 지금의 맥락에서는 변증술에 대한 언급은 없다. 우리가 주목하는 것은 이름 붙여진 사물들의 종들에 대응하는 이름들의 종들로, 원초적 이름들(즉, 글자들)은 요소들에 대응하고, 더 복잡한 언어적 형태들[즉, 음절이나 낱말들]은 요소들로 이루어진 복합물들에 대응한다. 플라톤은 여기에서 생겨남(-됨)에 대한 파르메니데스의 공격에 대응하여 기원전 5세기의 우주론자들이 발전시킨 자연의 원소들의 관념, 즉 사멸하는 복합체들을 구성하는 지속적인 구성 부분들로서의 요소 관념을 전용하고 있다. 엠페도클레스는 어떻게 적은 수의 원소들이 그토록 엄청난 현상적 다양성을 산출할 수 있는지를 설명하기 위해 색깔들을 혼합하는 화가의 이미지를 사용했다. 원자론자들은 같은 목적으로 알파벳의 글자들을 거론하는 것처럼 보인다.[80] 플라톤은 여기에서

---

[79] 『크라튈로스』에서 구별 혹은 분할을 의미하는 용례들은 424b7의 διαιρέσεως, c6의 διελέσθα, c2의 διείλοντο, c6의 διελέσθαι, d1의 διελώμεθα, d5의 διαθεασαμένοις, 425b1의 διελομένους를 보라. 이러한 분할들은 조합 혹은 모음을 의미하는 다음과 같은 용례들이 제시됨으로써 균형이 맞추어지고 있다. 424e1의 συγκεράσαντες, 424e6, 425a1, a6의 συντιθέναι, a6의 σύγκειται.

[80] 엠페도클레스(DK31B23), 레우키포스(DK67A9)(=아리스토텔레스, 『생성과 소멸에 관하여』 315b14), “비극과 희극은 같은 문자들로 이루어진다”(DK67A9). 아리스토텔레스는 여기에서 요소들(στοιχεῖα) 대신에 글자들(γράμματα)에 대해 말하고 있다. 원자론자들에게는 원자의 다양한 모양이 무한히 많기에, 그들이 보건대 원소들을 설명

글자들에 대한 원자론자들의 유비("알파벳과 같이", hōsper ta stoicheia, 424d2)를 이용하며 동시에 엠페도클레스의 화가의 비유를 되풀이한다(424d7). 그리하여 플라톤은 소크라테스 이전의 원소 개념을 이어받아, 거기에 고전적 용어 '스토이케이온stoicheion'이라는 이름을 내리는데, 이는 이후 라틴어에서 '엘레멘툼elementum'이라는 단어로 자리 잡는다. 그 개념 자체는 기원전 5세기의 우주론으로부터 비롯한 것이었으나, 전문 용어로서는 플라톤에 의해 새로이 등장한 것이었으며, [이러한 용어 사용법은] 기하학과의 연관 속에서 강화되었다.

『크라튈로스』에서의 플라톤의 혁신은 이러한 자연학적 원소 관념을 [자신의] 언어 이론과 결합한 것으로, 그 이론은 이름들 및 단어들의 일반적인 기능이란 그것들이 그 이름 및 단어들로 이름 붙여진 사물들을 모방하거나 닮음으로써 사물들의 참된 본성ousia을 드러내는 것이라는 내용을 담고 있다. 이러한 올바름의 원리에 입각하여, 플라톤은 이름들의 분석이 실재의 분기分岐된 구조를 반영하고 드러낼 하나의 이상적인 언어 관념의 밑그림을 간략하게 그려낸다. (그는 그러므로 『테아이테토스』에서 소크라테스의 꿈으로서 제시될 그러한 입장을 『크라튈로스』에서 선취하고 있는 것이다.) 『필레보스』는 변증술을 '나눔과 모음'으로 이해하는 플라톤의 고유한 이해 방식을 완전히

하기에 적합한 모델을 제공하는 것은 엄밀한 의미의 알파벳보다는 글자들이나 문양들(γράμματα) 일반이었을 것이다.

설명하고 있으며, 그로부터 이러한 이해 방식의 보다 생산적인 형태를 찾아볼 수 있다. 그러나 『크라튈로스』에서 제시된 바로는 이 이론은 어떤 긍정적인 결과도 제공하지 않는다. 그것은 원초적 이름들에 대한 하나의 우스꽝스러운 견해, 글자 "r"과 "s"가 만물유전설을 가리키는 자연적 기호들로서 해석된다는 기이한 견해로 귀결된다. 그것만으로도 이미 충분히 나쁜데, 그에 더해 반대 방향을 가리키는 음성학적 증거까지 있다. 운동보다는 부동성[81]을 가리키는 기본적인 소리들이 말이다. 소크라테스는 이러한 닮음의 원리를 이 원초적 음소들에 적용하는 것에 대해 반복적으로 양해를 구한다. 나는 여기에서 드러나는 이러한 소크라테스의 겸연쩍음이 자연적 기호들로서의 이름들에 대한 이론 전체가 [실은] 하나의 터무니없는 오류로 여겨져야 한다고 독자들이 깨닫도록 플라톤이 제공한 실마리라고 생각한다.[82] 그런데 만일 원초적 이름들에 대한 그 설명이 그럴 법하지 않고 비일관적이라면, 이 기획 전체가 의심스럽게 된

---

[81] '부동성'이라는 번역어는 원문의 영단어 'stability'를 옮긴 단어이다. 앞서 밝혔듯 'stable'은 보통의 경우 '안정적인'이라고 옮겨 왔으나, 이 대목에서는 해당 단어가 '운동'과 대비되고 있는 만큼 자연스러운 이해를 위해 맥락에 따라 '부동성'으로 옮겼음을 알린다. 영단어 'stable'에 대한 번역어 선택에 관하여서는 1장의 2번 및 2장의 5번 역주를 참고하라.

[82] 『크라튈로스』 425d1. 자모들과 음절들에 의한 실재의 모방은 우습게(γελοῖα) 보이게 될 것이다. 이는 일차적 이름들의 올바름에 대한 설명은 터무니없는 말(παραληρεῖν)이 될 것이라는 422c3의 경고를 떠올리게끔 만든다. 그에 대한 변명은 426b6에서 일차적 이름들이 그에게 주제넘고 우스운(ὑβριστικὰ καὶ γελοῖα) 것으로 보인다는 소크라테스의 설명에 의해 반복된다.

다. 결국, 『크라튈로스』는 언어에 대한 탐구가 실재를 분석하기 위한 건전한 기반을 제공할 수 없다고 결론짓는다.

13. 소크라테스의 꿈: 긍정적 기여

『테아이테토스』에서 소크라테스의 꿈에 대한 논의는 방금 논의한 『크라튈로스』의 대목과 공명하며 시작하고 끝난다. 그 둘 사이의 공통점은 알파벳 글자들과의 유비로써 이해되는 자연학적 원소들의 관념이다. 그리하여 '꿈 이론'은 "일차적인 것들^{ta prōta}, 말하자면 그것들로부터 우리나 다른 모든 것들이 합성되는 요소들"에서부터 시작한다. 여기에서 '스토이케이아'라는 용어는 글자와 원소 둘 모두를 가리키며, 『크라튈로스』에서와 마찬가지로 알파벳은 복합체들을 그 기본적인 구성 요소들로 분석하기 위한 모델로서 받아들여진다. '꿈 이론'은 전체와 부분의 관념을 거론하며 더 복잡한 구조를 제안하기는 하나, 이 두 텍스트들 사이에 놓인 가장 중요한 연결점은 각각의 결론들 사이에서 나타나는 유사함에 있다.

『크라튈로스』에 따르자면, 여타의 이름들은 저마다의 기술적 역할을 수행하기 위해 일차적 이름들에 의존하기 때문에, 더 우선적인 일차적 이름들의 올바름을 알지 못하는 한 그 누구도 여타의 여러 이름들의 올바름을 알 수 없다. "누구든 이러한 일들에 대해 자기가 전문가^{technikos}라고 주장하는 사람은 일차적 이름들에 대한 가장 순수하고 최선인 설명을 제공할 수 있어야만 할 것이며, 만일 그가 그렇게 하지 못한다면 우리는 그가 나머지 것들에 대해서도 허튼소리를 하고 있다고 확신하게 될 것이네"(426a-b2). (그러므로 소크라테스가 일차적 이름들에 대한 그의 설명에 대해 애써 양해를 구하는 대목은 이름들 일반에 대한 그의 설명에 의구심을 제기하기 위해서 고안된 것이다.) 이러한 회의적인 결론은 '꿈 이론'에 대한 최종적인 거부 속에서도 되풀이된다. "만일 누군가 복합체(음절, syllable)는 인식될 수 있는 것이지만 요소^{stoicheion}는 본성상 인식될 수 없는 것이라고 한다면, 그가 일부러 그랬든 마지못해서 그랬든, 우리는 그가 장난을 치고 있다고 생각할 것이네"(『테아이테토스』 206b9). 꿈 이론을 복합체들이 인식될 수 없는 단순한 것들로 분석됨으로써 인식된다고 주장하는 이론이라고 문자 그대로 받아들인다면, 그것은 언어적 의미가 자연적 기호들에 기반한다 주장하는 『크라튈로스』의 이론과 마찬가지로 우스운 것으로 밝혀지게 된다. 하지만 이 이론이 두 대화편에서 각각 거부되는 것을 통해 앎의 체계적인 구조에 대한 하나의 긍정적인 결론이 이끌어져 나온다. [곧,] 아리스토텔레스가 『분석론 후서』에서 논하게 될 바와 같이, 그 어떤 학문에 있어서건 그 원소들 및 제일 원리들은 그로부터 파생되어 나오는 것들보다 "더 잘 알려져야 ^{gnorimōtera}" 한다는 것이다.[83]

『크라튈로스』에서 이 결론은 어원학적 기획 전체의 실패가 암시하는 것으로만 확인될 뿐이다. 『테아이테토스』에서는 그에 상응하는 결론—글자들이 인식될 수 없다면 음절들도 인식될 수 없다—이 세 개의 논변에 의하여 형식적으로 수립된다. '꿈 이론'에 대한 첫 번째 가장 간단한 논박은 소크라테스 Socrates의 이름을 이루는 첫 음절[So]을 단순하게 글자들 S 및 O와 동일시하고서 이 두 글자로 구성된 음절을 알기 위해서는 그 두 글자들을 먼저 알아야만 한다고 결론 내린다(『테아이테토스』 203c4-d10). 세 번째 논증은 읽는 법을 배우는 경험으로부터 도출된다. 처음으로 읽는 법을 배우는 사람은 우선 개개의 글자들이 다양한 음절들 속에서 어느 위치에 있는지와는 상관없이 그것들을 식별하는 법을 배워야만 한다. 그리고 이와 비슷한 능력[개개의 것들을 식별하는 능력]이 음악에서 개개의 음들을 식별하는 데에도 필요하다(206a). 이 두 간략한 논증들 사이에 가장 충실하게 수행되는 두 번째 논박이 자리하는데, 여기에서 소크라테스는 글자들과 음절들은 똑같이 둘 다 인식 가능한 것이어야 하거나 똑같이 둘 다 인식 불가능한 것이어야만 한다는 것을 보여 주는 하나의 문제적 딜레마를 발전시킨다(204-5). 음절을 모델로 삼으면서, 이 논증은 부분들로 이루어진 하나의 전체로서 여겨지는 어떤 복합적 구조 syllabē에 대하여 '꿈 이론'이 내비치는 인식과 관련한 비대칭

---

83   『분석론 후서』 I.2, 71b21, 이러한 연관하에 Morrow(1970), 332쪽에 의해 인용됨. 『자연학』 1권 1장에서 이루어진 이 점에 대한 아리스토텔레스의 설명과 비교하라.

성[84]을 거부한다. 만일 전체 음절이 그 부분들과는 별개인 고유한 구조idea를 지니는 하나의 단일한 형상eidos이라면, 그것은 그 부분들만큼이나 알 수 없는 것이다. 다른 한편으로, 만일 그 전체가 그 부분들[의 합]과 같다면, [우리가 전체를 알 수 있는 만큼] 전체와 부분들은 둘 다 똑같이 [부분은 알 수 없는 것이라고 앞서 가정되었음에도 불구하고] 알 수 있는 것이어야만 한다.[85]

이러한 논증들의 결과로 '꿈 이론'은 거부되며, 그와 함께 지각될 수 있으나 알려질[인식될] 수는 없는 요소적인 원리들이라는 관념도 거부된다. 일종의 수미상관 구조에 의해, 이러한 부정적 결과는 '1부'의 반-경험주의적 결론과 공명한다. 누구든 지각으로부터 시작해서는 앎에 다다를 수가 없다. 그럼에도 불구하고, '꿈 이론'을 전개하고 논박하는 가운데 여러 중요한 긍정적 통찰들이 [아래와 같이] 발전해 있다.

1. 앎이라는 개념은 전체 체계의 토대가 되어 주는 일차적 원리들 혹은 일차적 원소들을 포함하는 하나의 분기된ramified 구조로서

---

84   여기에서 가리키는 "인식과 관련한 비대칭성"이란 '소크라테스의 꿈'이 그려 내는, 복합체(음절)에 대한 앎을 그 복합체를 구성하는 부분들(음소들)을 앎으로써 얻을 수 있다는 그림에 투영되어 있는 전체의 인식 가능함과 **부분**의 인식 **불가능함** 사이의 비대칭을 가리킨다. 부분으로 구성된 전체는 그것을 이루는 부분을 통하여 인식 가능한 것인 반면 그 전체를 이루는 부분들은 그 자체로 인식 불가능한 것들이라는, 인식 가능성과 관련한 모종의 비대칭성이 소크라테스의 꿈에 전제되어 있고, 이와 같은 비대칭성이 딜레마적 문제를 발생시킨다는 것이 이어지는 두 번째 논증의 주요한 내용이다.

85   이 논증에 대한 분석으로는 Harte(2002), 32-47쪽 및 그에 따른 Burnyeat(1990), 191-208쪽을 보라.

표현된다. 『테아이테토스』와 『크라튈로스』 두 대화편 모두에서, 알파벳 글자들은 어떤 인지의 영역에 있는 요소들을 이해하기 위한 모델로서 제공된다(204a3, 206b6-9). 그러나 앎의 구조는 변증술의 서로 다른 두 관념들에 따라, 그에 상응하는 두 가지 방식으로 생각된다.

한편으로, 스토이케이아라는 용어는 수학이 체계적인 앎의 한 모델임을 시사한다. 이 앎의 모델은 『파이돈』에서 '가설의 방법'이라는 이름하에 발전되었으며, 『국가』 6권의 인식론에서 보다 완전해진 연역적 모델이다. 『국가』의 해당 대목은 제일 원리들이 지각으로써가 아니라 지성에 의한 앎^{noēsis}으로써 포착되어야만 한다는 것을 분명히 한다. 제일 원리는 다른 모든 것들을 위한 토대로서의 역할을 수행하기에, 그 자체는 비-가설적으로 알려져야만 한다(『국가』 511b-e). 즉, 제일 원리는 그로부터 파생되어 나온 다른 진리들보다 더 확고하게 알려져야만 한다. 원리들에 대한 이와 같은 견해는 『티마이오스』에서 자연학에 적용된다. 그 대화편에서는 불과 같은 지각 가능한 원소들이 스토이케이아(즉, 글자들)로 불릴 자격이 없다며 거부된다. 합리적인 사람은 심지어 그것을 음절로 간주하지도 않을 것이다!(48c) 이러한 가시적인 원소들은 그것들이 토대로 삼는 기하학적 구조들로써 설명되어야만 하며, 궁극적으로는 두 개의 요소 삼각형들로써 설명되어야만 한다.[86] 『티마이오스』에 따르면, 바로 이 후자의 것들[요소 삼각형들]이 참된 요소들^{stoicheia}이다(54d6-

55b4).

이것이 수학적 요소들을 체계적 질서의 모델로 삼는, 앎에 대한 플라톤의 견해이다. 다른 한편으로 플라톤은, 또다시 알파벳을 예로 들기는 하지만, '나눔과 모음'에 대한 변증술 이론으로부터 앎의 구조에 대한 제법 다른 이해 방식을 발전시킨다. 이 경우 합리적 방법의 본[전형]은 수학적 연역이 아니라 부분-전체 분석을 통해서, 즉 복합적 통일체들을 유형들 및 하위 유형들을 거쳐 다수의 연속적인 단계들로 나눔으로써 제공된다. 우리가 앞서 보았듯이 이 패턴은 『크라튈로스』에서 글자들과 사물들을 종들^{eidē}로 나누는 일에 대한 반복적인 언급을 통하여 플라톤이 이미 그려 낸 바 있다. 『테아이테토스』에서는 이와 비슷하게 종들로 구분하는 일에 대한 강조를 찾아볼 수 없으나, 통일체들을 전체들과 부분들로 분석할 때 하나와 여럿 사이의 관계에 대한 유사한 관심이 표현된다.

2. 『테아이테토스』의 의미 이론은 『크라튈로스』를 넘어서는 근본적인 진일보를 드러낸다. 『크라튈로스』에서는 이름들과 기술들 사이에 원리적으로 어떤 구별도 존재하지 않았던 반면, 『테아이테토스』는 바로 그러한 구별의 날카로움을 그 중심적인 의미론적 성취로서 가진다. 로고스가 이름 이상의 무언가라는 인식, 로고

---

86 『티마이오스』의 요소 삼각형에 대한 논의에 관해서는 이 책의 2장 3절 및 6장 6절을 참고하라.

스가 실은 단어들의 함께-엮음^{symplokē onomatōn}이라는 인식은 『소피스트』에서 완성될 명제적 구조에 대한 이론으로 가는 길을 밝혀 준다. 서술을 불가능하게 만드는 '늦게 배운 자들'의 혼동에 대한 『소피스트』의 관심은, 『테아이테토스』의 금지된 서술어들의 목록("이다^{is}", "그것^{it}", "저것^{that}", "이것^{this}", "각각^{each}", "오직^{only}") 및 "고유한 설명^{logos}"(202a)에 관한 안티스테네스의 이론에 대한 언급에서 선취된다. 플라톤의 서술^{prosagoreuein}에 대한 이론은 '늦게 배운 자들'에 대한 『소피스트』의 논의에 이르러서야 명시적으로 드러나지만, 『크라튈로스』와 『테아이테토스』에 그 논의를 선취하는 것이 분명한 내용들이 존재한다.

3. 함께-엮음의 관념은 '형상들'을 상호 관계적 네트워크로서 이해하는 『소피스트』의 또 다른 발전을 미리 보여 준다. 그러한 새로운 관점은 이 대화편에서는 그에 대한 부정적인 대응물을 통해 표현된다. '꿈 이론'의 제일 원리들이 알려지거나 기술될 수 없는 이유는 그것들이 단순하고 복합적이지 않기([그것들은] "비복합적인^{asyntheta}", "단일한 종인^{monoeideis}", "부분으로 나뉠 수 없는^{amerista}" [것이기], 205c7-d2) 때문이다. 그렇다면, 부정의 방법을 거침으로써 이는 『소피스트』 259e의 다음과 같은 교설을 가리킨다. '형상들'의 서로에 대한 함께-엮음^{hē allēlōn tōn eidōn symplokē}에 의해서 로고스가 우리에게 주어진다. '형상들'을 복합적이지 않고 분할 불가능한 것으로서 이해하는 이러한 불만족스러운 방식에 관한 또 다른 표지는(앞서 42-43쪽에서 논의

되었던) 『파르메니데스』 129a-e를 참고하라.

14. 로고스에 대한 결실을 맺지 못하는 해석 시도들

대화편 『테아이테토스』는 단어 로고스의 세 가지 의미를 탐구하며 마무리되는데, 그중 어느 것도 앎을 참된 판단으로부터 분리시키는 간극을 식별하는 데에 성공하지 못한다. 용어 '로고스'가 가진 풍부한 역사와 그것이 플라톤의 초기 대화편들에서 가지는 중요성과는 대조적으로, 그 단어를 해석하려는 이 세 차례의 시도들은 놀랄 만큼 빈약하다. 이 세 가지 시도들은 독자들로 하여금 [적절히] 연관된 로고스 관념(즉, "그것이 무엇인가?"라는 질문에 대한 답으로서의 본질에 대한 정식 logos tēs ousias)이, 그러한 관념은 '형상' 이론과 결부된 안정적인 있음(-임)과 연관된다는 것을 함축할 것이기 때문에 여기에서는[즉, '형상'에 관한 존재론의 논의를 의도적으로 배제하고 있었던 이 대화편에서는] 도입될 수 없다는 점을 상기시키는 역할을 수행한다.[87] 그러므로, 앎이 그 어떤 불변하며 가지적인 실재의 관념과도 동떨어져서 정의되어야 한다는 『테아이테토스』의 가설을 위반하지 않고서는, 로고스

---

[87] 207c1과 3의 수레의 οὐσία에 대한 반복적인 언급으로부터 이러한 더 플라톤적인 의미에서의 λόγος에 대한 실마리가 있을 수도 있겠다.

에 대한 충분한 설명은 주어질 수 없는 것이다. 이러한 조건들 아래에서는, 로고스 관념을 도입하는 그 어떤 시도도 앎에 대한 정의에 아무런 실질적인 기여도 할 수 없다.

제안된 세 해석들 중 로고스를 언어로서 여기는 첫 번째 해석은 아무런 새로운 점도 주지 못한다. 그것은 단순히 발화가 [자기 자신의 영혼이 아닌 청자를 향해 이루어지는] 공공연한 사유라는 이미지^{dianoias eidōlon}(208c5)의 관념, 즉 자신의 생각을 언어로 표현하는 것이 발화라는 관념을 떠올리게 할 뿐이다.[88] 누구든 농아자^{聾啞者}가 아닌 한 자신의 의견을 언어로 표현할 수 있기에, 이러한 의미의 로고스는 참된 의견과 앎 사이의 간극을 드러내지 않는다.

로고스에 대한 두 번째 해석은 소크라테스식 정의^{定義} 관념을 제시하는 것처럼 보일 수도 있겠다. 그 해석에 따르면 로고스는 그 구성 요소들에 대한 설명 혹은 열거로서, 즉 "요소들을 통해" 해석된다. 그러나 원소들은 여기에서 오로지 물리적 부분들로서만 이해된다. 전문적인 마부라면 "짐수레의 백 개의 널빤지들", 짐수레가

---

[88] "자신의 생각을 표현 및 이름들과 함께 소리를 통해 드러나도록 하는 것(μετὰ ῥημάτων τε καὶ ὀνομάτων)"(206d). 『변명』 171c1에서와 마찬가지로, ῥήματα τε καὶ ὀνόματα는 말로 하는 상술에 대한 표준적인 정식이다. 이것이 정형화된 표현임을 고려하면, 그 표현을 여기에서 "명사들과 동사들로써"라고 번역하여 『소피스트』에서 나타나는 플라톤의 극적인 혁신을 흐릿하게 만들 이유가 없다. 플라톤은 『소피스트』에서 그의 진리 이론에 대한 예비 작업으로서 처음으로 문장 구조에 대한 명사-동사 분석을 도입하기 때문이다. (뒤의 327-328쪽을 보라.) 비슷한 실수가 오노마(onoma)와 레마(rhēma)에 대한 플라톤 후기의 개념을 『크라튈로스』 425a1에 적용하는 독해에 의하여 발생된다. 이를 431b5에서의 ῥήματα와 비교하라.

바퀴, 차축, 굴레 등으로 구성된다는 것을 알 것이라는 소크라테스의 예시는 헤시오도스로부터 온 것이다(207a-c,『일과 날』456행과 비교하라). 감각적인 부분들에 국한된 그러한 정의는 [보통의 정의에서] 요구되는 일반성을 결여할 것이다. 이러한 점은 글자들을 그 요소들로 둔 철자법의 예시에 의해 설명된다. 곧, 어떤 사람이 테아이테토스^{Theaetetus, Θεαίτητος}의 이름을 구성하는 구성 요소들, 즉 그 올바른 글자들의 집합을 열거할 수 있다고 하더라도, 그가 만일 테오도로스^{Theodorus, Θεόδωρος}의 이름을 마주쳤을 때 그 사람의 이름의 첫 음절이 타우^τ와 엡실론^ε의 합이라고 실수하는 경우, 그는 음절 테타^θ와 엡실론^ε의 합에 대하여 앎을 가지고 있지 않은 것이다. 앎이란 일반성을, 즉 다른 조합들 속에서도 구성 원소들의 동일성과 차이를 식별할 능력을 함축한다. 그런데 "같은 글자"라는 관념은 두 기호들 사이의 물리적 닮음 그 이상을 함축한다. 그것은 단일성이라는 어떤 원리에 의해 한정된 다수성을, 기호들이 질서를 이룬 하나의 체계 속에서의 한 위치를 가리킨다. 글자 알파^α에 대한 다른 가시적인 재현들이 있을 수 있다. 이러한 가시적 상징들을 통합하는 것은 알파벳이라는 하나의 합리적 구조 속에서 그것들이 차지하는 위치이며, 이때 그 하나의 합리적 구조는 더 이상 감각 지각의 대상이 아니다.

　로고스를 구체화하려는 마지막 세 번째 시도는 만족스러운 설명에 더 가까이 다가간 것으로 보이는데, 왜냐하면 여기서는 문제

가 되는 대상을 다른 모든 것들로부터 구별하는 데에 사용되는 종
차differentia 혹은 구별 짓는 표시sēmeion, diaphora라는 관념이 도입되
기 때문이다(208c7). 그러니, 태양의 로고스는 "지구 주위를 회전하
는 천체 가운데 가장 밝은 것"이 될 터이다. 테아이테토스를 식별
하기 위해 누군가는 들창코를 포함한 그의 외모를 명시할 수 있다
(209a-c). 그러한 특징은 우리가 그를 다시 만났을 때 테아이테토스
를 상기시킬 것이다. 그런데 이러한 상기의 매개체가 참된 판단 이
상의 것을 제공하기 위해서는, 그것은 이 들창코가 테아이테토스에
게 속한다는 것에 대한 알아봄을 포함해야만 한다. 그러나 그러한
알아봄gnōnai은 직접 대면지對面知, acquaintance를 함축하며 따라서 그
것은 일종의 앎이다. 결국, 구별 짓는 표시로써 로고스를 이와 같이
정의하는 것은 순환적인 것으로 드러난다. 이 경우에서 내려진 참
된 판단을 앎의 단계로 상승시키기 위해서는, 문제가 되고 있는 그
러한 특징이 테아이테토스에게 속한다는 사실이 단순히 믿어지거
나 의견의 대상이 되는 것이 아니라, 그 자체로 이미 알려졌어야만
한다.[89]

89 플라톤은 여기에서 앎과 참된 의견 사이의 구분을 설명하기 위한 수사적인 장치로서,
     사람을 대면하여 알게 되는 것과 테아이테토스에 관해 단순히 믿음을 가지는 것 사이
     의 대조에 의존한다. 『메논』에서는 목격 증언과 청문을 통해 얻게 된 증거 사이의 유사
     한 대조가 제시된다. [청문과 목격 사이의 대조는 『테아이테토스』 201b-c에 등장한다.
     2장 역주 68번도 보라.] 두 경우 모두에서 앎의 종류와 관련된 대조는 충분히 분명하
     다. 그러나 그 두 경우 가운데 어디에서도, 제시된 대조에서 앎(ἐπιστήμη)이라 상정된
     것은 감각 지각이 아닌 이성의 기능으로서의 엄밀한 의미의 앎의 예시가 될 수 없다.

차후에 더 나은 접근 방식이 있을 것이란 가능성을 열어 둔 채로, 앎을 정의하고자 하는 시도는 실패로 끝을 맺는다(210c1). 그렇다면 그로부터 암시되는 결론은 앎의 정의가 [전면적으로] 불가능하다는 것이 아니라, 『테아이테토스』의 현재 기획에서 부과된 조건들 하에서는 불가능하다는 것이겠다. 우리는 변화를 겪지 않으며 이성에 의해 접근 가능하고 감각적 경험의 범위 바깥에 있는 실재를 앎의 대상들로 식별하지 않고서는 앎의 본성을 구체화할 수 없다. 이 대화편에서 고려되었으나 [결국] 거부되었던 예시들에서, 정의의 대상이 된 주제들은 항상 감각적인 개별자들, 마차나 태양 혹은 테아이테토스와 그의 들창코 같은 것들이었다. 플라톤에게 있어, 이러한 것들은 그 어떤 엄밀한 의미에서도 앎의 대상이 될 수 없는 것들이다.

『테아이테토스』는 그렇기에 감각 지각으로서의 앎이라는 이해 방식으로 시작한 반-합리주의적 도입부를 충실하게 따르고 있는 듯하다. 이러한 경험주의적 편향은 대화편을 마무리하는 로고스에 대한 세 차례의 독해들 속에 체계적으로 유지되어 있다. 대화편 서두의 테아이테토스와 테오도로스 사이의 대화에서 수학이 강조되는 것을 보자면, 우리는 다음처럼 묻고 싶어질 수도 있겠다. 대체 왜 이곳에서는 수학의 합리적 질서의 원리들로서 로고스("비율") 및 스토이케이아("원소들")라는 더 풍부한 관념을 설명하려는 시도가 없는 것인가? 내가 제안하는 이유는 그러한 관념들에 대한 그 어떤 충분한 설명이라도 안정적 '있음(-임)'에 기반을 두는 지성적인 구조를 어느 정도는 참조할 수밖에 없을 것이기 때문이다. 그러나 그러한 기반을 위해 우리는 『테아이테토스』 너머를 보아야만 한다. 우리는 그렇다면 그 스스로 『테아이테토스』에 이어지는 것으로서 약속된 대화편 『소피스트』로 향하도록 하자(210d4, 216a1).

부록 1. 중심 논변 속 아이스테시스의 좁은 이해 방식에 대하여

다른 곳에서와 마찬가지로, 『테아이테토스』에서 용어 아이스테시스[aisthēsis]는 감각적인 판단뿐 아니라 즐거움이나 고통 혹은 욕망이나 두려움과 같은 정서적인 상태들까지도 포함하는 지각 일반에 적용되는 것으로 자주 여겨진다(『테아이테토스』 156b4-5). 우리가 플라톤의 여러 텍스트들 속에서 마주치는 이러한 지각의 더 넓은 의미를 해당 대화편의 중심적 논증 속에서 전제되는 아이스테시스의 매우 제한된 의미로부터 구별하는 것은 중요하다(184b-186e).

지각이 앎을 이룬다는 주장을 최종적으로 논박하면서, 소크라테스는 아이스테시스의 이해 방식을 엄밀한 의미의 감각으로 국한시키는 데에 주의를 기울이는데, 이는 특수한 감각 기관들을 통해서 수용된 순전히 수동적인 형태의 인지이다. 따라서, 여기에서 아이스테시스는 [각 감각 기관이] 고유하게 감각 가능한 것들에 대한 지각이라는 가장 기본적인 형태로 파악된다. 그렇게 이해된 아이스테시스의 내용은 신체적인 감각적 양상들의 직접적 대상들인 색, 소리, 냄새, 맛, 그리고 촉각적 속성들(예컨대, 뜨거움/차가움, 건조함/습함, 단단함/부드러움, 거침/매끈함 등)과 동일시된다.

정확히 이런 의미에서의 감각이, 즉 지각 경험 일반과 지각 내용에 대한 판단과는 구별되는 것으로서의 감각이 이 대목에서 논박되어야 할 논지를 규정하는 과정 가운데에서 분리되어 나온다. (따라서 지각적 판단 일반은 『테아이테토스』의 나머지 부분의 주제가 되는 독사doxa 아래에 포함될 것이다.) 모든 지각의 형태들을 포함하도록 일반적으로 형식화된, 156-157의 해당 이론에 대한 원래의 진술로부터는 이러한 주의 깊은 구별이 나타나지 않는다. (예를 들어, 157d8에서는 아이스테시스가 좋음과 아름다움에 대한 판단들을 포함한다고 암시되고 있다.) 186c에서의 논의는 아마도 플라톤이 —혹은 다른 어느 철학자 중에서든— 처음으로 신체적인 감각들로써 질적인 차이들을 수동적으로 수용하는 것으로서 좁게 이해된 감각과, 감각적 판단 일반 사이를 주의 깊게 구별한 지점일 것이다. (그에 대한 부분적인 선취에 대해서는 데모크리토스 단편 11을 보라.)

엄밀하게 이해된 아이스테시스의 대상들은 이제 영혼이 "신체의 힘들을 통해"(『테아이테토스』 185e7) 고려하는 것들로 식별되는데, 이는 영혼이 그 자체로 ("영혼 그 자체가 그 자체에 의해") 고려하는 개념적 판단의 대상들과 대조된다. 전자는 인간과 동물들이 태어나자마자 자연적으로 겪을 수 있는 경험들pathēmata로서, 그리고 "몸을 통

해 영혼에 도달하는”(186c1) 것들로서 표현된다.[90]

플라톤은 정확히 어떤 점에서 이러한 수동적인 감각 능력이 말 logos과 판단doxa의 활동을 도입하는 지각적 판단의 개념적 복잡성에 의해 풍부해지는지를 구체적으로 말하지는 않는다. 그러나 앎을 감각 지각과 관련하여 정의하고자 하는 경험주의적 주장을 논박하기 위해, 아이스테시스를 신체적인 감각 기관들에 관련하여 가장 기본적이며 전적으로 수동적인 형태로 취하는 것이 플라톤에게 필수적이다. 다른 한편, 『테아이테토스』 및 다른 곳들에서는 보통 감각들 일반과 지각적 판단 둘 모두를 포함하는 아이스테시스의 더 넓은 관념이 논의의 대상이 된다. 바로 이 더 넓은 관념이 감각과 지성 사이의 표준적인 대조에서 거론되는 것이다. 오직 185-186의 논변에서만 플라톤은 아이스테시스를 이러한 엄격한 관념으로, 즉 감각적 양상들로부터 정보를 수동적으로 수용하는 것이라는 관념으로 축소시키는 데에 주의를 기울인다. 플라톤에게 이러한 축소 작업은 바로 이러한 의미에서의 아이스테시스만으로는 앎에 대한 그 어떤 설명도, 그리고 자연 세계에 대한 그 어떤 도상도 도출될

---

[90] 다른 맥락들에서 이 마지막 표현은 감각 양상들의 특수한 대상들에뿐만 아니라 즐거움과 고통에 대한 감각들을 포함하는 느낌들 전반에도 적용될 수 있다는 것을 주목하라. 그렇기에, 『티마이오스』에서 새로이 태어난 영혼의 혼란스러운 경험은 “신체를 통해 운반되어 영혼에 부딪히는 운동들(κινήσεις)”(43c4)의 탓으로 돌려진다. 어쩌면 『테아이테토스』 185-86의 논증에서도 마찬가지로 신체적인 즐거움 및 고통의 감각은 좁게 이해된 지각(αἴσθησις)의 개념 속에 포함되는 것일 수도 있겠다.

수 없으리라는 것을 보이기 위해 필수적이다.

[아이스테시스의 구분에 관한] 비슷한 부분들에 대해서는 『필레보스』 21b-c에서 나타나는 쾌락의 경험 그 자체와 그 경험에 대한 판단 및 의식phronēsis을 통한 경험의 해석 사이의 대조를 보라. 『테아이테토스』 185-86에서와 마찬가지로, 그곳에서 플라톤은 감각적 경험 그 자체를 그에 대한 인지적 해석으로부터 구별하는 데에 관심을 기울인다. 그가 말하길, 후자를 결여한 전자는 인간의 삶이 아니라 조개류나 해파리의 삶일 것이다.

부록 2. 여담

『테아이테토스』 172c부터 177b까지의 긴 여담은 철학자의 삶과 성공적인 정치가의 삶 사이의 대조를 다루고, 그들[이 받게 될] 각각 의 보상 및 벌들에 주목한다. 이 대목은 수사적 산문의 [특징이] 한결 같이 드러난 대목이며, 프로타고라스의 논지를 혹독하게 비판하는 중에 얻게 되는 반가운 휴식이다. 이 여담은 초기 대화편들의 반향 을 많이 담고 있기에, 그에 대한 해석은 『테아이테토스』의 논증이 다른 플라톤의 저작들 속에서 드러나는 앎에 대한 이해 방식과 어 떤 관계인지를 묻는 질문에 직접적으로 연결된다.

여담은 171d에서 프로타고라스가 불완전한 모습으로("땅에서 목 을 쳐들고") 짧게 재등장하는 장면에 뒤따라 나오며 두 개의 논변들,

즉 (자기 논박 논변[peritropē]이라고 알려진) 프로타고라스의 상대주의에 대한 일반적인 논박과, 미래에 관련한 모든 판단들은 참이 될 수 있다는 주장에 대한 구체적인 논박(178a-179a) 사이의 막간을 이룬다. 이 여담은 프로타고라스가 마지막으로, 그리고 목만 빼 들고 재등장하여 자신의 견해를 다소 수정하여 재진술하는 데에서 유발된다. 그 장면에서 그는 무엇이 건강할 것인지 혹은 무엇이 이로울 것[ta sympheronta]인지에 대한 판단들은 오류가 될 가능성도 있다고 인정하지만, 무엇이 차갑거나 뜨거운지 혹은 무엇이 옳거나 그른지에 대해서는 어떤 자연적 기준도 있을 수 없다고 주장한다. 차가움 및 뜨거움과 같은 감각적 느낌들의 지위에 관련된 논점은 이후에 서로 다른 두 종류의 운동들[twin motions][91]에 대한 이론에서 다루어지게 된다. 다른 한편으로, 이 여담은 이 대화편에서 플라톤이 정의로운 것과 부정의한 것, 옳은 것과 그른 것을 구별하기를 거부하는 상대주의자들에게 맞서 내놓는 유일한 응답이다. 곧, 그것은 소크라테스가 『고르기아스』와 『국가』의 가장 첫 번째 권에서 마주쳤던 도덕적 도전에 대한 응답이다.

이 여담은 법정에 출두할 때면 언제나 연설가로서는 우스꽝스러운 모습을 보일 수밖에 없는, 철학자에 대한 언급으로 시작한다.

---

[91] 서로 다른 두 종류의 운동들을 구별하는 논의에 대해서는 이 책의 2장 3절에서 칸이 다루었던, 플라톤이 행한 '위치 운동'과 '질적 변화' 사이의 구별에 대한 대목을 참고하라.

이는 『소크라테스의 변명』 속 소크라테스를 암시하는 것처럼 보이나, 정확하지는 않다. 그 대목에서 기술되는 철학자는 아고라를 찾아가는 길조차 모르는 사람으로 그려지는데(173d1), 이는 소크라테스의 특징이라고 하기는 어렵기 때문이다. 이러한 간접적이고 부분적인 형태의 암시는 초기 대화편들의 소재들에 대한 『테아이테토스』에서의 반향들이 띠는 전형적인 특징으로, [초기 대화편 속 소크라테스의 대화 상대자들이었던] 칼리클레스, 폴로스, 그리고 트라시마코스를 연상시키기도 한다. 그러나 이러한 암시들은 곧바로 소크라테스를 가리키는 것이라 볼 정도로 충분히 정확한 것은 아니다. 곧, 여담은 대조를 이루는 두 전형을 도입한다. 하나는 세상 물정 모르는 철학자인데, 그는 "정의 자체와 부정의 자체, 그것들 각각이 무엇이고 서로 어떻게 구별되는지" 내지는 왕의 자리가 인간의 행복과 무슨 관계인지 따위의 문제에 관심을 갖는다. 다른 한편으로 이러한 철학자들은 인정사정없이 현실적인 정치가들과 대결하게 되는데, 이들은 철학자들이 골몰하는 질문들에 답하도록 요구받거나 이러한 지적 수준에 오르도록 강요된다면 현기증을 느끼는 사람들이다(175c-d). 이 대조는 소크라테스가 칼리클레스를 비롯한 소피스트들과 직면하는 장면들을 흐릿하게나마 상기시킨다.

초기 대화편들로부터의 주제들을 간접적으로 암시하는 이러한 방식은 여담을 마무리하는 긍정적 교설에까지 이어진다. 우선 정의롭고 지혜로운 삶 속에서 신을 닮음^{homoiōsis theōi}으로써 현세의 악으로부터 탈출하자는 제안이 나타나는데, 이는 『파이돈』의 내세적 분위기에 대한 강렬한 공명이다(176b). 신을 닮음^{imitatio dei}이라는 이 새로운 논제는 『파이돈』과 『국가』 속 처벌의 신화들에 대한 암시에 의하여 강화된다. 곧, 도덕적 무지와 비행에 대하여 "달아날 수 없는"(176e1) 처벌이 기다리고 있다는 것이다. 신적 정의라는 관념은 여기에서 '형상' 이론을 어렴풋이 떠올리게끔 만드는 어떤 우주적 이미지에 의하여 표현된다. "실제의 세계에는 두 가지 본이 세워져 있습니다^{paradeigmatōn en tōi onti hestōtōn}. 하나는 신적이며 지극히 행복한 본이고, 다른 하나는 신적이지 않은 지극히 비참한 본입니다." 부정의한 삶에 대한 피할 수 없는 처벌이란 두 번째 모델에 동화되는 것이다. 그러므로, 부정의한 자가 죽으면, "악이 없는 순수한 장소는 그들을 받아들이지 않을 것이다"(177a). 처벌 신화에 대한 이러한 반향은 여기에서 소크라테스의 대적자들이 맞이하는 최후에 대한 마지막 언급을 통해 철학자와 정치가 사이의 대조와 연결되는데, 그 대적자들은 "논의^{logos}를 주고받는"(177b) 소크라테스적 시험을 통한 철저한 검토하에서 그들의 입장을 유지할 수 없게 된다.

그러므로, 이 여담은 심판의 신화에 대한 암시를 포함하면서 『고르기아스』, 『파이돈』, 그리고 『국가』의 도덕적 교설을 뚜렷하게 상기시킨다. 그러나 이 부분에서의 "실제의 세계" 속 "두 가지 본"이라는 표현 등과 같은 실마리에도 불구하고, 『테아이테토스』는 형이상학적 [논의에 개입하지 않겠다는] 제한 사항을 충실하게 존중한다.

두 개의 본들paradeigmata에 대한 이 언급은 '있음(-임)'과 '생겨남(-됨)'
사이의 구별에 대한, 혹은 앎에 대한 플라톤 고유의 독특한 설명을
암시할 만한 그 어떤 언급도 피하게끔 주의 깊게 형식화되어 있다.
이것은 다음과 같은 어려운 방법상의 문제에 대한 플라톤의 해결책
이다. 한편으로 그는 프로타고라스적 상대주의가 갖는 도덕적 함축
에 대하여 답하지 않은 채로 그 문제를 떠날 수는 없다. 다른 한편
으로 그는 『테아이테토스』의 형이상학적 [논의에 개입하지 않겠다는] 제
한 사항을 위반하지 않으면서 소크라테스적 도덕성에 대한 온전한
옹호를 제공할 수도 없다. 지금의 여담은 이러한 딜레마를 해소하
기 위한 교묘한 장치이다. 그것은 『고르기아스』, 『파이돈』, 그리고
『국가』에서 다루어졌던 도덕적 논변을 상기시킴으로써, 이 대화편
들의 신화적 교설에 대해서도 그리고 형이상학적 교설에 대해서도
분명하게 언급하지 않으면서도, 그 둘을 오해의 여지 없이 분명하
게 암시하며 그러한 딜레마를 해소한다.

부록 3. 운동들의 체계로서 감각 지각

『티마이오스』에서 우리는 지각적 양상들에 대한 상세한 설명을
발견하지만, 감각 지각에 대한 일반적인 이론을 찾을 수는 없다. 플
라톤의 가장 완전한 설명은 지각이 능동적 운동들과 수동적 운동들
의 체계로서 설명되는 『테아이테토스』의 한 흥미로운 대목에서 주

어진다.

다른 맥락들에서, 지각은 일반적으로 "신체를 통해 전달되어 영혼에 다다르는 (외재적 원천으로부터의) 운동"[92]이라고 나타난다. 그렇기에, 『필레보스』에서 지각aisthēsis은 "영혼과 신체가 함께 하나의 파토스pathos를 갖게 되고 공동으로koinēi 움직여지는"(34a) 운동이라고 정의된다. 여기에서 플라톤은 겪음들pathēmata 가운데에서 영혼에 다다르기 이전에 신체 속에서 사라지는 (따라서 영혼을 겪지 않은 상태apathēs로 남겨 두는) 것들과 신체와 영혼 둘 모두를 통해 가며 "각각에 고유할 뿐만 아니라 그 둘에 공통되기도 한 진동seismos과 같은 어떤 것을 일으키는"(『필레보스』 33d) 것들을 구별한다.

이러한 텍스트들은 감각 지각에 서너 가지 서로 구별되는 구성 부분들이 있다는 것을 함축한다. 감각 지각 속에는 우선 (1) (『티마이오스』에서는 요소 삼각형들을 통해 설명될) 대상의 능동적인 속성 혹은 능력dynamis이 있고, (2) 지각을 수행하는 주체에 주어지는 수동적인 겪음pathēma이 있다. 이러한 겪음은 두 요소들로 구성된다. (2a) 신체에 대한 기계적인 효과, 그리고 (2b) 그에 대응하여 심적인 감각 능력에 가해지는 영향인 색깔이나 소리 등에 대한 질적 수용. 그런데, (3) 해당 성질이 최초의 대상 혹은 원천(앞의 (1))에 속하는 것으로서

---

92 『티마이오스』 43c. cf. 『테아이테토스』 186c. 감각 지각들은 신체를 통해 영혼에까지 뻗치는 "겪음들(παθήματα)"이다.

지각된다는 것이, (2b)의 본질적인 특징이자 지각 일반의 독특한 점이다. 지각이 이처럼 대상을 참고하는 일인 (3)은 신체 단독으로는 수행할 수 없는 감각적 영혼[감각혼]의 특유한 일이다. 이러한 특징 덕택에, 티마이오스가 지적하게 될 바와 같이, 항목들 (1)과 (2)가 모두 같은 이름으로, 예를 들어 "뜨겁다"[93]라고 불리는 것은 그럴 법한[eikotōs] 일이다.

항목 (1)과 (2a)가 오직 물체적 대상과 신체 기관만을 관련시키는 반면, 항목 (2b)와 (3)은 정신적인 감각 능력을 관련시킨다는 것에 주목하라. "신체를 통해 영혼으로" 움직여 가는 감각 지각에 대한 플라톤의 묘사에는 바로 이러한 복잡함이 반영되어 있다.

여러 대화편들 가운데 이러한 네 가지 구성 부분들이 분명하게 구분되고 있는 유일한 대목은 『테아이테토스』의 그림같이 생생한 한 대목,[94] 플라톤이 감각 지각으로 정의된 앎에 대해 논하는 곳에 있다. 이 정의는 해당 대목에서 자연 전체를 하나의 운동들의 체계

---

[93] 『티마이오스』 62a4.

[94] 여기에서 칸이 언급하고 있는 '그림같이 생생한 한 대목'은 『테아이테토스』 184-185에서 플라톤이 그려 내고 있는 '목마의 비유'인 것처럼 보인다. 그 비유 속에서 플라톤은 지각 대상으로부터 지각된 감각 자료들, 감각 자료를 지각하는 데에 수단으로 쓰인 감각 기관의 힘, 지각된 감각 자료를 수용하는 영혼을 모두 등장시켜 감각 시각의 과정을 비유석으로 그려 내고 있다. "여보게, 아마도 다음과 같다면 괴상한 일이기에 그런 것이지. 여러 지각들이, 마치 목마 안에 드러누워 있는 듯이 우리 안에 드러누워 있을 뿐이고, 이 모든 것들이 어느 한 가지 형상(그것을 '영혼'이라 부르든 아니면 달리 뭐라고 불러야 하든)에 다다르지 못한다면 말일세. 우리가 수단과 같은 역할을 하는 이것들을 통해 지각되는 모든 것들을 지각하게 되는 것도 그 한 가지 형상에 의해서이겠는데 말이야"(『테아이테토스』, 184-185).

로 해석하는 정교한 이론에 의해 지지된다. 이러한 맥락에서 신체적인 구성 부분들과 심적인 구성 부분들 사이에는 어떤 구별도 생기지 않는다. 분석 전체는 중립적인 운동들로만 수행된다. (그 맥락이 지각에 관한 논의이기 때문에, 감각을 일으키지 않는 신체적 영향들에 대해서는 어떤 설명도 주어지지 않는다.)

지각의 물리적 조건들은 두 개의 운동들, 즉 (지각하는 사람의) 수동적인 운동과 (지각의 외재적 원인의) 능동적인 운동으로 기술된다. 상응하는 심적 요인들은 이러한 두 신체적 운동들 사이의 접촉으로부터 생겨나는 이중의 산물들로써 표현된다.

> 움직임에는 두 종류가 있는데, 각기 수적으로 무한한 것이나 그 힘dynamis에 있어서는 구별되는 것으로, 하나는 능동적이며 다른 하나는 수동적이네. 그런데 이 둘 서로 간의 교섭과 마찰로부터 그 소산들이 생겨나며 그것들은 수적으로 무한하되 쌍을 이루는 것들로, 하나는 지각되는 것이고 다른 하나는 지각인데, 후자는 항상 지각되는 것과 함께 떨어져 나와 그것과 더불어 태어나네.

> 지각들은 봄, 들음, 차가움과 뜨거움을 느낌 등을 포함하는데, 그것은 또한 즐거움과 고통 그리고 욕구와 두려움까지도 포함한다.

> 지각되는 부류는 이들 각각의 지각들과 태생이 같은 것으로, 온

갖 시각에는 온갖 색깔들이, 마찬가지로 청각에는 소리들이, 그리고 그 밖의 지각들에는 그 밖의 지각되는 것들이 동족적인 것으로 태어나네. (156a5-c3)

곧, 소크라테스는 감각을 (눈이나 귀와 같은) 내부의 주체 및 (나무나 돌과 같은 보이거나 들리는 사물들 등의) 외재적인 대상들에 해당하는 두 개의 요인들, 즉 두 가지의 느린 운동들로부터의 공동의 소산 혹은 산물로서 제시한다. 이러한 두 요인들 사이의 상호작용은 두 가지의 빠른 움직임들을 생산하는데, 하나는 내부의 주체를 향해 다시금 투사되고 다른 하나는 외재적인 대상 혹은 감각의 원인을 향해 투사된다. 이러한 움직임들의 결과로 한 쌍의 쌍둥이 성질들이 생겨나, 눈은 흼에 대한 봄으로 가득 채워지고 막대나 돌은 희게 보이게 된다.

그러니까 눈이, 그 눈에 들어맞는 것들 가운데 접근해 오는 다른 어떤 것과 함께, 흼을 그리고 그것과 본성상 연결된 쌍생하는 symphyton 지각을 낳을 경우 … 그때에는 눈으로부터의 봄과, 눈과 짝을 이루어 색깔을 출산해 내는 것으로부터의 흼이 그 사이에서 운동하게 되지. 그리하여 눈은 봄으로 가득 차게 되어 그때서야 보게 되고, 단순히 봄이 아니라 보는 눈이 되며, 눈과 짝을 이루어 색깔을 낳는 것은 흼으로 가득 차게 되어 그 역시 흼이 아니라 흰 것으로 되네. 그것이 나무 막대기이든 돌이든 또는 그와 같은 색깔을 띠게 된 어떤 것이든 말일세. (『테아이테토스』 156d-e)

우리는 이미 이 텍스트가 『테아이테토스』의 논증에서 수행하는 기능에 대해 논의했다. (앞의 159-160쪽을 보라.) 지금 우리가 이 대목에서 관심을 가지는 것은 빠른 운동들에 의해 표현된 지각의 현상학 phenomenology에 대한 설명으로, 이는 느린 운동들에 의해 표현된 감각 기관 및 대상에 대한 물리주의적 설명과는 구분되는 설명이다. 이 맥락에서 영혼의 역할은 언급되지 않았으나, 두 가지 빠른 운동들에 대한 소크라테스의 설명은 이를 암묵적으로 함축하고 있다. 여기에서 신체적인 눈과 물리적인 대상들이 느린 운동들이라 보는 이유는, 이 이론하에서는 어떠한 것도 정지해 있는 것이 허용되지 않기 때문이다.[95] 그러나 주체와 대상 사이에서 이루어진 이러한 물리적 결합으로 산출된 한 쌍의 성질들은, 한편으로는 지각하는 주체를 향해 내부로 투사된 바의 결과인 흼에 대한 사적인("주관적인") 감각 경험에 대응하며, 다른 한편으로는 상응하는 쌍둥이 운동에서 **동일한** 질적 내용이 대상을 향해 바깥으로 투사되어 보인 세계

---

[95] 이러한 느린 운동들은 『티마이오스』 속에서 기초적 입체들에 관련된 기관 및 대상들에 대한 설명과 상응할 것이다. "사람들이 '사람' 혹은 '돌'을 비롯하여 다양한 종류의 동물들과 사물들에 이름을 부여하는 것들"을 구성한다는, 많은 "덩어리들(ἀθροίσματα)"에 대한 『테아이테토스』 157b9의 설명되지 않은 언급에서부터 그러한 원자적 구조들에 대한 설명이 있을 수도 있겠다.

에 대한 "객관적인" 정보를 제공한다. 그러한 질적 정보는 원칙적으로는 믿을 만한데, 왜냐하면 [지각 주체] 내부와 외부 각각에 있는 두 개의 쌍둥이 운동 모두가 지각된-대로의-대상을 표현하기 때문이다.[96]

여기에서의 플라톤의 모델이 가진 예외적인 힘은 그것이 질적인 경험이 오직 지각하는 사람에게만 위치하는 주관적인 것이라고 보는 해석을 인정하면서도 동시에 극복한다는 것이다. 그 모델은 쌍둥이 구조 속에서 [지각하는 사람 내부의 주관에 대응하는] 외재적 산물들에 정확히 같은 성질을 재생산함으로써 그러한 해석을 극복한다. 그렇기에 색깔이나 소리의 감각적 성질은 지각 주체에 의해 경험되기만 하는 것이 아니다. 같은 활동에 의해서 그것은 외재적 대상에도 투사된다. 『테아이테토스』의 모델은 지각적 경험의 근본적 본성, 즉 감각적 성질들은 그것의 주관성에도 불구하고 실제로 외재적 세계에 속하는 것으로서 지각된다는 사실을 제대로 다루고 있다. 이러한 이중의 특징은 지각의 기본적 기능, 말하자면 감각적 정보가 세계를 다루는 데에 있어서 유용한 것으로 드러난다는 점을 반영한다. 그렇기에, 플라톤의 지각에 대한 이중 구조의 모델은 데

[96] 지각적 쌍 사이의 이와 같은 질적 동일성은 『티마이오스』 속에서 인지된 불과 느낌들 둘 모두에 "뜨겁다"라는 단어가 이중으로 사용되는 바에 상응한다. 이러한 한에서 『티마이오스』와 『테아이테토스』 속의 지각에 대한 설명들 사이에는 정확한 상관 관계가 있다.

카르트 이후의 관점에서도 설명할 수 없는 것처럼 보이는 사실, 즉 세계는 질적으로 특정한 것으로 —가령 비는 습하고, 불은 뜨겁고, 꿀은 단 것으로— 체계적이고 유용하게 지각된다는 사실, 그리고 이러한 지각들은 외부 세계와의 성공적인 접촉을 위한 토대를 규칙적으로 제공한다는 사실을 완전하게 고려한다. 우리의 근대적 비판에서는 순수하게 주관적인 것으로서 여겨지는 이러한 성질들은 사실 외재적 대상에 속하는 속성들로서 유용하게 지각된다. 바로 그것이, 티마이오스가 지적하게 될 바와 같이, 우리가 느끼는 열의 감각과 그 감각의 외재적 원인 둘 다에 같은 이름을 배정하는 것이 자연스러운 이유이다.

플라톤의 빠른 운동들에 대한 쌍둥이 구조 속에서 그렇게 생생하게 표현되는 것은 감각적 성질들에 대한 이와 같은 내향적 경험 [주관에 투사되어 경험되는 것]과 외향적 참조[외재적 사물에 투사되어 사물이 성질을 갖게 되는 것] 사이의 현상적 연관 관계이다. 빠른 운동들은 현시적 이미지들을 표현하고, 반면에 느린 운동들은 과학적(가령, 원자론적) 설명에 대응한다.

플라톤의 모델도 근대적 이원론도 다음과 같은 수수께끼, 즉 과학적으로 기술되는 우리 지각적 기관의 극도로 특정한 제약들에도 불구하고 우리가 어떻게 일반적으로 상당한 신뢰 수준으로 지각된 세계의 질적 다양성을 인식하는 데 성공하는지에 관한 수수께끼를 해결하지 않는다. 그러나 근대의 이원론은 (빠른 운동들의 심적-주관적 지위들만을 주장함으로써) 그러한 성공을 설명할 수 없게 하는 경향이 있는 반면에, 최소한 플라톤의 모델은 그러한 성공을 설명해 낼 수 있다.

3장

『소피스트』에서의 '있음(-임)'과 '있(-이)지 않음'

『테아이테토스』에서 소크라테스는 (테아이테토스가 요구했음에도) 파르메니데스의 '있음(-임)'에 대한 교설에 대해 논하기를 고집스레 피하였다. 『테아이테토스』의 후속작으로 약속된 『소피스트』는 이 빈틈을 메우기 위하여 고안되었다. 문체상의 유의미한 변화는 두 대화편이 꽤나 많은 시간적 간격을 두고 저술되었을 수 있음을 시사한다. 하지만 『소피스트』에서도 테아이테토스가 대화자로 다시 등장하여 이 기획의 연속성을 분명히 환기해 주고 있다.

플라톤이 소크라테스를 대신하여 엘레아에서 온 손님을 중심 화자로 선택한 것은 아마도 이러한 파르메니데스의 문제들을 염두에 두었기 때문이었을 것이다. 이 대화편에서 플라톤의 한 가지 주된 과제는 '있(-이)지 않음'에 대한 파르메니데스의 설명을 바로잡는 것이 된다. 파르메니데스 자신의 학파 출신 인물을 대변자로 선택한 것은 비판대에 올려질 교설에 대하여 지적으로 호의적인 분위기를 확보하는 역할을 한다.

1. 이 대화편의 제한 사항들

『소피스트』에서 플라톤은 특정 범위의 문제들에 한정하여 '있음(-임)'과 '있(-이)지 않음'에 대해 논의할 것이다. 이 대화편의 건설적인 부분[1]에서는 로고스^{logos}의 구성 요소인 형상들^{forms} 간의 긍정 관계들과 부정 관계들의 네트워크를 탐구하게 되며, 이는 곧 실재에 대한 설명으로 간주되는 언어적인 구조들 사이의 그러한 긍정적·부정적 관계들의 네트워크를 탐구하는 것이다. 이 네트워크는 '모음^{Collection}'과 '나눔^{Division}'이라는 관점에서 새롭게 이해되는 변증술의 대상을 제시하는데, 이 이해 방식은 『파이드로스』에서 제안되었다가 이제 『소피스트』와 『정치가』에서 설명된다. 여기에서 형상들은 정확히 변증술의 대상, 즉 이성적인 결합과 분리의 대상으로 제시된다. [논의의] 초점이 '있음(-임)'에 맞추어져 있음에도 불구하고 엘레아에서 온 손님은 이 형상들의 형이상학적 지위도, 이것들이 감각 세계 안에 나타난 그 예화도 논하지 않을 것이다. (때문에 이 장에서 나는 일반적으로 대문자 F['형상']를 쓰지 않고 소문자로 형상들^{forms}이라 부를 것이다.)[2] 그래서 『소피스트』는 이전의 이론들을 보고할 때를 제외하고는 우주론과 자연학에 대한 논의를 피하는 만큼, 완전한 존재론에까지 미치지는 않는다. 소피스트를 규정하고 이를 철학자와 구별하려는 구체적인 목적을 가지고 있는 이 대화편은 형상들을 대체로 이성적인 담론과 사유의 항목으로만 취급하는 경향이 있다. 여기서 보다 확고하고 보다 플라톤스러운 형이상학에 대한 암시들은 "'형상들'의 친구들the Friends of Forms'의 교설들을 비판적으로 검토하는 부분, 그리고 "언제나 자신의 추론들을 통해 언제나 '있음(-임)Being'이라는 형상에 천착하는"[3] 철학자에 대한 짧은 일별 정도로 그친다. 이 마지막 어구는 이전 대화편들에서 익숙해진, 형상들의 형이상학적 지위를 강하게 시사한다. 하지만 여기서 '형상들'에 대한 플라톤의 고전적인 교설은 마치 엘레아학파로부터 비롯한 교설인 것마냥 비판적인 거리를 두고 조망되고 있다.

다음으로 이 대화편은 어떤 제한적인 목표를 가지고 있는데, 즉 다섯 형상들에 대한 분석을 통하여 '있음(-임)'에 대해 하나의 설명을 제시하는 것이다. 이로써 거짓 현상과 거짓 진술 그리고 거짓 판단이라는 개념들을 유효한 것으로 만들기 위하여 '있(-이)지 않음'과 부정 서술에 대한 관념들이 해명될 수 있다. 여기에서 플라톤은

---

3   『소피스트』 254a8-9, τῇ τοῦ ὄντος, ἀεὶ διὰ λογισμῶν προσκείμενος ἰδέᾳ. 이는 ὄντος[있음]와 προσκείμενος[천착하는] 모두를 한정하면서 구문론상 존재하는 ἀεὶ[영원히]의 모호함을 의도하고 있다. ['언제나 있음이라는 형상에 천착하는'이라는 우리말 번역에서도 그렇듯이, 이 문장은 '언제나'가 '있음'을 한정하여 '언제나 있음'에 천착한다는 의미로도 읽힐 수 있는 반면, '언제나'가 '천착하는'을 한정하여 '있음이라는 형상에 언제나 천착한다'고 읽힐 수도 있다. 칸은 이 '언제나'의 한정이 모호하여 문장의 의미가 애매하게 되도록 플라톤이 의도적으로 작문했다고 보고 있다.]

『테아이테토스』에서 아주 자세히 다루었던 거짓 판단이라는 문제의 해결책에 대하여 특별히 관심을 기울이고 있다. 『국가』 5-7권에서 구분되고 『필레보스』와 『티마이오스』에서 다시 받아들여지는 실재와 인식의 여러 단계에 대하여 플라톤은 ―긍정하지도 부정하지도 않으면서― 설명하려는 아무런 시도도 하지 않는다. 마찬가지로 '운동'과 '정지'가 서로를 배제한다는 것을 제외하고는 둘 사이의 관계들을 설명하려는 시도 역시 이루어지지 않는다. 앎을 위해서 두 형상 모두가 필요하다는 것이 인정되기는 하나, 간략하게 다루어진다. '운동'과 '정지'에 대한 이론들은 오직 이전 교설들을 보고할 때에만 언급될 뿐이다. 이 보고를 보고서 우리가 살피고 있는 형이상학과 자연학의 문제들에 대해 어떤 해결책을 얻을 것이라 기대한다면, 우리는 실망하게 될 것이다. 자연학과 형이상학 대신 우리가 『소피스트』의 건설적인 교설에서 얻게 되는 것은 서술과 진리에 대한 일반 이론의 맥락 안에서 '있음(-임)'과 '있(-이)지 않음'을 술어 개념들이나 유들^{genē}로 설명하는 것이다. 나는 플라톤이 이 개념적인 문제들을 충분히 명확하게 해결하기 위해서 '있음(-임)'과 '생겨남(-됨)' 사이의 관계들에 대한 모든 형이상학적 문제들을 단순히 제쳐 두었다는 인상을 가지고 있다. 그리하여 『테아이테토스』에서 그렇게나 길게 논의되었던 '생겨남(-됨)'과 변화를 겪는 대상들을 인식하는 문제는 여기서 언급되기는 하되 미해결로 남아 있다.

2. 에이나이의 분석

플라톤이 '있음(-임)'의 이론들에 대한 새로운 탐구로 들어서는 경로로 택한 것은 '있(-이)지 않음'에 관한 논리적 귀결이다. 이 문제는 우리가 이전 대화편들에서 살펴보았던 역설들로부터 알 수 있듯이(윗부분 참조, 2장 198-202쪽) 그의 마음에 오랫동안 자리하고 있었다. 우리가 플라톤에게 '있(-이)지 않음'이라는 이 주제가 왜 이렇게나 중요한 것인지 이해하기 위해서는, 자신의 고유한 형이상학을 위하여 그가 취했던 '있음(-임)'에 대한 파르메니데스의 이해 방식을 다시 살펴야만 한다. 현대의 연구자들은 이따금 파르메니데스가 가지고 있던 있음(-임)에 대한 관념이 be 동사의 존재사적 용법과 계사적 용법을 혼용 혹은 혼동한 것이라 해석해 왔다. 나는 다른 곳에서[4] 이 구분이 그리스어에서 에이나이가 갖는 역할을 해석하기 위한 틀로는 불충분하다고 논증하였다. 이전 장에서 나는 플라톤에게 있어 있음(-임)의 기본적인 의미가 서술predication과 진리 주장truth claim은 물론, 서술되는 주체의 존재도 더불어 포함하는, 어떤 명제적 구

---

[4]   칸은 여러 곳에서 에이나이 동사의 용법에 대한 이러한 이분적 접근을 반대했다. 그가 드는 세 가지 주요 근거를 요약하자면, 첫째, 이 이분법은 진리사적 용법과 같은 에이나이 동사의 다른 중요한 용법을 포함하지 못하고, 둘째, 처소-존재사적 용례처럼 계사적이면서 동시에 존재사적인 용법을 설명하지 못하며, 셋째, 구문론적 개념인 계사와 사전적 의미인 존재로 구분하는 것 자체가 애초에 범주에 알맞은 구분이 아니라는 것이다. 이에 대해서는 Kahn(2003)의 개정판 서문과 Kahn(2004)을 참조하라.

조 같은 것이라 제안하였다. 이 분석을 뒷받침하기 위하여 여기에서 나는 이 동사에 대한 나의 설명을 언어학적 관점에서 요약할 것이다.[5]

우리는 be 동사에 해당하는 그리스어 에이나이 동사의 한 가지 구문론적 기능과 세 가지 의미론적 기능들을 구분할 수 있다. 에이나이의 구문론적 기능은 'S는 P이다'라는 형식을 갖는 문장들의 문법적인 계사로서, 이는 이 동사의 기본적인 역할이다. 이 계사 구조는 술어구를 덧댐으로써 완결되어야 한다는 이유로 최근 논의에서는 자주 에이나이의 "불완전" 용법이라고 불렸다. 반면, 의미론적 용법들은 추가적인 술어구를 필요로 하지 않는다는 점에서 통상적으로 "완전"하다. 나는 "완전"과 "불완전"이라는 용어가 오해를 낳는다고 생각하는데, 어쨌든 이것은 단지 표면적인 구조만을 지칭할 뿐이다. 아리스토텔레스와 마찬가지로 플라톤에게 '있다/-이다[to be]'는 항상 '무엇 무엇이다[혹은 '무엇 무엇으로 있다']'[to be something or other]'이다. 따라서 에이나이의 모든 용법은 논리적으로 불완전하다. (이는 변형 분석에서 명확해지는데, [변형 분석은] 예를 들어 존재사의 경우처럼 겉보기에 "완전한" 의미론적 용법들이 잠재적 계사 구조를 전제하고 있다는 것을 보여 주며, 이 [변형 분석을 거쳐 드러난] 계사 구조에서 에이나이 동사는 형식적으로 불완전하

---

5   다음에서는 Kahn(2004), 381-405쪽에서 선보였던 나의 언어학적 분석 결과를 보고한다. 보다 완전한 참조는 Kahn(2003)을 보라.

다.[6]) 따라서 에이나이의 모든 용법들에 근본적인 것은 "불완전" 용법 내지는 'S는 P이다'라는 계사 구조인 것이다. 그리고 영어에서처럼 이 계사 구조가 단연 그리스어의 모든 발전 단계에 걸쳐 be 동사의 가장 흔한 용법이다.

에이나이의 세 가지 의미론적 기능은 (1) 'S가 있다'고 주장[7]하면서 주어에 대해 확언하는 존재사 기능, (2) 'P이다' 혹은 'P가 일어난다'고 주장하면서 술어에 대해 확언하는 예화 기능, 그리고 (3) 전체 문장을 확언하는, 즉 'S가 P이다'가 사실이라고 (혹은 'S는 P이다'가 참이라고) 주장하는 진리사적 기능 등이다. 이 세 가지 의미론적 기능들은 모두 이 동사의 이차적인 용법들이며, 'S는 P이다'라는 문장이 주장될 때 이 문장의 어떤 특정 측면이나 함축에 주목한다. 그러므로 이차적인 용법들은 모두 'S는 P이다'라는 형식을 갖는 일차적인 문장을 겨냥하고 있다. 이 점에서 이 동사의 서술적 ("불완전") 용법은 전체 에이나이 사용 체계에서 근본적이다.

이 분석으로 비추어 보았을 때, 우리는 [역사적] 파르메니데스의

---

6   변형 분석은 노엄 촘스키(Noam Chomsky, 1928-)에 의해 수립된 언어 분석 방법으로, 어떤 언어에서든 이해 가능한 모든 문장들은 해당 언어 저변에 보편적 문법 구조를 갖고 있으며, 이에 따라 표면상으로 다른 문법 구조를 가지고 있는 문장들을 똑같은 의미의 다른 문장으로 변형하여 분석할 수 있다고 여긴다.

7   이곳에서처럼 'claim'과 'assertion'이 함께 오는 맥락에서는 'claim'을 '주장'으로, 'assertion'을 '확언'으로 번역하자는 의견을 따랐으나, 이후 일반적인 맥락에서는 두 단어가 상호 교환 가능하게 사용되었다고 판단하여 특별한 구분을 두지 않고 '주장'이라고 번역하였다.

'있음(-임)' 개념이 서술[8]을 그 기초로 취하되, 또한 에이나이의 세 가지 의미론적인 값들도 모두 포함하고 있는 것이라고 이해해야만 한다. 따라서 파르메니데스의 시에서 동사의 표면적인 문법적 구조가 완전하든 불완전하든 관계없이 '있(-이)다^esti' 혹은 '있는(-인)^eon' 이 등상하면, 이는 'S는 P이다'라는 형식을 갖는 서술을 전제하고서 (1) 주어[9]의 존재를, (2) 술어의 예화를, 그리고 (3) 사태에 있어 이 둘의 결합을 주장하고 있는 것이다. 이것이 현대 언어학적 분석의 용어들로 정식화한 파르메니데스와 플라톤의 '있음(-임)' 개념이 갖는 논리적인 구조이다. 이는 내가 이전 장에서 명제적 구조라는 측면에서 '있음(-임)'을 철학적으로 해석하기를 제안했던 것과 긴밀하게 상응한다.

물론 이러한 현대적인 형태로 표현되어 있지는 않더라도, 플라톤 자신의 논의 안에서 서술을 위한 'S는 P이다'라는 기본형은 당연시되고 있다. 우리가 『소피스트』에서 보게 되는 것은 두 가지 관점에서 서술로서의 있음(-임)을 분석하는 것이다. 먼저 이론적 수준에서, 즉 형상들 사이의 혼합 내지는 연결이라는 측면에서, 다

---

8 여기서는 서술이라고 옮겼으나, 'predication'이 이곳에서처럼 일반적으로 주어에 술어를 잇는 것을 가리키는 언어학적 의미로 사용되는 것이 분명할 때, 이를 강조하고 또 '서술'이라는 말이 갖는 더 넓은 일상적 용례로부터 구별하기 위하여 '술어화'라는 번역어로도 옮길 수 있음을 알려 둔다.

9 단어 'subject'의 애매함과 그에 따른 번역어 선택에 대해서는 2장의 역주 63번을 참조하라.

음으로는 구체적인 예시들의 수준에서, 즉 "테아이테토스[가] 앉다
Theaetetus sits"와 같이 동사 "있(-이)다to be"가 실제로 드러나지는 않는
단순 문장들의 명사-동사 및 주어-술어 구성의 측면에서 분석하는
것이다.

플라톤의 텍스트로 돌아가기 전에 에이나이 동사가 갖는 철학
적 용법 이전의 의미들에 대해 더 말할 것이 있다. 위에서 논했던
형식적인 기능에 덧붙여 이 동사가 갖는 상相, aspect들10에 대한 설명
이 필요하다. "되다becomes"의 변화적-동적mutative-kinetic 의미값을 지
니는 동사들과는 달리, "있다/-이다be" 동사가 그리스어에서는 지
속적-정적durative-stative 의미값을 갖는 현재-미완료 어간 "*es-"만으
로11 표현된다는 것은 의미심장하다. (그리스어에서 변화적 계사는 보통
은 gignesthai이지만 때로는 phynai이다.12) 에이나이와 "*es-"에서 파생되
는 다른 형태들을 통해 표현되는 것처럼, 있음(-임)이 갖는 이 지속

---

10   문법적 형식의 하나인 상(相)은 어떤 행동이나 상태의 계속, 반복, 완료 따위를 나타내
     는 동사의 범주이다.

11   * 표기는 비교언어학에서 통용되는 것으로, 실제 언어적 사례를 갖고 있지 않은 언어
     들을 가리킬 때 사용하는 것이다. 인도유럽조어(PIE)에서 어간 '*es-'는 '있다', '존재한
     다'는 뜻을 가지고 있었고, 이 뜻이 이 어간을 갖는 단어에 지속적-정적 상을 제공할
     수 있다. 이 단어는 매우 초기 단계부터 이미 계사로두 사용되었을 것으로 추정된다.
     칸은 be 동사에 해당하는 그리스어 einai 동사의 변형들이 '*es-' 어간만을 갖고 있다
     는 점이 다른 인도유럽어족 언어들과 비교하여도 독특한 특징임을 주목한다. 그만큼
     그리스어 에이나이 동사가 지속적-정적 상을 강하게 반영하고 있음을 시사한다는 것
     이다.

12   각각 'gignomai'와 'phyō'의 부정형으로, 두 동사 모두 일반적으로 변화적 계사로 사
     용되지만, 계사가 아니라 나름의 의미로 사용될 때에는 각각 '발생하다', '자라나다' 등
     의 의미를 갖는다.

적 의미는 그리스어에서 유독 강하며, 그리스어는 인도유럽어족 중에는 거의 유일하게 에이나이의 동사 변형에 변화적 어간을 포함하지 않는다. (따라서 라틴어의 'fuisse'와 영어의 'be'와 'was'에 해당하는 보충적 형태[13]가 그리스어에는 존재하지 않는다.) 이 동사의 지속적-정적 상은 '있음(-임)'이 앎의 대상일 수 있기 위해서는 안정적이고 불변해야만 한다는 철학적인 관념을 직관적으로 지지해 준다. 그러므로 플라톤은 앎의 대상으로서의 있음이 어떤 점에서 불변해야만 한다는 자신의 주장을 뒷받침하기 위해, 그리스어의 언어 직관에 의존할 수 있는 것이다. 물론 이는 플라톤이 『크라튈로스』와 『테아이테토스』에서 만물유전설을 반박할 때 체계적인 논증을 통해 방어했던 논제이기도 하다. ('있음(-임)'에 대한 안정성의 문제는 『소피스트』에서 '정지'와 '운동'이라는 두 '형상들'에 대해 논할 때 다시 등장하는데, 여기서 엘레아에서 온 손님은 '있음(-임)'이 둘 모두를 포함해야만 한다고 주장한다.)

더욱이 파르메니데스 및 플라톤 이전의 모든 사상가들을 위해 우리는 어디엔가-있음^{being-somewhere}이라는 에이나이의 처소적인 의미값을 추가해야 한다. 파르메니데스의 '있음(-임)'은 노골적으로 공간적이다("모든 방면으로부터 잘 둥글려진 공의 덩어리와 흡사하며, 중앙으로부터 모든 곳으로 똑같이 뻗어 나와 있는 것이다", DK28B8). 또한 아낙사고라스

---

[13]　보충적(suppletive) 형태란 특히 인도유럽어족의 변형에 있어 완전히 다른 어간을 보충하지 않고는 설명할 수 없는 변화 형태를 뜻한다. 본문의 'fuisse', 'was', 'be' 외에도 영어의 'go'의 과거형인 'went'가 대표적이다.

는 자신이 원리로 내세웠던 '지성^{Mind, nous}'이 "다른 모든 것들이 있는 바로 그곳에"(DK59B14) 있다고 말하면서 그것에 비슷한 공간적인 속성을 부여한다. 플라톤은 에이나이에 표현된 실재에 대한 그리스어 관념에서부터 직관적으로 연상되는 이 처소적인 의미값을 부정한 첫 번째 철학자다.[14] 그러나 플라톤조차도 자신의 형상들을 개념들의 공간에, 즉 가지적 공간^{noētos topos}(『국가』 508c1) 안에 위치시킴으로써 비유적으로나마 이 의미값을 보존한다.

(내 책에 대해 비판적으로 응답하면서 언어학자 코르넬리스 요드 라위흐^{C. J. Ruijgh}는 에이나이의 기본적인 의미값이 처소적이라고 길게 논증하였다. "있다는 것은 거기 있다는 것^{être présent, être là}." Ruijgh, 1984, 264-270쪽을 보라. 또한 Ruijgh, 1979, 43-83쪽도 보라. 나는 처소적 의미값이 기본적이라는 데 동의하지만, 보편적이라고는 생각하지 않는다. 가령 '소크라테스는 현명하다' 혹은 '소크라테스는 철학자다'와 같이, 이 동사가 명사-형용사 혹은 명사-명사 문형에서 쓰일 때는 처소적인 것이 존재하지 않는다. 이 동사가 그렇게 쓰이지 않았던 그리스어의 발전 단계에 대해 우리가 알고 있는 바는 없다.)

파르메니데스로부터 플라톤이 이어받은 '있음(-임)'에 대한 관념에는 복잡한 특징이 한 가지 더 있다. 2장에서 감각 지각에 반대하

---

[14] 『향연』 211a-b를 보라. 아름다움 그 자체는 "어디엔가 어떤 다른 것 안에, 이를테면 동물 안에 혹은 땅에 혹은 하늘에 혹은 다른 어떤 것 안에 있는 것으로 나타나지도 않을 것입니다." 그리스어의 있음이 갖는 처소적 의미에 대하여 Kahn(2003), 156-167쪽을 보라.

는 마지막 논변을 논의할 때 우리가 보았듯이, 앎이 필요로 하고 감각 지각은 제공할 수 없는 사실-임^{being-the-case}으로서의 있음(-임)^{being}이라는 진리사적 관념에는 어떤 애매함이 있다. 한편으로 있음(-임)은 진술에서든 판단에서든 진리 주장을 표현할 수 있는 명제적인 구조를 위해서 필요하다. 다른 한편으로 객관적 사태로서의 있음(-임)은 그러한 주장을 참으로 만들 수 있는 무언가이다. 여기서 우리가 의미론적 값 (1)-(3)에서 분석했던 것은 전자의 의미에서, 즉 명제적 구조로서의 있음(-임)이다. 사태로서의 있음(-임)은 결코 언어적인 구조가 아니며, 오히려 세계 내에서 그러한 진리 주장을 정당화하거나 반박하는 역할을 하는 무언가이다. 파르메니데스와 마찬가지로 플라톤은 자신의 '있음(-임)'에 대한 이해 방식에 명제적인 형식과 객관적인 그렇게-있음^{being-so} 모두를 포함해야 한다. 플라톤은 어디에서도 이를 명시적으로 구분하지는 않는다. 그러나 우리가 뒤의 14절에서 보게 되듯, 진리에 대한 그의 정의에 존재하는 두 가지 조건에서 플라톤은 이 둘 사이의 구별을 암묵적으로 인정하고 있다.

3. 『소피스트』에서의 '있음(-임)'이라는 주제

『소피스트』에 있는 존재론적 논의는 두 부분으로 나누어진다. 첫째로, 아포리아 부분(이 장의 3-8절)은 여러 문제들을 탐구하는데,

일찍이 『테아이테토스』와 다른 대화편들에서 불거졌던 부정 서술에 관한 문제들을 발전시킨, '있(-이)지 않음'에 대한 일련의 역설적인 논변들로 시작한다(3-4절). 이어서 '있음(-임)'과 '있(-이)지 않음'에 관한 문제들을 알아본다는 구실로 손님은 일원론자들과 우주론자들 간의 존재론적 논쟁들(5절) 및 유물론자들과 '형상들의 친구들' 간의 존재론적 논쟁들(6절)을 검토한다. 그는 서술에 관한 두 가지 문제들과 함께 존재론에서의 문제들에 대한 이 탐구를 끝맺는다. 하나는 형상들 간의 부정 서술이라는 문제(7절)이며, 다른 하나는 '늦게 배운 자들the Late-Learners'의 교설이 일으킨 술어화[서술]에 대한 급진적인 도전(8절)이다.

9절에 이르러서야 엘레아에서 온 손님이 '늦게 배운 자들'을 반박하면서 '있(-이)지 않음'의 문제를 건설적으로 다루기 시작하는 것을 볼 수 있는데, 여기서 그는 어떤 형상들은 반드시 결합해야 하는 반면, 다른 형상들은 그렇지 않다는 것을 보인다. 보다 적극적인 논의를 담은 이 두 번째 부분은 곧이어 참인 서술과 거짓인 서술에 대한 설명을 제시하는데, 이는 다양한 방식으로 서로 연결되는 형상들의 네트워크라는 배경 이론을 바탕으로 하여 구성된다. 10-12절은 이 형상들의 네트워크라는 틀 안에서 긍정과 부정 서술 모두에 대한 설명을 제공함으로써 '있(-이)지 않음'의 문제를 해결한다. 그 뒤에야 우리는 이전에 『테아이테토스』에서 한 가지 문제로 불거졌고 이제 소피스트를 정의하기 위해서 요구되는, 진술과 판단에 있어서의 거짓이라는 주제로 돌아갈 수 있다. 이 논의는 13-14절에서 다루듯 참인 진술과 거짓인 진술^{logos}의 정의로 끝나게 되는데, 이 정의는 판단^{doxa}에도 마찬가지로 쉽게 적용될 수 있다.

대화편의 이 건설적인 작업이 '있(-이)지 않음'의 문제를 사물들의 본성에 관한 엄밀한 의미의 존재론적 문제로서가 아니라 오직 언어와 사유에 대한 문제로서 해결한다는 것에 주목하라. 우주론과 형이상학의 근본적인 문제들은 아포리아적인 예비 논의들(이 장의 3-8절)에서는 다루어지지만 뒤따르는 건설적인 해설(9-14절)에서는 거의 언급되지 않는다. 형상들의 네트워크는 어떤 분명한 실재로서 제시되지만, 변화 및 감각 지각의 영역과 아무런 관계도 확정되지 않은 채 남겨져 있다. 따라서 세계의 본성은 한 가지 문제로 불거지지만 어떠한 건설적인 해결책을 통해 다루어지지는 않는다. 플라톤은 이 우주론적 질문들을 다른 곳에서, 즉 『필레보스』와 『티마이오스』 그리고 부분적으로 『법률』 10권에서 다룰 것이다.

4. '있(-이)지 않음'에 관한 아포리아들(237b-239b)

이제 우리는 '있(-이)지 않음'이라는 부정적 개념에서 시작하여, 플라톤의 텍스트에서 제시된 '있음(-임)'에 대한 이해 방식을 살펴본다. '있(-이)지 않음'을 다룰 때 플라톤이 어떤 종류의 문제들과 마주하게 되는지 알아보기 위하여, 우리는 에이나이에 대한 분석(앞의 2절)에서 확인하였던 의미론적 구분들의 긍정적 적용과 부정적 적용 사이에 놓인 논리적인 비대칭성에 대해 설명할 필요가 있다. 한편으로, 명제적 구조의 세 가지 논리적인 구성 부분들(주어의 존재, 술어의 예화, 진리 주장의 타당성)을 하나의 단일한 긍정적 개념으로, 거칠게는 하나의 사실이라는 관념으로 결합시키는 것이 가능하다. 이 명제적인 있음(-임)에 대한 관념에 우리는 지속적인 상^{相, aspect}은 물론 명제/사실의 애매성^{the proposition/fact ambiguity} 15 또한 포함시킬 수 있다. 이 결합에서부터 준-언어적 구조를 가진 어떤 지속하는 실재에 대한 일관된 이해 방식이 결과한다. 이것은 플라톤이 파르메니데스로부터 물려받은 '있음(-임)'의 긍정적인 개념으로, 명제적 구조와 같은 것을 지닌 안정된 존재자 내지 그러한 안정된 존재자의 유형이다. 다른 한편, 이 동일한 언어적 구성 부분들이 부정의 형태로 결합될 때에는 어떤 경우에서건 그 전망이 꽤나 다르다. 부정적인 형태로 결합되었을 때 세 가지 의미론적 용법들(주어의 비존재, 술어의 비예화, 진리 주장에 있어서의 거짓)은 무너져 내리고 단지 텅 빈 비존재자^{nonentity}만이 산출된다. 이것들은 통일된 관념을 규정할 수 있을 만큼 충분히 결합하지 않는데, 추가로 지속적 상을 부정하는 것이 이 혼합을 더 나아지게 할 리는 없을 것이다. 결과적으로 '있(-이)지

15   앞 3장 2절의 마지막 문단을 참조하라.

않음'에 대한 관념은 어떤 제한 없이 내버려둘 경우 근본적으로 비정합적일 것이다. 이것이 내 생각에는 파르메니데스가 '있(-이)지 않음'을 부정할 때 고려하고 있었던 것이다. 그리고 플라톤의 아포리아들이 드러내게끔 의도한 것 역시 정확히 이 비정합성이다.

'있(-이)지 않음'의 문제적인 지위는 여기에서 삼중의 논변들을 통해 확립된다. 첫 번째 아포리아는 '있(-이)지 않음'에 대한 무제한적 표현으로 시작한다. 우리가 "어떤 식으로도 있(-이)지 않음^{to mēdamōs on}"이라는 말을 내뱉는 것을 막는 것은 없다. 문제는 이 구절에 어떤 의미를 부여할 때, 즉 이를 한정된 어떤 것을 가리키는 것으로 여길 때 발생한다.

> 그럼, 그의 수강생 중 어떤 이가 논쟁 자체를 위해서도 아니고 장난삼아 그러는 것도 아니고 진지한 태도로 생각을 해 보고 다음 문제에 관해서 설명해 주어야 한다고 가정해 봅시다. 즉 "있(-이)지 않은 것"이라는 이 이름을 어디에 적용^{epipherein}해야 할지에 관해서 말입니다. 그러면 우리가 보기에 그는 이 이름을 무엇에 그리고 어떤 것에 사용할 것 같나요? 그리고 질문하는 자에게 이것을 어떻게 보여 줄^{deiknynai} 것 같나요? (237b10-c4)

우리는 한 화자가 이름 붙이기를 본뜬 발화 행위를 통해 자신의 대화 상대에게 어떤 대상을 식별해 주려는 상황을 상상해야 한다. 단어-사물 관계는 여기에서 가장 일반적인 형태로 취급되며, 여기에는 뜻과 지시체 사이 그리고 추상적인 존재자들과 구체적인 대상들 사이의 어떠한 구별도 함축되어 있지 않다. 이 논변은 화자가 "전혀 있(-이)지 않은 것(혹은 한정사 없이 단순히 "있(-이)지 않은 것")"이라는 표현을 내뱉음으로써는 어떤 것도 명명해 내거나 기술해 내지 못할 것임을 보여 주고자 한다. 이 표현은 그 어떤 것의 이름도, 그 어떤 것에 대한 기술도 될 수 없다. 이 부정은 너무도 일반적인 나머지, 이것이 적용될 법한 그 어떤 것도 배제해 버리고 만다.

—여기서(237c7-9) 불가능한 것으로 기각되는 행위인— 있(-이)지 않음을 있음(-임)에 "적용한다^{epipherein}"는 이 관념이 애매한 것은 사실이다. 하지만 이것을 사물-사물 관계보다는 단어-사물 관계로 취급할 때가 더 자연스럽다. "전혀 있(-이)지 않은 것"이라는 이 언어 표현에서 시작하여, 우리는 이것이 성공적으로 적용될 수 있는 무언가가 있는지 묻는다. ("성공적으로"가 "참되게"를 뜻할 필요는 없다. 어떤 대상을 지칭하는 데 성공하는 것만으로 충분할 것이다.) 이 첫 번째 아포리아의 논점은 해당 표현이 모든 관점에서 있음(-임)을 배제하기 때문에 그 어떤 속성을 가진 대상이건 도통 명명하거나 기술할 수 없다는 것이다. 이 표현을 통해 기려낼 수 있는 있는(-인) 것^{on}, 즉 어떤 것^{ti}은 없다.

그러나 '있(-이)지 않은 것^{to mē on}'은 그 어떤 있는(-인) 것들^{ta onta}

에도 적용되어서는 안 된다는 점은 분명합니다. … 그것은 ‘어떤 것’에도 제대로 적용될 수 없을 겁니다. … (왜냐하면) ‘어떤 것^{ti}’이라는 이 표현은 있는(-인) 것에 대해 항상 사용된다는 것입니다. 말하자면 모든 있는(-인) 것들로부터 고립되어 벌거벗겨진 채 그 표현〔즉, ti〕만을 사용하는 것은 불가능합니다. (237c-d)

여기에서 우리는 단어들을 말하는 것과 지칭이나 지시를 위해 그 단어들을 사용하는 것 사이의 분명한 구분을 얻는다. 불가능한 것은 후자다. 이 점은 ‘mēden’(“아닌 것^{nothing}”)의 어원을 바탕으로 하는 언어 유희로 [그리스어의 부정대명사에 해당하는] ‘ti’의 부정이 어떤 것도 지칭하지 않음을 보여 주기 위하여 단수형인 ‘ti’(어떤 것)를 도입함으로써 강조된다. ‘ti’라는 표현이 단수인 어떤 것, 즉 하나에 대한 기호이기에, “ti 아닌”이라고 말하는 것은 “하나도 아닌^{mē d’hen}”을 말하는 것, 즉 절대적으로 아닌 것^{mēden}을 말하는 것이다. 그래서 화자가 “있(-이)지 않은 것^{what is not}”이라고 발화할 때 그는 어떤 것도 말하고 있지 않다. 심지어 그는 말하고 있지조차 않은 것이다!(237e)

첫 번째 아포리아는 그러므로 『테아이테토스』에서 나왔던 역설을 되풀이하며 끝난다. 즉, 있(-이)지-않은-것을 판단^{doxazein}하는 것은 불가능한데, 그것은 아무것도 아닌 것을 판단하는 것이며, 따라서 전혀 판단하는 것이 아니기 때문이다(『테아이테토스』 189a). 에이나

이에 대한 우리의 분석을 통해 보자면, 그러한 논변들은 있음의 모든 양태들을 부정하는 것이므로 어떠한 주어에 대한 존재나 어떠한 속성에 대한 존재 모두를 부정하는 결과를 낳으며, 따라서 명제적인 주장을 불가능하게 만든다. (거짓 진술조차도 주어와 술어를 필요로 한다.)『소피스트』의 해당 텍스트에서 함축되는 아포리아는 조금은 다른 노선을 취한다. 이것은 오히려 형상들 사이의 고리나 연결이라는 기저의 관념을 가리키며, 구체적으로는 모든 형상이 '있음(-임)'과 '하나One' 모두에 연결되어야만 한다는 주장을 가리킨다. 사실상, 무제한적인 '있(-이)지 않음'은 '있음(-임)'과의 모든 연결을 배제함으로써 주어나 술어 모두에 대해 모든 존재 가능성을 부정한다. 그러므로 주장할 무엇도 없으며, 따라서 (『테아이테토스』가 지적했듯이) 판단할 무엇도 없다. 『파르메니데스』에서 플라톤은 형상들이 서로 분리된 채chōrismos 존재하지 않는다는 것을 보였다. 모든 형상은 '있음(-임)'의 형상에, 또한 '하나'의 형상에도 연결되어야만 한다. 이 두 가지 유들은 모두 서로와 연결되어 있으며, 함축상 다른 모든 것들과도 연결되어 있다. 지금의 논변은 "전혀 있(-이)지 않은 것"이라 이름 붙여진, 혹은 "어떤 것ti이 아니"라고 기술되는 형상이 다른 어떤 것과도 연결될 수 없을 것임을 보여 주고자 한다. 그런데 무엇과도 연결되어 있지 않은 형상은 어떤 있는(-인) 것a being이 아닐 것이며, 따라서 어떤 형상도 아닐 것이다. (우리는 이제 막 언어가 형상들의 상호 연결symplokē eidōn에 의존한다는 주장을 마주하려고 한다.)

그러므로 첫 번째 아포리아는 "적용한다"라는 것을 일종의 단어-사물 관계로 분석하는 데서 시작하여, 성공적인 지칭이나 기술의 기저에 놓인, 형상들이나 개념들 간의 사물-사물 연결이라는 관념으로 끝난다. 사물-사물 관계에 입각한 이 대안적인 해석은 이제 두 번째 아포리아에서 "적용하다epipherein"를 대신하게 될 용어인 "덧붙이다prosgenesthai"를 통해 확인된다.

이 두 번째 아포리아는 여러 면에서 첫 번째 아포리아와 유사한 전제로 시작한다. 있음(-임)과 있(-이)지 않음이 서로 모순적이므로, 전자는 후자에 덧붙여질prosgenesthai 수 없다(238a7). 나아가 모든 수는 어떤 있는(-인) 것a being이므로, 하나도 여럿도 있(-이)지 않음에 덧붙여질 수 없다. 그런데 있(-이)지-않은-것이라는 단어를 단수형이나 복수형으로 만들지 않고서는 이를 말하는 것이 불가능하다. 그리고 그것[있(-이)지-않은-것을 단수형이나 복수형으로 만드는 것]은 하나든 여럿이든 어떤 있음(-임)을 있(-이)지 않음에 덧붙이는 것이 될 것이다. (『테아이테토스』가 지적했고 이 대화편이 곧 확인하게 되듯이) 사유의 형식은 직접적으로 말의 형식에 의존하므로, 있(-이)지 않음은 말로 할 수 없을 뿐만 아니라 생각될 수도 없다(238c).

이 논변은 우리가 있(-이)지 않음을 수적으로 확정된 것으로 만들지 않고는, 그것을 말이나 생각의 소재로 삼을 수 없다는 사실에 의존한다. 이것은 그리스어에서 '있음(-임)'이 갖는 언어적 형태들(on과 onta, 각각 단수형과 복수형)에 관하여 참이며, 따라서 '있(-이)지 않음'에 대해서도 참이다. 그러나 [이 주장이 담고 있는] 문법적 사실들을 넘어서는 철학적 주장은, 주어를 표현하기 위하여 단수나 복수 어미를 선택하는 일이란 곧 비-언어적이라고 추정되는 주체의 수적인 속성으로서 여럿과 하나 중 어떤 것을 선택함을 반영하는 일이라는 것이다. 하지만 그 어떤 선택도 적법하지는 않을 것이다. 왜냐하면 이는 (하나나 여럿인) 어떤 있는(-인) 것을 무제한적인 있(-이)지 않음에 덧붙이는 일이 될 터이기 때문이다.

현대의 독자는 이 추론이 사용-언급 사이의 혼동을 반영하고 있는 것이라며 거부하려 들지도 모르겠다. 이것이 그리스어에서의 주어 표현이 갖는 문법적 형식에서부터 그에 대응하는 대상의 본성으로 나아가는 주장을 하고 있다면서 말이다. 그러나 [추론이 오류라고 하더라도] 그러한 추론의 결론 자체가 틀린 것일 필요는 없다. 논점은 무제한적인 '있(-이)지 않음'이 (마치 "정의상" 그러기라도 한 것처럼) 전적으로 불확정적이기 때문에 생각이나 말의 소재로 파악될 수 없다는 것이다. (하나로서든 여럿으로서든) 일정 수준의 규정성을 부여하지 않고는 말이나 생각의 소재를 특정해 낼 수 없으며, 이 얼마간의 규정성은 엄밀하게는 있(-이)지 않음에 대한 무제한적인 관념과는 양립 불가능하다.

세 번째 아포리아는 동일한 추론에 의존하지만, 이번에는 이를 있(-이)지 않음을 부정하려는 모든 시도의 정합성을 부정하기 위해 사용한다. 이 관념을 모순 없이 반박하는 길조차 존재하지 않는다는 것인데, 왜냐하면 그것을 "그것" 혹은 "이것touto"으로 지칭하거나 이것을 "말할 수 없는 것arrēton"이라고 기술하는 것이 이를 [이미] 단수로 취급하는 것이며, 따라서 [이미] 있음(-임)의 한정적 형태로 취급하는 것이기 때문이다. 더 어려운 점은, 있(-이)지 않음이 비합리적alogon einai16이라고 주장하는 것 자체가 그것이 **있(-이)다**that it is, einai고 말하는 셈이고, 그렇기에 있(-이)지 않음이라는 이 관념 자체와, 즉 **어떤 식으로든 있(-이)지 않다**는 바로 이 관념과 모순되는 것이란 점이다. 겉보기와 달리 여기서 문제 되고 있는 바는 계사와 존재사 사이의 애매함으로 치부될 수는 없다. 무제한적인 부정 논제는 문장의 진리 주장으로 이해되는 서술에 존재하는 '**있(-이)다**the is'를 또한 부정할 것이기에 모든 확언을 불가능하게 만든다. 부정 서술조차 진리 주장이 갖는 식의 의미론적인 '**그렇게 있(-이)다**is so'를 요구할 것이다.[17]

따라서 삼중의 아포리아가 확립한 바는 무제한적인 있(-이)지 않음이 절망적일 만큼 비정합적인 관념이며, 심지어 모순 없이 부정될 수조차도 없다는 것이다. 이 점에서 있(-이)지 않음이라는 개념은, 우리가 2장에서 보았듯 모순 없이 표현하는 것이 마찬가지

---

16   'irrational'을 '비합리적'이라고 옮겼다. 그러나 그리스 원어 'alogon'은 '말할 수 없는', '말이 안 되는', '말도 안 되는', '비이성적인' 등의 의미로 새길 수도 있다.

17   이것은 플라톤이 『파르메니데스』의 연역 5와 관련하여 짚었던 한 가지 논점이다. 앞의 113-116쪽을 보라.

로 불가능한 만물유전설과 의미심장한 유사함을 보여 준다. 여기에서 우리는 플라톤의 형이상학에서 우리가 '초월론적 논증들 _{Transcendental Arguments}'이라 간주할 수 있을 두 가지 중요한 예시들을 얻는다.[18] 이 논변들은 어떤 주어진 논제가 인간 언어와 인지에 관한 사실들과 양립 불가능하다는 것을 보여 주기 위하여 귀류법의 형식으로 진행된다. 만물유전설에 대한 반박이 앎과 있음(-임) 모두가 어떤 안정성이라는 요소를 요구한다는 것을 보여 주는 것과 마찬가지로, 지금의 논변은 있음(-임)에 대한 부정에 어떤 제한들이 없다면 언어와 사유 모두가 불가능하다고 결론짓는다. 무제약적인 흐름이라는 개념은 그러므로 무제한적인 '있(-이)지 않음'에 대한 일종의 이미지 내지는 은유를 제공한다.

5. '있음(-임)'에 관한 아포리아들: 우주론자들과 일원론자들(242c-245e)

무제한적 '있(-이)지 않음'이라는 관념을 폐기한 뒤에, 우리 대화편의 나머지 부분은 '있(-이)지 않다_{is not}'를 조금 더 제한적으로 사용할 가능성을 구제하는 데에 할애된다. 그러나 '있(-이)지 않다'에 대

---

18   초월론적 논증은 일반적으로 어떤 개념이나 명제가 성립하기 위해 필요한 조건을 탐구하는 방식을 가리키며, 칸트가 『순수이성비판』의 초월론적 변증론에서 전개했던 경험적 인식의 가능 조건을 추론해 내는 논증 방식에 착안하여 이름 붙여졌다.

한 설명은 '있(-이)다^{is}'에 대한 얼마간의 해명을 요구할 것이다. 엘레아에서 온 손님이 '있음(-임)'이라는 관념이 '있(-이)지 않음'만큼이나 문제적이라는 것을 보여 주면서 시작하므로 이 두 관념들은 함께 해명되어야만 한다. (필요한 설명은 뒤의 9절에서야 시작된다.) '있음(-임)'에 관한 일련의 이 새로운 아포리아들은 이전의 철학적 이론들에 대한 탐구의 형태를 취하게 되는데, 이는 우주론자들(242c-243b)과 일원론자들(244-245)부터 시작하여 유물론자들(246a-247e)과 '형상들의 친구들'(248a-249d)로 이어진다.

(헤라클레이토스와 엠페도클레스를 포함하는) 우주론자들에게 제기되는 질문은 다음과 같다. 뜨거움 및 차가움과 같은 두 요소적인 원리들에 대해 그것들 모두가 '있(-이)다'고 말할 때 그들은 무엇을 뜻하고 있는가? 그들은 이것들이 실제로 하나의 것, 즉 '있음(-임)'이라는 것을 뜻하는가?(244a1) 이 반론의 논점이 즉각적으로 분명하지는 않다. 그러나 따라 나오는 논의에 비추었을 때 우리는 플라톤이 여기서 'F임$^{being\ F}$'의 두 가지 방식을, 즉 'F의 본성임'이라는 방식과 '속성으로서 F를 가짐'이라는 방식을 구분하고 있다는 것을 알 수 있다. 뜨거움과 차가움은 '있음(-임)'의 형상이나 본성과 동일하지는 않지만 이것들은 모두 속성으로서 있음(-임)을 가진다. 『파르메니데스』에서 친숙해진 (그리고 이 대화편에서도 나중에 재등장하게 될) 용어로 표현하자면, 뜨거움과 차가움이 모두 '있음(-임)' 자체인 것은 아니면서 '있음(-임)'을 분유한다$^{metechein\ tou\ ontos}$. 그러므로 우리는 여기

서 이후에 소개될 '그 자체로 F임^{being F per se}'과 '다른 것을 통해 F임^{being F per aliud}'이라는 구별에 대해 첫 번째 힌트를 얻는다.

다음으로 일원론자들을 향해서 손님은 '있음(-임)'이 하나^{the one}를 속성^{pathos}으로 가지는지, 그리고 만약 그렇다면 '있음(-임)'과 '하나'는 각각 고유한 본성^{physis}을 가질 것이며 그리하여 하나이기보다는 둘이 될 것인지(245a)를 묻는다. 논의는 파르메니데스를 인용함으로써 더욱 복잡해지는데, 이 인용은 있음(-임)이 부분들의 전체이며 그래서 그것[있음]의 단일성^{unity}은 전체의 통일성^{unity}일 것임을 제안한다. 따라서 일원론자들은 '있음(-임)', '하나', '전체^{Whole}'라는 세 개념들이, '있음(-임)'이 엄밀하게 하나라는 주장과는 양립 불가능한 방식으로 상호 연관되어 있다는 것을 보여 주기 위해 고안된 복잡한 논증을 통해 도전받게 된다(244e-245d).¹⁹

이 지점에서 엘레아에서 온 손님은 이 세 가지 형상들 사이의 관계를 밝히는 데 관심을 두기보다는 이 세 가지 형상이 서로 구별되며 따라서 "각각이 그 고유한 별개의 본성을 갖고 있다"(245c9)라는

---

19   이 까다로운 논증에 대한 완전한 논의를 위해서는 Harte(2002), 100-118쪽을 보라. 이 추론은 아포리아적이며, 아마도 모든 주장이 논쟁의 여지가 없도록 고안된 것은 아닐 것이다. 특히 "하나 자체(the one itself)"나 "참된 하나(the truly one)"는 부분들을 갖지 않을 것(245a)이라는 진술은 문제가 있어 보인다. 『필레보스』에서 표현되는 플라톤이 생각해 낸 견해는 모든 형상이 하나와 여럿의 결합이라는 것이다. 그러나 여기에서의 "참된 하나"는 소위 '쓰이지 않은 교설(unwritten doctrines)'에서 말하는 절대적인 "일자(the One)"를 가리키는 힌트일지도 모른다. '형상들'보다 더 근본적인 어떤 '하나'를 말이다.

것을 보여 주는 데 더 관심을 기울인다. 여기에서 처음으로 손님은 형상 자체, 즉 그 본질 내지 본성과 그에 상응하는 속성을 명확하게 구분한다. 직접적인 목표는 단일성이 '있음(-임)'의 속성이며, 그러므로 '하나'와 '있음(-임)'은 별개의 두 형상들이라는 것을 보여 주는 것이다. ('있음(-임)'과 '전체'의 구별도 마찬가지다.) "'있음(-임)'이 어떤 식으로든 하나임being one이라는 속성을 가지기에peponthos to on hen einai pōs 이것[있음]은 '하나'와 동일하지 않다는 것이 드러날 것이다"(245b7).[20] 우리가 여기에서 일원론자들을 비판하고 있으므로, 논변의 초점은 형상 자체와 속성으로서의 그것이 갖는 역할 간의 구별보다는 존재자들의 다수성에 놓여 있다. 그러나 우리는 하나임의 두 가지 방식, 즉 [하나임이] '하나' 자체인 경우와 단일성을 속성으로 갖는 다른 어떤 것인 경우 사이의 대비에 대해 이보다 더 날카로운 진술을 요구할 수는 없을 것이다. 이 대조는 그 자체로 있음being per se과 다른 것을 통하여 있음being per aliud 사이를 근본적으로 구별하는 방식을 예비하는데, 이는 나중에 (250c6에서부터) 제시될 것이다.

---

[20] 칸이 'pathos'와 'peponthos'의 연결을 명확히 보여 주기 위하여 '겪다'의 뜻을 갖는 분사형 'peponthos'를 '속성'으로 명사화하여 번역한 것을 그대로 따랐다. 보다 직역에 가까운 번역은 이창우가 한 것처럼 "있는 것이 겪음을 통해 어떤 식으로 하나로 있다면, 그것은 하나와 동일하지 않은 것으로 나타나고 …" 정도가 될 것이다.

6. 신들과 거인들 간의 싸움: 유물론자들과 '형상들의 친구들'(246a-249d)

'있(-이)지 않음'에 대한 건설적인 설명은 다섯 가지 "가장 중요한 유들"을 체계적으로 다루는 부분에서야 전개될 것이다. 우선 우리는 유물론자들과 플라톤주의자들, 이 두 경쟁 학파들이 제시하는 '있음(-임)'에 관한 두 가지 이론들을 다루는 논의와 그 비판을 마주한다. 이들의 갈등은 신들과 거인들 사이의 전투로 연출된다. 신들은 '(플라톤식) 형상들의 친구들'이며 거인들은 모든 있는(-인) 것들이 물질적이고 그들이 손으로 잡을 수 있는 것 외에는 어떤 것도 실재가 아니라고 주장하는 사상가들이다. 후자를 곧장 대면하는 대신 손님은 이들을 물체적 측면에서 엄밀하게 파악되지 않는 어떤 실재를 인정하는 계몽된 유물론자들로 재구성해 낸다. 이 개선된 유물론자들을 납득시키기 위하여 손님은 있는(-인) 것들^{ta onta}의 특징적인 표시^{horos}로서 '작용하거나 작용될 수 있는 힘 또는 능력^{dynamis}을 지닌 것'을 제안한다(247e1). 그러나 힘 또는 능력의 측면에서 '있음(-임)'을 정의하는 것은 이[힘 또는 능력]를 오직 '생겨남(-됨)'에 대한 설명으로만 허용하는, 고전적 플라톤주의자들에 의해서 거부될 것이다.

이 지점에서 우리는 '형상들'의 변화 없는 '있음(-임)'과 감각 가능한 '생겨남(-됨)'의 흐름 사이에서 혼합된 수준의 실재를 허용하는, 플라톤의 후기 존재론의 중요한 혁신에 대한 첫 번째 실마리를 얻는다.[21] 이 정식이 작용하거나 작용되는 능력을 언급하며 시사하고 있는 것은 사실상 변화의 영역을 포괄하게 되는 '있음(-임)'에 대한 더 넓은 이해 방식인 것이다. '있음(-임)'에 대한 이 보다 넉넉한 관념은 아마도 『필레보스』에서 '있음(-임)'과 '생겨남(-됨)'의 혼합으로 등장하게 될 어떤 혼합된 유형이 '형상들'의 영원한 '있음(-임)'과 구별될 수 있는 길을 마련하기 위하여 고안되었을 것이다.

플라톤주의자들과 친숙한 까닭에 손님은 그들이 힘이라는 이 관념을 '있음(-임)'에 대한 설명으로 받아들이지 않을 것임을 미리 알고 있다(248b8). 따라서 손님은 이제 이 플라톤주의자들을 향해 '형상들'에 대한 고전적인 교설이 갖는 두 가지 문제들을 제기한다. 첫 번째 아포리아는 유물론자들과의 언쟁에서 발전된 힘의 관념을 이어 간다. '형상들의 친구들'의 교설은 "우리는 감각을 통해 '생겨남(-됨)'과 관계를 맺지만 koinōnein, 사유를 통해서 우리는 진정한 존재 ontōs ousia(248a11)와 관계를 맺는다"라는 것이다. 그러나 둘 모두에 공통되는 이 인지적 힘은 무엇인가? 이전 설명에서 특정되듯, 작용하거나 작용되는 힘인가?

플라톤주의자들의 답은 복잡하다. '생겨남(-됨)'에 관해서 그들은

---

21   『파이드로스』 270d에 있는 자연에 대한 과학적 탐구의 밑그림에서 "작용하고 작용받는 능력"이라는 이 정식이 선취하고 있다. 뒤의 355-356쪽을 보라.

인과적 작용과 피작용을 바탕으로 이루어진 정의를 받아들인다. 그러나 참된 존재ousia라는 불변하는 실재에 대해서는 이 설명이 받아들여질 수 없는데, 이 설명이 주체와 객체 모두에 어떤 변화를 함축할 것이기 때문이다. 그런데 '형상들'은 본성상 불변한다. 그러므로 앎과 알려짐은 작용함과 작용됨의 진정한 사례들이 아니다. 감각과 달리 지성적 인지는 주체나 객체 중 하나 또는 둘 모두에 어떤 변화를 야기시키는 전이적transitive 작용이 아니다. 그러므로 힘/능력을 통해 실재를 정의하는 것은 플라톤주의자에 대한 어떤 반대가 아니라 현상 세계에 속한 혼합된 있음(-임)에 대한 수용 가능한 설명의 서두로 드러난다.

플라톤주의자들을 향한 두 번째 문제 제기는 그들이 첫 번째 아포리아에 대해 제시했던 대답에서 시작한다. 지성적인 인지 작용 안에서 객체들에 어떠한 변화도 일어나지 않는다는 것을 받아들인다고 할 때, 이것이 인식하는 주체에도 또한 참인가? 불변하는 '형상들' 가운데 앎이 존재한다는 것에 대해서는 이것이 무엇을 함축할 것인가?

"운동kinēsis과 생명과 영혼과 지성nous이 완전하게 있는(-인) 것to pantelōs on에 진정으로 현존하지 않는다고 우리가 쉽게 설득될 수 있을까요? 이것이 살아 있지도 생각하지도phronein 않으면서, 그러나 [신상만큼이나] 엄숙하고 신성하게, 지성은 가지지 않은 채, 운동하지 않으면서 서 있다고요?"(248e6-249a2) 손님은 인식과 지성이 오직 살아 있는 어떤 것 empsychon에 존재하며, 변화 없이는 이것이 불가능하다고 고수한다. 결론은 세계에 지성이 존재하기 위하여, 변화와 운동이 존재하는-것들 ta onta 중 하나임이 허용되어야만 한다는 것이다(249b).

이 결론의 완전한 함의가 전적으로 분명하지는 않으며, 뒤따르는 텍스트에서도 아무런 설명이 제시되지 않는다. 다만 보다 약한 결론을 내는 것은 문제가 없어 보인다. 실재는 반드시 인식하는 자, 즉 정신 nous을 갖고 있는 어떤 주체를 포함해야만 한다. 그리고 인식과 지성은 오직 영혼에서만 발견될 수 있기 때문에, 이 주체는 반드시 살아 있어야[영혼을 가져야] empsychon만 한다. 인식하는 주체는 인간, 또는 어쩌면 어떤 신, 심지어는 『티마이오스』에 나오는 '세계 영혼 the World Soul'일 수도 있다. (이것이 데미우르고스 Demiurge 그 자신일 수 있을까?) 하지만 텍스트는 보다 강한 어떤 것을 함축하는 것처럼 보인다. 여기에서의 플라톤의 단어 선택은 만일 살아 있으며 인식하는 주체가 "완전히 있는(-인)" 것에 현전해야만 한다면, 이것은 '**형상들**' **가운데** 자신의 자리를 갖고 있어야만 한다는 것을 시사한다. 그러나 '형상들'은 정의상 불변한다. 이 주장들은 어떻게 화해될 수 있을까?

우리는 여기서 플로티노스의 해결책이 갖는 매력을 이해할 수 있다. 그는 '형상들'을 인식의 대상으로 삼게 되는 어떤 신적인 지성을 인정하고, 그에 따라 '형상들' 및 이것들에 대한 최상위 인식자 모두를 통일하는 수준의 실재성을 규정하고자 했다. 그런데 [둘 모두를 통일하면서도] 이 수준은 영혼과 살아 있는 운동이 속한 가변하는 수준 너머에 있는 지성적 수준의 **불변하는** 실재성이다.[22] 영혼 psyche과 지성 사이의 급진적인 구분을 포함하는 이 신플라톤주의적 해석까지 나아가지 않고자 한다면, 우리는 적어도 플라톤이 여기에서 '형상들'에 대한 영원한 인식 가능성에 부합하는 '영원한 인식자 an eternal Knower'를 확보하기 위하여 어떤 '우주적인 정신a cosmic Mind' 이라는, 어쩌면 『티마이오스』의 데미우르고스와 동등한 무언가에 대한 가능성을 열어 두고 있는 것처럼 보인다고 인정할 수도 있을 것이다. 그러나 이 해석에도 문제들이 있다. 그러한 신적인 지성은 '형상들'을 규정한다고 할 수 있을 부동성을 필요로 하고 변화로부터 벗어나 있어야 하는 것처럼 보일 것이다. 그런데 그렇게 되면 우리는 다시 대화편들에서 반복적으로 확인되는, 정신과 (운동과 생명의 원리로서의) 영혼 사이의 본질적인 연결고리를 잃게 될 것이다.

---

[22] 2세기 로마 제국에서 활동했던 철학자 플로티노스는 플라톤의 철학을 발전시켜 후에 신플라톤주의로 불리게 될 철학사조를 낳았다. 그의 형이상학적 체계는 일자, 정신(nous), 영혼이라는 세 가지 위계를 갖고 있다. 충만한 일자로부터 차례로 유출되어 나온 징신과 영혼은 다시금 사유를 통해 일자로 되돌아간다. 이 체계에서 몸과 결부되어 있는 영혼의 사유는 추론적 사유를 통해 이데아를 대상으로 삼을 수 있다. 이때 혼의 사유는 대상인 이데아와 완전히 통일되지 못한다. 혼의 사유는 종국에 형상인 자기 자신을 대상으로 하는 순수한 사유인 정신의 사유로 올라서지만, 이 순수 자기 의식 역시도 여전히 사유 활동이라는 점에서 사유 주체와 사유 대상으로 나누어져 있다. 완전한 통일은 일자에 있는 것이다. 칸이 말하는 최상위 인식자와 그 대상을 모두 포괄하는 실재성은 이 일자를 가리킨다.

우리에게 이 딜레마는 풀리지 않은 채로 남아 있다. '형상들의 친구들'에 대한 손님의 비판은 '형상들'이 마치 조각상들처럼 앎도 지성도 잃어버린 채 서 있도록 두지 말라는 극적인 호소로 마무리된다. 이 호소는 우리가 풀어야 할 숙제로서 제시되며, 그에 대해 이 대화편은 어떤 명확한 답변도 제공하지 않는다.

그러나 이 대목은 한 가지 긍정적인 결론으로 끝나는데, 즉 우리가 모든 것이 운동 중이라는 것도, 모든 것이 정지해 있다는 것도 허용할 수 없고, 마치 "둘 모두"를 요구하는 어린 아이들처럼 "있음(-임)과 만물^{the all}은 모두 운동되어지지 않는 것이자 운동되는 것"(249d)이라고 말해야만 한다는 것이다. 따라서 최종적인 결론은 '있음(-임)^{to on}'에 대한 이해 방식이 이제는 공식적으로 변화의 영역을 포함하는 것까지 확장되었다는 것이다.[23]

---

[23] 이전 대화편들에서 이따금 "있음(-임)"을 보다 넓게 사용하는 것이 선행하고는 했는데, 예를 들어 『파이돈』 79a6에는 다음과 같은 언급이 있다. "그러면 두 종류의 있는(-인) 것들(onta)을 놓을까? 보이는 것과 비가시적인 것을?" 그러나 일반적으로 플라톤은 이전에는 "있음(-임)"이라는 용어를 변화하는 사물들을 표현하기 위하여 사용하는 것을 삼갔다.

7. '있음(-임)'에 대한 마지막 아포리아들: (i) 서술의 두 가지 방식들 (249e-250e)

다섯 가지 최고류들에 대한 건설적인 분석에 앞서, 마지막으로 두 가지 아포리아들이 다뤄진다. 첫 번째는 '있음(-임)', '운동', '정지' 사이의 연결들을 다룬다. 두 번째는 '늦게 배운 자들'이 제기한 서술의 부정을 소개한다. 두 아포리아들 모두 형상들의 함께-엮임 weaving-together이라는 관점을 바탕으로 변증술에 대한 새로운 설명을 직접적으로 예비한다. 미리 살펴보자면, 우리는 향후에 형상들의 네트워크라는 이 새로운 이해 방식이 다섯 가지 "최고류"를 분석하기 위한 틀을 제공하게 된다는 것을 알 수 있는데, 이 분석은 이 네트워크의 구성원이자 그 자체가 하나의 형상이기도 한 '있(-이)지 않음'을 정의하는 것에 이르게 될 것이다.

첫 번째 아포리아에서 엘레아에서 온 손님은 '있음(-임)'이 '운동'과 '정지'와는 구별되는 제3의 형상임을 확인하고, '있음(-임)'이 "그 자신의 본성에 따라 kata tēn hautou physin"(250c6) 운동하지도 정지해 있지도 않다고 선언한다. 이 부정을 통하여 손님은 그 자체를 통한 per se 서술이라는 관념을 도입한다. 즉, 어떤 유 genos에 대하여, 다른 유와의 연결에 의해서 그것[즉, 그 유]인 것과 대조적으로, 그 자신의 본성 덕분에, 혹은 그것이라는 것만으로 참인 것이다.[24] '있음(-임)'에 대하여 운동과 정지를 부정하는 것은 부정 서술의 기본적인 방식을

도입하는 것으로, 이 경우에는 동일성의 부정에 해당하며, 손님이 '있(-이)지 않다^{is not}'가 갖는 유효한 기능으로서 구제해 내야 할 바로 그것이다. "'있음(-임)'은 '운동'과 '정지' 둘 모두가 아니라, 이것들과 다른 어떤 것입니다. … 자신의 본성 때문에 '있음(-임)'은 정지해 있지도, 운동하지도 않습니다"(250c3-6).

에이나이 동사가 실제로 이 마지막 그리스어 문장에 나타나지는 않을지라도, '있음(-임)'이 "자신의 본성 때문에" 움직이지도 정지해 있지도 않다는 주장은 그 자체 부정 서술이 갖는 일반적인 형식을 보여 준다. 플라톤이 이후에 '있(-이)지 않음'에 대한 결정적인 예시들에서, 즉 에이나이에 대한 부정적인 주장들에 대한 예시들에서 사용하게 될 것이 바로 이 형식이다. 지금의 맥락에서는 무엇이 문제시되고 있는지에 대한 직접적인 실마리는 전혀 없다. 그러나 플라톤은 여기에서 [부정 서술을] 역설적으로 보이도록 만듦으로써 ("자신의 본성 때문에" 주체에 속하지 않는 어떤 특징에 대한) 부정 서술이라는 이 특별한 형식에 주목하게 한다. 손님은 다음과 같이 묻는다. 만약 어떤 것이 운동하고 있는 것이 아니라면, 정지하고 있는 것이 아닐까? 만약 이것이 정지해 있는 것이 아니라면, 운동하고 있는 것이 아닐까? 결국에 우리는 '있음(-임)'이 두 형상들 모두에 연결되어 있다는 것을 안다. 손님이 금방 주장한 것은 '운동'과 '정지'

---

24   그 자체 서술에 대한 앞의 논의를 보라. 87-93쪽.

가 모두 **있**(-이)다는, 즉 있는(-인) 것들^{beings}이라는 것이다. (우리 분석에 따르면, 이것들은 모두 술어들로 예화된 것이다.) 이에 부합하게도 그는 그전에 이미 '있음(-임)'이 둘 모두를 포함한다고 논증하였다. '있음(-임)'에 대하여 운동과 정지를 부정하는 것은 여기에서 당혹스럽게 보이도록, 그리하여 자신의 본성에 의해 그 주체에 대해 직접적으로 참인 (혹은 참이 아닌) 술어들이 갖는 별개의 범주에 대하여 우리의 주의를 환기시키도록 고안되었다. 우리는 이후에 이것들을 "항상 다른 것에 대하여 말해지는 있음(-임)들^{onta pros alla aei legomena}"과 대조되는 "오직 그 자체 때문에 말해지는 있음(-임)들^{onta auta kath' hauta legomena}"(255c12)로 인정할 것이다.

8. (ii) 마지막 아포리아: '늦게 배운 자들'의 역설(251a-c)

마지막 아포리아는 구체적인 형상들이나 유들이 아니라 서술이 갖는 일반적인 문제를 다룬다. 이것이 그 유명한 "늦게 배운 자들"의 역설이다. (이 용어는 아마도 소크라테스의 오랜 추종자였던 안티스테네스와, 그의 추종자들이 있었다면, 그의 추종자들을 가리킬 것이다.) 플라톤은 아리스토텔레스의 서술^{katēgorein} 개념에 앞서서 "부르다 혹은 기술하다^{prosagoreuein}"라는 준-전문 용어로써 이 문제를 도입한다. "우리는 어떻게 한 사물을 여러 이름으로 부르는가?" 플라톤이 표현한 것처럼, '늦게 배운 자들'의 논제는 단어-사물 사이의 서술이라는 문제를 두 가지 별개의 술어항이나 형상들 사이의 연결이라는 문제와 결합(및 혼동)한다. 처음의 예시들은 이름이나 기술을 대상에 부여하는 것으로서 전자에 속한다.

> 우리는 한 사람에 대해 확실히 여러 이름들로 부르면서poll' atta eponomazontes 말합니다. 즉 우리는 그에게 색과 형태와 크기와 악덕과 덕 그리고 그와 같은 다른 수많은 이름들을 부여하면서, 그가 사람이라고 말할 뿐 아니라 그가 또한 좋다 혹은 셀 수 없을 정도로 많은 그와 같은 다른 것들이라고 말을 합니다. … 즉 우리는 각각의 주체를 하나라고 취하면서도hypothemenoi 재차 그것을 여럿이라고 부르고 또 여러 이름들로 부릅니다.[25] (251a-b)

플라톤은 여기에서 오래된 명명의 개념을 당연하게 받아들이면서도 서술에 대한 그의 새로운 주체-속성 분석에 비추어 재구성하고 있다. 주체는 어떤 사물로, 여기서는 어떤 사람으로 취급되며 속성들은 아주 많은 "이름들", 즉 아주 많은 언어 표현들로 표현되는,

---

[25] 칸은 'hekaston hypothemenoi'를 'to take each subject'로 옮겼다. 이창우는 이 문장을 "각각의 것을 하나라고 상정"한다고 옮겼다. 이 단어는 '상정하다, 가정하다'의 의미로 새길 수 있지만, 또한 '아래에 놓다, 밑에 두다' 등의 의미로 새길 수도 있다. 칸은 'hypo-'의 의미를 살려 '각각의 것'을 명제의 주어에 해당하는 주체로 이해하는 적극적인 해석을 하고 있으므로 이에 맞게 '각각의 주체(subject)를 취한다'고 옮겼다.

아주 많은 성질들로 여겨진다.[26]

그러므로 서술은 사물-사물 관계로, 즉 한 사람과 그 사람의 성질들 사이의 관계로 이해되지만, 그 사람이 불리는 바에 입각하여, 따라서 사물-단어 (혹은 사물-이름) 관계에 입각하여 분석된다. 여기에서 그 사람에게 성질들을 부여한다는 것을 가리키는 "epipherein"이라는 용어는 앞서 있는(-인) 것 a being, 즉 있는(-인)-어떤-것 something-that-is에 "있(-이)지 않음"이라는 표현을 (타당하지 않게) 적용할 때 사용되었던(237c) 것과 동일한 동사이다. 두 경우 모두에서 의도된 것은 존재론적인 사물-사물 관계이다. 그러나 물론 해당 속성은 오직 상응하는 단어나 이름 onoma을 통해서만 특정될 수 있다.

'늦게 배운 자들'의 역설은 한 가지 것이 여럿일 수 있다는, 혹은 여러 가지 것들이 하나일 수 있다는 것을 인정하지 않는 것으로 묘사된다. 그러므로 그들은 '한 인간이 좋다'고 말하려 하지 않고, 오직 어떤 좋은 것이 좋고, 그 사람이 사람이라고만 말하려고 한다 (251b7-c2). 여기에서 논점은 이들이 '-이다'를 동일성을 뜻하는 '-이다'로만 사용하는 데 집착한다는 것이 아니다. 그렇게 되면 그들의 주장이 마치 '-이다'라는 말의 의미에 대한 한 가지 논제인 양 읽히게 된다. 문제가 되는 것은 그런 것이 아니라, 서술을 올바른 명명

---

[26]　251b3에 나타나는 '주체로 취하다(ὑποθέμενοι)'라는 단어가 아리스토텔레스의 기체(ὑποκείμενον) 개념, 즉 술어의 언어 외적 주체보다 앞서 등장하고 있음을 주목하라.

의 한 형태라고 이해하는 방식이다. 따라서 '늦게 배운 자들'은 어떤 한 사물에 대해서 오직 하나의 참된 이름만이 존재하며 그것이 그 사물의 본성이나 본질적인 속성을 표현하는 이름이 될 것이라 고집한다.[27]

해당 견해에 따르면, 여러 다른 이름들이 동일한 사물에 부여되면, 하나만 제외하고 모든 것들이 거짓이 될 것이다. 말하자면, 우연적 성질은 존재하지 않는다. 이 논제는 논리적이고 존재론적이지, 일차적으로 언어적인 것은 아니다. 그러나 이것은 언어를 불가능한 것으로 만드는 결과를 가져온다. 이에 대한 플라톤의 근본적인 대응은 형상들의 함께-엮임이며, 이는 그에 상응하는 연결고리가 문법과 형이상학 사이에 있음을 함축한다. 플라톤의 목적은 하나의 진술 안에 있는 단어들(혹은 하나의 판단 안에 있는 사유들)의 결합이 그에 상응하는 형상들, 즉 있는(-인) 것들 사이의 연결을 함축한다는 것을 보여 주는 것이다. 이것이 '늦게 배운 자들'이 "'있음(-임)에 대하여 peri ousias'(251d1) 어떤 식으로든지 한 번이라도 논의했던 자들"에 대한 이 탐구에 포함되는 이유이다. (플라톤이 이해한 모습의) 이 사상가들은 하나의 것이 여럿일 수 있다는 것을 거부하므로, 이

---

[27] 이것은 다시금 안티스테네스를 연상시키는 관점이다. 모든 것은 그 자신의 고유한 로고스(logos)를 갖고 있다. 『크라튈로스』에서 다뤄진 의미에 대한 논의처럼 안티스테네스의 논제는 원칙적으로 이름과 기술 사이에 어떠한 구별도 하지 않는다. 이름들은 압축된 기술들로 이해되며, 그렇기에 이 이름들은 참이거나 거짓이 될 것이다.

들은 형상들이 서로 연결되어 네트워크를 이룬다는 그의 새로운 견해에 대한 가능한 한 가장 급진적인 도전장을 내밀고 있는 것이다.

9. '늦게 배운 자들'에 대한 논박: 어떤 형상들은 결합한다(251d-252c)

'있음(-임)'과 '있(-이)지 않음'에 대한 플라톤의 긍정적인 설명으로의 전환은 어떠한 형상들도 결합하지 않는다는 '늦게 배운 자들'의 견해를 거부하는 데서 시작한다. 이 견해는 두 가지 별개의 논변들을 통하여 반박된다. 첫 번째 논변은 어떠한 긍정적 주장들이든 형상들 간의 연결, 특히 '있음(-임)'과의 연결이 필요하다는 것을 보이고 있다. 두 번째 논변은 '늦게 배운 자들'의 논제가 자기 모순임을 보여 준다.

첫 번째 논박은 이전에 논의되었던 우주론적 견해들을 다시 거론하는데, 이 견해들 모두 운동하거나 정지해 있는 사물들에 대한 주장들을 담고 있다. 이 논변은 만약 '운동'과 '정지'가 '있음(-임)'을 분유하지 않는다면, 이것들은 전혀 **있(-이)지** 않을 것(252a2)이라고, 즉 이것들이 어떤 것에 대해서든 주체나 속성이 될 수 없을 것이라고 주장하면서 시작된다. '있음(-임)'에 대한 연결은 세 가지 방식으로 이해될 수 있으며, 나는 이 세 가지 해석들이 모두 의도된 것이라고 생각한다. 우선 첫 번째로 '운동'과 '정지'가 주체들로 존재하지 않는다면, 그것들에 대해서 어떤 것도 참일 수 없다. 두 번째로 이것들[운동과 정지]이 속성들로 예화될 수 없다면, 아무것도 운동하거나 정지할 수 없다. 마지막으로 모든 진리 주장에 함축되어 있는 실재에 대한 일반적인 연결이 있다. 이 주장은 여기에서 에이나이의 두 가지 "진리사적" 용법들을 통해 제시되며, 운동이나 정지에 대한 기본적인 확언들을 보강하고 있다. 이 이론가들은 모두 '있음(-임)'과의 연결을 사용하며, "어떤 이들은 모든 것이 진정으로 운동하고 있다고 ontōs kineisthai 말하고, 또 다른 이들은 모든 것이 진정으로 정지해 있다고 ontōs estēkot' einai 말"(252a9-10)한다. 그러므로 '운동'과 '정지'가 모두 **있**(-이)**어**야만 한다는 주장 속에는, 에이나이의 세 가지 의미값, 즉 주체의 존재, 술어의 예화, 이 둘 사이의 연결에 대한 진리 주장이라는 세 가지 의미값 모두가 함축되어 있다. 그리고 이 결론들은 이전 절들에서 탐구되었던 이론들에 적용된다. 우주론자들의 교설들도 유물론자들과 플라톤주의자들의 교설들도 '운동'의 실재나 '정지'의 실재 혹은 둘 모두의 실재를 가정하지 않고는, 따라서 둘 중에 적어도 하나의 형상이 '있음(-임)'과 연결되지 않고는 유지될 수 없다.

두 번째 반박은 '늦게 배운 자들'의 교설을 표현할 수 있는 언어를 명시적으로 언급한다. 그들의 논제는 서술에 대한 플라톤의 준-전문 용어로 표현된다. 그들은 "그 어떤 것도 다른 것의 속성 pathēma 과의 결합 koinōnia을 통해서 이 다른 것의 이름으로 불리[거나 기술하]

는^{prosagoreuein} 것을 허용하지"(252b9) 않는다. 이 반박은 기술하는 언어에 걸리는 이 제약 때문에 그들이 자신의 논제를 모순 없이 나타내는 것은 불가능함을 지적한다. 그들은 "있음(-임)", "떨어진", "여타들로부터" 등 주어에 적용되는 둘 이상의 말들을 쓰지 않고는 자신들의 논제를 언명할 수 없을 것이다. 이는 단순히 그들 자신의 한정적 논제에 의해서 그들의 어휘가 절망적으로 빈곤해진다는 것만을 문제 삼는 것이 아니다. 연결이나 혼합^{symmeixis}을 허용하기를 거부하는 그들에게는 주어에 해당하는 말을 더듬거리며 반복하는 것 이상으로 어떤 확언을 표현하는 것이 불가능하게 될 것이다. 그러므로 그들은 자신들의 논제를 주장할 수 없다. 이 마지막 논변은 '늦게 배운 자들'의 견해가, '있(-이)지 않음'에 대한 무제한적 관념과 만물유전설 모두가 공유하는 특징을 가지고 있음을 보여 주는데, 즉 이 교설들처럼 이 이론 역시 자기 모순 없이는 언명될 수 없다는 것이다.

10. 모든 '형상들'이 결합하는 것은 아니다: '운동'과 '정지'(252d)

따라서 우리는 몇몇 형상들은 결합할 수 있다고 결론 내린다. 이것이 모든 형상들에 대해서도 참일까? 252d에서 테아이테토스는 그 답을 알고 있다. '운동'과 '정지'는 서로 들어맞지 않을 것인데,

왜냐하면 만일 그것들이 그러했더라면, "운동 자체가 전적으로 정지하게 되고, 또한 정지 자체도 전적으로 운동하게 될 것"이기 때문이다. 그러나 이는 "가장 필연적인 이유들에 의해"(252d9), 다른 말로 하자면, 여기에서는 무-반대^{non-contrariety}로 이해되는 무모순의 법칙에 의하여 불가능하다. 플라톤은 다른 곳에서 반대항이 모두 참인 것이 불가능하다는 측면에서 이 원리를 표현한다. (『국가』 4권 436을 보라. 여기에서 그러한 반대항으로서 정확히 운동과 정지가 명시되고 있다.) 그러니 여기에서 '운동'과 '정지' 사이의 연결이 불가능하다는 것은 이것들이 반대 속성들로서 서로를 배제한다는 원리를 제시하고 있는 셈이다. 즉, 이것들은 같은 측면에서 동일한 주체에 적용될 수 없다. 테아이테토스의 즉각적인 답변은 여기에서 이 유들이 추상적인 대상들이 아니라 술어 개념들이나 속성들로 이해되고 있다는 것을 명확하게 만들어 준다. 만약 이것들이 (『필레보스』에서의 모나드들^{monads}처럼) 인식의 고립된 대상들로 여겨졌다면, '운동'이라는 '형상'이 정지해 있다고 주장하는 것이 터무니없는 일이 아니었을 것이기 때문이다. 실제로 바로 이 대화의 이전 대목(249b-d)에서 인식 대상에게 안정성이 요구되었다.[28] 따라서 '운동'과 '정지'는 서로를 배제하

---

[28] 나는 미하엘 프레데를 따라 여기서 간접적으로 가리키고 있는 바가 256b7에서 '운동'을 정지해 있는 어떤 형상이라고 이해하는 방식이라는 것을 받아들인다. "만약 어떤 식으로든 '운동' 자체가 '정지'를 나누어 가지고 있었다면, 이를 안정적(στάσιμον)이라고 기술하는 것이 이상하지 않았을 것이다." Kraut(1992)에서 프레데를 참조하라. 397-424쪽.

는 고립된 개념들이나 인식의 대상들로서가 아니라 논리적인 네트워크상의 위상들로서, 즉 동일한 주체에 대한 잠재적인 술어들로서 존재한다.

11. '형상들'의 네트워크(252e-254b)

이제 이 대화편의 건설적인 부분은 새롭게 이해된 변증술을 위한 대상으로 도입되는, 개념들의 네트워크로서의 형상들 내지 본질들에 대한 수정된 이론을 스케치하는 것으로 시작한다. 이것은 '나눔'과 '모음'으로 이해되는 변증술이며, 『파이드로스』에서 처음으로 제시되고 『소피스트』의 앞부분에서 길게 설명되는 (다음 장에서 다룰) 이해 방식이다. 고전 이론이 오직 형상들과 이 형상들에 대응하는 감각 가능한 동명의 것들 사이의 관계에 대해서만 이야기했다면, 새로운 변증술은 형상들이 서로 간의 관계들을 통해 규정되는 개념적인 체계를 그 대상으로 삼는다.

변증술에 대한 플라톤의 새로운 설명은 '늦게 배운 자들'에 맞서 어떤 형상들은 결합하고 어떤 형상들은 그렇지 않다는 것을 보이면서 시작한다. 그런데 형상들이나 유들 사이의 관계는 무엇을 의미하는가? 여기서 사용되는 유genos와 형상eidos이라는 이해 방식은 서술에 대한 앞의 설명과 마찬가지로 구문론의 측면에서도 그리고 존재론의 측면에서도 이해될 수 있다. 유들 사이의 호응은 그에 상응하는 단어들의 긍정적인 결합으로 그리고 유들 사이의 불일치는 그에 상응하는 단어들의 부정적인 결합으로 반영되므로, "연결"이나 "서로-들어맞음"을 표현하는 말들은 모두 문장 내 단어들 간의 연결에도, 그리고 이에 상응하는 유들의 실재적^{objective} 연결에도 적용될 것이다.[29] 언어적 기호들 사이의 문장 내의 연결들은 이 연결들을 참으로 만들어 줄 실재적 연결들에 입각하여 체계적으로 해석될 것이다. 그러므로 형상들 사이의 일치와 불일치는 그에 상응하는 단어들의 긍정적이고 부정적인 결합으로 표현될 것이다.[30]

'늦게 배운 자들'에 대한 논박은 우리에게 어떤 형상들은 결합하고 어떤 형상들은 결합하지 않는다는 것, 그리고 어떤 형상들이 어떤 경우에 해당하는지를 아는 것이 변증가들의 과제가 될 것이라는 결론을 남긴다. 한 가지 익숙한 플라톤의 비유에서 형상들은 철자들과 비교되는데, 그중 몇몇은 서로 들어맞지만 몇몇은 그렇지 않다.[31] 여기서 나타나는 새로운 생각은 글자들이 결합하여 음절을

---

29 '서로-들어맞음'이라는 용어를 쓸 때, 플라톤은 가끔 세 번째 관계를, 즉 상응하는 유들에 단어들을 연결하는 의미론적 관념을 염두에 두고 있을 수 있다. 나는 이 세 번째 관념에 대한 명백한 예시를 찾지 못했다. 그러나 237c에서 첫 번째 아포리아의 ἐπιφέρειν [epipherein]에 대해 논의한 것을 보라. 앞의 273쪽.

30 플라톤이 항상 언어적 수준과 존재론적 수준 사이를 구분하는 것은 아니지만, 나는 그의 건설적인 논증들이 모두 이 둘 사이의 혼동에 의존하고 있다고 생각하지는 않는다. 몇 쪽 뒤에서 엘레아에서 온 손님은 사용-언급 혼동의 가능성에 대해 매우 날카롭게 인지(그리고 회피)하고 있다는 신호를 보낼 것이다. 257c1-3을 보라.

31 여기 나오는 글자와의 비교는 『크라튈로스』 422a-424d와 『테아이테토스』 202e-205b

구성할 때면 언제나 모음이 필요한 것과 마찬가지로, 몇몇 형상들은 마치 모든 자모를 꿰어 주는 어떤 연결고리^{desmos}로 존재하리라는 것이다. 동일한 방식으로 어떤 모음 형상들은 전체에 걸쳐 사물들을 "관통해서 함께 붙들어 줌으로써 그것들이 서로 섞일 수 있도록" 기능할 것이고, 다른 모음 형상들은 "분리의 경우에 형상들을 전체 그룹들로^{di' holōn} 나누는 원인이다"(253c).[32]

이 형상들의 본성, 심지어 이것들의 정체에 대해서도 우리는 원하는 만큼 듣지 못한다. 우리는 오직 개념적 풍경에 대한 감질나는 밑그림만을 얻게 된다. 이 안에서 변증가는 "하나의 형상^{idea}이 많은 —각각 하나가 따로 떨어져 놓여 있는^{chōris}— 형상들^{eidē}[33]을 관통하여 모든 곳에 퍼져 있음을 그리고 서로 다른 많은 형상들이 하나의 형상〔예를 들면, '있음(-임)'의 형상?〕에 의해 바깥으로부터 둘러싸여

에서 알파벳을 사용하는 것에서 되풀이되며, 『필레보스』18b-d에서 더 멀리 나아가게 된다.

[32] 그리스어 원문에서 뒷부분은 다음과 같다. "καὶ πάλιν ἐν ταῖς διαιρέσεσιν, εἰ δι᾽ ὅλων ἕτερα τῆς διαιρέσεως αἴτια;" 이를 칸은 "while others, in divisions, are responsible for dividing forms into whole groups(di' holōn)"로 옮겼다. 그러나 이는 과도한 의역으로 보인다. 특히 'di' holōn' 부분을 "into whole groups"로 옮기는 것은 오역에 가깝다. 원래는 "그리고 다시금 분리 시 만약 전체에 걸쳐 다른 것들이 그 분리의 원인이라면 말이다" 정도로 옮기는 것이 옳겠다. 칸이 스스로 괄호를 삽입해 원어를 표기한 것으로 보아 그의 특정한 의도가 들어 있다고 판단하여 본문은 칸의 번역을 그대로 옮겼으나, 이러한 사실을 밝혀 두고 역자의 취지와 비슷한 해당 부분의 이창호 역을 다음과 같이 참조하여 둔다. "또 분리의 경우에도 전체를 관통하면서 분리의 원인이 되는 다른 것들이 있다면 …."

[33] "형상들"은 그리스어 원문에는 생략되어 있는 단어를 칸이 집어넣은 것이다. 의미상 틀린 것은 아니지만 가능한 혼동을 피하기 위하여 밝혀 둔다. 이창우 역은 원문에 따라 "것들"로 번역하였다.

있음을 … 또 그는 다른 한편으로, 하나의 형상이 많은 전체들을 관통하여 〔'하나'의 형상에 의해서〕 하나 속에서 함께 합쳐져 있음을 그리고 많은 형상들이 〔'다름'에 의해서?〕 전적으로 분리되어 구별돼 있음을 분명하게 지각"할 수 있을 것이다. "〔변증술이라는 기술은〕 그것들 각각의 군[34]이 어떻게 서로 결합할 수 있고 또 그럴 수 없는지를 유에 따라서 diakrinein kata genē 분리할 줄 아는 것"(253d)이다.

여기서 여타의 모든 것을 연결하는 것으로 기술되는 모음 형상들에는 '있음(-임)'과 '하나'가 포함되어야만 한다. '하나'의 형상은 이 맥락에서 언급되지는 않지만, 그 앞에서 (244c-245b에 나타나는 '있음(-임)' 및 '전체'와 함께) 등장한 바 있다. 다른 모든 형상들에 적용된다는 점에서 '있음(-임)'과 유사한 이것의 보편적인 역할은 『파르메니데스』의 제2부에서 길게 명시된 바 있다. '같음'과 '다름'은 또한 반드시 모든 형상들에 연결되는 모음 형상들처럼 간주되어야만 한다. 우리가 살펴보게 되겠지만, '있(-이)지 않음'이라는 형상이 모든 형상 및 형상들의 모든 군을 여타의 것들로부터 분리시키는 역할을 하는 것은 '다름'을 통해서이다. 그렇다면 우리가 변증술의 대상으로 삼게 되는 것은 우주의 구조와 이 구조에 대한 우리 인간의 이해에 미리 깔려 있는, 선험적인 a priori 개념적 관계들의 체계에 대한 밑

---

34 칸은 레슬리 브라운의 미발표 번역을 따라 "each group"으로 새기고 있다. "group"이라는 역어는 지속적으로 반복되고 있는데, 엄밀히는 여기서 다루어지는 형상의 개념이 유라는 이해를 바탕으로 하는 의역이다. 이창우 역은 "각각이"로 옮기고 있다.

그림이다. 짧게 말해 이것이 (인간의 합리성이 갖는 구조로서) 주관적으로 그리고 (세계의 질서로서) 객관적으로 취해지는, 정신^{nous}과 로고스^{logos}의 내용을 나타내는 개념적인 체계이다.

여기서 변증술에 대한 플라톤의 설명은 의도적으로 불완전한 채로 남겨져 있으며, 근본적으로 새로운 체계에 대한 흥미로운 윤곽만이 우리에게 주어진다. 변증술에 대한 더 오래되고 더 소크라테스적인 이해 방식에서는 정의를 탐색할 때 하나의 종^{eidos}을 보다 넓은 유^{genos} 속에 위치시키고자 했으며, 이 유로부터 종은 하나의 종차^{a specific differentia}를 통하여 구별되었다. 이 새로운 변증술에서는 "소크라테스식" 정의라는 이 기획을 그 자체 서술^{per se predication}의 원리가 떠맡게 되었다. 그러나 형상들 사이의 연결이라는 새로운 관념은 훨씬 더 넓은 범위의 개념적인 관계들 안에서 발전하게 되는데, 이는 긍정적인 것이든 부정적인 것이든 다른 것을 통한 서술^{per aliud predications}이 갖는 폭넓은 다양성 안에 반영되어 있다. 바로 이 새로운 개념적 풍경이 여기에서 개념들 간의 논리적인 관계들의 현란한 체계 안에 제시되는 것이며, 이곳에서 어떤 형상이 주어지든, 이 형상에 대한 설명은 다른 형상들과 자신이 맺는 관계를 명시하게 될 것이다.[35]

---

[35] 어떤 주어진 형상에 대한 완전한 설명은 원리상 다른 모든 형상들에 대한 자신의 관계를 명시할 수 있을 것이다. 이런 종류 중 한 가지 극단적인 견해는 스페우시포스에 의해서 발전되었던 것으로 보인다.

우리는 플라톤이 여기에서 형상들 사이의 연결을 표현하는 자신의 용어를 체계적으로 달리했다는 것에 주목할 수 있다. 그는 『파르메니데스』에서 반복적으로 사용되었던 "'있음(-임)'을 분유함metechein tēs ousias"이라는 표현에서 시작한다. 그러나 이 용어는 또한 ("관여하다proskoinōnein", "혼합symmeixis" 등) 다른 것들로 대체되는데, 그중 어떤 것들은 ("분유하다metechein"처럼) 논리적으로 비대칭적일 수 있는 반면, 어떤 것들은 ("혼합하다symmeignysthai"처럼) 외견상으로는 대칭적이다. 플라톤은 형상들의 연결을 표현하기 위한 용어를 의도적으로 열어둔 것으로 보인다. 그리하여 그는 '운동'과 '정지'가 '있음(-임)'을 나누어 가지는 반면, '있음(-임)'은 그 자체로per se 둘 중 어떤 것도 나누어 가지지 않는다고 마음껏 주장할 수 있다.

12. 다섯 최고 형상들과 '있(-이)지 않음'의 정의

플라톤에게 '있음(-임)'이라는 관념은 너무나 근본적이고, 또 그만큼이나 논리적으로 원초적이어서 오직 일련의 예시들을 통해서만 설명될 수 있다는 것이 드러난다. 이것들은 '있음(-임)', '운동', '정지' 등으로 시작하는 "최고류들megista genē"로 소개된다.

6절에 있었던 옛 플라톤 이론에 대한 손님의 비판에서는 앎 및 이해nous가 "있음(-임)과 우주being and the universe"가 운동 중인 것과 움직여지지 않는 것 모두를 포함해야 한다(249d)는 논변으로 끝을 맺었다. 그 결론은 다섯 가지 최고 형상들 중 세 가지, 즉 '있음(-임)', '운동', '정지'를 앎의 기본 대상들로서 우리에게 주고 있다. 그 뒤, 이 세 가지가 서로 구별된다는 것이 보여진다(250b-c). 우리는 후에 '운동'과 '정지'가 다르기만 할 뿐 아니라 각각이 그 자체와 동일하다는 것(254d14)에 주목하게 된다. 이 결론은 '같음'과 '다름'이라는 형상들을 추가하며, 그렇게 해서 우리에게 다섯 최고류들의 목록이 완성된다. 플라톤은 인식 대상들에 대한 어떤 참인 진술 안에서 이것들이 주어나 술어 내지는 직접목적어임을 보여 줌으로써, 이 다섯 가지 모두에 대한 일종의 "있음(-임) 증명 proof of being"을 제시했다. 우리는 결과적으로 자연 세계, 즉 변화를 허용하는 어떤 세계에 대한 어떤 합리적인 설명이라면 필요로 하는 근본적인 개념들의 목록을 갖게 된다.

『소피스트』 전체에 걸쳐 그렇듯이, 다시금 우리는 존재론적 측면에서 논리-언어적 연결들을 해석하고자 하는 플라톤의 실재론적 신념을 마주하게 된다. 플라톤에게 합리적 언어에 관한 근본적인 진리들은 있음(-임)에 관한 진리들을 반영해야만 한다. 이 결론에 깔려 있는 전제는 이후에 합리적 담론 logos이 형상들이 함께-엮임으로써(259e5) 우리에게 주어진다는 말에서 표현된다. 그러므로 우리가 인간으로서 합리적 언어와 합리적 사유 모두를 가질 수 있는 것은 저변에 놓인 합리적인 세계의 구조 덕분인 것이다.

지금 이 다섯 가지 최고 형상들, 즉 '있음(-임)', '같음', '다름', '운동', '정지'를 다루는 정교한 연습을 통해 설명되는 것이 이 근본적인 세계의 구조이며, 이 연습은 여섯 번째 형상으로서의 '있(-이)지 않음'을 정의하는 것으로 마무리될 것이다. 나는 이 논변을 명확하게 다루기 위하여 이를 다섯 가지 세부 절로 나눈다.

1) 다섯 유들이 서로 다르다는 증명(254b-255e)

앞에서 '있음(-임)'은 '운동'과 '정지'로부터 구별된 바 있다(250a-c). 치환을 통해 비동일성$^{non\text{-}identity}$을 간략히 증명함으로써 이 세 가지 형상들이 서로 다르지만 각각은 그 자신과 같다는 것이 확립되었던 것이다. 우리가 살펴보았듯이, 이 논변은 다른 두 기본적인 형상들인 '같음'과 '다름'을 도입한다. 우리는 이제 이 두 가지 형상들이 앞의 세 가지 유들 중 어느 것과도 동일하지 않다는 것을 증명한다.

이것들이 '운동' 및 '정지'와 동일하지 않다는 것을 보이는 논변은 단도직입적이다. '운동'과 '정지'가 서로 반대되는 것들이므로, ('같음'과 '다름'이 그런 것처럼) 이 둘 모두에 공통되는 어떤 속성도 둘 중 어느 것과 동일할 수 없다. 다시금 치환 가능성이 그 시금석이 된다. "'운동'은 (그 자신과) 같다"는 참이지만 "'운동'은 정지한다"는 거짓이다. 마찬가지로 '같음'에 대하여 '운동'을 [정지로] 치환하면, "'정지'는 (그 자신과) 같다"는 참이지만 "'정지'는 움직인다"는 거짓이다(255a). 같은 시험을 통해 '같음'이 '있음(-임)'과 동일하지 않다는 것이 확립되는데, '운동'과 '정지' 모두 **있지만**, 이것들은 명백하게도 같은 것이 아니기 때문이다(255c1).[36]

여기에서 가장 중요한 대목은 '있음'과 '다름'이 단일한 유가 아님을 증명하는 곳이다. 과잉으로 비쳐질 수도 있을 이 증명은 내가 그 자체[per se] 서술과 다른 것을 통한[per aliud] 서술로 부르는 있음(-임)의 두 가지 방식, 즉 이 대화편의 앞부분에서, 그리고『파르메니데스』에서 더 자주 마주쳤던 "있(-이)다[is]"의 두 가지 용법 사이의 근본적인 대비를 환기시켜 준다. "있는(-인) 것들[beings] 중에서, 어떤 것들은 항상 그 자체로 말해지고 그리고 또 어떤 것들은 항상 다른 것과 관계해서[37] 말해진다[tōn ontōn ta men auta kath' hauta ta de pros allo aei legesthai]"(255c12). (이것은 미하엘 프레데가 처음으로 "is1"과 "is2"라는 표제로 식

---

[36] 이 결론은 명백한 것으로 보이지만 논증에는 문제가 있는데, '있음(-임)'과 '운동'은 결국 각각 그 자신과 같고 서로 간에서만 다르기 때문이다. [이것이 256a7에 나타나는 "같음이다(being the same)"에 주어진 주연(周延)적 의미이다. 즉 '운동'은 "모든 것이 이것[즉, '같음(the Same)']을 분유하기 때문에(διὰ τὸ μετέχειν πάντ' αὐτοῦ)" 같았던 것이다.] 반면에 255c1에서의 논증은 "둘 모두 같음이다(both being the same thing)"를 "둘은 서로와 같다"로 간주한다.

[37] 본문에서 참조한 것으로 표기된 그리스어 원문에서 'pros allo'처럼 단수로 되어 있어, 이에 따라 번역도 본문을 따라 "다른 것과 관계해서"라고 옮겼으나, 버넷이 편집한 옥스퍼드 고전 텍스트(OCT) 플라톤 전집에서 해당 부분은 'pros alla'로 복수로 표기되어 있고 이에 따른 이창우 역 역시 "다른 것들과 관계해서"로 옮기고 있다. 3장 12절 3에 같은 문장을 인용할 때는 'pros alla'로 되어 있는 것을 보면, 이는 단순한 오기일 수도 있으나, 칸이 'per aliud'와의 연결을 생각하여 의도적으로 단수로 바꾼 것일 수도 있다. 혹은 칸이 참조하고 있는, 2025년 현재까지 출판되지 않은 레슬리 브라운의 번역이 참조한 판본의 차이 때문일 수도 있으나 이는 확인할 수 없다.

별하였던 구분이다.)

　여기서의 관련점은 '있음(-임)'이 이 두 가지 방식 모두로 말해지는 반면, '다름'은 언제나 다른 것을 통해서만 말해진다는 것이다. '다르다being different'는 언제나 '**어떤 다른 것들과 다르다**'인 것이다. 즉 '다르다'에는 어떠한 본래적인, 자기 지시적인 방식이 존재하지 않는다. 이와 대조적으로 '있음(-임)'은 두 방식들 모두에서 나타난다. 보통의 서술들은 '다른 것을 통하여 있다being per aliud'를 표현하는데, 이 경우 주체는 별개의 형상이나 본성을 도입하는 속성을 통해서 특징지어진다. 반면에 '그 자체로 있다being per se'에서는 술어가 소크라테스식 '**F란 무엇인가?**'라는 질문에 대한 답에서 기술되는 것처럼 직접적으로 주체 자체의 있음(-임), 즉 그것의 본질 내지는 본성을 표현한다. 그러므로 자기 서술("F는 F이다")은 그 자체 서술의 기본 형태이다.

　'다름'이 항상 다른 것을 통하여 서술되는 반면 '있음(-임)'은 두 가지 방식 모두로 서술되기에, '다름'은 '있음(-임)'과 별개인 형상이어야만 한다. 이 비동일성을 확립하는 보다 단순한 방법들이, 예컨대 치환을 통한 방법 등이 있을 수도 있다. 플라톤은 두 가지 서술 방식들 간의 근본적인 구별에 주목하도록 만들기 위하여 이 경우를 택하였는데, 이 구별은 **어떤 형상임**being a form과, 분유의 방식으로 **어떤 형상을 속성으로 가짐**having a form as attribute 사이의 차이에 상응한다. 이 구별은 여기서도 그리고 『파르메니데스』에서도 주의 깊게 준비되어 왔다.[38] 여기에 더해진 것은 있음(-임)의 두 가지 방식들에 입각하여 이 구별을 형식적으로 특징짓는 것이다. 이 구별은 이제 이어지는 주장들의 쌍들 사이에 존재하는 외견상의 모순을 해소함으로써 반복적으로 설명될 것이다. 이 전체 분석은 정확하게 두 가지 서술 방식들 간의 체계적인 구별을 통해 '있(-이)지 않음'의 문제들을 해소하려는 목표를 가지고 있다. 그리고 이 분석은 또한 형상 이론에 제기된 제3의 인간 논변이라는 악명 높은 도전에 대해서 플라톤이 제시한 최후의 대답으로도 볼 수 있다.

2) "X는 F와 다르다"로 해석되는 "X는 F가 아니다"의 예시들
(255e-256c)

이 다섯 가지 별개의 '형상들'을 파악한 후에, 논변은 이제 각각의 '형상들'에 대한 외견상의 모순들을 발전시키는 단계로 진행된다. '운동'을 소재로 삼은 손님은 먼저 '운동'이 같으면서 같지 않다는 것을 보이고 다음으로 운동이 다르면서 다르지 않다는 것을 보인다. 이 외견상 모순된 결론들은 다음과 같이 설명된다. '운동'은 같다. 그 자신과의 관계에서 '같음'을 분유하기^{metechei} 때문이다.

---

38   244c1에 첫 번째 힌트가 있었다. 그 뒤에는 245b-c에서 '하나'와 같음('하나'를 그 본성 즉 φύσις으로 가짐)과 '하나'를 속성(πάθος)으로 가짐 사이에 분명한 구별이 이루어졌다. 『파르메니데스』에서의 이 구별에 대한 예시는 앞의 89-90쪽을 보라.

운동은 같지 않다. "'다름'과의 결합 때문"이다. "이 ['다름'과의] 결합으로 인하여 '운동'은 '같음'과 분리되며, 같은 것이 아니라 다른 것"(256b)이다. 그러므로 이 쌍["같은"과 "같지 않은"]의 부정적 부분("같지 않은")은 우리 현대인에게는 비동일성에 입각하여 이해될 법하지만, [여기서는] '다름'과의 긍정적인 연결을 통해서 설명된다. 같은 설명이 두 번째 경우에도 적용된다. '운동'은 (앞서 255b에서 증명되었듯이) '다름' 등의 여타의 형상들과 다르다. 따라서 이것['운동']이 (그) '다름'이 아닌 것은 '다름'과 다르기 때문이다(256c5). 여기에서 우리는 그 자체 서술의 부정문 형태를 통하여 표현되는 있(-이)지 않음의 두 가지 사례를 갖게 되는데, 현대 독자들은 이 사례들을 형상들 사이의 동일성에 대한 부정("'운동'은 '같음'이 아니다"와 "'운동'은 '다름'이 아니다")으로 이해할 수도 있을 것이다. 두 경우 모두에서 부정은 차이_{difference}에 대한 긍정적인 주장으로 재해석된다. 이 사례들은 '다름'에 입각하여 '있(-이)지 않음'에 대한 일반적인 정의가 이루어질 것을 예상하게 해 준다.

완전한 분석은 다음과 같이 명시할 것이다. '운동'은 **같은 것**_{what is the same}과 다를 것인데, 이때 **같은**_{is the same} 것은 **그 자체로 같은**_{is per se the same} 것으로, 즉 '같음'의 형상으로 더 구체화된다. 왜냐하면 '운동'은 당연하게도 다른 것을 통해 같은_{is per aliud the same} 것과 다르지 않기 때문이다. 모든 형상은 다른 것을 통해서, 즉 '같음'의 형상을 분유함으로써 그 자신과 같다.[39]

3) "X는 F가 아니다"에서 F='있음(-임)' 그리고 또한 X='있음(-임)'

(256c-257a)

여지껏 이 외견상의 모순들에서 '있(-이)지 않음'은 반대 술어들 가운데 하나로 언급되지는 않았다. 반대항들은 단지 "같은"과 "같지 않은" 그리고 "다른"과 "다르지 않은" 뿐이었다. 플라톤의 전략은 먼저 '있음(-임)'에 대한 부정이라는 특수한 문제를 마주하지 않고서 이 외견상의 모순들을 제시하고 해결한 뒤에, '있음(-임)'에 대한 부정이 같은 방식으로 해결될 수 있다는 것을 보이는 것이다.

손님은 이제 **있음**(-임)이라는 술어에 대한 외견상의 모순을 만들어 내려고 한다. '운동'은 '있음(-임)'과 다르므로, '있음(-임)'이 아니다. 반면에 이것은 또한 (어떤) 있음(-임)이기도 한데, '있음(-임)'의 형상을 나누어 가지기 때문이다. 여기에서 다시 외견상의 모순은 F임^{being F}의 두 가지 방식들을 구별함으로써 제거된다. "있는(-인) 것들^{beings} 중에서, 어떤 것들은 항상 그 자체로^{auta kath' auta} 말해지고 그리고 또 어떤 것들은 항상 다른 것과 관계해서^{pros alla} 말해진다"(255c12). '운동'은 '있음(-임)'의 형상을 나누어 가짐으로써 다른

---

39   대문자 D를 갖는 "다름(Different)"과 소문자인 "다름(different)" 사이에 (그리고 같음에서 "same"과 "Same" 사이에) 활자상으로 내가 하고 있는 구별은 그리스어 텍스트 어떤 것에도 해당하지 않는다. 명확성을 목적으로 텍스트가 속성이나 술어로서만이 아니라 어떤 실체로서의 형상을 지칭하는 것처럼 보일 때마다 대문자를 도입하고 있다.

것을 통해 있는(-인) (어떤) 것이다. 그러나 '운동'은 '있음(-임)'의 형상과 다르기 때문에 그 자체로 있는(-인) 것은 아니다. 여기에서 등장하는 것은 오직 '있음(-임)'이라는 하나의 형상뿐이며 따라서 오직 하나의 술어만이 나타나고 있지만, 그 형상['있음(-임)']이 있는(-인) 방식에는 두 가지가 있다. 따라서 손님은 [이것이] 참이란 것을 역설적으로 강조하면서 다음과 같이 끝맺는다. "분명히, '운동'은 진정으로^{ontōs} '있는(-인)' 것이 아니면서^{ouk on} 또한 ―'있는(-인)' 것의 몫을 나누어 가지기에― 있는(-인) 것"(256d8)이다.

지금까지 앞의 경우들과의 유사성은 분명했고 논변은 단도직입적이었다. 다음으로 제시되는 것은 앞의 주장을 일반화하고 전도하는 것이다. 일반화는 직접적으로 등장하고 있는 다섯 형상들에만 그치지 않고 모든 유들에 이 결과를 적용하는 것으로 이루어진다. 전도는 '있음(-임)'과 '있(-이)지 않음' 모두를 속성들보다는 서술의 주어들로 취하는 것으로써 이루어진다.

따라서 '운동'에 관련해서 그리고 모든 유들^{genē}에 관련해서 '있(-이)지 않은 것^{to mē on}'이 있다는 점은 필연적입니다. 왜냐하면 모든 것들과 관련해서, 다른 것의 본성^{physis}은 각각의 것을 '있는(-인) 것'과 다른 것으로 만듦으로써 각각을 있(-이)지 않은 것으로 만들기 때문입니다. … 그러므로 형상들^{eidē} 각각과 관련해서 있는(-인) 것은 수에 있어서 많지만, 있(-이)지 않은 것은 셀 수 없을

정도로 많습니다. (256d-e)

한편으로, 손님은 모든 유들이 '있음(-임)'이라는 유와 다르다는 것을 나타내면서, 모든 유들이 가지는 어떤 속성으로서의 '있(-이)지 않음'이 실재한다는 것을 확립하였다. 이는 두 형상들 사이의 비동일성이라는 현대적 관념에 상응한다. 다른 한편으로 그는 또한 '있음(-임)'과 '있(-이)지 않음'을 여타의 유들에 대한 속성들로만이 아니라, **각각의 유[형상]에 관련하여**_{peri hekaston tōn eidōn} (256e5) "수에 있어서 많다"거나 "셀 수 없을 정도로 많다"의 주어로도 취함으로써 일종의 서술의 전도를 시사하였다. 이 언급은 "'유' X는 Y에 관련하여 많이 있다", 혹은 더 간단하게, X가 Y의 경우에 있어 예화된다는 것을 뜻하는 "X는 Y에 대한 것이다"로 표현되며, 역서술에 대한 새롭고도 중요한 개념을 도입한다. 이 역의 형식은 그 진릿값에 있어서는 'Y는 X다'라는 직접적인 형태의 서술과 상응한다.

역서술은 그다음 부분에서, 무엇보다도 참/거짓 진술을 정의하는 마지막 정식에서(뒤, 14절 참조) 중요한 역할을 수행할 것이다.[40] 그러나 여기서의 즉각적인 결론은 직접적인 서술의 측면에서 표현된

---

[40] 역서술은 259b4-6의 요약 부분에서 암시되고 있을 수도 있다. "'있음(-임)'은 수천 가지 것이 아니며, 모든 다른 형상들도 홀로 취하든 함께 취하든 많은 방식으로 있(-이)고 많은 방식으로 있(-이)지 않다." 그러나 논변상으로는 우리가 263b에서 참과 거짓에 대한 정식에 도달하게 될 때까지는 아무런 역할을 하지 않는다.

다. "'있음(-임)' 자체"를 주어로 취하면서 손님은 여타의 형상들이 존재하는 수만큼의 경우들에서 '있음(-임)'은 있(-이)지 않다고 지적하는데, 그것들 모두에게 '있음(-임)'은 그것들[다른 형상들]이 아니기 때문이다. "이것은 그 자체로 하나이면서, 셀 수 없이 많은 수의 것들이 아니다"(257a4-6). 비동일성이라는 우리의 관념에 상응하여 그 자체 서술의 부정은 모든 형상을 모든 여타의 형상에 연관시킨다. 그러므로 '있음(-임)'은 ('정지'를 나누어 가지게 되겠지만) '정지'가 아닌데, 그 자체로 '정지'인 것, 말하자면 '정지'의 형상이나 본성인 것과 다르기 때문이다. 그러므로 ("여타의 것들과는 다름"이라고 이해되는) '있(-이)지 않음'은 '있음(-임)' 자체의 한 속성이다. 모든 여타의 형상들이 서로로부터 구별될 때 ['있(-이)지 않음'이] 이 형상들의 속성인 것과 마찬가지로 말이다.

4) '있(-이)지 않음'에 대한 첫 번째 정의(257b-258c)

이제 분석의 최고조에 이른 손님은 '있(-이)지 않음'을 주제로 삼고 '있(-이)지 않음'의 형상을 '다름'의 형상의 한 부분으로 확립하게 된다.

'있(-이)지 않음'이라는 관념은 이제껏 (플라톤의 해석은 아니긴 해도) 우리가 형상들 간 비동일성의 경우로 해석할 수 있는 예시들을 통해 제시되어 왔다. 그 한 가지 전형적인 예시로는 '운동'이 '정지'(라는 형상)와는 다르다는 주장으로 해석되는 진술, "'운동'은 '정지'가 아니다"가 있다. 그러나 『소피스트』에서의 플라톤의 기획에는 동일성의 부정에 국한되지 않는, 문장에서의 부정에 대한 보다 일반적인 설명이 필요하다. 구체적으로는 거짓을 설명하기 위하여, 우리는 "테아이테토스가 난다"라는 문장이 어떻게 "있(-이)지-않은-것에 대하여 있(-이)다고 말하는"(269b9) 사례가 되는지 보여 주는 해석이 필요하게 될 것이다. "테아이테토스가 난다"는 있(-이)지-않은-것 what-is-not의 예시가 될 것인데, 난다flying는 속성이 테아이테토스에게 속하지 않기 때문이다. 그러나 이 부정 형태의 주장을 '다름'에 입각하여 표현한다면, 우리는 테아이테토스가 '낢'이라는 형상과 단순히 다르다고 (참이긴 하지만 무관한) 주장을 하는 것이 아니라 오히려 그가 **나는 모든 것**들과 다르다고 주장해야만 한다. 우리는 어떻게든 **x와 다른 것**이라는 표현에 보편 양화사를 도입할 필요가 있다. 그런 후에만 다름에 입각한 '있(-이)지 않음'에 대한 플라톤의 설명이 두 형상들 간의 차이를 어떤 특수한 경우로서 포함하는 동시에 부정 서술 일반에 적용될 수 있다.

플라톤은 (257a6과 d10에서) **크지-않음**the not-large과 **아름답지-않음** the not-beautiful에 대해 논의할 때 부정에 대한 이러한 보다 일반적인 정식의 필요성에 대해 고려하기 시작한다. 이 예들의 직접적인 논점은 어떤 단어의 부정이 그 반대를 의미하는 것은 아님을 보이는 것이다. (따라서 '있(-이)지 않음'은 '있음(-임)'의 반대를 의미하지 않을 것이다. 이 논점이 결정적이다. 그렇게 되면 ['있음(-임)'의] 반대는 우리가 4절에서 불가해하다고 기각했던 무한정적 '있(-이)지 않음'이라는 비정합적인 개념을 도입하게 될 것이기 때문이다.) 그러나 현재 첫 다섯 유들 외의 형상들을 도입하고 있는 이 예시들은 또한 부정에 대한 우리의 설명이 비동일성의 예시들로 여겨질 수 있는 다름의 경우들만이 아니라 기술하는 단어들 일반에도 적용될 것임을 보이기 위해 고안된 것이기도 하다. 우리는 예를 들어 '작음^{the Small}'이나 여타의 형상들만이 아니라 크지 않은 어느 것에나, 말하자면 '큼^{Largeness}'이라는 형상과 다를 뿐만 아니라 **모든 큰 것들과도** 다른 어느 것에나 적용되는 "크지 않은^{not large}"의 해석이 필요하다. 여기서 플라톤의 문제는 보편 양화사에 상당하는 어떤 것을 도입하는 것이다.

바로 이 문제에 대한 대답으로 미하엘 프레데가 제안했던 것이 우리가 이 맥락에서 "큼과 다른"을 "큰 무언가와 다른"으로 이해하여 '큼' 자체만이 아니라 모든 큰 것들^{all large things}이 **큰 것인 무언가**^{what is large}에 속하도록 만들자는 것이었다. 형상들은 "그 자체로 큰 무언가"로, 그 외의 모든 것들은 "다른 것을 통해서 큰 무언가"로 정확히 구분될 것이다. 물론 '큼' 자체의 경우에서 "크다"는 자기 서술['큼' 자체가 크다]의 한 사례가 될 것이다. 우리가 주목하였듯, 자기 서술은 그 자체 서술의 기본 형태이다.

프레데를 따르게 되면, 보편 양화사는 "큰 것인 무언가"라는 정식에 의해서 도입되며, 이때 이것은 "어느 것이건 큰 것인 모든 것

"으로 이해된다. 이러한 일반성 외에도 프레데의 정식 "큰 것인 무언가"는 모든 형상이 (1) ("-인^{what is}"에 표현된 대로) **있음(-임)**의 한 방식으로, 또한 (2) 어떤 한정된 것, 이 경우에는 어떤 **큰** 것으로 해석되어야만 함을 시사한다는 장점을 갖고 있다. 이 이중의 이해는 아리스토텔레스와 마찬가지로 플라톤에게도 있(-이)다는 것은 어떤 것으로 있다[어떤 것이다]는 혹은 여타의 것으로 있다[여타의 것이다]는, 말하자면 어떤 한정된 것으로 있다[어떤 한정된 것이다]는 사실을 충분하게 다루고 있다.

다름에 입각하여 이루어진 '있(-이)지 않음'에 대한 플라톤의 정의는 "'다름'의 본성은 앎처럼 부분들로 잘린다"(257c7)라는 관찰을 통해 예비된다. 앎이 복수의 것으로 나누어지는 하나의 통일체이고 이 통일체의 부분들은 자신의 대상에 따라 (예를 들어 생물에 대한 연구가 "생물학", 사회에 대한 연구가 "사회학"으로) 이름 붙여지는 것처럼, 마찬가지로 '다름'은 부분들로 나누어지는 하나의 통일체이며 이 부분들은 이것들이 무엇**과** 다른지에 의하여 식별된다. 아름답지-않음은 '아름다움'의 본성에 반대되는 것으로 설정되는 '다름'의 부분이다. 즉, 그것은 아름답지 않은 (그리고 또한 '아름다움'이 아닌) 모든 것이다. 크지-않음과 정의롭지-않음도 마찬가지다. 그리고 '다름'의 본성이 그 자체로 하나의 있는(-인) 것^{a being}, 곧 있는(-인)-어떤-것^{something-that-is}으로 인정되었으므로 ('아름답지-않음'과 '크지-않음'과 같은) 그것의 부분들은 역시나 마찬가지로 있는(-인) 것들^{onta}이다(258a7-9). 이를

통해 우리는 '다름'의 특정한 부분인 '있(-이)지 않음'의 일반적 정의
에 이르게 되는데, 이는 곧 '있음(-임)' 자체를 참조함으로써 식별되
는 부분이다.[41] 즉, 만약 '다름'의 한 부분의 본성이 '있음(-임)'의 본
성에 맞선다면, 이것들의 서로에 대한 대비antithesis는, 이렇게 말해
도 된다면, '있음(-임)' 자체에 못지않게 있는(-인) 것이다. 이 대비는
'있음(-임)'에 대한 반대항이 아니라 단지 이것['있음(-임)']과 다른 어떤
것을 가리킨다(258a11-b3).

　　나는 일부 번역자들이 한 것처럼 258b1에 "('있음(-임)'의) 부분
moriou (tou ontos)"을 삽입하여서 시작절을 "'다름'의 한 부분이 '있음
(-임)' 자체에 맞선다면"으로 읽기보다는 "'있음(-임)'의 **한 부분에 반
대되는**"으로 읽고 싶지는 않다. 그러한 텍스트 편집은 필요하지 않
다. 설명의 이 시점에서 다루어지는 것은 '있음(-임)'의 부분이 아니
라 [그것의] 전체 형상이다. 우리는 '다름'의 부분들을 각 부분들**과는**
다른 어떤 구체적인 형상을 특정함으로써 식별한다. 따라서 '있(-이)
지 않음'을 '다름'의 한 부분으로서 규정할 때, 우리는 해당 부분을
특정한 형상, 즉 '있음(-임)'에 연결시킴으로써 ('크지 않음'이 '큼'과 연결
되거나 '아름답지 않음'이 '아름다움'에 연결되는 것과 똑같이) 특정한다.

　　그러나 적혀 있는 그대로 번역하기를 피하고 싶은 마음은 이해

41　'다름'의 부분들은 모두 'x와 다른 것'으로 식별된다. 이제 '있(-이)지 않음'은 x의 자리
　　에 '있음(-임)'을 대입한 결과로서 일반적으로 정의되고 있다.

할 수 있다. 우리가 보편 양화사를 위한 프레데의 독법을 따른다면, 여기에 한 가지 문제가 있는 것처럼 보일 것이다. 만약 '크지 않음'이 어느 것이건 **큰 것인 모든 것**^{whatever is large}과는 다른 것들의 유^{genos}로 이해된다면, '있(-이)지 않음'은 **어느 것이건 있는(-인) 모든 것 내지 어느 것이건 있음(-임)을 가진 모든 것**^{whatever is or has being}과는 다른 것들의 유여야만 할 것이다. 그러나 그러한 어떤 유가 있을 수 있는가? 이것은 우리를 어떤 식으로도 있(-이)지 않음^{mēdamōs on}, 곧 어떠한 있음(-임)도 전혀 가지지 않는 불가능한 종류의 것으로 끌고 가지 않는가?

여기서도 역시 "있는(-인) 것인 것과 다른^{different from what is being}"이라는 정식에 삽입되어 있는 "-인^{is}"의 두 양태들을 구분함으로써 해결책이 주어질 수 있을 것 같다. 왜냐하면 이것은 우리에게 방금 약술된 정의에 대한 두 가지 독법과 '있(-이)지 않음'의 두 가지 형태를 제공할 것이기 때문이다. 그 자체로 있음(-임)인 것과의 다름은 '있음(-임)'의 형상과의 다름을 뜻할 것이다. '다름'의 이 부분은 '있음(-임)' 자체 외 여타의 모든 형상들을 포함하는 하나의 유^{genos}를 규정할 것이다.[42] 다른 한편, 다른 것을 통하여 있음(-임)인 것과의 다름은 어느-것이건-F인-모든-것^{whatever-is-F}과는 다름이면서 F가 '있음(-임)'의 특정한 부분, 즉 '있음(-임)' 자체가 아니라 어떤 개별적인 [있음의] 형상을 가리킬 때를 의미할 것이다. 그러므로 다른 것을 통하여 있음(-임)인 것과는 다름은 F가 아닌 모든 것을 포함하는 유를 가리킬 것인데, 이때 F라는 특정 값에 대하여 F는 '있음(-임)' 자체를 제외한 어떤 형상도 될 수 있다. 그렇기에 다른 것을 통하여 '있(-이)지 않음'의 부분들은 (아름답지 않은 것이면 무엇이든 포함하는) '아름답지 않음', '크지 않음' 등등과 같은 단지 특정한 부정적인 형상들일 것이다.

이 첫 번째 규정의 함의는 다음 부분에서 해명되어야만 한다. 그러나 그 자체 서술과 다른 것을 통한 서술이라는 플라톤의 구분과의 밀접한 연관은 손님의 바로 다음 언급에서 자기 서술이 두드러짐으로써 시사된다.

그리고 이제부터 우리는 '있(-이)지 않음'이 자신의 본성을 가지면서 굳건하게 있(-이)다고 과감하게 말해야 합니까? 그래서 큼이 컸고, 아름다움은 아름다웠고, 크지 않음은 크지 않았고, 아름답지 않음은 아름답지 않았듯이, 똑같은 식으로 또한 '있(-이)지 않음'은 있(-이)지 않은 것이었고 있(-이)지 않은 것이라고, 그리고 이것은 많은 있는(-인) 것들 중 하나의 형상으로 세어져야 한다고 말해야 합니까? (258b9-c3)

5) 두 번째 정의와 결론 요약(258c-259e)

'있(-이)지 않음'에 대한 정의로부터 결론들을 이끌어 낼 때, 손님은 우리가 적어도 부정 서술의 주체가 하나의 형상인 경우들에 있어서는 사실상 부정 서술을 위한 존재론적 기초를 마련했음을 보여 준다.[43]

앞의 분석이 '있(-이)지 않음'에 가한 파르메니데스의 공격에 대한 마지막 반론을 구성하는 일종의 원환 구성을 보이면서, 이 대목은 스테파누스 쪽수로 20쪽 전인 237a에서 '있(-이)지 않음'에 대한 논의를 도입하기 위해 인용되었던 파르메니데스의 두 구절을 반복하는 것으로 시작한다. 파르메니데스에 대항하여 우리는 "있(-이)지 않은 것들이 있(-이)다^{not beings are, mē onta einai}"라는 것을 보였을 뿐만 아니라 '있(-이)지 않음'을 하나의 진정한 형상으로 확립했다.

'다름'의 본성이 있다는 점 그리고 이것은 서로 간의 관계에서 있는(-인) 모든 것들에 잘게 잘려 퍼져 있다는 점을 우리는 보여 줌

---

[43] 다시 『국가』 5권에서 변화하는 사물들에 대한 보다 낮은 수준의 실재성을 규정하는 데 쓰인 바 있는 "있으(-이)면서 있(-이)지 않다(is and is not)"라는 정식에 대하여 아무런 설명도 주어지지 않았다는 것에 주목하자. 『소피스트』에서 서술은 오직 형상들 사이의 관계로만 분석된다. 반면에 15절에 따라 나오는 참/거짓 진술의 정의에서는 서술이 테아이테토스와 같은 개별적인 주체들에 대해서 설명될 것이다. 그 이론이 완전하게 언술되지 않았으므로, 우리는 어떻게 서술이 그러한 개별 주체들에 대하여 분석되어야 하는지 자신 있게 말할 수 없다.

으로써, 있는(-인) 것에 대비된, 이 본성의 각각의 부분이 그 자체로 진정으로 있(-이)지 않은 것^{estin ontōs to mē on}이라고 우리는 감히 말했기 때문입니다. (258d7–e3)

'있(-이)지 않음'에 대한 이 두 번째 정의는 '있(-이)지 않음'의 부분들을 서로 구별한다는 점에서 첫 번째 정의와 다르다. 앞선 규정에서 '있(-이)지 않음'은 하나의 전체로서, 단일한 형상으로서, 즉 '있음(-임)'이라는 형상과의 다름으로서 규정되었다. 첫 번째 정의에서는 '다름'의 여타 부분들을 언급할 필요가 없었다. 그 규정의 논점은 꽤나 제한되어 있었다. '있(-이)지 않음'이라는 관념을 '있음(-임)'에 대한 어떤 **반대항**^{opposite} **44**이라는 혼동된 관념으로부터 분리시키는 것, 말하자면 **어떤 식으로든 있(-이)지 않은 것** 내지는 전혀 없는 것이라는 관념으로부터 분리시키는 것이었다. '있(-이)지 않음'을 다름이라고 식별함으로써, 첫 번째 정의는 다섯 "최고류" 중 하나로서의, 그래서 '있음(-임)' 자체에 못지않게 실재하는 어떤 실체^{ousia}로서의 '있(-이)지 않음'을 확립한다.

'다름'의 **부분들**을 서로서로 구별하는 일은 두 번째 정의의 몫으로 남아 있었다. 각각의 부분을 (따라서 '있(-이)지 않음'의 각 해당 부분을)

---

44 여기서 '있음(-임)'의 반대항(opposite)인 '있(-이)지 않음'은 형언할 수 없는 절대적인 '있(-이)지 않음'을 뜻하며, 첫 번째 정의는 '있음(-임)'의 이 반대항이 아니라 대비(contraposition, antithesis)로서의 '있(-이)지 않음', 즉 '다름'에 입각하여 이루어졌다.

식별하게 해 주는 것은 각각의 것이 '있음(-임)'의 어떤 부분과 다를 때, 바로 이 '있음(-임)'의 특정 부분이다.[45] '다름'은 항상 다른 것을 통해 있다(255c-e)는 것을 떠올려 보자. 따라서 '있(-이)지 않음'도 역시 항상 또 다른 형상에 상대적이어야만 한다.[46]

긍정을 나타내는 형상에 대한 이러한 개념적인 의존은 손님이 '크지-않음' 옆에 '큼'을, '아름답지-않음' 옆에 '아름다움'을 언급했던 개재된 단락(258c)에서 강조되었다. 따라서 258d-e에 있는 규정의 두 번째 진술에서 '다름'은 이제 "있는(-인) 모든 것들에서 서로에 대비되는 것으로 잘게 잘리"며 그리하여 "있는(-인) 것에 대해 대비된, 이 본성의 각각의 부분", 말하자면 각 형상에 대비되는 것으로 놓여지는 이것[다름]의 부분은 그에 대응되는 '있(-이)지 않음'이다. 모든 F에 대하여, 이에 상응하는 '있(-이)지 않음'의 부분은 F이지 않음이다. 크지 않음과 아름답지 않음은 '있(-이)지 않음'의 표본이 되는 부분들로 언급되었다. 그 상응하는 긍정 형태들이 '있음(-임)'의 부분들이 되는 것과 마찬가지로 말이다. (다시금 부정을 나타내는 형상들

---

45 '다름'의 부분들과 '있(-이)지 않음'의 부분들은 곧 개별적인 다른 것들과 개별적인 있 (-이)지 않은 것들인데, 이것들 각각이 무엇인지는 'x와 다른 것'에서 x에 의해 식별된 다. 그리고 이때 x는 '있음(-임)'의 부분, 즉 있는(-인) 것들에 해당한다. 예컨대 '있(-이) 지 않음'의 부분인 '아름답지 않음'은 '있음(-임)'의 부분인 '아름다움'과 다름에 의해서 식별된다는 것이다.

46 -임(있음)이 항상 X임(being X)인 것처럼, 마찬가지로 -이지(있지) 않음은 항상 X이지 않음(being X)이다. '다름'의 경우에서 독특한 점은 같은 형상이 주체와 속성 모두 다일 수는 없다는 것이다. 즉 '있(-이)지 않음'에 대해서는 그 자체 서술이 존재하지 않는다.

은 또한 '있음(-임)'의 (이차적) 부분들로 여겨질 수 있는데, 이것들은 '다름'의 부분들이고 다름 자체는 어떤 있는(-인) 것이기 때문이다. 어떤 있는(-인) 것이 아닌 형상은 존재할 수 없다.)

원환 구성의 두 번째 예시[47]에서, 손님은 '늦게 배운 자들'에게 반대하는 주장을 재천명하면서 '있(-이)지 않음'에 대한 논의를 끝맺는다. 모든 것으로부터 모든 것을 분리시키려는 그들의 시도는 철학에 치명적인 위협을 야기하는데, 그것은 모든 합리적인 담론이 소실됨을 뜻할 것이기 때문이다. "로고스^{logos}는 우리에게 형상들이 서로 함께-엮임^{weaving-together}으로써 주어지기 때문이다"(259e). 이것은 '있음(-임)'과 '있(-이)지 않음'에 대한 플라톤의 설명을 요약한 결론이다. 로고스, 말하자면 합리적인 담론을 위한 존재론적 기초는 다섯 최고류들 간의 연결들에서 그려지는, 형상들 사이의 긍정적이고 부정적인 연결들의 네트워크로 드러났다. 그리고 (우리가 지금까지 살펴본 것으로만 따지자면) 오직 형상들 간의 관계들에서이긴 하지만 비동일성과 부정 서술 모두를 아우르는 '있(-이)지 않음'에 대한 정합적 설명의 기초를 마련해 주는 것은 바로 이 형상들 중 하나, 즉 '다름'이다.

---

47   259b-e를 참조하라.

13. 명제적 구조로서의 로고스에 대한 분석(260a-262e)

이 '있(-이)지 않음'에 대한 해명은 소피스트의 정의에 필요했던, 거짓을 다루기 위한 길을 닦았다. 이제 거짓 진술logos과 거짓 판단 내지 거짓 믿음doxa을 설명하는 것이 가능하게 된다. 엘레아에서 온 손님은 먼저 로고스의 관념을 분석하고 난 뒤 거짓 진술을 산출하기 위해 이것이 어떻게 '있(-이)지 않음'과 결합할 수 있는지를 보여줄 것이다. 거짓 진술에서 거짓 믿음으로의 마지막 이행은 영혼이 그 자신과 나누는 소리 없는 대화로 사유를 정의했던 『테아이테토스』에서 주어진 판단의 분석(189e)으로부터 손쉽게 따라 나오게 된다. 판단은 그 자신을 향한 무언의 주장 내지는 진술이다(『소피스트』 264a). 따라서 판단의 논리적 구조가 진술의 논리적 구조이므로, 거짓 판단이라는 문제는 자동적으로 거짓 진술의 문제에 대한 플라톤의 해결책을 통하여 풀리게 될 것이다.

그리하여 우리는 로고스에 대한 일반적인 설명에서부터 시작하게 된다. 한 형상으로서의 로고스의 존재는 있는(-인)-것들ta onta 가운데 주어진 것으로 여겨질 수 있다. 그 가능성은 "형상들의 서로 함께-엮임"을 통하여 확립될 수 있으며, 그 현실성은 우리가 이 논의를 수행할 수 있고 또 [실제로] 하고 있다는 사실에 의해 확인된다 (260a9). 당장에 요구되는 것은 형상 혹은 유로서 로고스가 무엇인지, 그리고 어떻게 이것이 '있(-이)지 않음'과 결합할 수 있는지에 대한 이해다.

　손님은 여기에서 거짓을 "있(-이)지-않은-것을 말함^{ta mē onta legein}"으로 이해하는 익숙한 방식에 의존한다. 바로 이런 종류의 정식이 '있(-이)지 않음'이라는 개념을, 또 그래서 거짓이라는 개념을 그렇게나 문제적으로 보이게 만들어 왔던 모든 궤변적 수수께끼들의 근간에 놓여 있다. 다름에 입각한 '있(-이)지 않음'에 대한 분석은 우리를 이러한 수수께끼들로부터 해방시켰다. 이제 필요한 것은 어떻게 로고스가 '있(-이)지 않음'이라는 형상과 혼합될 수 있는지를 보여주는 설명이다. 바로 이 지점에서 손님은 명제적 구조로서의 로고스에 대한 자신의 분석을 선보인다. 역사적인 관점에서 이것은 이 대화편의 핵심적인 성취이며 언어 철학에 대한 플라톤의 주된 기여이다. 『크라튈로스』에서 플라톤이 언어적 의미를 다룰 때에도 여전히 단어들과 이 단어들이 가리키거나 뜻하는 것 사이의 일대일 관계라는 오래된 명명 모델이 지배적이었다. 이전에 보다 풍부한 모델에 대한 실마리들이 주어지기는 했지만, 명명 모델을 포괄하는, 로고스에 대한 완전한 설명을 플라톤이 제공하는 것은 오직 지금, 『소피스트』에서만이다.[48]

　[그 완전한 설명에서] 빠져 있던 요소는 여기서 이전에는 말, 어구,

---

[48] 　『에우튀데모스』, 『크라튈로스』, 『테아이테토스』에서의 주어-술어 구분에 대한 선행적 언급들에 대해서는 200-205쪽 윗부분을 보라.

표현 등 어떤 것이든 말로 된 것을 가리키는 데 사용되었던[49] 레마 rhēma라는 용어에 부여된 새로운 의미로 등장한다. 여기에서 처음으로 플라톤은 오노마onoma의 "명사"라는 뜻과 대비시켜 레마에 "동사"라는 뜻을 부여한다. 오노마와 레마의 이 새로운 의미들은 이제 262b의 두 가지 예시를 통해 명시된다. 아리스토텔레스가 『명제론』에서 받아들이는 (그리고 라틴어로 "nomen"과 "verbum"으로 옮겨지는) 플라톤의 새로운 용어는 이리하여 서구 전통에서 명사-동사 구별에 대한 표준적인 표현이 된다.[50]

명사와 동사를 형태론적으로 서로 구별하는 것은 그리스어에서 쉬운 일이지만 (우리가 아는 한) 플라톤 이전의 그 누구도 그러한 구별을 하지 않았다. 『소피스트』 262a는 현존하는 그리스어 문헌에서 레마가 "동사"라는 뜻으로 나타나는 첫 번째 대목이다. 그러나 플라톤의 관심은 단지 문법적인 것만은 아니다. 그는 여기에서 "테아이테토스[가] 앉다"와 "테아이테토스[가] 날다"와 같은 기초적인 문

---

[49] 『크라튈로스』에서는 항상 그렇게 사용되었고, 『소피스트』의 그 앞(257b7)과 그 뒤(265c5)에서도 마찬가지다. "단어들과 어구들"을 가리키는 연언, ὀνόματα καὶ ῥήματα는 이미 『변론』 17c에서도 표준적인 정식이었다. 여기서 플라톤의 혁신이 갖는 획기적인 본성은 예를 들면 『크라튈로스』 같은 이전 텍스트들에서 ῥῆμα를 "동사"로 잘못 번역함으로써 자주 흐려졌다. 명사와 동사 간의 구별은 명제적 구조의 발견이나 마찬가지라는 것이 드러난다.

[50] 『소피스트』의 새로운 용어는 플라톤의 『일곱 번째 편지』 342b6에 반영된다. "그것의 정의가 두 번째 것으로, 명사들과 동사들로 구성됩니다(λόγος δ' αὐτοῦ τὸ δεύτερον, ἐξ ὀνομάτων καὶ ῥημάτων συγκείμενος)." [김주일 역에서는 '이름'과 '술어'로 옮겨졌으나, 칸의 의도에 따라 여기서는 '명사'와 '동사'로 옮긴다.]

장들의 주어-술어 구조를 드러내기 위하여 (우리 텍스트에서 그의 예시들을 통해 식별되는) 명사-동사라는 품사 간의 구별을 고안해 냈다. 명제적 구조에 대한 바로 이 통찰이 참과 거짓의 구별에 대한 플라톤의 설명에 열쇠를 제공한다.[51]

엘레아에서 온 손님은 그리하여 품사 간의 형태론적 구별과 문장 구조의 구문론적 분석 둘 모두를 수행하되, 이 둘을 주어와 술어 사이의 의미론적 구별을 식별하기 위한 장치로만 사용한다. 이 구별이란 문장이 무엇에 **관하여** 말하고 있는지와 이것이 주어에 관하여 무엇을 **말하는지** 사이의 구별이다.

오늘날 우리가 문장의 부분들에 대해 "주어"와 "술어"라는 용어들을 사용하는 방식은 구문론적 구별과 그것의 의미론적 해석을 혼동하는 경향이 있다. 그러나 플라톤의 텍스트에서는 어떠한 혼동도 없다. 구문론적으로 그는 명사와 동사를 문장이나 명제logos의 부분들로 인정한다. 그러나 의미론적 구별은 명사와 동사 사이에 이루어지는 것이 아니라 행위자들prattontes과 행위들praxeis 사이에서 이루어진다. 여기서의 중요한 성취는 어떤 로고스가 하나의 복합체, 하나의 "함께-엮임"이라는 것만이 아니라, 그것의 복합성이 구문론과 의미론 두 수준 모두에서 기능한다는 것을 알아본 것이다. 이 이중성은 분명하게 인식되고 있다. "어떤 로고스는 명사와 동사를 통하

여 어떤 것pragma을 어떤 행위praxis와 합친다"(262e12). 여기에서 로고스로 플라톤은 문법적인 문장을 가리키지만 그것이 주장하는 내용도 염두에 두고 있으므로 "명제proposition" 혹은 "논제thesis"가 하나의 적절한 번역일 것이다. 마찬가지로 명사와 동사는 여기에서 그것들의 형태론적 특성들이 아니라 의미론적 기능들에 의해서 식별되고 있다. 즉, 동사는 어떤 행위나 존재ousia의 어떤 상태를 뜻하며, 명사는 어떤 행위자나 있음(-임)on의 주체를 가리킨다(262a-c).

『테아이테토스』에서 소크라테스는 로고스를 "단어들의 함께-엮임onomatōn symplokē"(202b5)으로 규정했다. 그러나 엘레아에서 온 손님은 한발 더 나아간다. 그는 만약 이 단어들이 모두 ("사자", "사슴", "말"같이) 명사라면 이것들을 함께 묶는 것은 어떠한 혼합도 산출하지 않을 것이고 따라서 어떠한 로고스도 생산하지 않을 것이라고 지적한다. 가장 단순한 로고스는 플라톤의 첫 번째 예시, "사람[이] 배운다anthropos manthanei"처럼 하나의 명사를 하나의 동사와 결합시켜야만 한다.

왜냐하면 이제 이렇게 되면 그는 있는 것들 혹은 되고 있는 것들 혹은 있게 된 것들 혹은 있게 될 것들에 관해 지시하기 때문입니다. 그는, 동사를 명사와 같이 엮음으로써 어떤 것에 대해 단지 이름 부를 뿐 아니라 이 어떤 것을 종결시키는ti perainei 것입니다. 따라서 우리는, 그가 단지 "이름 부른다"라고 말할 뿐 아니라 또한 "진술한다^{legein}"라고 말하는 것입니다. 사실 이 엮임에 대해 우리는 "진술^{logos}"이라는 이름을 언표한 것입니다. (262d2-6)

그리하여 플라톤은 한 명제의 언어적 형태와 논리적 구조 모두를 식별함으로써 마침내 의미론을 명명 모델로부터 해방시키는 데 성공하였다. 그리고 그는 어떤 문장 안에서 명사와 동사가 명제의 주어와 술어로 이해되는, 그러한 명사와 동사의 기초적인 결합을 알아봄으로써 이것을 달성하였다. 더 살펴보아야 할 것은 어떻게 이 명제적인 함께-엮음이, 이전에는 로고스를 가능하게 만들어 주는 것이라고 기술되었던 존재론적인 "형상들 서로 간의 함께-엮임"에 관계되는지이다.

"(어떤) 인간은 배운다"라는 플라톤의 첫 번째 예시에서 주어 표현이 인간의 형상이나 본성을 가리키는 것으로 이해될 수 있다는 것은 아마도 우연이 아닐 것이다. '인간'과 '배움'이라는 두 형상들의 함께-엮임은 어떤 특정 개인이 배우고 있다는 모든 주장이 참이기 위한 필요조건이다. 주어가 테아이테토스인 그다음 예시들에서는 형상들 사이의 그러한 결합을 식별하는 것이 더욱 어렵다.

플라톤은 이 예비적인 구별들을 세련된 간결함을 갖춘 예시들을 통하여 표현해 왔다. 이제 결론을 도출하면서 그는 더욱더 간결한 모습을 보여 준다. 우리는 어떻게 그의 참과 거짓에 대한 정의가 '있(-이)지 않음'에 대한 앞선 설명을 활용하는지 살펴보기 위하여 면밀하게 텍스트를 살펴볼 필요가 있다.

엘레아에서 온 손님은 세 가지 조건들을 인정함으로써 참/거짓 진술에 대한 그의 설명을 시작한다.

(1) 로고스는 언어 외적인 주체를 가져야만 한다. 즉 이것은 어떤 사람이나 어떤 것에 관한^{tinos} 것이어야만 한다. "그것이 어떤 것에 관한 것도 아니라면, 그것은 로고스[진술]가 전혀 아닐 겁니다. 왜냐하면, 한 진술^{logos}이 그 어떤 것에 관한 것이 아니면서도 진술이 된다는 것은 불가능한 영역에 속한다는 것을 우리가 보여 줬기 때문입니다"(263c9, 262c5를 참조하라).

(2) 이것은 진리 성질^{quality, poios}을 가져야만 한다. 타당하거나 타당하지 않은 진리 주장을 해야만 한다.

(3) 이 두 가지 조건들을 만족시키기 위하여 로고스는 수어-술어 구조를 가지고 있어야만 한다. 즉 이것은 어떤 행위자나 사물^{pragma}을 어떤 행위^{praxis}와 결합시켜야만 한다(262e).

이 기반 위에서 손님은 두 가지 단순 문장들을 제공하는데, 하나는 참이고("테아이테토스는 앉아 있다") 하나는 거짓("테아이테토스는 날고 있다")이다. 그리스어에서는 이것들이 모두 두 단어로 된 문장들이며, (이 경우에는 또한 이름이기도 한) 명사 하나를 동사 하나와 결합하고 있다. 손님이 첫 수手로 놓은 것은 테아이테토스가 두 진술 모두 "나[테아이테토스 자신]에 관한"(263a) 것임을 인정하게 하는 것이다. 그는 그리하여 주체를 식별하는 기능과 주체에 대해 말해진 것을 분리해 내는 데 성공한다. 이것은 지칭[지시]과 서술을 구별하는, 또 그래서 이름 붙이기와 서술하기 사이의 오래된 혼동을 극복하는, 플라톤의 기획이 성공하는 결정적인 순간이다. 이 두 표본 진술들에서 이름 붙여지는 주체는 테아이테토스로 같다. 그러나 한 주장은 참이고 다른 것은 거짓이다.

이러한 진릿값의 차이는 '있(-이)지 않음'에 대한 앞의 설명에 입각할 때 어떻게 이해되는가? 바로 여기에서 플라톤은 마침내 술어의 역형태, 즉 어떤 주체**에 관하여 있음**(-임)^{being about a subject}이라는 형태를 활용한다. "참인 진술은 당신에 관해서 있는(-인)-것들을 있(-이)다고 말^{legei … ta onta hōs estin peri sou}"(263b4)한다.[52]

52　이 구절을 "당신에 관해서 있는(-인)-것들을 있는(-인) 바대로 말한다(ὡς ἔστιν)"로 이해하는 것도 가능하다. 그러나 이 해석은 263b9에서의 거짓에 대한 정식 안의 ὡς ὄντα와의 유사성을 놓고 보았을 때, 만족스럽지 못할 것이다. 또한 마찬가지로 263d2에도 이 유사성이 있다고 덧붙이는, Frede(1992), 418쪽을 참조하라. ['ὡς'는 영어의 접속사 'that'처럼 명사절을 이끄는 접속사로 사용될 수도 있고, 칸이 이 주석에서 밝히듯 영어의 'as'가 부사절을 이끄는 것처럼 이해될 수도 있다. 'ὡς'는 'ἔστιν'과 같이 동사와 함께 쓰이거나 'ὄντα'와 같이 분사와 함께 쓰일 수 있다. 분사와 함께 쓰이

반면에 거짓 진술은 "있는(-인) 것들과는 다른 것들^{hetera tōn ontōn} 을 말합니다. … 그것은 있(-이)지-않은-것들^{ta mē onta}에 대하여 이것 들이 있는(-인) 것들^{hōs onta}이라고 말합니다.[53] … 그것은 있는(-인)-것 들(즉 진정한 있음(-임)들)을 말하지만, 당신에 관하여 있는(-인)-것들과 는 다른 것들을 말합니다."

거짓 진술에 대한 이 세 구절들에서 플라톤은 다름으로서의 '있 (-이)지 않음'에 대한 앞선 설명에 의지하며, 동시에 『테아이테토스』 에서 인용했던 참에 대한 프로타고라스식의 정식(152a), 즉 있는(-인) -것에 대하여 그것이 있(-이)다고 말하고, 있(-이)지-않은-것에 대하 여 그것이 있(-이)지 않다고 말한다는 정식을 암시한다.

그러므로 우리는 플라톤의 여기서의 분석에서 '있음(-임)'이라는 관념이 세 가지 수준에서 등장한다는 것을 보고 있다.

(a) 우선 "있는(-인) 것들^{ta onta}"이 있는데, 이것들은 테아이테토스 에 관하여 사실인 것(말하자면, 앉아 있음)으로 이해된다. 이 있음(-임)의 사용은 참된 속성을 나타내며, 알맞은 형상이나 유를 나누어 가짐 에 입각하여 해석된다.

(b) 다음으로 테아이테토스에 관한 "있(-이)지 않은 것들^{ta mē}

<hr>

는 경우 문장 주체의 주관적 관점이 결부되고, 동사와 함께 쓰이는 경우 보다 객관적 사실에 대한 것이라는 뉘앙스의 차이가 있을 수 있다.]

[53] 이창우 역은 "있지 않은 것들을 있는 것들로서 말합니다"라고 옮겼다. 'hōs onta'를 일 종의 부사구로 옮긴 것인데, 바로 앞 주석 52번에서처럼 칸은 둘을 의도적으로 구분하 고 있으므로 칸의 번역을 살렸다.

onta"(말하자면, 낢)이 있는데, 이것들은 테아이테토스에 대한 "사실인 것과는 다른 것들hetera tōn ontōn"로 해석된다. 바로 이 지점이 충분한 설명을 위해서 보편 양화사가 필요한 곳이다. 즉, 낢은 테아이테토스에 관한 사실에 해당하는 모든 것들, 그러니까 모든 참된 술어들과는 다르다. 물론 낢 자체는 또한 어떤 있는(-인) 것a being, 즉 어떤 진정한 유인데, 예를 들자면 그것은 새들에 의해 예화된다. 단지 [낢은] **테아이테토스에 관한** 있는(-인) 것이 아니고, 테아이테토스가 속한 유가 아니며, 그가 나누어 가지는 어떤 형상이 아닐 뿐이다.[54]

(c) 마지막으로 진리 주장으로서의 있음(-임), 즉 두 **문장들** 각각에서 주장되고 있는, 그렇게-있음the being-so이 있다. 즉 "[이것이] 사실이다that it is the case"(b4의 hōs estin, b9와 d2에서의 hōs onta)가 있다.

이 진리 주장에 더하여, 우리는 또한 주어와 술어 모두에 대하여 '있음(-임)'이 주장되고 있다는 것에 주목해야 한다. 이것들[주어와 술어]은 각각 진술의 대상(즉, 테아이테토스)과 이것에 대해 말해지는 바(즉, 앉아 있음과 날고 있음)로 구별된다. 그러므로 우리는 명제적 구조에 대한 플라톤의 분석이 내가 플라톤-파르메니데스식 '있음(-임)' 개념에서 전제되고 있다고 식별했던, 에이나이 동사의 세 가지 의미론적 값들을, 즉 주체의 존재, 술어의 예화, 그리고 이 두 가지의 복합

---

54   테아이테토스와 같은 개별 주체가 형상을 분유한다(μετέχειν)는 관념은 『소피스트』에 나타나는 바대로의 이론을 통해서는 설명되지 않지만, 명백히 서술에 대한 일반적인 설명을 위하여 필요하다.

체에 대한 진리 주장을 어떻게 아우르고 있는지 볼 수 있다. (앞 2절을 보라.) 주체는 물론 테아이테토스로, 대화편에서의 한 인물이지 어떤 문장 속에 있는 그의 이름이 아니다. 손님이 263c9에서 지적한 것처럼, 만약 어떠한 주체가 없다면, 어떠한 진술도 없다. 술어의 예화는 "형상을 분유함^metechein"으로서 표현되고, 더 명시적으로는 전도된 서술에서 [앉아 있음의 예화는] "테아이테토스에 관한 있음(-임)^being about Theaetetus"이라고 표현된다. 서술과 진리 주장("[어떤 것이] 그러하다^that it is")은 모두 문장의 발화자가 어떤 것을 **진술하는**^legei 것이며 단지 사물들을 명명하기만 하는 것이 아니라(262d5)는 플라톤의 언급에 반영되어 있다. 어떤 전체로서의 진술이 참이거나 거짓이라는 성질^poios tis을 갖는 것은(262e8, 263a1-b3) 바로 이런 이유 때문이다.

플라톤은 전도된 서술이라는 관념으로 되돌아가면서 참/거짓 진술에 대한 자신의 분석을 끝맺는다. "우리는 각각의 것에 대하여 ^peri hekaston 있는(-인) 사실인 많은 것들이 있고, 아닌 많은 것들이 있다고 말했기 때문입니다"(263b11).[55]

전도된 서술은 어떤 진술^a logos의 의미론적 구조를 투명하게 만들어 준다. 누군가(혹은 어떤 것)에 **관하여** 어떤 것을 말하면서 말이다. 여기에서 말해지는 것은 사실일^onta 수도 사실이 아닐 수도^ouk onta

---

[55] 이것은 각각의 형상에 대하여 256e5에서 언급되고, 259b5에서 일반화되었다.

있다.[56]

참과 거짓에 대한 플라톤의 설명은 이제 완전하다. 풀리지 않고 남아 있는 한 가지 문제는 이 두 표본 문장들에서 명사(주어)와 동사(술어)의 함께-엮임과, 진술이 우리에게 **형상들**의 객관적인 함께-엮임에 의해 주어진다는 보다 큰 주장 사이에 어떤 종류의 연결이 의도되고 있는지를 해명하는 것뿐이다. 우리는 "테아이테토스가 앉아 있다"의 참으로부터 즉각적으로 형상들의 어떤 엮임을 알아차리거나 "테아이테토스가 날고 있다"의 거짓으로부터 즉각적으로 '형상들'의 어떤 분리를 알아차리지는 못한다. 다른 한편, 테아이테토스가 어떤 하나의 형상은 아니긴 하지만, 그는 분명 '인간'이라는 형상의 한 예화이다.[57]

'인간'을 '앉음'이라는 형상과 혼합하는 것은 "테아이테토스가 앉아 있다"가 참이기 위한 필요조건이며, 마찬가지로 '인간'이 '낢'

---

56 "각각의 것에 대하여 많은 (사실인) 있는(-인) 것들이 있고, 많은 아닌 것들이 있다"는 문장을 통해 칸은 세 가지 의미론적 구별을 포착하고자 한다. 이에 따르면, 명제는 언제나 "각각의 것에 대하여", 즉 어떤 것에 "관하여" 말하는데, 이때 어떤 것은 전도되기 전 문장의 주어가 가리키는 주체이다. 이를 통해 주체의 존재가 주장된다. 또한 이 예시 문장 자체의 주어는 "많은 있는(-인) 것들"인데, 이것은 원래 술어 자리에 있는 것들을 주어 자리로 옮기고 나서 주체에 대해 예화되는 수많은 술어들을 가리키고 있다. 이 많은 술어들이 "있(-이)다"는 것은 결국 술어의 예화를 표현하는 '있음(-임)'의 의미를 보여 준다. 끝으로 "많은 있는(-인) 것들"과 "많은 있(-이)지 않은 것들"이라는 표현 안에 있는 '있(-이)다'의 의미를 '사실이다'라는 진리 주장으로 해석하여, 서술의 참과 거짓을 나타내고 있다.

57 그러한 형상은 명시적으로 『필레보스』 15a에서 언급되고 여기에서는 262c9의 "사람은 배운다"에서 암시되고 있다.

이라는 형상과 연결되지 못하는 것은 "테아이테토스가 날고 있다"가 거짓이기 위한 충분조건이다. 텍스트상에서 이 연결들을 분명히 가리키는 부분은 없지만, 나는 이것을 플라톤이 이 두 표본 문장들의 배경으로 염두에 두고 있어야만 했던 형상들 간의 함께-엮임이 어떤 것이었을지에 대한 최선의 추측으로 제시하는 바이다. 현재 상태 그대로는, 『소피스트』의 설명은 이 점에 있어 불완전할 뿐이다.

15. 결론(263d-268d)

이로써 진술에서의 거짓이 정의되었고, 이미 사유가 무언의 발화로 이해되었으니, 이 분석을 거짓 판단으로 확장하는 것은 쉬운 일이다. 그러니 이제 거짓 판단에 관한 긴 일련의 역설들은 해소될 것이고, 마지막으로 소피스트를 거짓 판단과 거짓 외양의 원천으로서 정의하기 위한 길 역시 분명해졌다. 그리하여 우리는 대화편의 앞부분들(앞의 236b-c를 가리키고 있는 264c)에 나타난 "유들[형상들]에 따른 분할들"로 되돌아간다. 소피스트와 연관되는 유는 만드는 기술 또는 제작술poiētikē에 속하는 하위 분과인 보방술이 될 것이다. 제작자라는 개념은 두 가지 별개의 교차 분할을 통해 더 분석된다. 즉, 그것은 신적 제작 대 인간적 제작, 그리고 사물들의 제작과 구별되는 이 사물들의 상들의 제작으로 분석되는 것이다. 소피스트는 상들의 인간 제작자로서, 지혜의 모방자로서, 기만적인 외양과 거짓 믿음의 생산자로서 분류된다.

이 마지막 정의에서 특별히 흥미로운 점은 엘레아에서 온 손님이 지나가는 말로 신적인 제작자를 언급한다는 것이다. 이 '제작자'의 산물들에는 "우리 자신과 다른 동물들 그리고 자연적인 것들을 구성해 주는 것들, 즉 불과 물과 그리고 이것들과 형제가 되는 요소들" 같은 것들과 더불어 이것들이 꿈, 그림자, 반사 등에서 나타나는 그 자연적인 상들이 포함된다(266b-c). 소피스트를 정의하는 데에 인간 제작자만으로 충분함에도 여기서 플라톤이 신적인 '제작자'를 언급한다는 사실은 그가 다른 연관성을 염두에 두고 있다는 것을 시사한다. 이전에도 플라톤이 신적인 장인에 대해 언급했던 적은 있는데, 특히 『국가』 6권에서 시각 기관이 복잡한 것이 그러한 자의 책임이라고 이야기된 바 있다(507c). 자연 세계의 '제작자'라는 개념은 『정치가』(270a, 273b-d)부터 시작해 『티마이오스』의 우주적 장인에서 절정에 달하는 식으로 후기 대화편들에서 점점 더 중요한 주제가 될 것이다. 여기 『소피스트』의 최종 장에서 신적 '제작자'를 언급한 것은 앞으로의 논의를 가리키고 있는 것처럼 보인다.

4장

새로운 변증술: 『파이드로스』에서 『필레보스』로

1. 서론

『소피스트』와 『정치가』는 한 쌍의 대화편들로 제시되며, 같은 날 중단 없이 벌어진 두 대화를 담고 있다.[1] ('철학자'에 대한 세 번째 대화편이 약속되지만 우리가 알고 있는 한 쓰인 적은 없다.) 두 대화편 모두 전날 있었다고 말하는, 『테아이테토스』에서 기록되었던 대화를 다시 언급하면서 시작한다. 따라서 이 두 대화편들은 한 쌍으로서, 『테아이테토스』의 속편으로 제시된다. 다른 한편으로 『소피스트』와 『정치가』 모두 문체가 눈에 띄게 변했는데, 이는 플라톤이 『테아이테토스』를 쓴 뒤로 상당한 시간이 흘렀을 수 있음을 시사한다.[2] 『테아이

---

1 『정치가』와 『소피스트』 사이에는 세 가지 명확한 상호 참조가 나타난다. (1)『정치가』 266d5: "소피스트와 관련된 탐구에서(ἐν τῇ περὶ τὸν σοφιστὴν ζητήσει)", (2) 284b7-8: "『소피스트』에서 '있(-이)지 않음'이 있다고 우리가 몰아붙였듯(καθάπερ ἐν τῷ σοφιστῇ προσηναγκάσαμεν εἶναι τὸ μὴ ὄν)", (3) 286b10: "『소피스트』에서의 '있(-이)지 않음'의 존재에 관한 (장광설)[(τὴν μακρολογίαν) τὴν τοῦ σοφιστοῦ πέρι τῆς τοῦ μὴ ὄντος οὐσίας]." 282b7의 ἤστην의 미완료 시제에서 아마 『소피스트』 226c8을 암시하는 또 다른 참조가 있을 수도 있다. (2)와 (3)에 있는 소피스트(ὁ σοφιστής)라는 단어가 같은 이름의 대화편을 가리키고 있다는 것은 의심할 여지가 없다.

2 『테아이테토스』와 『소피스트』 사이 이런 눈에 띄는 시간적 간극을 설명하기 위해 추측

테토스』와 『소피스트』-『정치가』 사이에 존재하는 문체상의 전환은 문학적 형식과 철학적 내용이라는 두 측면 모두의 변화를 통해 더욱 강화된다. 문학적 관점에서 볼 때 『소피스트』와 『정치가』는 새로운 기획에 해당한다. 각각 단일한 작품으로서의 자립성을 지니는 분리된 대화편들을 쓰는 대신, 이제 플라톤은 세 번째 편까지 내다보고 한 쌍의 대화편들을 구성하고 있으며, 이 모두는 이전 작품인 『테아이테토스』에서 기록된 대화를 이어 가는 것으로 이야기된다. 그러므로 우리가 마주하는 것은 네 개의 연결된 대화편들로 기획되었으나 실제로는 그중 세 편만 저술된 연작인 것이다. 플라톤의 이전 저술에서 이와 비슷한 것은 존재하지 않는다. (이후 『티마이오스』-『크리티아스』에서 한 가지 비슷한 경우가 나타날 것이나, 이 기획도 역시 미완으로 남는다. 『티마이오스』 자체는 『국가』를 다시 참조하면서 시작한다.) 『소피스트』-『정치가』에서 플라톤의 이전 저술과의 이런 형식적인 대비는 소크라테스가 엘레아에서 온 익명의 손님으로 대체됨으로써 강화된다. (『티마이오스』-『크리티아스』에서는 물론 소크라테스가 다시 돌아오게 될 것이다.)

이 새로운 주인공의 등장과 연작을 구성하려는 새로운 계획으로 플라톤은 자신의 이전 저작과 분명하게 결별하고 있음을 표시하고 있다. 우리는 그에 따른 철학적 방법에 있어서의 혁신, 즉 (여전히

해 보고 싶은 유혹이 든다. 플라톤은 기원전 370년 즈음에 아테네를 떠나 시라쿠사이에 있으면서 디오니시우스 2세에게 영향을 끼치고자 했을까?

『테아이테토스』에서도 추구되던) 소크라테스식 정의로부터 '나눔'과 '모음'의 변증술로 전환하는 이 혁신에 주목해야 한다. 이 새로운 방법에 대한 이해 방식은 일찍이 『파이드로스』에서 제안되었고 이 두 "변증술적" 대화편들[『소피스트』와 『정치가』]에서 체계적으로 이용될 것이며, 같은 방법이 『필레보스』에서 다시 수행될 것이다. 이 후기 대화편들로 나아가기에 앞서, 여기서 나는 잠시 멈추어 플라톤 저술 전반에 걸쳐 변증술적 방법이 어떻게 취급되는지를 살펴보고자 한다. 우리는 이전 대화편들에서 이 방법이 제시된 방식을 되돌아보는 것으로 시작하여, 『소피스트』-『정치가』를 지나 『필레보스』에서 변증술이 마지막으로 어떻게 설명되는지를 살펴봄으로써 끝맺을 것이다.

2. 『파이드로스』 이전의 변증술[3]

변증술^{dialektikē}이라는 용어는 우리가 아는 한 플라톤이 만들어낸 것이었다. 그 원래 의미는 소크라테스가 수행했던 식의 철학적 대화하기^{dialegesthai}의 기술이다. 이 용어는 연설술^{rhētorikē}과의 대립

---

3   여기서 나는 Kahn(1996), 303-309쪽[국역본은 칸(2015), 『플라톤과 소크라테스적 대화: 문학 형식의 철학적 사용』, 박규철 외 옮김, 세창출판사, 470-479쪽]에서 제시했던 설명을 요약하고 확장한다.

을 통해 형성되었다. 즉, 변증술은 문답을 통한 철학적 대화의 기술이며, 대중 연설 기술로서의 연설술과 대립되는 것이다. 그러나『메논』에서부터 변증술은 또한 쟁론술^{eristic}, 즉 진리와 무관하게 명성만을 추구하는 소피스트의 행태와 반대되는 것으로도 특징지어진다.[4] 변증술이 철학을 위한 공인된 방법으로서의 특별한 지위를 획득했던 후기 대화편들에서조차 문답 기술은 원래의 형식을 보존한다. 이 주제를 처음으로 완전하게 논의하는 것은 변증술이 학문들의 두겁돌로서 제시되는『국가』에서다. 그곳에서 변증술은 '형상들'을 그 대상으로 삼고 수학 위로 올라가 수학의 근간을 비판적으로 탐구한다(『국가』 6권 511b-c).

『국가』 6권에서 개진되는 이 수학 및 연역이라는 방법과의 밀접한 관계는 플라톤이 변증술을 제시하는 데 있어서 오직 한 계기로만 드러날 뿐이다. 리처드 로빈슨^{Richard Robinson}은 자신의 고전적인 연구에서 다음과 같이 불평했다. "'변증술'이라는 용어는 플라톤에게서 이상적인 방법을 뜻하는 경향이 강하다. **그게 무엇이든 간에.**"[5]

---

4 형용사 형태 "변증술적인(διαλεκτική)"은 상대적으로 드물다[예컨대,『국가』 7권 533c7에 있는 "변증술적 탐구(ἡ διαλεκτικὴ μέθοδος)"를 보라. 5권 454a8에 있는, "쟁론(ἔρις)"과 대립되는 다른 형태 "담화(διαλέκτῳ)"와 비교해 보라]. 초기 맥락에서는 동사 "대화하다(διαλέγεσθαι)"가 더 일반적인데, 예로『고르기아스』 448d10을 보라. 쟁론술과의 대립은 아마도 쟁론술(eristic)이라는 용어를 플라톤에 반대하며 사용했던 이소크라테스(Isocrates)와의 논쟁에서 기원했을 것이다. 플라톤은 이 대립이 항상 변증술을 특징짓는다는 생각을 유지했다.『필레보스』 17a와 비교해 보라.

5 Robinson(1953), 70쪽.

그러나 이것은 과장이다. 로빈슨 스스로도 문답이라는 형식과 불변하는 본질("어떤 것이 무엇인지")에 대한 관심 모두 플라톤의 저술을 관통하는 변함없는 특징들임을 인정했다. 우리는 연속성을 시사하는 다른 표식들도 발견할 것이다. 그러나 로빈슨이 [변증술에 대한] 플라톤의 설명에 있는 다양성을 강조한다는 점에서는 옳다. 그렇기에, 『국가』 이전의 대화편들(즉 『메논』과 『파이돈』)에서 가설이라는 방법은 별개의 화제로서 변증술에 대한 설명과는 독립적으로 발전한다. 오직 『국가』(와 함축적으로는 『파르메니데스』)에서만 변증술이라는 관념이 가설의 방법을 포함하는 것으로 간주된다.[6]

그와 달리 『크라튈로스』에서는 변증술에 대한 언급들이 다른 방향을 가리키는데, 변증술이 여기서는 명명 이론의 맥락에서 나타나기 때문이다. 묻고 답하는 것의 전문가로서 변증가dialektikos는 이름들이 맞는지 판단하는 데에 특별히 자질이 있는 언어 사용자로 제시된다. 이름의 형상을 언어의 글자와 음절에 부여하는 것이 이름 붙이는 사람의 작업이며, 이것이 얼마나 성공적인지를 변증술의 기술자가 판단할 수 있는 것은 바로 "본성에 따른 이름"(『크라튈로스』 389d4, 390e3)이나 이름의 형상to tou onomatos eidos(390a5)에 그가 접근

---

[6] 『메논』에 이에 대한 어떤 실마리가 있을 수도 있는데, 소크라테스가 화자가 "더욱 변증술적으로" 대답하는 것은 "참되게 대답하는 것일 뿐만 아니라 대화 상대자가 자신이 알고 있다고 동의하는 것을 이용하여 대답하는 것"(75d)이라고 주장하는 부분이다. 이 발언은 『파이돈』 100b에서 소개되고 『국가』 6권에서 더욱 완전히 발전되는 가설의 방법에 상응할, 전제와 결론 간의 연역적인 연결을 함축하는 것으로 보인다.

할 수 있기 때문이다. 여기에서 이름의 형상이라고 언급된 것은 이름 붙여진 사물의 본질^{ousia}인 것으로 드러날 것이다. 그렇기에 이후 『크라튈로스』의 한 대목에서 이름 붙이는 기술은 사물의 색깔이나 모양과는 구별되는 사물의 본질, 즉 "각각의 사물이 무엇인지"를 글자와 음절로 모방하는 것으로 기술된다(423e-424b2). 후기 대화편들에 있어서 본이 될 알파벳에 대한 언급에서, 이름 붙이는 기술은 시가에서 운율을 연구하는 자들이 먼저 글자의 길이를, 다음으로 음절의 길이를 구별했던 것처럼 먼저 글자들을, 다음으로 음절을 구별하는^{dielesthai} 나눔^{dihairesis}(424b7)을 통하여 진행된다고 이야기된다. 따라서 사물들을 올바르게 명명하기 위하여 우리는 먼저 모음들, 모음들의 부류들^{eidē}, 그리고 자음들의 부류들을 구분해야 한다. 마찬가지로 우리는 이름 붙여질 사물들에 대해서도 그것들의 요소와 부류를 식별하면서 구별할 것이다. 결국에 우리는 유사성의 원리를 따라서 사물들에 이름을 부여할 수 있다(424b-d). 하나의 이름이 올바르게 붙여지는 것은 그것이 이름 붙여지는 사물의 본질을 충실히 표현할 때가 될 것이다.

　　이러한 것이 『크라튈로스』의 변증술에 대한 설명이다. 『국가』에서 이 용어가 처음으로 언급되는 부분은 "종들에 따라 나누는^{kat' eidē diaireisthai}"(『국가』 5권 454a6) 방법이라는 변증술에 대한 이러한 관념을 받아들이고 있다. 처음에는 가설의 방법이나 형상 이론에 대한 어떠한 언급도 없다. (형상 이론은 나중에 5권 말미에서 도입될 것이고, 가설은 6권에서만 등장한다.) 구별되어야 할 첫 번째 종들^{eidē}은 남자와 여자의 구별되는 본성들이고, 다음으로는 같음과 다름이라는 서로 다른 유형들이다(454c9). 에이도스^{eidos}라는 용어는 『크라튈로스』에서의 "종들에 따라 나눔^{kat' eidē dielesthai}"이라는 구절에서처럼 여기에서도 "종^{kind}"과 "유형^{type}"의 관용적인, 비전문적 의미로 사용된다.[7]

『크라튈로스』와 『국가』 5권에 있는 이 구절들에서 우리는 플라톤의 후기 작업 전반에 걸쳐 변증술을 특징짓게 될 새로운 특징, 즉 종들에 따른 사물들의 나눔이라는 관념을 마주한다. 만약 우리가 이것을 단지 말뿐인 논쟁이나 쟁론과 대립되는 것이라는 관념과 로빈슨이 인정하는 두 가지 일정한 특징들(문답과 본질 추구)에 더한다면, 우리는 변증술에 대한 얼마간 완전한 설명을 얻는데, 이것은 수학에 대한 특정한 연결과 『국가』의 5-7권에서 변증술을 특징짓는 가설의 방법과는 독립적인 것으로 유지될 것이다. 반면에 이 5-7권에서 도입되는 본질적으로 새로운 것은 있음(-임)이라는 최상의 형상을 대상으로 취하는 앎의 최상의 형태로서 변증술을 바라보는 플라톤의 견해이다. 실제로 『국가』 6-7권은 '형상' 이론의 측면에서 변증술을 재규정하게 된다.

---

[7] 『국가』 5권의 이 구절의 특징적인 부분은 또한 『메논』 텍스트에서처럼 변증술과 쟁론술 간의 대립이다. 플라톤의 논제에 대한 쟁론술식의 비판은 여기에서 관련 있는 다름과 관련 없는 다름에 대한 필수적인 구분을 하지 않은 채, "다른 본성들"에 관한 말 트집을 바탕으로 여성 수호자들의 동등함을 거부함으로써, "다른 본성에는 다른 과업"이라는 참된 원리를 오용하고 있다는 혐의를 받게 된다(454d).

우리는 『고르기아스』에서 『국가』에 이르는 이 이전 대화편들에서 변증술에 주어진 설명을 다음과 같이 요약할 수 있다. 문답이라는 방법으로서 변증술은 대화 상대자에 대한 호의적인 태도와 반박보다는 진리에 대한 건설적인 관심이라는 측면에서 뻔뻔한 반박(즉, 쟁론술)과 구별된다. 내용의 측면에서 변증술이 그것과 구별되는 특징은 이것이 (로빈슨이 지적했듯이) 정의에 대한 추구와 본질 혹은 **사물이 무엇인지**에 대한 탐구라는 데 있다. 『국가』에서 변증술을 형상의 형이상학과 연결시키는 것이 바로 본질에 대한 이 관심이다. 이름의 정의가 아니라 이름의 의미가 그 주제인 『크라튈로스』에서조차 변증술의 대상은 본질인 것으로 밝혀질 것이다. 마찬가지로 『국가』에서 변증가는 **각각의 사물 자체가 무엇인지**를 탐구하는 능력을 통해 수학자와 구별된다(532a7, 533b2, 『에우튀데모스』 290c와 비교하라). 『고르기아스』에는 부분적인 유사성이 존재한다. 소크라테스는 폴로스에게 **연설술이 무엇인지** 말해 보라 요청했으나 그는 대신 그것이 무엇인지^{ti}보다는 어떠한지^{poion}를 답하면서 연설술의 성질을 칭송하는데, 이는 그가 대화하기보다는 연설하기를 공부하였기 때문이다. 『고르기아스』의 이 구절은 아마도 모든 대화편 중 이 용어가 가장 일찍 나타난 예일 것이다. 그리고 여기서 변증술은 이미 **사물이 (본질적으로) 무엇인지**를 찾아내는 데에 관심을 기울이고 있다. 『국가』의 5-7권에서 제시되는 새롭고도 결정적인 바는 그러한 본질들이 이제 앎의 최고의 대상으로 이해되는 불변하는 '있음(-임)'의 형이상학

내에 자리 잡고 있다는 것이다.[8]

3. 『파이드로스』에서의 변증술

이렇게 해서 우리는 『고르기아스』와 『메논』에서부터 『국가』와 그 너머에 이르기까지 변증술에 대한 플라톤의 이해 방식 안에 어떤 일정한 핵심이 있음을 발견한다. 문답을 통한 대화 기술이라는 변증술의 원래 관념은 본질적인 정의에 대한 추구를 포함할 만큼 풍부해졌으며, 마침내 『국가』에서부터는 불변하는 실재에 접근하는 특권적인 방식이 될 만큼 확장된다. 후기 대화편들에서는 『파이드로스』에서부터 변증술이 기술들의 기술[9]로서, 학적인 사유의 일반적 방법으로서 재등장할 것이며, 또한 안정된 실재에 대한 앎으로서 이해될 것이다. 그러나 우리는 여기에서 변증술에 대한 이런 보다 일반적인 기술記述과 이전의 보다 구체적인 이해 방식 사이에서 발생할 수 있는 충돌에 주목해야 한다. 즉 어떤 탐구 대상이 갖

---

8 『국가』에서 나타나는 변증술에 대해서는 6권 511b에서 시작하는 구절들과 7권 532a를 보라.

9 'technē'는 흔히 기술, 기예 등으로 옮길 수 있다. 그러나 이는 단지 경험을 통한 숙련만을 가리킨다기보다는, 사안의 원인들에 대한 이론적 지식을 포함하는 전문 지식을 뜻한다. 『고르기아스』 500e-501a 참조. 'technē'와 'epistēmē' 사이에 유의미한 차이가 있는지는 이따금 논쟁의 대상이 되지만, 플라톤에게 있어 이 둘 사이에 특별한 구분이 이루어지지 않는다는 것이 일반적인 사실로 여겨진다.

는 단일성과 다수성을 식별하는 형식적인 연구 방법으로서의 변증술과, 특권적 대상인 영원한 실재에 대한 앎을 향해 있는 변증술 사이의 충돌에 주목해야 한다는 것이다. 우리는 『필레보스』에서 두 이해 방식 모두를 만나게 될 것이다. 그러나 『파이드로스』에서는 변증술의 대상에 관한 특권적 존재론은 거의 혹은 전혀 언급되지 않고 이성적 방법에 대한 보다 일반적인 이해 방식이 주로 다루어진다.

변증술은 『파이드로스』에서 연설술을 논하는 맥락하에 등장한다. 여기에서 그 논의 배경은 『국가』보다는, 소크라테스가 철학의 어설픈 대체물로서 연설술을 경멸스럽게 취급하는 『고르기아스』의 이전 대목들을 반영한다. 대조적으로 『파이드로스』에서는 연설술이 설득 기술에 철학의 방법을 특수하게 적용한 것이라고 호의적으로 소개된다. 변증술에 대한 논의는 이전 대화편에서 폴로스를 적대적으로 그렸던 것을 떠올리게 하면서 시작한다. 그러한 연설가들이 (소크라테스와 달리) "연설술이 무엇인지 규정할 수 없는" 것은 그들이 변증술에 무지했기 때문이다(『파이드로스』 269b6). 이 새로운 관점에서 연설술은 학적인 기술로서, 전통적 연설술에는 없는 진정한 설득의 기술technē로서 제시된다. "담론의 기술hē tōn logōn technē"이라는 연설술 관념에 의존함으로써 플라톤은 여기에서 소크라테스가 개괄하는 새로운 철학적 연설술과, 연설가들이 수행하고 그들의 교과서에서 설명되는 전문적인 연설 기술을 하나의 개념 안에 함께 결합할 수 있다. 그러나 연설가들의 연설술은 어떤 의미에서도 진정한 기술이 아니다. 그것은 『고르기아스』에서 설명하는 것처럼 기술 없이 요령만 부리는 경험적 솜씨일 뿐이거나 기껏해야 기술의 사전 요건들에 대한 훈련이다(269b8). 소크라테스가 참된 연설술, 곧 담론을 통하여 혼을 이끄는 기술technē psychagōgia dia logōn(261a7)로서 제시하는 것은 이성적 앎의 일반적 방법을 적용한 것이다. 그러므로 연설술의 최상의 형태는 단지 설득이라는 과업에 적용된 변증술일 뿐이다.

　　연설술과 설득은 여기에서 말로 된 것이든 글로 된 것이든 간에 언어를 통해 이루어지는 모든 의사소통을 포함하는 것으로 풍부하게 이해된다. 그러나 이 담론의 기술을 진정한 기술로 만드는 것은 그것을 구성하고 있는 이성적 학學이나 철학이라는 부분이며, 이것은 『고르기아스』에서 그 기술의 절차들에 대해 "설명을 제시할" 수 있는 능력이라고 표현되었던 것이다(501a2). 이 새로운 기술의 핵심적인 특징은 여전히 정의定義에 대한 관심이다. 『파이드로스』에서는 소크라테스가 두 연설의 서두에서 연설 주제를 정의함으로써, 그의 연설들이 뤼시아스의 기술 없는 담론과 구별된다. 『고르기아스』에서 소크라테스가 폴로스에 대항하여 연설술의 체계적인 정의를 기초로 논증하는 것처럼, 마찬가지로 『파이드로스』에서도 소크라테스는 자신의 두 연설 모두에서 사랑erōs을 주의 깊게 정의하며 시작하는데, 각각의 정의가 서로 다르긴 하지만 나눔의 방법에 있어서는 똑같이 표본적이다. 그렇게 소크라테스의 첫 번째 연설은 사랑을 무분별^{hybris} 10의 일종으로 정의했는데, 여기서 좋음에 대한 이성적 판단은 아름다운 몸에서의 즐거움에 대한 열망에 압도된다 (238c). 두 번째 연설은 사랑이 신적인 광기의 일종이라는 보다 긍정적인 설명을 제시했다. 각각의 경우 그 유^{genus}들(무분별, 광기)은 다수의 부분들이나 하위 분류들을 포괄하는 하나의 단일체로 제시된다. 그리하여 무분별은 첫 번째 정의에서 "많은 지체와 많은 부분들을 갖는^{polymelēs kai polymeres}"다(238a3, 여기서 다른 부분들은 형태들^{ideai}이라고도 불림).

나중에 두 연설을 반추하며 소크라테스는 그러한 두 정의를 하나의 도식 안에 결합하게 된다. 이 도식은 광기 혹은 광란^{mania}이라는 일반적 개념에 의해 통합되며, 인간적인 혹은 신적인 병이라는 하위 분류로 세분화되고 그에 따라 신체의 왼쪽과 오른쪽으로 각각 비유되는 나쁜 하위 부분과 이로운 하위 부분이라는 하위 부분들을 가지게 된다(265a-266a). 그러므로 사랑에 대한 소크라테스의 두 정

---

10   휘브리스(hybris)는 그리스 신화와 비극에 있어 중요한 모티프 가운데 하나이며, '오만', '방종', '무분별' 등으로 옮겨질 수 있다. 좁은 의미에서는 사멸하는 인간이 자신이 이룩한 성취에 취하여 불멸자인 신의 권능을 부당하게 주장하는 행태를 가리킨다. 이러한 행태에는 인간에게 허용되어 있는 선을 넘는다는 일종의 과잉의 관념과 성취에 대한 자만, 그리고 이에 동반하는 판단력과 절제의 상실 등의 의미가 모두 포함되어 있고, 이 단어 역시 이 의미들을 모두 부분적으로 담고 있다. 『파이드로스』의 맥락에서는 이 단어가 "분별(sophrosynē)"과 대비되고 있으므로 조대호 역을 따라 "무분별"로 옮겼다. 『파이드로스』, 조대호 옮김, 문예출판사, 2008, 38쪽 주석 92 참조.

의들은 모음과 나눔이라는 방법을 그려 내 보이는 예들^{paradeigmata}
의 복잡한 체계 내에서 함께 합쳐진다. 소크라테스는 자신이 그러
한 나눔과 모음을 사랑하는 자라고 말하며, 이것들이 그가 말하고
생각하는 데에^{legein te kai phronein}(266b4) 유능해지기 위하여 필요하다
고 말한다.

'나눔'과 '모음'이라는 새로운 모습으로 나타나는 『파이드로스』
의 변증술은 탐구의 일반적 방법으로서, 즉 정확한 언어로 주의 깊
게 정식화되어야 할 이성적 사유의 기술로서 특징지어진다. 보다
폭넓게 변증술을 이해하는 이 방식은 이곳에서 처음으로 제시되며
플라톤의 후기 저술 전반에 걸쳐 주를 이룰 것이다.

이렇게 상호 연결들의 체계라는 측면에서 변증술을 새롭게 정
식화한 것은 플라톤 형이상학에서 중요한 함축들을 갖게 된다. 본
질 또는 **각각의 사물이 무엇인지**에 대한 이전의 관념은 이름 붙이기
와 따라-이름 붙이기^{eponymy}[11]라는 개념과 연관된다. 즉 **여럿**이 따라
이름 붙여지는 대상인 **하나**가 바로 '형상'인 것이다. 그렇기에, 아
름답다고 여겨지는 대상들은 '아름다움' 자체를 따라 그렇게[아름답
다고] 이름 붙여진다. 이런 이해 방식에서 '형상들'이나 본질들은 본

---

[11] 어떤 것이나 누군가의 이름을 따라 이름을 붙이는 것을 가리킨다. 예컨대, 고대 그리
스에서 아버지나 할아버지의 이름을 따라 아이의 이름을 붙이는 경우가 많았는데, 이
것 역시 'eponomazein'이라고 부른다. 이에 대한 플라톤의 철학적 용례는 『파이돈』에
서 처음 등장한다. 1장 역주 35번 참조.

성상 개별 항목들 혹은 별개의 (라일^{Ryle}의 표현을 빌리면) "이름 붙일 수 있는 것들^{nameables}"로 파악된다. 변증술과 수학의 연결은 그 자체로는 이 이해 방식을 바꾸지 않았는데, 수학에 있어서 정의는 개별항에 적용될 수 있는 것으로도 생각할 수 있기 때문이다. 대조적으로 『파이드로스』에서의 변증술에 대한 이해 방식은 본질을 해석하기 위한 근본적으로 새로운 틀을 도입한다. 정의의 대상으로서 본질은 이제 별개의 항목이 아니라 다수의 '형상들'이나 개념들 간의 교차점으로서 나타날 것이다. '형상들'의 체계는 나눔과 모음의 논리를 통해서 드러나게 되는 개념적인 관계망으로 펼쳐질 것이다.[12]

본질에 대한 이 새로운 이해 방식이 갖는 형이상학적 함축들은 『파이드로스』에서 거의 언급되지 않는다. 이 대화편에서 '형상들'은 소크라테스의 두 번째 연설의 신화적 맥락에서 육체에서 벗어난 혼들이 하늘 너머로 전차를 타고서 보는 개별적 대상들로 제시된다. 변증술에 대한 이 새로운 이해 방식에 따르는 적절한 존재론을 만나려면, 우리는 형상들의 함께 엮임^{symplokē eidōn}이라는 이해 방식을 품고 있는 『소피스트』를 기다려야 한다. 하지만 『파이드로스』에도 이 관념에 대한 몇 가지 실마리들은 있다. 소크라테스가 여기에서 "본성[자연]적으로 갖춰진 마디에 따라 사물들을 종들^{eidē}[13]로 잘

12　　우리는 『소피스트』에서 그러한 네트워크의 일반적인 윤곽을 파악하였다. 앞부분, 299쪽 참조.

13　　'eidē'를 "형상들"이나 "부류들"로 옮길 수도 있다.

라 내는 것"(265e1)에 대하여 말할 때, 그는 유와 종의 포함과 배제, 즉 『소피스트』에서 명확히 표현되게 될 종들^{kinds} 간의 중첩과 분리 같은 것을 염두에 두고 있는 것으로 보인다. 그러나 그러한 "종들"의 지위에 대한 추가적인 설명은 주어지지 않았다.

우리는 『파이드로스』에서, 소크라테스가 글쓰기라는 특정한 문제로 향하기 전에 연설술에 관해 남긴 마지막 언급에서 새로운 변증술과 옛 '형상들' 사이의 어떤 연결을 발견할 수 있다. 그가 말하는 것에 따르면, 여기서 기술되는 방법에 따라 사물들을 탐구하지 않고는 결코 담론의 기술의 전문가^{technikos logōn peri}가 되지 못할 것이다. 그리고 이는 실로 막대한 과제이다. 소크라테스는 지혜로운 자는 "인간에 관련하여 말하고 행하기 위해서가 아니라 가능한 한 신들에게 기쁨이 되는 방식으로 말하고 행할 수 있게 되기 위하여" 이 과제를 맡아야 한다고 말한다. 따라서 학적인 연설술은 경건함의 한 형태로 드러난다. 이 길이 멀더라도 결코 놀라울 일은 아니다. 이 일이 추구되는 것은 바로 "큰 것들을 위해서^{megalōn heneka}"이기 때문이다(273e-274a). 이 불가사의한 논평은 변증술의 논리와 신화의 초월론적 암시들 사이의 연결고리를 가리키고는 있지만, 이 연결고리를 어떻게 이해해야 하는지에 대해서는 어떠한 것도 말해주지 않는다.

『파이드로스』는 새로운 변증술의 형이상학적 함축들에 대해서는 침묵하는 반면, 자연 철학에의 적용에 대해서는 보다 기탄없이 말하고 있다. 『파이돈』의 소크라테스가 논변^{logoi}의 기술을 아낙사고라스가 추구했던 자연에 대한 탐구의 대안으로서 제시했던 반면, 『파이드로스』의 소크라테스는 선대의 철학자들에 대해 보다 긍정적인 관점을 취한다. "충분히 철학을 하지 않으면, 어떤 것에 대해서도 말하기에 충분치 않다"(261a)라는 그의 경고에서 소크라테스가 염두에 두고 있는 것은 우선적으로 자연에 대한 탐구이다. "모든 위대한 기술들은 한가로운 사색과 자연에 대한 사변을 요구하기 *adoleschia kai meteōrologia physeōs peri*"(270a1) 때문이다. 페리클레스가 위대한 연설가가 되었던 것은 바로 아낙사고라스와 우주적 '정신'이라는 학설에 접촉함을 통해서였다. 자연을 탐구하는 방법은 학적 연설술과 히포크라테스식 의술에서 일반적인 것이다(270b1). 둘 다 (의술을 위해) 몸의 본성[14]과 (연설술을 위해) 혼의 본성을 분석하며 자연을 일반적으로 탐구할 수 있어야만 한다. "그러나 전체 우주의 본성 없이 혼의 본성을 충분하게 이해하는 것이 가능하다고 당신은 생각하는가?"(270c1)[15]

---

[14] 'nature' 또는 'physis'와 관련된 번역어 선정에서 일반적으로 "자연" 또는 "본성" 등이 고려된다. 칸은 특히 이곳에서 이 단어가 본질에 대한 논의와 자연에 대한 논의를 잇는 실마리라고 보고 있으므로 두 의미를 중첩적으로 사용하고 있다고 할 수 있다. 우리말에서는 "자연"과 "본성"을 서로 바꾸어 쓸 수 없는 맥락이 존재하므로, 옮길 때 맥락에 따라 더 알맞아 보이는 것을 선택하였다.

[15] 일부 편집자들이 망설이기는 하지만, 이 맥락에서 (아낙사고라스와 자연에 대한 사변의 강조를 따라서) 270c2에 나오는 "전체의 본성에 대해(τῆς τοῦ ὅλου φύσεως)" 연구하기 위한 요구사항은 전체로서의 우주의 본성을 가리켜야만 한다. 같은 우주론적 관심은 뒤따르는 문장에서 "그런 방도(τῆς μεθόδου ταύτης)", 즉 자연에 대한 사변

이 본성은 단순한가, 아니면 여러 유형들을 가져 복잡한가? 각 각의 유형의 본성적 능력^{dynamis}은 무엇이며, 이 능력은 무엇에 작용하고 무엇에 의해 작용받는 능력인가? 이는 모든 것의 본질적인 본성^{hē ousia tēs physeōs}을 설명할 때, 특히 학적 연설술에서 추구되는 혼의 본성을 설명할 때 답해질 질문들이다(270d-e). 우리는 여기에서 작용하고 작용받는 능력이라는 측면에서의 본성과 본질을 이해하는 이 방식이 『소피스트』에서 온건한 유물론자들이 받아들이게 될 '있음(-임)'에 대한 정의, 즉 어떤 것에 작용하거나 작용받는 본성적 능력(『소피스트』 247e1)을 정확하게 선취하고 있음을 주목한다.[16] 설득 기술을 위해 요구되는 혼의 본성에 대한 탐구는 단지 자연 자체를 연구하는 하나의 특수한 사례일 뿐이다. 그러므로 이성적 탐구의 일반적 방법으로서 『파이드로스』의 변증술은 자연 철학의 방향으로 중점이 옮겨 가고 있음을 시사하며, 이 움직임은 『국가』에는 존재하지 않지만 플라톤의 후기 저작에서 점점 더 두드러지게 된다.

(μετεωρολογία)으로 표현된다. 플라톤에 따르면 의사가 자연 철학에 대한 얼마간의 지식 없이는 신체를 이해할 수 없다는 것은 히포크라테스의 견해이다(270c3). 비슷한 관점의 히포크라테스식 표현에 대해서는 *Airs, Waters, Places*, 1-2 참조. [칸의 견해와 달리 조대호(『파이드로스』, 문예출판사, 2008, 128쪽, 주석 371 참조)는 핵포스를 따라서 이 대목의 구체적 맥락 안에서 보았을 때 영혼 전체나 몸 전체를 가리키는 것으로 이해하는 것이 낫다고 본다. R. Hackforth, *Plato's Phaedrus, Translated with an Introduction and Commentary*, Cambridge University Press, 1972 참조.]

16 앞부분 283쪽 참조.

4. 『소피스트』와 『정치가』의 변증술

　『테아이테토스』에서 『소피스트』-『정치가』로 넘어오면서 화자와 방법론이 극적으로 전환되는 까닭에 저변에 놓여 있는 주제의 연속성이 흐려지는 경향이 있다. 특히 『테아이테토스』의 명백한 주제였던 앎의 개념은 뒤따르는 대화편들 각각에서 시작점으로, 분석과 나눔의 대상이 되는 주제로 재등장한다. 이 최초의 주제는 『소피스트』에서는 기술techne로 그리고 『정치가』에서는 앎epistēmē으로 식별되지만 이 용어들은 분명하게 두 대화편 모두에서 동의어로 취급된다. (마찬가지로 『테아이테토스』에서도 그런데, 예컨대 146d1-2.) 이 두 대화편들에서 새롭고도 다른 것은 각각이 전문 지식의 특정한 모델, 즉 첫 번째에서는 소피스트에, 두 번째에서는 정치가에 (그리고 암시는 되었지만 전해지지는 않은 세 번째 대화편에서는 철학자에) 초점을 맞춤으로써 앎의 개념을 취급하고 있다는 것이다.

　이 변화는 방법에 대한 하나의 새로운 이해 방식을 가리킨다. 『테아이테토스』에서처럼 소크라테스식의 단일한 정의의 정식을 시도하는 대신, 이 두 "변증술적" 대화편들은 구조화된 다수성을 드러냄으로써 분석할 수 있는 복잡한 통일체로서의 앎의 개념에 접근한다. 전문가적 인지에 대한 이 두 가지 상이한 설명들의 대조 안에서 (마찬가지로 첫 번째 대화편에서 소피스트에 대해 제시되는 규정들의 다양성 안에서) 이 저작들은 앎이나 소피스트 같은 일반 개념의 단일성이 오직 그 구성 요소들의 체계적인 다수성을 식별하고 구별할 수 있을 때에만 완전하게 파악된다는 것을 시사한다.

개념적 이해라는 과제에 있어 단일성과 다수성의 상호 연결은 『필레보스』에서 가장 완전하게 명료화될 것이다. 『소피스트』-『정치가』에서는 이러한 복잡다단한 이분법 체계들이 갖는 철학적인 함축들을 알아보기 어려운 경우가 많다. 우리는 나눔을-통한-정의에 대한 이 두 가지 보기들을 논리학 교과서의 예제들에 빗대어 사고와 분석에 있어 정신을 훈련하기 위해 고안된, 교육을 위한 예제들로 해석할 수 있을 것이다. 다른 한편, 우리는 또한 생물학과 같은 주제에서 그러한 계통수를 통한 분류들이 학적으로 매우 중요할 수 있다는 것도 인정한다. 역사적 사실로서, 우리는 당대의 희극 작품 중 살아남은 인용구들에서 보이는 그러한 정의들에 대한 조롱으로부터 이런 종류의 분류들이 실제로 플라톤의 아카데미에서 이루어졌다는 것을 알게 된다. 그리고 아리스토텔레스 자신의 동물학 저술에서 우리는 이곳에서 낚시꾼을 규정할 때 묘사된 것들과 다르지 않은 나눔의 체계가 비판적으로 반영되었음을 알아볼 수 있다.

1) 『소피스트』의 나눔들

『소피스트』는 이 새로운 방법론을 가장 체계적으로 제시한다. 어부 혹은 낚시꾼에 대한 정의라는 적당한 예시^{paradeigma}로 시작한다음, 플라톤은 소피스트에 대하여 일곱 가지의 정의를 잇따라 제시하며 자신의 기술적인 다재다능함을 선보인다. 이 절차의 형식적인 교묘함은 즉각적으로는 분명하지 않을 수 있다. 우리는 낚시꾼에 대한 예비적인 설명이 뒤따르는 일곱 정의들 중 여섯 개의 윤곽을 제공한다는 것을 알아챌 필요가 있다. 소피스트에 대한 처음 다섯 가지 정의들은 각각이 모두 이전에 [두 선택지 중 하나로] 인지되었으나 택해지지 않고 늘 버려졌던 다른 선택지에서부터 출발하는데, 이는 또한 처음에 낚시꾼을 정의할 때 양분했던 것들을 반영한다. 그러므로 소피스트에 대한 첫 번째 정의, 즉 부유하고 특출난 젊은 이들을 사냥하는 자라는 정의는 221e에 나오는 "육지 사냥꾼"이라는 관념에서 시작하며, 이는 낚시꾼이 물에서의 사냥꾼으로서 분리되어 나오는 220a8 부분을 거슬러 가리키고 있다. 두 번째, 세 번째, 네 번째가 소피스트를 상업적 장사꾼으로 정의하는 것은 모두 일찍이 낚시꾼에 대한 것으로는 택해지지 않았던 이전의 양분 중 다른 한쪽에 해당하는 "교환을 통한 획득"을 반영한다. (223c7에서 교환 부분_{allaktikon}은 219d5에서 폐기되었던 교환 부분_{metablētikon}을 거슬러 지칭한다.) 소피스트를 돈 버는 쟁론술로 규정하는 다섯 번째 정의는 226a에서 종결되는데, 이 정의는 이전에 (219e1에서) 낚시꾼에게 적용되었던 "싸움 혹은 경쟁을 통한 획득_{agōnistikē}" (225a2)이라는 관념에서 시작한다. 그러므로 소피스트에 대한 처음 다섯 가지 정의들은 모두 낚시꾼에 대한 견본적인 정의를 위해 주어졌던 처음 이분적 도식

내지는 수형도에서 식별되는 획득의 형상들을 통하여 마련된다.[17]

여섯 번째 정의, "유^{genos}에 있어 고귀한 소피스트"에 대해서는 사정이 의미심장하게 다르다. 이 유형은 항상 문제적인 것으로 인식되어 왔는데, 이것이 아포리아적 대화편들에서 제시되는 소크라테스 그 자신을 묘사하는 것처럼 보이기 때문이다. 손님은 물론 (231a에서) 이 소크라테스식 논박^{elenchos}을 수행하는 자를 소피스트들 중 하나로 간주하기를 달가워하지 않는다. 여기서는 일련의 나눔들을 위한 최초의 유가 앞선 정의들을 위해 주어진 수형도 내에 포함되지 않는다는 점에서 이러한 차이가 형식적으로 반영되어 있다. 고귀한 혈통을 가진 소피스트를 위해서는 해당 이분의 시작점으로서 새로운 단일체를 식별하기 위한 새로운 모음^{collection}이 필요하다. 따라서 우리는 여섯 번째 정의를 위한 기초가 되어 주는 분리 및 정화^{katharsis}라는 일반적 개념을 제공해 주는, 걸러 내기, 가려 내기, 까부르기, 그리고 226b에 나오는 그와 같은 것들을 위한 "가사^{家事}와 관련된 이름들"의 모음이 필요하다. 엘레아에서 온 손님이 어쨌든 소크라테스를 일종의 소피스트라고 설명하긴 했지만, 우리는 그럼에도 이 여섯 번째 분류가 "정화자"라는 칭호 아래에서 이 유형을 이전의 상업적인 사냥꾼들과 장사꾼들의 족속과는 조심스

---

17 플라톤이 번호를 매길 때 어떤 혼동이 있었던 것 같다. 231d11에 나오는 요약에서 다섯 번째 정의를 분명히 225e4에서는 네 번째로 세고 있다.

럽게 구별하고 있음을 보게 된다.

나눔이라는 방법론은 마지막 일곱 번째 정의에서 훨씬 더 복잡해지는데, 이 정의는 지금까지 제시되었던 다양한 정의들의 저변에 놓여 있는 근본적인 통일성을 식별하고자 한다. 통일된 정의를 찾는 이 일은 사실상 논의의 초점을 정의의 논리로부터 참과 앎이라는 중대한 주제들로 전환시키는 역할을 한다. 이는 대화편의 나머지 부분들을 차지하게 될 현상, 거짓, 있(-이)지 않음이라는 주제들을 도입함으로써 이루어진다. 이때에 이르러서야 독자는 왜 『소피스트』가 『테아이테토스』의 속편으로서 제시된 것인지 이해하게 된다.

마침내 드러나는, 그리고 대화편의 끝에서 요약되게 될 소피스트에 대한 이 마지막 일곱 번째 정의는 새로운 방식으로 처음 다섯 정의들에서 나타났던 이분과 관계된다. 우리가 살펴보았듯이, 여섯 번째 (고귀한 소피스트의) 경우는 낚시꾼에 대한 견본적인 정의에서 드러났던 원래의 도식 안 어디에도 없다. 그러나 이 일곱 번째 설명은 "이미지들을 만드는 자"라는 관념을 도입함으로써 두 종류의 앎 사이에 이루어졌던 더 이전의 이분할로 되돌아간다. 즉 낚시꾼에 대한 예비적 규정에서 제안되었던 가장 처음 이분에서 받아들여졌던 제작적인 앎poiētikē과 획득적인 앎ktētikē 사이의 이분으로 말이다 (219a-d). 처음 다섯 정의들은 모두 인지의 제작에 관련된 갈래가 아니라 획득에 관련된 갈래에 포함된다. 그러나 이미지-만듦이라는 관념에 초점을 둠으로써 일곱 번째 정의는 서두에서 앎을 이분했었을 때 택하지 않았던 제작^{poiēsis}이라는 이 다른 한쪽의 개념으로 복귀한다. 따라서 소피스트에 대한 마지막 정의는 앎이라는 개념의 원래 시작점, 전체 논의가 시작되었던 바로 그 지점으로 우리를 되돌린다. 그리고 『소피스트』를 다룬 이전 장에서 논의했던 현상과 있(-이)지 않음이라는 근본적인 문제들을 도입하는 것이 정확히 바로 이 이미지-만듦^{image-making}이라는 주제이다.

2) 『정치가』의 나눔들

정의에 대한 기획을 이제 『정치가』에서 이어 나가며 우리는 『소피스트』의 시작점과는 매우 다르지만 여전히 앎이라는 개념을 겨냥한 첫 나눔^{dihairesis}에서 시작한다. 플라톤은 여기에서 같은 인지 영역을 [『소피스트』와 『정치가』 각각에서] 두 가지 다른 방식으로 나눔으로써 이 개념의 복잡성을 인정하고 있는 것으로 보인다. 각각의 경우에 나눔에 앞서 모음이 먼저 온다. 앎 또는 기술이라는 관념으로 시작하면서 첫 번째 이분을 보여 주기 위하여 두 경우 모두 몇 가지 예시들을 언급한다. 『소피스트』는 이전에는 존재하지 않았던 것을 존재하게끔 하는 앎과 그렇지 않은 앎 사이를 구분함으로써 시작했다. 전자는 제작적인 인지였고, 후자는 획득적인 인지였다. 전자의 예시들은 농사짓기, 제작하기, 이미지-만들기였고, 후자의 예시들은 돈 벌기, 수상을 위한 경쟁, 사냥 등에 있어서의 기술 및 모든 형태의 수학이었다(219a-c). (나눔들의 방법이 띠는 익살스러운 기류는 이 첫 번째 이분 안에 서로 함께 묶인 활동들을 선택하는 이곳에서 처음으로 나타난다.)

처음 나눔은 제작을 단순한 획득과 구별되는 것으로 강조하였다. 이제 『정치가』는 앞의 것과 같은 몇몇 예시들로 시작하지만, 앎을 다른 식으로 나눈다. 산술과 그 친족적인 기술들이 다시 등장하지만 이번에는 "실천 praxeis은 결여된 채 앎만을 제공하는" 것으로서 나타난다(258d5). 대조적으로 목공과 수공예는 "마치 본디 그 실행들에 있어서 함께 지니고 있기라도 한 것처럼 … 이전에는 없었던 물체들을 이것들에 의해서 생기게" 하는 데 기여한다. 이 대조는 『소피스트』의 첫 번째 이분을 떠올리게 하지만, 그 명명 방식은 새로운 방향을 가리킨다. 한 그룹은 '제작적' 대신에 "수행적 praktikē"이라고 불리고 다른 그룹은 '획득적' 대신에 "인지적 gnōstikē"이라고 불린다. 이 새로운 이분을 아리스토텔레스의 실천지와 이론지 구분과 동일시한다면 솔깃할 수는 있겠지만 이는 옳지 않을 것이다. 플라톤에게 있어 모든 앎은 행위에 대한 결과를 갖기 때문에 실천적이다. 따라서 정치가의 기술은 수행적인 것이 아니라 인지적인 것에 속한다. 정치적 지배는 이 의미에서 "수행적"이지 않은데, 그것은 수작업이나 몸을 쓰는 일을 필요로 하지 않기 때문이다. 우리에게 익숙한 이론/실천 구분과 더 유사한 것은 나중에, 259d-260c에서 판단하는 것 kritikē과 명령하는 것 epitaktikē으로 인지적 전문성을 나누는 다음 부분에 등장할 것이다. 앎의 이 두 형태들은 모두 이론적 이해gnōsis를 전제한다. 그러나 "판단적인"이라고 (예컨대, 수학에서) 불리는 인지는 관조자theatēs의 인지인 반면, 명령하는 앎은 지시를 내리고 행위를 통제하는 권력을 함축한다.

『소피스트』의 처음 다섯 정의들에서 자신이 나눔 기술을 형식적으로 숙달하고 있음을 선보였던 플라톤은 『정치가』에서는 명령하는 앎 일반으로부터 인간 사회에 대한 지배라는 개별적인 것으로 이끄는, 보다 단순한 일련의 계속되는 이분들을 제시하는 것으로 만족한다. 이 분석은 정치적 전문 지식이란 털 없는 두 발 동물 무리에 대한 돌봄 혹은 양육trophē이라는 두 개의 의도적으로 모호한 진술로 끝맺는다(266a-267b). 우리는 왜 이 결론이 이토록 이상하게 표현된 것인지 의문을 가질 수 있다. 예컨대, 두 발 동물과 네 발 동물의 구분은 한 자 평방의 "대각선의 대각선"[18]이라는 식으로 표현된다!(266a-b)

그러나 뒤따르는 것은 표현상의 이유라기보다는 철학적인 이유로 이 정의에 대해 가해지는 비판이다. 우선 인간 무리를 목양한다shepherding는 정치가에 대한 정의는 인간적 지배자와 신적인 지배자를 구별하는 데 실패하기 때문에 거부된다. 두 번째 비판은 제안된

---

[18] 여기서 말하는 'he diametros'는 아무 삼각형의 대각선이 아니라, 변의 길이가 1인 하나의 단위 정사각형의 대각선의 길이, √2를 가리킨다. 대각선의 대각선이란, 곧 √2를 한 변의 길이로 갖는 정사각형의 대각선을 가리킨다. 이는 곧 √4가 될 것이다. 각각 두 발 동물과 네 발 동물에 유비되고 있다.

정의가 인간 공동체에 대한 양육 혹은 돌봄으로서의 지배에 대해 불충분한 설명을 제시한다는 것이다. 엘레아에서 온 손님은 이어서 필요한 수정 사항들을 간략하게 언급한다. 먼저 신적인 목자들로부터 인간적 지배자들을 나누는 것(276d-5)이고, 다음으로 참주로부터 왕을 구분하는 것(276e)이다.

첫 번째 결함은 인간 지배자들을 구분하는 데 실패한다는 것이며, 이는 두 가지 우주론적 순환 주기를 구분하는 환상적인 신화를 통해 바로잡힌다. 먼저 크로노스 시대에는 신들이 인간들의 목자로 함께하고, 제우스 시대에는 사람들이 폴리스에서 시민의 삶을 다스린다. 인간 무리를 목양한다는 목자 모델은 지배자들이 신들이고 자연은 풍요로우며 도시에서의 인간 삶을 조직할 필요가 전혀 없는 이전 주기에만 적용되는 것으로 드러난다.[19]

두 번째 결함은 인간적 지배의 방식tropos을 구체화하는 데에 실패한다는 것이며, 이는 신화를 통해서가 아니라 대화편의 나머지 부분을 차지하는 정치적 지배에 대한 긴 분석을 통해서 바로잡히게 된다. 그렇게 276d-1에서 목자의 역할을 가리키는 "양육"이라는 용어는 정치적 지배를 위한 용어인 "돌봄epimeleia"으로 대체되며, 돌봄은 이후 왕과 참주를 구별하기 위하여 "자발적인 [돌봄]"과 "비자발적인 [돌봄]"으로 나누어진다(276e). (신적인 지배와 구별되는 것으로서) 인

---

[19]   『정치가』의 신화에 대해서는 에필로그를 참조하라.

간적인 지배에 대한 원래의 나눔은 여전히 (예를 들면, 287b에서 원인^{aitia} 과 보조 원인^{synaitia}을 구별하는 부분에서) 참조의 대상이기는 하지만, 이 마지막 나눔을 넘어가 수행되지는 않는다. 손님은 자신의 원래 정의를 완벽하게 하는 데 필요할 체계적인 나눔의 절차로 결코 돌아오지 않는다.

따라서 『소피스트』와 달리 『정치가』는 이전의 정의를 완성하고 수정하는 식으로 하나의 통상적인 결론을 내면서 끝나지는 않는다. 목자라는 원래의 모델은 그저 시야에서 사라지고 손님은 그 방법을 직조라는 본 위에서 새로이 적용한다(279a-b). 시민적 탁월성에 대한 마지막 이론을 포함한 대화편의 나머지 부분은 이 직조 모델을 중심으로 구성된다. 직조 자체는 짧은 일련의 이분들을 통하여 정의되고(279c-280a) 이후 방적 기술과 소모^{梳毛} 기술 같은 동류의 실천이나 하위의 실천들과 구분된다(280b-281b). 직조에 대한 논의는 281c-e에서 원인과 보조 원인들 내지는 필요조건들 사이의 기본적인 구분을 도입하며, 바로 이 구분이 나라의 돌봄과 운영을 위해 필요한 여타 기술들과 정치가의 기술을 분리할 것이다. 끝으로 직조는 시민적 탁월성이라는 최종적인 직물에 서로 다른 성향들을 혼화하는 정치가의 역할을 위한 모델로서 마지막으로 한 번 더 쓰이게 될 것이다.

방법론에 대한 이 탐구를 떠나기에 앞서, 우리는 플라톤이 『소피스트』와 『정치가』의 방법을 다룰 때 나타나는 희극적 요소들에 주목할 필요가 있다. 이곳 시작에서부터, 즉 전자의 대화편의 처음 정의들에서 소피스트가 훤칠한 젊은 남자들의 사냥꾼이자 덕의 장사꾼이라고 묘사되는 곳에서부터 몇 가지 풍자점들이 있었다. 그런데 『정치가』에서 이 익살적인 요소들은 더욱 심해진다. 손님은 날개 없는 두 발 동물 무리의 목자라는 자신의 정의와 관련하여 스스로 농담과 웃음이라는 말을 입에 올린다(『정치가』 266b10, c10). 인간을 돼지와 함께 분류하고는 후자를 "있는 것들 중 가장 고귀하고 또한 가장 느긋하다"(266c5)라고 묘사할 때 이 대화편은 희극적 정점에 다다른다.

우리는 여기서의 플라톤 유머의 의도에 관해 추측만 할 수 있을 뿐이다. 손님은 『소피스트』에서 비슷한 예시들을 그가 옹호했던 것(『소피스트』 227a-c를 가리키는 266d 부분)을 상기시킴으로써 이 농담들을 정당화한다. 쓰여 있는 말이 갖는 왜곡하는 힘에 대한 『파이드로스』에서의 플라톤의 관심을 고려한다면, 우리는 그가 여기에서 나눔 방법의 기술적인 (그리고 때로는 우스운) 적용 속에 있는 자기 자신의 현학성을 풍자하고 있는 것인지 의문을 가질 수 있다. 이 방법이 이성적 사유 절차를 진정으로 제시할 수 있다고 하더라도, 그것을 글로 써 놓으면 쉽게 희화의 대상이 될 수 있다.[20] 플라톤이 철학자

---

20 아카데미아에서 멜론을 정의하는 것에 대한 희극 단편을 참조해 보라[에피크라테스(Epicrates), Kock, 1884, 11번].

에 대한 세 번째 대화편을 기획하지 않기로 결정한 것은 나눔의 방법을 그런 식으로 어색하게 그리는 자신이 견디기 어려웠음을 반영하는 것인지도 모른다.

3) 『소피스트』-『정치가』에서 변증술을 위한 존재론적 기초

플라톤 같은 실재론자에게 '나눔'과 '모음'이라는 방법은 오직 실재 자체의 구조를 어떻게든 반영할 때에만 학적 앎의 방법이 될 수 있다. 이것에 대한 가장 분명한 진술은 변증술이라는 방법이 우주의 구조에 기초하고 있다고 표명되는 『필레보스』에서 나타날 것이다(『필레보스』 16c9-d2). 그러나 유사한 가정이 우리 두 대화편들의 방법론적 원리들에 반영되어 있다. 개개의 언어와 습관이 아니라 사물들의 본성을 반영하는 나눔을 해내기 위해 신경 써야 하는 것은 바로 이러한 이유에서이다. 그렇기에 엘레아에서 온 손님은 젊은 소크라테스가 생명체들 혹은 동물들이라는 보다 근본적인 유를 선택하는 대신, 짐승들로부터 인간들을 구분한 것을 책망한다. 이것은 우리가 용어상의 순진함^{naiveté}이라고 부를 수 있는 것, 즉 익숙한 용어를 통해 어떤 집단을 지시할 경우 그것이 자연종에 대응한다고 가정하는 행태를 경계한 것이다. 일상 언어의 나눔들이 자연을 항상 그 마디에 따라 잘라 내는 것은 아니다. 그 일반적인 핵심은 모든 종^{eidos}이 어떤 부분^{meros}이긴 하지만, 모든 부분이 어떤 종인 것은 아니라는 것이다(『정치가』 263b7). 인간들을 짐승들로부터 나누는 것은 그리스인들을 비그리스인들로부터 구분하거나 일만 (10,000)을 다른 모든 수들로부터 분리하는 것과 같은 것이다. 일반적으로 중간을 자르는 것이 더 안전할 것인데, 그곳에서 우리가 진정한 종류들^{ideai}(262b6)을 더 잘 마주칠 법하기 때문이다. 그러나 모든 통일체가 자연적으로 둘로 나누어지는 것은 아니다. 그러므로 손님이 시민적 지배의 "보조 원인들^{synaitioi}"인 전문 기술들의 종류들을 열거하려고 할 때, 그는 도시에서의 삶을 위한 더 많은 수의, 궁극적으로는 여덟 이상의 필요조건들의 부류들을 식별해야 했다. "그러면 이것들을 제물처럼 사지를 따라^{kata melē} 나누세. 둘로 나누는 게 우리로서는 불가능하니까. 언제나 최대한 가까운 수로 나눠야만 해서네"(287c).

좋은 분할의 결과들은 어떤 정의, 즉 **어떤 사물이 무엇인지**에 대한 진술이다. 『국가』에서 변증술이 (전체적으로 성공적이지는 않았지만) **'좋음이란 무엇인가?'**라는 질문에 답하려고 했던 것처럼, 『소피스트』와 『정치가』 모두 각각 자신의 주제에 대하여 이 질문에 답하고자 한다(『소피스트』 217b3, 218c1, 6-7, 『국가』 7권 532a7, 533b2 참조). 새로운 변증술 또한 예전 변증술과 마찬가지로 본질들에 대한 탐구이다. 또한 이 대상들을 나타내는 용어들도 고전 이론의 용어들, 즉 형상^{eidos}, 이데아^{idea}, 유^{genos} 등으로 똑같다.[21]

그러나 이 외견상의 연속성은 오해를 낳을 수 있다. 『파르메니데스』에서 고전 이론에 공격이 가해진 이후, 새로운 변증술에서의 유들과 형상들이 이전 이론에서 같은 이름으로 불리던 것들과 비견하여 얼마나 그 형이상학적 지위를 보존하도록 의도된 것인지는 열린 문제로 남는다. 우리가 살펴보았듯이 『테아이테토스』에서 플라톤의 형이상학은 의도적으로 "보류"되어, 괄호로 묶여 있었다. 그것은 이후의 대화편들에서 수정된 형태로 점차 재등장하게 된다. 우리는 『소피스트』와 『정치가』에서 그 첫 징후들을 볼 수 있다.

『소피스트』의 긍정의 존재론은 변증술의 대상들을 기술하는 대목에서 파악될 수 있다. 이 대화편은 세 가지 짧지만 일맥상통하는 설명들을 제공한다. 변증술이라는 전문 기술은 "유들에 따라서 나누고, 같은 형상을 다른 것으로 판단하지도, 다른 형상을 같은 것으로 판단하지도 않는 것"(『소피스트』 253d1)으로 기술된다. 이것은 또한 "어떤 유들이 서로 알맞고, 어떤 것들은 서로를 허용하지 않는지"(253b11)를 아는 것이기도 하다. 보다 일반적으로 변증술은 "형상들을 서로 함께-엮음 allēlōn tōn eidōn symplokē"(259e5)에 통달하는 것이다. 그러나 우리가 살펴보았듯이 이 대화편은 이러한 형상들의 지위나 본성에 관하여 그것들이 안정적인 '있음(-임)'의 양태와 동일하다는 것 외에는 우리에게 거의 말해 주는 것이 없다.

---

21 '형상들'에 대한 εἶδος와 ἰδέα라는 용어들은 『파이돈』과 『국가』에서부터 익숙한 것들이고, γένος라는 용어는 『파르메니데스』에서 추가되었다.

우리는 보다 넓은 맥락에서부터 몇 가지 결론들을 도출할 수 있다. 방금 인용했던 변증술에 대한 기술은 이전 장에서 논의되었던 있음(-임)에 대한 이론들에 대한 긴 대목에 이어지는데, 여기에는 서술을 고유 명사에 대한 이론 같은 것으로 국한시키는 '늦게 배운 자들'의 학설도 포함된다. 현대 독자에게는 언어 이론이나 언어적 의미론으로 보일지도 모를 '늦게 배운 자들'의 교설이, "있음(-임)에 대해서 peri ousias(251d1) 뭐가 됐든 어떤 것을 말했던 모든 사람"에 대한 이 연구—"있는 것들을 규정하고 그것들이 얼마나 많은지 어떤 종류의 것인지를 ta onta, posa te kai poia estin(242c4) 규정하려고" 시도했던 사상가들로 시작하는 이 연구—에 포함되어 있는 것은 시사하는 바가 많다. 그렇게 언어에 대한 어떤 논제인 것처럼 보일 수 있는 것을 플라톤은 파르메니데스, 헤라클레이토스, 그리고 우주론자들이 사물들의 본성에 관하여 주장한 것과 같은 종류의 질문을 던진 것으로 취급한다. 『소피스트』의 맥락에서는 한편으로는 말 logos과 언어적 의미의 문제들이, 다른 한편으로는 앎과 실재의 문제들이 함께 참인 진술과 참인 믿음 doxa에 대한 분석에 나타난다. 앞선 장에서 있음(-임)을 다루는 이론들에 대한 탐구 전체가 참/거짓 진술에 대한 정의로 이어지며, 이는 있음(-임)과 있(-이)지 않음에 관한 이 이론들을 규명하기 위한 열쇠로 제시된다는 것을 보여 주었다.

플라톤 논증의 이러한 보다 넓은 존재론적 맥락은 여기서의 유와 종이라는 용어들의 지위를 구체화하는 데 도움을 준다. 유와 종은 분류와 관련된 개념들 혹은 보편적 용어들로서 참 및 거짓 진술의 구성 요소들을 표현할 뿐만 아니라, 또한 사물들의 유형이나 종류, 말하자면 종과 유로서 상응하는 세계의 구성 요소들을 나타내기도 한다. 사실상 이런 형상들 간의 일치와 불일치라는 객관적인 사실은 그에 상응하는 용어들의 참된 결합들 안에 반영될 것이다.

그러한 연결들이 종과 유의 존재론적 지위를 완전히 규정하는 것은 아니다. 형이상학적 문제들에 있어서 엘레아에서 온 손님은 중립적인 입장을 취한다. 그렇기에 우리는 『소피스트』에서 '생겨남(-됨)'에 대한 이론을 찾을 수 없고, 고전 이론에서 제시되는 종류의 앎과 감각 지각 간의 대립도 찾을 수 없다. 보다 일반적으로 자연계, 변화, 감각 현상들에 대한 적극적인 설명은 존재하지 않으며 따라서 『소피스트』의 형상들이 어떻게 이 세계와 관계되는지에 대한 어떠한 암시도 없다.

플라톤은 『필레보스』와 『티마이오스』에서 자신의 고유한 우주론을 전개할 준비가 되었을 때에야 이러한 질문들과 마주할 것이다. 엘레아에서 온 손님은 우주론자는 아니다. 그러나 두 근본적인 주제에 대해서는 어떤 입장을 취하고 있다. 한편으로 그는 이성적인 이해가 영혼과 생명을 필요로 하고, 이것들이 결국에는 운동과 변화를 수반한다고 주장한다. 만일 모든 것이 불변했더라면, 어떤 생명도 어떤 이성적인 지성^{nous}도 존재하지 않았을 것이다. 따라서 이성적인 사유가 변화가 실재함을 부정하는 것은 비일관적이다.

(우리의 화자는 정통적 엘레아학파가 아니다.) 다른 한편으로 고전 이론에서 그랬던 것처럼 앎은 안정된, 불변하는 대상을 필요로 한다(249b12, 화자는 결국 엘레아학파인 것이다). 만일 모든 것이 변화를 겪고 있는 중이었다면, 알 수 있는 것은 아무것도 없었을 것이다. 따라서 유명한 결론은 다음과 같이 말하고 있다. 있음(-임)과 우주(자연계를 포함하는 모든 것 to pan)는 변화하는 것과 불변하는 것 모두를 포함해야만 한다 (249d).

이것은 우리에게 변증술의 대상들로서의 유와 종에 관하여 시사하는 바가 있다. 만일 변증술이 어떤 형태의 앎과 이해라면, 이 유들과 종들은 불변해야만 한다. 이것들의 안정성에 있어서 『소피스트』의 종들은 고전 이론의 '형상들', 즉 이 종들이 이름을 공유하는 저 '형상들'과 비슷하다. 그 이상은 이 대화편이 다루지 않는다. 변화나 분유에 대한 어떤 [특정] 입장을 방어하지 않기에 이 형상들과 현상계 사이의 관계에 관하여서는 말할 것이 없다. 그러나 '최고류 the Greatest Kinds' 중 하나가 바로 운동 내지 변화 kinēsis라는 형상이므로, 우리는 결국 자연계라는 난관을 앞으로 다뤄야 할 남겨진 문제로서 상기하게 된다.

4) 『소피스트』-『정치가』에서의 변증술의 기능

『국가』에서의 변증술은 강력한 권고의 기능을 가지고 있다. 즉 변증술의 역할은 혼의 눈을 그것이 파묻혀 있는 감각적인 수렁에서부터 지성적 영역과 형상들을 보도록 부드럽게 돌리는 것이다(『국가』 533d 이하). 『소피스트』도 『정치가』도 이 설명의 배후에 놓인 '있음(-임)'-'생겨남(-됨)'/지성-감각 이원론에 명시적으로 찬동하지는 않는다. 그러나 이 두 대화편과 『파이드로스』의 몇몇 부분들은 변증술의 비슷한 교육적 역할을 시사한다. 철학자가 『소피스트』에서 "추론을 통해 언제나 '있음(-임)'의 형상^{idea}에 천착하며, 그 장소의 밝음 때문에 결코 쉽게 보이지 않는다"라고 묘사되는 것은 바로 변증술에 대한 그의 능숙함 덕분이다. 여기에서 '있음(-임)'의 형상은 가지적 '형상들'에 대한 교설을 시사하기는 하지만 직접적으로 내포하지는 않는다. 이 텍스트에서의 빛의 비유는 동굴 안에서의 우리의 상황을 떠올리게 한다. "많은 사람들의 영혼의 눈은 신적인 것을 쳐다보는 일을 계속 지탱할 수 없기 때문"(『소피스트』 254a-b)이다. 비슷한 신적인 오라가 『파이드로스』에서는 변증술의 수행을 둘러싸고 있다. 나눔과 모음이라는 방법을 따라서 사물들을 탐구하는 것은 막대한 과제로 드러난다. 따라서 우리가 살펴보았듯이 소크라테스는 이 과제를 "인간에 관하여 말하고 행하기 위함이 아니라 가능한 한 신들에게 즐거운 방식으로 말하고 행할 수 있기 위하여" 맡아야 한다고 주장한다. 우리가 살펴보았듯이 이 과제가 수행되는 것은 "중요한 것들을 위해서"이다(『파이드로스』 273e-274a). 『정치가』에서는 엘레아에서 온 손님이 이분할^{dichotomy}을 통한 정의의 기능을 설명하는 대목에서, 변증술에 대한 유사한 준-종교적인 이해 방식이 전개된다. 그는 지성을 지닌 자라면 누구도 엮음이라는 규정 그 자체를 위해서 추구하지 않을 것이며, 대화편 전체를 차지하는 이 방법을 통한 정치가의 규정조차도 그 자체를 목적으로가 아니라 "모든 것과 관련해서 한층 더 변증술에 능하게^{dialektikōteros} 되는 걸 위해서"(285d6) 추구된다고 주장한다.[22]

이것은 다음과 같이 설명된다.

> 있는(-인) 것들^{onta} 중에서 어떤 것들에는 지각 가능한 유사성들이 있다는 걸 쉽게 알아볼 수 있다네. … 반면에 가장 위대하고 가장 가치 있는 있는(-인) 것들^{beings}의 경우에는 사람들을 위해 실감 나게 만들어진 그 어떤 영상^{eidōlon}도 없네. … 이 때문에 각각의 것에 대한 설명^{logos}을 주고받게 될 수 있도록 수련해야만 하지. 왜냐하면 비물질적인 것들은, 가장 아름답고 위대한 것들로서^{ta asōmata, kallista onta kai megista}, 다른 어떤 것에 의해서도 아닌, 이성^{logos}에 의해서만 명시될 수 있기 때문이네. 지금 말하게 된 것들 모두는 이것들을 위해서^{toutōn heneka}였네. (『정치가』 285e–286a)

---

²² 『소피스트』 227a10과 비교해 보라. "논의의 방법은 지성(νοῦς)을 획득할 목적으로 모든 기술 중 동종적인 것과 동종적이지 않은 것을 파악하려 시도한다."

이 단락에서 변증술의 목표는 『파이드로스』에서처럼 신들을 기쁘게 하는 것이 아니라 어떠한 상응하는 감각적인 상도 가지지 않는 비물체적인 실체들에 다가가는 것이라고 표현된다. 그러므로 『파이드로스』에서 신화적 시가로 표현되는 관점은 『정치가』에서는 플라톤의 인식론의 측면에서 재구성된다. 비물체적인 것들에 대한 명확한 감각적 상의 부인은 『파이드로스』 250b-d 대목을 떠올리게 하는데, 여기서 '아름다움'은 형상이 명확한 감각적 상을 갖지 못한다는 규칙의 예외로 언급된다. 이 두 번째 유사점은 『정치가』의 비물체적인 것들과 『파이드로스』 신화에 반영되고 있는 고전 이론의 '형상들' 사이에 일종의 인식론적 연속성을 확립한다. 비물체적인 것들과 '형상들'의 공통점은 둘 모두 감각 지각이라는 방법을 통해서는 닿을 수 없다는 것이다.

『정치가』의 이 대목은 이 두 대화편들[『소피스트』-『정치가』] 안에서 나타나는 고전적 '형상' 이론의 이원론이자 『필레보스』와 『티마이오스』에서 재등장하게 되는 것과 비슷한 인지적-존재론적 이원론에 대해 유일하게 명시적으로 언급하는 곳이다. 『소피스트』에 존재하는 보다 희미한 유사성들과 더불어 이 텍스트들은 형이상학적 언어상의 어떤 연속성을 증명한다. 그러나 이 텍스트들은 고전 이론이 어느 정도로 유지되고 있는지를 답하지 않은 채 남겨 둔다. 플라톤이 변화와 감각 지각의 세계에 대한 설명을 제시할 준비가 되는 때까지는 이 질문에 대한 어떠한 답도 주어질 수 없다.

5. 『필레보스』의 변증술

변증술에 대한 지금의 탐구를 완수하기 위해 『소피스트』-『정치가』 다음으로 이 문제를 최종적으로 가장 완전하게 다루고 있는 『필레보스』를 살펴보자. 여기에서 변증술은 또다시 나눔과 모음이라는 방법, 즉 『파이드로스』에서 도입되고 『소피스트』와 『정치가』에서 길게 이용되었던 그 방법으로 등장한다. 그러나 『파이드로스』와 달리 『필레보스』가 변증술을 제시하는 맥락은 형이상학적 교설로 가득 차 있다. 『필레보스』가 변증술의 대상들을 이해하는 틀은 『소피스트』와 크게 다르지 않다. 즉 다양한 결합과 대립 속에서 형상들의 체계가 함께 엮여 있는 있음(-임)의 네트워크로 본 것이다. 그러나 『필레보스』는 이 체계의 구조보다는 이 체계를 쾌락이나 연설과 같은 감각적인 예시들 그리고 궁극적으로는 우주론에 적용하는 일에 더 관심을 기울인다.

『필레보스』에서의 방법에 대한 논의는 『파이드로스』의 말이 반복되는 것으로 시작한다. "그런데 내가 늘 애호해 온 방법보다 더 좋은 방법은 없으며 생기지도 않을 것이네. 그러나 그것은 이전에 종종 나를 피해 나를 외롭고 난감하게 했었다네."[23] 이 방법은 이제

---

23   『필레보스』 16b6 참조. 『파이드로스』 266b4가 이를 반복하고 있는데, 여기에서 "사랑하는 자($\varepsilon\rho\alpha\sigma\tau\eta\varsigma$)"라는 용어는 대화편의 주제를 반영하고 있다. 여기서 플라톤이 변증술에 대하여 어떤 규정의 방법으로 생각하고 있기에, 소크라테스를 "외롭고 난감하

좋음의 본성에 관한 쾌락과 앎 사이의 논쟁에서 일어나는 일련의 하나-여럿 문제들에 대한 대응으로 거론된다. 이 문제는 처음에는 유-종 다양성이라는 측면에서 제기된다. 즉 어떻게 모든 쾌락들이 쾌락이라는 점에서는 하나이면서도 또한 서로 다르고 반대되는 것이어서, 어떤 쾌락들은 좋고 어떤 쾌락들은 나쁠 수가 있다는 것인가?(『필레보스』 12c)

소크라테스는 이 하나-여럿 문제를 『메논』에서의 두 예시들을 통해 설명한다(『필레보스』 12e, 『메논』 74b-75a가 반복된다). 바로 하양과 검정이 상이할 뿐만 아니라 반대된다는 색깔의 예시와 곧음과 굽음이 또한 반대된다는 모양의 예시들이 그것이다. 그러므로 색깔과 모양은 각각 단일한 유이지만, 상이하고 반대되는 부분들^{mere}을 가지고 있다. 『메논』에 제시된 이 예시들의 원래 논점은 이 모든 관념들이 유적인^{generic} 것들이지만 색깔과 모양과 같은 통일체들은 보다 추상적이고 보다 "지성적"이라는 것이다. 구체적 색깔들과 달리 색깔 자체라는 관념은 모양에 대한 관념과 마찬가지로 "로고스를 통해서만" 지시될 수 있는데, (개별적인 색깔들이나 모양들과 대조적으로) (『정치가』 285e에서 인용하자면) "실감 나게 만들어진 그 어떤 영상도 없"기 때문이다. 우리는 원들이나 사각형들을 그릴 수 있지만, 어떤 종류

게" 둔 경우들에 대한 언급은 아마도 『테아이테토스』와 같은 이전 대화편들에서 그의 정의를 향한 추구가 성공적이지 못했음을 가리킬 것이다. 『파이드로스』는 테우트가 쓰기의 발명가로 언급되는 『필레보스』 18b7에서 다시 상기된다.

인지 결정하지 않은 **모양**을 그릴 수는 없다. (색깔에 대해서도 마찬가지다.) 『메논』의 이 대목에서 플라톤은 이후 고전적인 '형상' 이론에서 중심적인 역할을 하게 되는 감각적인 것들과 지성적인 것들 간의 구별을 위한 길을 영리하게 준비했던 것이다.

『필레보스』에서 이 동일한 예시들은 여기에서 쾌락과 앎에 대해 제기된 보다 넓은 문제와의 연관 속에서 언급된다. 즉 종들의 다양성에 대한 유적인 통일성에 문제가 제기되는 것이다. 이 문제는 모든 이들에게 문제를 일으키는 다수성의 원리, 즉 여럿은 하나고 하나는 여럿이라는 다수성의 원리로 제시된다(14c). "우리의 진술들^{logoi} 자체의 죽지도 늙지도 않는 속성"(15d7)이라는 시적인 용어로 묘사되는 이 원리는 두 가지 예시들로 설명되는데, 그중 하나는 『파르메니데스』의 것을 되풀이한다. 여러 팔다리를 가진 단일한 인간, 대립되는 속성들을 갖는 하나의 주체가 그것이다(『필레보스』 14d-e, 『파르메니데스』 129c를 반복하고 있다). 그러나 이 두 가지 예시들은 여기에서 사소한 것으로 처리된다. 대조적으로 지금 단일성과 다수성에 관한 근본적인 역설로서 제기되는 것은 (다시 『파르메니데스』에서부터 온) 세 번째 문제이다. 그에 뒤따르는 대목(15a-b)은 어렵기도 하며 그 해석은 너무 논쟁적이기에 이에 대한 내 해설은 다음 장으로 미룰 것이다. 그러나 분명한 것은 하나-여럿의 역설이 여기에서 분유의 문제나 어떻게 '형상들'이 감각적 세계에 나타나는지에 대한 문제 등 '형상' 이론의 중심적인 문제를 도입하는 데에 일조한다는 것이다.

쾌락과 앎 사이의 논쟁으로 나아가기 위하여 소크라테스는 여기에서 자신이 사랑하는 변증술이라는 방법에 호소한다(16b). 개별적인 사례들을 개념적인 단일체들로 모으고 보다 큰 단일체들을 종들로 나누는 이 친숙한 과정은 이성적 탐구의 일반적인 형태로 기술된다. "기술의 영역에 속하는 것들로서 이제까지 발견된 모든 것은 이 방법을 통해 밝혀"졌다(16c2).[24] 이것은 신들에 의해 우리에게 주어진 길이며, 우리가 "묻고 배우고(혹은 이해하고, manthanein) 가르칠" 수 있게 해 준다(16e3). 이 익숙한 방법은 이제 처음으로 자연 세계의 질서에 적용된다. 실제로 『필레보스』의 우주론은 이러한 변증술에 대한 이 새로운 이해 방식의 윤곽으로서 제시될 것이다. 우리는 다음 장에서 우주에 적용하는 이 문제로 돌아올 것이다. 여기에서는 방법에 대한 설명을 다룰 것이다.

변증술이라는 방법은 일반적으로 피타고라스와 동일시되는 프로메테우스라는 인물이 우리 조상들에게 불과 함께 던져 준 것으로 이야기된다. 여기서의 피타고라스에 대한 참조는 한정peras과 무한정apeiria이라는, 필롤라오스Philolaus의 체계에서는 익숙한 한 쌍에 부여된 근본적인 역할을 통해서 시사되고 있다. (필롤라오스는 플라톤 이

---

[24] 원문에는 15c2로 되어 있으나 해당 내용이 등장하는 대목은 16c2이다. 칸의 인용 표기 오류로 추정되므로 번역문에서는 바로잡는다.

전 시기에 우주론을 글로 남긴 것으로 알려진 유일한 피타고라스주의자이다.)[25] 이 우주론의 피타고라스적 특색은 수학적인 비율에 입각한 한정에 대한 해석을 통해 확인된다. 다른 한편 우리는 플라톤이 자신의 신화나 역사상의 선배들에게 진 빚을 과장하길 좋아한다는 것을 알고 있다. 이 우주론이 띠고 있는 피타고라스적 색채에도 불구하고 여기에서 제시되는 이론이 플라톤 자신의 것이라고 믿을 만한 충분한 이유가 있다.

이 신에게서 주어진 방법은 내가 '문제 제기'라고 부르는 난해한 대목을 통해 소개된다.

> 우리보다 더 훌륭하고 신들에게 더 가까이 살았던 옛사람들이 이런 전설을 전해 주었네. '있(-이)다'라고 줄곧 언급되는 것들ta aei legomena einai은 하나와 여럿으로 이루어져 있으며ex henos kai pollōn onta, 그 자신들 속에 본디 한정성과 무한성을 갖고 있다peras kai apeirian en autois symphyton echousin는 전설을 말일세. 이것들이 이와 같이 질서 지어져 있으므로, 우리는 그때그때마다 어떤 것과 관련해서든 늘 하나의 형상idea을 상정하고서 이걸 찾아야 하네. (16c9-d2)

---

[25]　　Huffman(1993) 참조.

소크라테스의 설명은 세 가지 예시들을 통해서 설명되는데, 이 중 가장 완전하게 개진된 것은 알파벳의 예시이다. 그러나 함축되어 있는 우주론에 의해서 옹호되어야 하는 방법, 즉 단일한 형상이나 개념을 탐구 주제로 놓고 시작해야 한다는 방법론상의 요약 진술이 가장 먼저 오게 된다. "우리가 그러한 통일성이 현존한다는 것을 보게 되기 때문이다."

우리가 그것[통일성]을 포착한다면, 그 하나 다음에는 둘을 찾아야 하네. 어쨌든 둘이 있다면 말이야. 그렇지 않을 경우에는 셋이나 다른 어떤 수를 찾아야 한다네. 그리고 다시 이것들 하나하나를 같은 방식으로 고찰해야 하네. 애초의 하나인 것이 하나이며 여럿이고 무한하다는 것을 알 뿐만 아니라, 그것이 얼마나 되는지hoposa도 누구나 알 수 있을 때까지 말일세. 그리고 무한한 것과 하나인 것 사이에 있는, 다수의 모든 수를 누구나 식별할 수 있을 때까지는, 우리가 그 다수에 무한한 것의 성격을 귀속시켜서는 안 되네. 그렇게 식별할 수 있을 때에야 비로소 모든 것들 하나하나를 무한한 것에 보내고eis to apeiron 그것들에서 손을 떼도 되네. 그러니까 내가 말했듯이, 신들은 우리가 이와 같이 고찰하며 서로서로 배우고 가르치도록 그 전설을 우리에게 남겨 주었던 거네. (16d-e)

조금 뒤에 소크라테스는 반대 방향으로 진행되는 절차에 대해 덧붙여 묘사한다. "누군가 무한한 것 to apeiron을 먼저 포착할 수밖에 없게 될 때도 마찬가지네. 곧바로 하나를 주시해선 안 되고, 각 경우에 얼마쯤 다수성을 갖는 어떤 수를 주목해 보고, 이것들 모두로부터 하나에 이르러 끝을 맺도록 해야만 하네"(18a9-b3).

1) 방법에 대한 일반적 기술

이 짧고 불가사의한 텍스트는 나눔이라는 방법에 대한 플라톤의 가장 완전한 설명을 담고 있다. "아페이론 apeiron"이라는 중심적 개념을 설명하는 것으로 시작해 보자. 이 용어를 통해 함축되고 있는 저변에 깔린 비유는 무한한 공간의 연장 extension이다. 형용사 "아페이로스 apeiros"의 접두어 '알파 a'는 "앞으로 움직이다 peraō", "끝에 다다르다 perainō"라는 동사 어근을 부정하는 역할을 한다.[26] 그러므로 그 기본적인 의미는 "통행 불가능하다"라는 것이며 끝에 이르도록 길을 허용하지 않는다는 것이다. 호메로스에게서 땅과 바다는 "경계 없는 apeirōn" 것인데, 이것들이 (그의 서사시는 "땅의 경계 peirata gaiēs"에 대해서도 말하고 있기 때문에) 경계 peras를 갖지 않기 때문이 아니라, 먼 거리로 끝없이, 시야상으로 끝없이 뻗어 나간다는 의미로 한계

[26]   Kahn(1960), 232-233쪽에서 내가 논의한 것을 보라.

가 없다는 것이다. 이 공간적인 비유는 정량적인 함축을 동반한다. 즉 땅은 너무나 크기 때문에 통행할 수 없다. 따라서 시가에서 형용사 "아페이로스"는 단순히 크기나 수에서 무한히 "막대하다"를 뜻할 수 있다. 제논과 수학자들이 무한 개념을 도입한 뒤에야 "한정 없다"라는 아페이론의 의미가 말 그대로 받아들여지기 시작한다.

플라톤에게는 아페이론의 양적인 의미가 일차적인 것이지만, 이 용어의 두 번째, 인식론적 의미가 존재한다. 무한정한 다수는 모두 또한 무규정적이고 불확정적이며 파악하기 어렵다. 이 두 번째 아이디어는 17e3에서의 말장난에서 나타난다. "각각의 모든 경우에 있어서 무한정한 다수to apeiron plēthos는 당신이 이해에 있어서 불확정apeiros tou phronein하게 만든다."[27] 즉 무한정한 다수는 당신에게서 앎을 앗아 간다. 지금 논의하고 있는 무지는 두 가지 수준에서 작동하고 있다. 처음에 우리는 혼란스러운, 수를 붙일 수 없는 다수로서의 아페이론과 마주한다. 이후 끝에서는, 특정한 단위들이 알려진 뒤에 우리는 각 단위들을 똑같이 셀 수 없이 많은 예화들 속으로 보내 준다.[28]

그러한 것이 우리 텍스트에 나타나는 아페이론의 양적-인식적

---

[27] "apeiros"는 한정 없다는 뜻도 있지만, "경험 없다", "분별없다" 등의 의미도 가지고 있는데, 이를 이용한 언어 유희가 이 대목에 나타난다는 것이다. 이기백 역은 "자네를 한없이 분별없게 만들고"이다.

[28] 칸은 "무한한 것으로(eis to apeiron) 보낸다"라는 앞선 표현을 참조하고 있다.

의미이다. 이 방법은 처음부터 끝까지 다수와 수의 측면에서 기술되고 있다. 유와 종, 보편자와 개별자에 대한 어떤 언급도 없으며, 따라서 분유라는 전문적인 문제에 대한 암시도 없다. '문제 제기'에서 이 방법의 대상은 비슷하게 하나와 여럿, 한정과 무한정peras kai apeiria(16c10)이라는 양적인 측면에서 기술되었다. 각 단위의 수로 표시되지 않은 예화들을 빼고는 개별자들에 대한 언급도, 그리고 또한 지성적인 것과 감각적인 것 사이의 어떠한 대조도 존재하지 않는다. 무한한 것으로eis to apeiron 보낸다는 것은 단순하게 사물들이 수로 표시되지 않는 곳으로, 어떤 것이 셈을 잃게 되는 곳으로 간다는 뜻이다.

만약 우리가 이제 방법에 따라 순차적으로 진행한다면, 우리는 분석되지 않은 단일체와 무한정한 다수 사이의 논리적인 공간을 특정한 수arithmos의 하위 부분들, 즉 단위들이나 하나들을 통해서 채우게 될 것이다. (이것들은 다시금 구체적인 형상들이나 유들로 드러날 것이다.) 오직 이러한 중간적 나눔들이 표시된 뒤에야, 다수의 (감각적인) 전체 사례들이나 예화들을 "아페이론의 형상idea tou apeirou", 즉 무한정한 여럿이라는 개념(16d7)을 적용하여 무한정한 것이라고 기술하는 것이 적절하다. 그 지점에서 각각의 개별적인 단위(내지는 형상)는 무한한 것으로, 즉 분석의 범위를 넘어서서 무규정적인 다수의 사례들과 예화들로 녹아들어 가도 될 것이다.

2) 두 가지 예시: 알파벳, 음과 음계

이 형상의 구조에 관하여 알파벳과 음악의 예시들이 보다 많은 실마리를 던져 준다. 알파벳이 가장 완전하게 논의된다. 이것이 『파르메니데스』에서 제시된 분유 문제에 대한 플라톤의 해법으로 해석되어 왔으므로 우리는 이 대목을 면밀히 살펴볼 필요가 있다.

이 논의는 알파벳이 학적 앎의 모델을 나타내는 다른 대화편들의 대목들을 떠올리게 한다.[29] 알파벳의 특별한 매력은 그것이 모든 교양 있는 그리스인들에게 친숙하고 중요한 앎인 동시에, 실재에 대한 구조화된 영역, 즉 요소적인 형상들^{stoicheia}로 나누어지는 언어의 소리 체계에 대해 분석을 제시한다는 점이다. 알파벳은 여기에서 잘 규정된 내적인 구조를 지닌 중첩된^{nested} 통일체로 여겨지며, 다수성을 포함할 뿐만 아니라 다수성의 단계들을 포함하고, 연속적인 순서를 통해 통일되고 있으면서 또한 어떤 하나의 기술이나 학문^{grammatikē}의 대상을 이루는 전체 체계를 갖고 있다.

알파벳을 발명하는 것은 일련의 적힌 상징들을 일련의 기초적인 소리나 음소에 짝 맞추어 해당 언어의 모든 단어들이 표현될 수 있도록 하는 것이다. 따라서 소크라테스가 여기에서 "글자들^{grammata}"

---

29 『크라튈로스』 422a(그리고 여타의 곳), 『테아이테토스』 20e 이하, 『소피스트』 252b, 『정치가』 277e-278e 등을 참조하라.

에 대해 말할 때 우리는 그가 쓰인 기호들만이 아니라 그에 상응하는 언어의 소리 또한 뜻하고 있다고 이해한다. 이 애매성이 문제 될 것은 없는데, 소리와 쓰인 상징 모두를 이중적으로 지칭하는 것이 글자의 본질적인 특징이기 때문이다. 아마 보다 혼동하기 쉬운 것은 문법술이 학^學이라는 플라톤의 관념인데, 이 용어는 단순한 문해력(읽고 쓰는 능력)만이 아니라 음운론과 같이 언어 분석에 특화된 능력 모두를 포함하기 때문이다. 글자들을 모음과 자음으로 나누고 자음을 다시 폐쇄음과 반모음 또는 유성음으로 나누는 것은 이 특수 지식에만 해당한다. 그래서 음운론과 같은 전문성에 입각해서만 문법술은 나눔과 모음이라는 중첩된 체계를 설명하는 데 도움이 된다. 실제로 플라톤은 문법가^{grammatikos}의 전문 지식이 읽고 쓰는 것을 배우는 문법가의 학생들의 지식과 단지 정도에 있어서만 차이가 있다고 소개한다. 그러나 단순 문해력으로서도 문법술은 어떤 통일된 구조에 대한 숙달을 함축하고 있다. 여기에서 분리된 부분들, 말하자면 개별적인 글자들에 대한 앎은 다른 부분들과 그것들의 상호 결합 방식을 모르면 무용하다.

(이전에 플라톤이 『파이드로스』에서 소개했던 신화에 따라) 테우트에 의한 알파벳의 발명은 『필레보스』에서 학적 발견의 일반적인 표본으로 제시된다. 이 신화 속 발명가는 규정되지 않은 대상, 즉 말 혹은 "입을 통해 나오는 소리^{phōnē}"(17b3)로 시작한다. "소리"라는 용어는 말과 목소리 모두를 뜻하며 따라서 언어와 음악이라는 별개의 두 예

시들을 포함한다.[30]

이 이중적 사용은 확실히 의도적이다. 이것은 최초의 통일성을 파악하는 것이 종[유]들에 따라 분석하기^{kat' eidē dihairesthai} 이전에는 얼마나 불확실한지를 보여 준다. 종[유] 자체는 그 논리적 부분들의 구조를 통해서만 잘 규정될 수 있는데, 우리가 그것이 포함하고 있는 여럿을 식별할 수 있기까지 우리는 어떤 규정된 **하나**[의 종류]를 가지지 못한다.

테우트는 입말이 하나가 아니라 "무한히 많은 것^{apeiros}"이라고 파악하는 데서 출발한다(18b6). 어떤 언어의 소리들은 "우리 모두와 각자에게^{pantōn te kai hekastou}(17b4) 수에 있어 무한정인^{apeiros plēthei}" 것이다. 이것은 무한정자로 여겨지는 다수성의 첫 번째 예다. 개별 화자^{hekastos}와 언어 공동체 전체^{pantes} 모두 무한정한 수의 서로 다른 소리들을 만들어 낸다. 그러나 화자에게든 공동체에게든, 발화되는 언어라는 분석되지 않은 통일체에서는 무한정하게 다양한 **종류들**^{kinds}의 소리들과 무한정한 수의 개별적인 소리들 사이에 어떠한 구별도 이루어질 수 없다. 해당 종들이 식별되기까지 초기의 무한정자는 둘 모두를 포함할 것이다. (소나 양을 모사하는 것처럼 전혀 언어에 속하지 않는 목으로 내는 소음 또한 포함할 것이다.) 말의 무차별적인 흐름 속에

---

[30]　『크라틸로스』 423b4-d4와 비교해 보라. 여기에서 "포네(φωνή)"는 먼저 언어에, 나중에는 또한(καὶ τότε, 423d2) 음악에도 적용된다.

서 모든 새로운 발성은 잠재적으로 새로운 종이다. 그래서 우리는 종들을 인식하기 전과 후에 무한정자의 내용을 구별해야만 한다.

알파벳의 소리가 열거되고, 확정된 다수들로 분류되고, 어떤 순서로 질서 지어지면, 그 이상 이 학문이 탐구할 기본적인 단위들은 없다. 요소들이자 나눔의 최종 결과로서 글자들은 또한 **최하종** infimae species, 最下類, 즉 최종적인 종들이다. 따라서 글자들(음소들)을 인식한 후에 남아 있는 무한정자는 체계를 통해 분류되지 않는 소음들과 함께 이 종들의 사례들을 포함할 것이다. 그러나 새겨진 개별 문자들만큼이나 개별 발성들 또한 학적인 관심의 대상이 아니다. (무한정인 다수는 이해에 기여할 수 없다, 17e.) 오직 한정된 수의 종류들만이 학적인 앎의 대상인 것이다. 소리나 글자가 개별적으로 나타나는 것은 생겨남과 사라짐의 무한정한 다수로, 즉 학의 범위를 벗어난 곳에 있는 무수한 여럿으로 흩어질 수 있다. 그러므로 글자를 발명하기 전, 목소리라는 최초의 무한정자는 무규정적 영역, 즉 학문에(혹은 이 경우에는 문법과 음악이라는 두 학문에) 잠재적인 새로운 종을 나타낸다. 그러나 글자가 문법술의 대상으로서 규정되면, 이 무한정자는 오직 나눔과 모음의 체계 외부나 그 아래에 놓여 있는 것들만을 포함한다. 그 체계 안에서 (변증술을 통해서든 알파벳을 통해서든) 인정되는 단위들은 감각적 개별자들, 즉 발생하고 소멸하는 사물들을 포함하지 않는다. 이 체계 내에서 가장 낮은 수준의 단일체는 특정한 글자(혹은 특정한 음), 말하자면 어떤 유형type이지 개별 사례token가 아니다.[31] 문법술에 대한 플라톤의 설명은 분명 언어학자들이 랑그 langue라고 부르는 것에 적용되지, 파롤parole에 적용되지는 않는다.[32] 어떤 유형의 예시들인 경우를 제외하고 개별적인 발성들은 여기에서 고려되지 않는다. (또한 우주론에서도, "아페이론"이라는 용어는 개별자들이 아니라 뜨거움과 차가움, 건조함과 습함과 같은 성질들처럼 반대되는 속성들의 쌍을 통해 지시되는 일반적 군집체를 가리킬 것이다.)[33]

나눔의 방법의 두 번째 실례로 사용되는 음악에 대한 보다 간략한 설명에서도 유사한 구조가 나타난다. 음과 음계로 분석하는 것이 완수되기만 하면, 나눔의 방법은 개별적인 시가들이나 노래들을 기술하고자 하지 않을 것이다. 하물며 개별적인 수행들에 대해서는 말할 것도 없다.[34] 그러나 음악이라는 사례는 말의 경우에서 크게

---

31 현대 존재론 혹은 형이상학에서 타입과 토큰의 구분은 추상적이고 일반적인 개념과 그 개념의 구체적인 실체나 사례가 갖는 상이한 존재론적 차이를 구별할 때 자주 쓰인다. 칸이 여기서 말하고 있는 바는 근본적으로 개별적이고 구체적인 존재는 어떤 특징으로 한정되지 않는 한, 학문의 대상이 될 수 없다는 것이다.

32 '파롤'과 '랑그'는 페르디낭 드 소쉬르(Ferdinand de Saussure)가 고안한 구별로, '랑그'는 언어의 추상적이고 공유된 규칙 체계, 즉 언어의 구조와 규범 등을 가리키고, '파롤'은 개인이 실제 사용하는 언어, 즉 구체적 발화와 언어 행위를 가리킨다.

33 이 맥락에서 용어 "감각적(sensible)"이 "여럿이고 무한정한(polla kai apeira)" 혹은 "발생하고 소멸하는(gignomena kai apollymena)" 등으로 확인되는 사물들을 구분하기 위해 사용되지 않는다는 깃은 의미심장하다. 논의되고 있는 구별은 인식적인 것이라기보다는 존재론적인데, 말과 음악의 종류들이 또한 원칙적으로 감각적이기 때문이다. 자연 철학의 맥락에서 지성-감각 구별은 더 이상 올바르지 않은데, 플라톤이 여기에서 자연적인 종류들과 인공적인 종류들에 대한 형상들을 다루고 있기 때문이다. 따라서 『필레보스』 59-61에서 나오는 변증술과 우주론 사이에 행해진 구별에서의 감각(aisthēsis)에 대한 언급은 없을 것이다.

34 그러나 음악과 문학에 대한 한마디 설명이 필요하다. 물론 개별적인 상연들 또는 연주들은 나눔의 방법으로 포괄되지 않는다. 그러나 만약 특정한 개별 시나 악곡이 음소들

눈에 띄지 않았던 한 가지 특징을 드러내 준다. 음악은 어떤 규정되지 않은 영역을 구조화할 때 수와 비율이 갖는 역할을 말의 경우보다 더 잘 설명한다. 이는 춤에 있어서 박자와 리듬, 그리고 성악과 기악에서의 음계와 선법들^{harmoniai} 모두에서 마찬가지다(17d). 그러므로 음악에 대한 소크라테스의 짧은 설명은 우주론에서 유한^{peras}이라는 원리로서 작동하게 되는 수와 비율의 역할을 예시하고 있다(25a7-b2).

만약 나눔-모음이라는 방법에 대한 이러한 설명이 옳다면, 제안되어 왔듯 알파벳의 예시가 분유 문제에 대한 답으로 여겨질 수 있다는 것은 말이 되지 않는다.[35] 분유 문제는 (여기에서 알파벳의 글자들과 이것들의 하위 종들이 나타내는) '형상들'이, 생겨나고 사라지는 사물들의 무한정한 다수에^{en tois gignomenois and apeirois}(15b5) 현존하면서도 동일한 것으로 유지될 수 있는 방식을 묻기 때문이다. 알파벳 예시의 측면에서 문제는 어떤 유형으로서의 글자 '델타^Δ'와 이 글자가 개별적으로 발성되거나 표기되는 사례들 간의 관계를 다룬다. 그러나 『필레보스』에서 기술되고 알파벳 예시를 통해 설명되는 이 방법

이나 음들의 집합으로, 그러니까 개별 사례들(tokens)보다는 유형(types)으로 이해된다면 이것들은 여기에 포함될 수 있다. 이러한 대비는 무시간적 텍스트로서의 셰익스피어의 『햄릿』과 그 개별 인쇄물들이나 상연들 또는 베토벤의 '제5교향곡'과 이것에 대한 여러 음반들과 연주들 사이에 존재한다. 전자들은 나눔이라는 방법의 후보가 될 수 있지만 후자들은 그렇지 않다.

35 Striker(1970), 17-24쪽을 보라.

은 감각적 개별자들에 관하여, 예컨대 특정 발성들이나 개별 표기들에 관하여 말해 줄 수 있는 것이 없다. 이것들은 수적 분석의 가장 낮은 단위, 곧 가장 낮은 **하나**가 개별 사례가 아니라 유형인 개별 글자이기 때문에 무한정한 것으로 흩어질 수 있다. 음악과 관련된 예시들에서 음과 음계, 박자와 리듬에도 사정은 같다. 나눔이라는 방법은 형상들이나 유형들의 수준에서만 작동하며, 이 유형들의 감각적인 사례들에 관해서는 이것들의 존재를 인정하고 이것들을 무한정자로 보내는 것 외에는 말해 주는 것이 없다. (언어학의 전문 용어로는, 변증술적 분석은 파롤이 아니라 랑그의 수준에서만 작동한다.)

따라서 신들이 던져 준 이 방법은 분유라는 형이상학적 문제, 즉 하나의 불변하는 '형상'과 이 형상을 따르는 소멸하는 여러 동명의 것들 사이의 관계에 대한 문제를 해결하는 데 어떠한 기여도 하지 않는다. 반면에 이 방법과 뒤따르는 우주론 사이에는 밀접한 상호 연결이 존재한다. 변증술이 여기에서 이성적 탐구의 일반적 방법으로서 제시되기 때문에(16c2), 우주론 연구는 자동적으로 변증술에 대한 어떤 연습으로서 여겨지게 된다. 이것은 이미 언급했던 문제를 야기하는데, 즉 어떻게 (유와 형상이라는 나눔들을 가지고 있는) 변증술이 불변하는 '있음(-임)'을 그것의 고유한 대상으로 삼으면서도 우주론과 '생겨남(-됨)'의 영역에 적용될 수 있는가 하는 것이다. 이것은 우리가 다음 장에서 재고하게 될 문제이다.

『필레보스』와 우주론으로의 이행

1. 플라톤의 소크라테스 이전 철학자들의 주제로의 귀환성

『소피스트』에서 기술된 바와 같이, 변증술은 자연과 변화의 세계에 곧장 적용함 없이 형상들 또는 종들의 개념적 체계를 그 대상으로 삼는다. 이와 대조적으로 『필레보스』에서는 '한정'과 '무한정'이 혼합되어 변화무쌍한 세계를 구성하게 되는 원리들을 포함한 우주적 질서가 변증술의 대상이라고 기술된다(16c-17a, 23c-27b). 이러한 변증술에 대한 새로운 설명에서, 플라톤은 소크라테스 이전 철학자들이 관심을 가지고 다루었던 우주론적 질문들이자 그가 『테아이테토스』와 『소피스트』에서 살펴보았으나 답하지는 않았던 질문들로 자신이 되돌아왔음을 알려 온다.

변증술을 이렇게 새롭게 기술하게 되면, 우리에게는 하나의 문제가 떠오른다. 이 새로운 변증술은 『소피스트』에서의 변증술에 대한 설명과 어떤 관계를 맺는가? 『필레보스』의 우주론은 같은 주제에 대한 더 완전한 기술로서 이해되어야 하는가? 혹은 이는 그러한 구도를 자연적 세계에 더 제한적으로 적용한 것인가? 아니면 이는

'생겨남(-됨)'에 대한 분석을 위해 조정된 특수한 하나의 사례인가? 변증술에 대한 이 상이한 두 설명들이 어떤 관계를 맺는지에 관한 문제는 우리가 나중에 다시 돌아와야 할 질문을 던진다. 그러나 우리는 우선『필레보스』내에서의 변증술과 우주론 사이의 연결을 다루어야 한다.

이 대화편은 자연 철학을 향해 내딛는 플라톤의 결정적인 발걸음을 보여 준다. ─ 우리는 이러한 움직임이『파이드로스』에서 개략적으로 표현되고,『파르메니데스』,『테아이테토스』, 그리고『소피스트』에서 시작되어『티마이오스』에서 완전히 발전되었음을 발견하는데,『법률』10권이 그에 대한 일종의 후기 역할을 수행한다.[1] 여기에서는『필레보스』를『티마이오스』보다 먼저 다루는 것이 용이할 것이다. 그것이 더 그럴 법한 저술의 순서처럼 보이기도 한다. 다만 이와 같은 연대기적 순서에 어떤 본질적인 것이 달려 있는 것은 아니다.

『파이드로스』에 대해 논의하면서 우리는 자연학에 대한 태도에서 그 대화편이 보이는『파이돈』과의 날카로운 대조에 주목한 바 있다.『파이돈』에서 소크라테스는 논변들logoi의 탐구 속에서 그 자신의 철학을 추구하고자 자연에 대한 탐구로부터 돌아섰노라고 말

---

[1] 이전에 이러한 방향으로 향하는 경향은『크라튈로스』의 헤라클레이토스적 흐름에 대한 논의에서 찾을 수 있다.

한 반면, 『파이드로스』에서 소크라테스는 아낙사고라스 및 (여기에서는 [자연에 대한] 사변meteōrologia과 동일시되는) 자연 과학과의 연결을 재정립하는데, 이제 자연 과학은 철학적 연설술을 위한 필수적인 훈련으로서 제시된다.[2] 플라톤이 그동안에 자연학과 우주론에 대해 무관심했다고 볼 수는 없다. 다만 『파이돈』과 『국가』 둘 모두에서 그의 우주론적 비전은 무엇보다도 신화의 형태로 제시되었을 뿐이다. 플라톤은 어디에서도 고전적인 '형상' 이론이 자연 세계에 어떻게 적용되어야 하는지에 관해 구체적으로 논하지 않았다. 그 이론은 대개 우리가 규범 삼원리라고 부를 수 있는 '정의로움', '아름다움'(혹은 '고귀함to kalon') 그리고 '좋음'이라는 '형상들'에 의해 설명되었다. 『파이돈』은 또한 '동등함'과 같은 수학적 '형상들'도 포함한다. 그러나 이러한 고전적 이론이 어떻게 윤리학과 수학을 넘어 자연학에까지 확장될 수 있을지에 대해서는 한 번도 분명히 다루어진 적이 없다. 이와 같은 불확실성은 『파르메니데스』에서 젊은 소크라테스가 그의 이론이 '인간', '불', 그리고 '물' 등의 자연종들에 적용되는 것인지 묻는 질문을 마주하고서 어쩔 줄 몰라 하며 당황하는 모습을 통해 극적으로 표현된다(130c). 그곳에서 플라톤은 스스로 자신의 이론이 그러한 문제들을 겨냥하고서 고안된 것이 아니라는 사실을 환기시키고 있다.

2   앞의 355-356쪽을 보라.

우리는 고전적 '형상' 이론에 대한 파르메니데스의 비판 이후
『파르메니데스』의 2부가 어떻게 하나의 우주론에 대한 윤곽을 개괄
하는지를 본 바 있다.[3] 그러나 이러한 제안은 텍스트 속에서 암시적
으로만 남는다. 『테아이테토스』는 변화와 지각의 문제에 대해 제법
상세히 다루나, 어떤 긍정적 이론도 제시하지 않는다. 『소피스트』
에서는 '있음(-임)'이 변화하지 않는 것뿐만 아니라 변화하는 것까지
도 포함해야 한다는 주장이 등장하며 그로부터 자연에 대한 탐구
의 새로운 태도가 확인된다. 『소피스트』는 일원론자들, 우주론자들,
그리고 물질주의자들corporealists의 주장을 탐구하며 자연 철학의 문
제들을 상세하게 다룬다. 이러한 맥락 속에서 플라톤은 아낙사고라
스뿐 아니라 헤라클레이토스, 파르메니데스, 그리고 엠페도클레스
까지도 그 자신의 철학의 선구자들이라고 인정하고 있음을 분명히
보여 준다. 그러나 만일 자연 세계에 대한 플라톤의 긍정적 이론을
찾고자 한다면, 그것을 『테아이테토스』나 『소피스트』에서 찾아낼
수는 없다. 우리는 『필레보스』, 『티마이오스』, 그리고 『법률』 10권
으로 눈을 돌려야만 한다.[4] 플라톤이 마침내 소크라테스 이전 철학

---

3   앞의 126-129쪽을 보라.
4   『파이드로스』의 영혼을 운동의 시원(ἀρχὴ κινήσεως)[여기에서 영혼은 단순히 운동의
     원리를 가리킬 뿐만 아니라 운동이 그로부터 시작하게 되는 원천 혹은 운동의 시작점
     이라는 뜻을 함께 가지고 있기에, archē를 '시작점'의 뜻을 함께 가지고 있는 '시원'이
     라고 옮겼다]으로 설명하는 대목에서 우리는 이러한 후기 이론에 대한 최소한 하나의
     선취를 찾아낼 수 있는데, 이는 이후 『법률』 10권에서 더욱 완전하게 발전된다. 또한,
     『크라튈로스』 399d에서 제시되는 '영혼(ψυχή)'의 어원에 대한 논의 등에서 다른 선취

자들의 주제들을 다시 다루며 그것을 자기 자신의 철학적 시야 속으로 포괄하는 작업에 착수하는 것은 바로 이러한 텍스트들 속에서이다.

자연 철학에 대한 이와 같은 더 건설적인 접근은 수학에 대한 이해 방식의 기본적인 변화를 동반한다. 『국가』에서 수학에 대한 탐구가 영혼이 '생겨남(-됨)'이라는 어둠으로부터 해방되어 '형상들'의 가지적 영역을 향해 상승할 수 있도록 하는 계기로서 고안되었던 반면, 이후 대화편들 속에서 수학의 목표는 오히려 아래를 향해, 자연과 변화의 영역 속의 구조를 식별하는 데에 놓여 있다.

수학의 이러한 새로운 기능은 『정치가』에서 엘레아 손님이 측정의 두 기술들, 두 형태의 측정술^{metrikē}을 구분하는 대목에서 처음으로 제시된다. 그중 첫 번째 측정술은 일반적인 수학에서와 마찬가지로 다른 것에 견주어 상대적인 양과 규모를 측정하는 기술인 반면, 두 번째 측정술은 "'생겨남(-됨)'의 필연적 있음(-임)의 측면에서 kata tēn tēs geneseōs anankaian ousian"(283d-8) 이러한 양을 평가한다. 이러한 불가사의한 구절은 큰 것과 작은 것을 "적도의 것^{to metrion}"에 비교하여 측정하는 일, 혹은 "적합한 것^{prepon}과 시기적절한 것^{kairon} 그리고 필수적인 것^{deon} 및 극단들로부터 중간으로 이행되는 그 모든 것들"의 측면에서 측정하는 일로 설명된다. 이와 같이 규범적 용

도 찾아볼 수 있다.

어들이 이해하기 어려울 만큼 쏟아져 나오는 바로부터 우리는 수학적 우주론을 위한 플라톤의 계획뿐만 아니라, 극단들 사이의 중용이 곧 탁월함이라는 아리스토텔레스의 교설이 직접적으로 누구로부터 기원했는지를 또한 알아차릴 수 있다. 그러나 엘레아 손님은 도덕적 탁월성에 대하여 논하고 있는 것이 아니라 기술과 수공업에서의 탁월성에 대하여 논하고 있다. 이러한 맥락에서 "적도의 것"이라는 개념은 그 중요성이 강조되기는 하지만 더 이상 설명되지는 않는다. 모든 기예들과 학문들^{technai}은 더 큰 것과 더 작은 것을 서로에 상대적으로 측정하는 능력뿐만 아니라 "적도의 생겨남^{pros tēn tou metriou genesin}"(284d-6)에 상대적으로 측정하는 능력에도 의존한다고 말해진다.

『정치가』는 규범적 수학 및 그것이 생겨남(-됨)과 (그리고 따라서 자연 세계와) 맺는 연결에 대한 이와 같은 흥미로운 언급을 추가로 더 설명하지는 않는다. 수학에 대한 이러한 새로운 이해 방식에 관해 더 많은 정보를 얻으려면 우리는 『필레보스』와 『티마이오스』로 눈을 돌려야 한다. 이러한 연결에 있어서, 적도와 조화 둘 모두가 『필레보스』의 마지막 부분에서 '좋음'의 구성 성분 목록 중 첫째에 온다는 사실을 주목할 만하다. 곧, 『정치가』에서 기예들과 수공업들의 기반으로서 기술된 규범적 수학은 『필레보스』에서는 우주론 속의 '한정'의 원리로서 재등장하게 되며, 『티마이오스』에서는 우주적 장인이 세계에 구조를 부여하는 도구로서 재등장하게 된다.

2. 기예의 작품으로서의 세계

『티마이오스』의 기저에는 기예의 작품으로서의 자연이라는 아이디어가 주제로 깔려 있다. 그러나 이러한 아이디어가 가장 분명하게 표현된 곳은 『필레보스』이다. 물론 신적인 조물주 혹은 장인에 대한 그 이전의 언급들은 『국가』나 크세노폰의 저작들 등 다른 곳들에도 존재한다. 그러한 텍스트들은 우주적 장인 혹은 조물주라는 개념이 기원전 5세기 후반 무렵에는 이미 제법 친숙한 개념이었다는 것을 시사한다. 그리고 크세노폰은 이러한 아이디어를 소크라테스의 것이라고 돌리고 있다.[5] 그러나 그러한 견해에 대한 플라톤 이전의 기록은 찾아보기 힘들다. 플라톤 이전의 텍스트들에서, 창조에 대한 그리스적 견해는 기예적이라기보다는 오히려 생물학적이며 성적인 경향을 보인다.

물론 신들이, 그것들이 좋은 것이건 나쁜 것이건, 모든 중요한 것들의 원인이 된다는 바는 그리스적 경건함의 기본적인 가정이다. 그렇기에, 헤시오도스의 '금속 신화' 이야기 속에서 일반적으로 제우스와 신들이 일련의 인간 종들을 "만들었다 poiein"라고 이야기된다(『일과 날』 109-158행). 그러나 헤시오도스가 『신통기』에서 세계의

---

5   『국가』 507c5, 530a, cf. 597d2, 크세노폰, 『소크라테스 회상』 1권 4장 7절, cf. 4권 7장 6절. 세들리가 크세노폰이 신적 창조를 소크라테스에게 돌리는 것이 역사적인 사실이라고 여기는 것과 달리, 나는 이를 그다지 받아들이지 않는다(Sedley, 2007, 82쪽).

기원에 대해 기술할 때, 그는 '땅'과 '하늘'이 만들어진 것이라 말하는 대신 태어난 것^{genesthai}이라 말한다. 가이아와 우라노스는 각각 자연 발생과 처녀생식을 통해 나타난다. 일단 이러한 첫 번째 우주적 쌍이 준비된 후, 여타의 거의 모든 것에 대한 설명적 원리로서 기능하는 것은 에로스^{erōs}이다. 그렇기에, 『신통기』의 서사 양식은 기예적이라기보다는 확실히 생물학적이다.

헤시오도스의 영향 아래에서, 그리스 전통은 근동에 널리 퍼져 있던 기예적 창조라는 도식, 성경에서 신을 하늘과 땅의 '제작자'로서 나타낼 때 전제되어 있는 모델을 받아들이는 데에 오래 걸렸다. 예를 들자면, 이러한 장인 모델은 신들이 목공을 본뜬 공예 활동을 통해 집을 짓듯 세계를 건설한다는 바빌론의 창조 신화인 『에누마 엘리쉬』 속에서 표현된다. 기예적 창조에 대응하는 이야기가 그리스에 소수 존재하기는 했으나, 그것이 세계 자체를 대상으로 한 것은 아니었다. 공예의 신인 헤파이스토스는 판도라를 빚는 역할은 했지만, 그녀를 제작하는 일은 흙과 물의 존재를 전제하고 있다(『일과 날』 61행). 기술적 우주 탄생기에 대한 초기 그리스적 예시는 거의 찾아볼 수 없다. ("우주 탄생기^{cosmogony}"라는 용어 자체가 하나의 다른 방향을 가리킨다.)[6] 기원전 6세기 즈음의 한 예시가 이러한 전통이 얼마나

---

6   'cosmogony'가 'cosmos'와 gonos의 합성어라는 사실에 주목하라. 이 책에서 'gonos'의 어원으로 보이는 그리스어 단어 'gignesthai'를 '생겨남(-됨)'이라는 한국어로 번역했음을 밝히며 논한 바 있듯이, 'gignesthai'는 단순한 '생성', '생겨남'에서 더 나아가

약했는지를 잘 보여 준다. 헤시오도스의 설명에 대한 경쟁작으로서 창조 이야기를 담은 페레퀴데스^{Pherecydes}의 산문에서, 제우스는 '대지'와 '대양'이 수놓인 장대한 옷을 만들어 낸다.[7] 엠페도클레스는 5세기 중엽 그의 우주론에서 가끔 공예의 이미지를 빌려 와서 아프로디테의 창조 작업을 그려 낸다.[8] 그러나 세계를 신적인 기예의 작품으로서 표현하려는 체계적인 시도를 보이는 가장 이른 증거는 지금은 소실된 5세기 후반 무렵 안티스테네스의 저술이었던 것으로 보인다.[9] 안티스테네스 덕택이든 혹은 다른 누군가 덕택이든, 우주적 공예가라는 이해 방식은 플라톤에게 확실히 친숙한 것이었으며, 처음에는 그에 대한 더 나아간 설명 없이 거론되었다.[10] 그러나 『필레보스』에서 플라톤은 이러한 이해 방식을 신적인 원인 작용을 제작으로서 해석하는 분명한 하나의 철학적 논제로서 제시한다.

자네가 생각하기에 생성되는 것들은 모두 어떤 원인^{aitia}으로 인

흔히 그리스어 단어 'gennaō'에 의해 표현될 법한 '태어남'이라는 의미 층위까지도 폭넓게 포괄하는 단어이기도 하다. 이러한 점에 주목하여 칸은 '우주 탄생기'라는 단어 자체가 이미 당대 그리스에서 우주 탄생은 제작이나 기술의 소산이 아니라 탄생이나 출생의 소산으로서 널리 이해되고 있었다는 점을 보여 주는 것이라 지적하고 있는 셈이다. 그리스어 단어 gignesthai에 대한 나아간 설명은 이 책 2장 1절의 역주 7번을 참고하라.

7   Kirk, Raven, Schofield(1983), 텍스트 49번 및 텍스트 53번.
8   Diels-Kranz 31B. 86-87.
9   Caizzi-Decleva(1966)를 보라.
10   예를 들어, 『국가』 507c6의 "감각들을 '생기게 한 자'(ὁ τῶν αἰσθήσεων δημιουργός)"를 보라.

해서 생성되는 게 필연적인지 살펴보게. … 그런데 이름 이외에
는 행하는 것 혹은 만드는 것^{to poioun}의 본성은 원인의 본성과 전
혀 다르지 않고, 만드는 것과 원인이 되는 것은 하나라고 말하는
것이 옳겠지? … 더 나아가 이번에는 만들어지는 것^{to poioumenon}
과 생겨나는(되는) 것^{to gignomenon}도 막 언급된 경우처럼 이름만
다름을 우리는 알게 될 것이네. (『필레보스』 26e-27a)

원인 작용을 만듦과 동일시하는 바는 이 텍스트 속에서 포이에
인^{poiein}의 이중적 의미("행하다"와 "만들다")에 대한 언어 유희에 의하
여 정당화된다. 그러나 이러한 언어 유희는 『파이돈』의 소크라테스
에 의해 주장되고 여기 『필레보스』에서 발전되는 다음의 철학적 논
제를 오직 분명히 표현하는 데에 있어서만 역할을 수행한다. 하나
의 인과적 설명이 합리적인 것이 되려면 행위 설명의 형태, 즉 어
떻게 행위자가 어떤 좋은 결과를 목표로 하는지를 보여 주는 설명
의 형태를 취해야만 한다. 이는 『파이돈』에서 이루어지고 『티마이
오스』에서 재정식화된 설명적 원인^{aition}과 필요조건[보조 원인]^{synaition}
사이의 구별, 즉 성취되어야 할 어떤 목적에 대한 합리적 설명과 필
요한 기제에 대한 도구적 설명 사이의 구별을 반영한다.[11]

『필레보스』에서의 원인이 됨과 만듦 사이의 이러한 동일시는

---

[11]　『파이돈』 98c-99c, 그리고 『티마이오스』 46c-e를 보라.

『티마이오스』의 시작점으로서 당연하게 여겨지는 것에 대한 명백한 정당화에 해당한다. 즉, 그것은 인과성의 원리는 우주적 질서의 원천으로서의 제작자 혹은 데미우르고스의 행위를 함축한다는 견해에 대한 정당화이다(『티마이오스』 28a). 이는 결코 사소한 가정이 아니다. 『티마이오스』의 설명적 구도는 아낙사고라스의 우주적 정신nous을 기예적 제작에 입각해 재해석함으로써 가능해지고, 결과적으로 『파이돈』에서 불만족스럽게만 남았던 자연에 대한 목적론적 설명의 요구가 만족될 수 있기 때문이다. 우리는 다음 장에서 이 주제로 되돌아올 것이다.

3. 세계 영혼의 도입

『필레보스』에서 발전된, 그러나 『티마이오스』에서는 당연한 것으로서 받아들여진 또 다른 하나의 혁신은 세계 영혼anima mundi에 대한 이해 방식이다. 살아 있는 혹은 영혼을 가진 것empsychon으로서의 세계에 대한 몇몇 이해 방식은 헤시오도스와 같은 소크라테스 이전 인물의 사유에서 일반적으로 전제되었으며, 예를 늘자면 소우주-대우주 유비 등에서 표현되었다. 곧, 아낙시만드로스 이래로 세계는 마치 하나의 유기체가 서서히 형태를 갖추는 것과 유사한 식으로 탄생한 것으로서 표현되었다. 그러나 소크라테스 이전의 전통에서는 암시적일 뿐이었던 것이 이곳 『필레보스』에 이르러서야 명시적인 교설이 되는데, 이 대화편에서 소크라테스는 (1) 우리의 몸을 이루는 원소들이 우주의 원소들로부터 유래한 것과 마찬가지로 우리의 영혼 역시 세계 영혼으로부터 유래했어야 한다고, 그리고 (2) 우주 내에서 정신이 수행하는 인과 작용은 우주적 영혼 없이는 일어날 수 없었을 것이라고 주장한다(30a-c).[12] (『티마이오스』 30b와 부분적으로 유사한) 두 번째 논증은 세계 영혼이라는 개념을 직접적으로 자연에 대한 목적론적 해석과 연결하며, 그로써 정신의 우주적 기능과도 연결한다.

세계 질서의 원인이 되는 하나의 지성적 원리가 있어야만 한다는 이해 방식은 최소한 아낙사고라스까지는 거슬러 올라갈 만큼 오래된 것이다. (그보다 더 이른 기록은 아마도 크세노파네스 25번 단편에서, 그리고 어쩌면 아낙시만드로스가 '무한정자'가 "모든 것을 조종한다"라고 말했다면 그에게서도 찾아볼 수 있겠다.) 여기에서 새로 도입되는 것은 영혼^{psyche}과 정신^{nous} 사이의 필연적 연결이다. 이러한 연결은 이후 『법률』 10권에서 영혼을 운동의 시원^{archē kinēseōs}으로서 그리고 그에 따라 우주를 조직하는 원리로서 제시하는 플라톤의 논증을 위한 기반으로서 역할을 수행하게 된다.

---

12   정신(νοῦς)이 어떤 영혼(psyche) 없이는 존재하지 않는다는 플라톤의 표준적 견해에 관해서는 이 책 448쪽, 6장 1절 6번 주석에서 인용된 유사한 대목들을 참조하라.

이후 『법률』 10권에서와 마찬가지로, (정신의 활동을 포함하는) 『필레보스』의 세계 영혼은 우주적 질서의 원천이라는 데미우르고스의 기능을 대체하는 것으로서 이해될 수 있다. 이러한 점에서 『티마이오스』는 신적인 '제작자'를 그 제작자의 산물인 세계 영혼과 구별되는 것으로서 유지하며 독자적인 노선을 취한다. 우리는 세계 영혼과 세계 영혼의 창조자 사이의 이러한 구분이 『티마이오스』 속 창조 이야기의 문학적 형태 때문에 비롯된 작위적인 구별이라고 이해하고 싶어질 수도 있겠다. 그러나 데미우르고스의 역할은 그리 쉽게 무시될 수는 없다. 플라톤이 우주적인 자기-운동에 직접적으로 관여하는 내재적 원리로서의 세계 영혼과 운동 및 변화로부터 자유로운 초월적 원인으로서의 데미우르고스를 날카롭게 구별한 것에는 타당한 철학적 이유들이 있다. 『필레보스』의 간략한 우주론적 개괄 속에도, 그리고 『법률』 10권에서 최소한도로 설명된 우주론 속에도 그러한 구별의 여지는 없다.[13]

『필레보스』를 『티마이오스』와 비교할 때는 『필레보스』에서 우주를 다루는 대목이 짧다는 사실을 언제나 염두에 두어야 한다. 우리는 여기에서 동일한 주제를 다루기 위해 고안된 선택 가능한 두 이론들 중 하나를 골라야만 하는 것이 아니다. 『티마이오스』에서 우주론은 그 대화편 전체를 차지하는 반면(서문만 제외하면, 전체 대화편

13　　『법률』 10권에 관해서는, 이후의 에필로그를 보라.

을 이루는 스테파누스 쪽수 기준 76쪽 가운데 66쪽을 우주론이 차지한다), 『필레보스』의 우주론적 부분은 전체 작업에서 일부분(56쪽 가운데 8쪽)일 뿐이다. 이러한 분량상의 대비는 그 기능의 근본적 차이를 반영한다. 『티마이오스』의 우주론적 서술은 독립적인 작업으로서 "자연에 대한 탐구peri physeōs historia"에 대한 플라톤의 기여인 반면, 『필레보스』 속 그에 대응하는 부분은 더 큰 목표를 위한 수단으로서의 역할만을 수행한다. 이 대화편에서 우주론은 형식적으로 대우주-소우주 유비 속에서의 자기 역할에 종속되어 있다. '한정'과 '무한정'의 우주적 혼합은, 인간의 좋은 삶 속에서의 앎과 즐거움의 혼합을 설명하는 큰 규모에서의 유비물을 제공하기 위해 고안되었다.

4. 『필레보스』의 우주론: 문제 제기

그렇다면 이제 앞선 장에서 '문제 제기'로서 도입되었던 우주론으로 향하도록 하자. 함축적이고 수수께끼 같은 이 대목들은 해석자에게 많은 문제들을 제기한다.

있(-이)다고 항상 말해지는 것들ta aei legomena einai은 하나와 여럿으로부터 있게 되며ex henos kai pollōn onta, 그 자신들 속에 본디 '한정성'과 '무한정성'을 가지고 있네peras kai apeirian en autois symphyton echousin. 이것들이 이와 같이 질서 지어져 있으므로 toutōn houtō diakekosmēmenōn, 우리는 그때그때마다 어떤 것과 관련해서든 늘 하나의 형상idea 혹은 개념을 상정하고서 이걸 찾아야 하네. 그것이 그 안에 있음을 발견할 것이기 때문이네.[14]

이 텍스트에 의해 첫 번째로 제기되는 문제는 하나와 여럿으로부터 있게 된다는 이 있는(-인) 것들이란 무엇인가 하는 물음이다. ('항상aei'을 '말해지는legomena'을 수식하는 것으로서 읽는) 가장 자연스러운 독해에서, 이것들은 있(-이)거나 있을(-일) 수 있는 모든 것들, 즉 '있(-이)다to be'라고 언제나 참되게 말해질 수 있는 모든 것들이다. 그런 이유로 당면한 있는(-인) 것들은 플라톤적 '형상들' 혹은 모나드들[15] 같은 무언가를 포함할 것이다. 비록 형상들이 (곧 확인하게 될 몇몇 이유들로 인해) 이 대화편에서는 주된 관심사가 아니라고 하더라도 말이다.

---

14   16c9-d2. "있(-이)다고 항상 말해지는 것들(τῶν ἀεὶ λεγομένων εἶναι)"을 최초로 언급하는 곳에서 부사 "항상(ἀεὶ)"은 '말해지는 것들(λεγόμενα)'에 대한 일반화하는 수식어로 가장 자연스럽게 받아들여져 다음을 뜻하는 것처럼 보이게 된다. "모든 경우에서 말해진 바." 곧, 이는 "예나 지금이나 항상 말해지는 각각의 것들(τῶν λεγομένων ἀεί, καὶ πάλαι καὶ νῦν"(15d5)이라는 앞서의 표현과 공명한다. 여기에서 동사 "있(-이)다"의 추가는 "말해지는 것들"의 의미를 변화시키지는 않는데, 왜냐하면 말해진 바는 항상 있는(-인) 것의 사례이기 때문이다. 동사 "있(-이)다"는 바로 앞의 대목인 "하나와 여럿으로[부터](ἐξ ἑνὸς μὲν καὶ πολλῶν ὄντων)"를 되풀이하기 위해 추가된다. 구절 "항상 말해지는 것들"과 유사한 것에 관해서는 『크라튈로스』 423e4의 "'있(-이)다'라는 명칭을 가질 만한 다른 모든 것(ὅσα ἠξίωται ταύτης τῆς προσρήσεως, τοῦ εἶναι)"을 보라.

15   플라톤의 모나드 교설에 관한 설명은 이 책 2장 1절 역주 2번을 참고하라.

하나의 대안적인, 하지만 더 어려운 해석 방식도 있다. 이는 텍스트에서 언급되는 있는(-인) 것들을 영원히 있는(-인) 것들인 '형상들'로 한정시키는 것으로, 즉 ('항상'이 있는(-인) 것들onta을 수식한다고 읽음으로써) [문제가 되고 있는 구절 'ta aei legomena einai'를] "영원히[항상] 있(-이)다고 말해지는 것들"이라 해석하는 것이다.[16] 텍스트적 근거만 두고서 볼 때 이러한 독해는 억지스러워 보이며, 사람들이 일반적으로 따를 만한 바는 아니었다. 언어적 고려 사항들에 더하여, 여기에서 "있는(-인) 것들"이 가리키는 바를 '형상들'에 한정하지 않아야 할 하나의 강력한 철학적 이유가 있다. 이 텍스트는 이후에 더 나아가 논해질, '한정'과 '무한정'에 기반한 하나의 우주론을 논의의 주된 문제로서 제기하기 때문이다. (우주론에 대한 언급은 16d1의 "이와 같이 질서 지어져 있으므로houtōs diakekosmēmenōn"로부터 분명하다.) 그런데 우주에 대한 탐구는, 영원히 같으며 불변하는 있는(-인) 것들에 관련한 앎과 주의 깊게 구별될 것이다. 우주론은 '생겨남(-됨)'에 관한 것으로, 말하자면, "생겨나는(-되는) 것들, 생겨날(-될) 것들, 그리고 생겨나(-되어) 있는 것들"(59a7)에 대한 것이다. 이러한 이유로, 만일 그 '문제 제기'가 우주론에 대한 것이라면, 이 텍스트는 "영원히 같으며 생성과 소멸을 허용하지 않는"(15b3) 그런 있는(-인) 것들에 대한 것이 아니다. (해당 '문제 제기'가 있는(-인) 것들 일반을 가리키기에) 영원한 '형

---

16   이 독해에 대한 옹호로는 Striker(1970)를 보라.

상들'에 대한 언급도 그 '문제 제기' 속에 포함될 수는 있겠으나, 그것들이 논의의 중심인 것은 아니다. 우주론은 자연 세계와 변화의 세계에 대한 것이다. 이런 이유로, '문제 제기' 속에서 다루어지는 있는(-인) 것들은 '형상들'을 포함할 수야 있겠으나, 그것들은 또한 있는(-인) 것이라면 무엇이건 다른 것들도 포함할 수 있다.[17]

다음 질문은 모든 있는(-인) 것들이 유래하는 원천이라는 '하나'와 '여럿'이 무엇인가 하는 것이다. 이는 하나-여럿의 양극성에 대한 가장 근본적인 사례이다. 존재론의 기본 원리들이라는 이러한 의미에서 '하나'와 '여럿'은 이 대화편의 다른 부분이나 플라톤의 저작 가운데 다른 어떤 부분에서도 좀처럼 다시 언급되지 않는다. (유일한 예외는 아무래도 『파르메니데스』의 2부 속 '하나'와 '여타들'의 논의에 대한 명시적인 언급일 것이다.) 그러나 이와 유사한 쌍이 아리스토텔레스 및 이후의 전통에 의해 플라톤이 말했다고 전해지는 소위 '쓰이지 않은 교설들'에서는 중심적인 역할을 수행한다. 그리고 그러한 쌍은 또한 스페우시포스의 형이상학에서도 등장한다.[18]

플라톤이 구술한 가르침에 대한 아리스토텔레스의 설명에 따르면, '하나'와 (스페우시포스와 소위 피타고라스학파에 의해서는 "여럿"이라고 불

---

17 한정(πέρας) 및 무한정자(ἄπειρον)의 영역으로서 23c4에서 제시된 "현재 우주 속에 있는(-인) 모든 것(πάντα τὰ νῦν ὄντα ἐν τῷ παντί)"이라는 언급과 비교해 보라.
18 또한 아리스토텔레스의 『형이상학』 1권 5, 986a24에 의해 인용된, 반대되는 것들에 대한 피타고라스적 도표 속 하나(ἕν)와 여럿(πλῆθος)을 보라. 그러나 이 목록은 어쩌면 스페우시포스 및 『필레보스』보다 더 오래되지 않은 것일 수도 있다.

리는) '부정 쌍수Indeterminate Dyad'19는 모든 것들의 가장 근본적인 원리들이었으며, 심지어 '형상들'도 '쌍수'의 불특정한 다수성을 구조화하는 '하나'의 활동에 의하여 이 원리들로부터 유래한다. 그렇다면 "하나와 여럿으로부터 있는(-인) 것들"이라는 구절에서 소크라테스는 이와 같은 쓰이지 않은 '원리론Prinzipienlehre', 즉 플라톤에 대한 현대의 몇몇 문헌에서 많이 논의되는 "원리들에 대한 교설"을 언급하고 있는 것일 수도 있다. 그렇다면 심지어 '형상들'도 단일성과 다수성이라는 두 근본적 원리들로부터 유래한 것이 될 것이다. 이러한 견해에서는, 하나와 여럿의 결합이 논변logoi의 불멸하는 특징일 뿐만 아니라, 모든 있는(-인) 것들의 구성에 내재하는, 존재론의 근본 원리이기도 할 것이다.

'문제 제기'의 두 번째 구절은 이러한 보편적인 하나-여럿 구조가 '한정'과 '무한정'이라는 내재적 원리 안에서 나타남peras kai apeiria en autois symphyton echousin을 시사한다. 이 주장은 다른 있는(-인) 것들에 적용되는 바와 마찬가지로 '형상들'에도 적용되는가? 이 우주론은 우리에게 어떻게 '한정'과 '무한정'이 사멸하는 것들의 본성에 속하는지를 자세하게 전해 줄 것이다. 그러나 영원한 '형상들'에 대해서는 우리는 무엇도 전해 듣지 못하며, 오직 추측할 수 있을 뿐이다. 어떻게 '한정'과 '무한정'은 '형상들'에 속할 수 있는가? 이것들

---

19   부정 쌍수에 관한 설명은 이 책 1장의 연역 3절을 참고하라.

은 '형상들'의 고유한 속성들처럼 보이지는 않는다. (대체 어떤 의미에서 '형상'의 본성이 한정성을 박탈당하게 되겠는가?) '한정'과 '무한정'은 오직 형상들과 동명인 사멸하는 것들과의 관계 속에서만 '형상들'에 속할 수 있다는 것이 더 그럴듯해 보인다. 한편으로, '한정'은 사멸하는 것들이 '형상들'과 갖는 관계 덕에 사멸하는 것들에 속할 수 있고, 반면 '무한정자'는 자연의 사멸하는 현상들에 대한 구조의 원천으로서 '형상들'에 속할 것이다. 이는 나의 추측일 뿐이다. 그러나 이는 '한정'과 '무한정'이, 무엇이건 있다(-이라)고 말해지는 것의 본성에 고유한 것^{symphyton}이라는 플라톤의 불가사의한 언급을 설명해 줄지도 모른다.

5. 우주의 구조 속 '한정'과 '무한정'

개념들의 가장 보편적인 체계에 속하는 '하나'와 '여럿' 혹은 '같음'과 '다름'과는 달리, '한정'과 '무한정'은 보다 협소하게 자연 세계의 구조라는 영역을 나타낸다. 우리가 보았듯이, 플라톤은 아마도 이 용어들을 필롤라오스의 체계로부터 빌려 왔을 것인데, 그 체계에서 이 용어들은 피타고라스학파적 관점에서 해석된 소크라테스 이전의 우주론이 지녔던 원리들을 표현한다. 아낙시만드로스 이래로, '무한정자^{apeiron}'는 우주적 생성의 보편적인 원천으로서 인식되었다. 그에 대응하는 '한정^{peras}' 개념은 파르메니데스의 시에서 '있음(-임)'의 안정성과 대칭적 구조를 지시하는 중심적인 역할을 수행하며, 기하학적 구와의 비교를 통해 설명된다(DK28B8, 42행, 또한 26행과 31행, 그리고 49행도 참고하라). 그렇다면 역사적 관점에서, '한정'과 '무한정'의 혼합은 파르메니데스와 아낙시만드로스의 결합을, 나아가 더 일반적으로 '있음(-임)'과 '생겨남(-됨)'의 합일을 가리킨다. 궁극적으로, 플라톤이 고전적인 '형상' 이론의 단순한 이원론에 중간적인 혼합을 부가할 때, 그가 염두에 두었던 것은 이러한 종류의 혼합된 존재론이었을 것이다. 그러나 지금 당면한 맥락에서 '한정'은 전형적으로 수와 비율에 대한 피타고라스적 관심을 가리킨다. 왜냐하면, 플라톤이 '있음(-임)'과 '생겨남(-됨)' 사이의 이러한 합일을 구축하는 것은 정확히 바로 그러한 수학적 개념들을 이용해서이기 때문이다.

밀레토스학파가 원래 갖고 있던 이해 방식에서, 무한정자는 세계가 생성되는 한계 없는 물질적 원천으로서뿐만 아니라, 능동적이며 지배적인 우주적 질서의 원리이기도 했던 것처럼 보인다.[20] 다른 한편으로 아낙사고라스의 우주론에서는 능동적 원리들과 수동적 원리들이 날카롭게 구별된다. 아낙사고라스에 따르면, 무한정자는

---

[20] 아리스토텔레스, 『자연학』 203b4-15, "모든 것을 뒤섞는(πάντα κυβερνᾶν)", Kahn(1960), 238쪽에서 해석된 것을 따른다.

당초 "모든 것들이 한데 모인, 그 수에 있어서도 그 [크기상의] 작음에 있어서도 무한정 ^apeira^"하고 이후에 '정신'의 능동적 힘에 의하여 분리되고 조직되어야 할 무질서한 혼합체인 기원적 덩어리였다.[21]

『필레보스』의 플라톤의 구도는, '무한정자'에 대해서는 그것이 밀레토스학파의 견해에서 가지던 물질적 세계-원천으로서의 원래의 역할을 유지하게끔 하는 한편, 역동적 원리에 대해서는 세계의 내재적 구조로서의 '한정'과, 보다 능동적인 인과적 요인이자 여기에서는 세계 영혼과 동일시되고 있는 지성 ^nous^ 사이를 구분한다는 점에서, 위의 아낙사고라스적 이원론을 개선한 것으로 보일 수 있다. 이러한 두 번째 인과적 원리에 대하여 『필레보스』는 별다른 추가적인 언급을 남기지 않는다. 다만 이 두 번째 원리가 영혼 및 지성이라고 파악하며 그것을 신성의 최고 형태라고 비유적으로 표현할 뿐이다. "원인의 힘으로 인해 제우스의 본성 속에 왕다운 혼 ^basilikē psychē^과 왕다운 지성 ^basilikos nous^이 생겨나게 되었다"(30d). 『필레보스』는 영혼 ^psyche^과 지성 사이의 이와 같은 관계에 대해서 그 어떤 추가적인 정보도 제공하지 않으며, 분리된 장인적 ^demiurgic^ 원리에 대한 그 어떤 언급도 남기지 않는다.

이러한 맥락에서 오직 '무한정자'의 관념만이 상세히 분석된다 (24a-25c). 소크라테스 그 자신이 지적하듯 (25d7) '한정자'에 대해서는

---

21   아낙사고라스 DK59B12, "정신이 모든 것을 질서 지우니 (πάντα διεκόσμησε νοῦς)."

그 어떤 상응하는 설명도 제공되지 않고, 그것은 오직 동등성, 이원성, 그리고 "수 대 수 그리고 도량 대 도량의 온갖 관계"(25a7-b1)로서만 서술된다. 그 (인과적 원리가 '무한정자'에 질서를 부여하는 수단으로서의) 역할은 "〔무한정자 속의〕 대립되는 것들이 서로 불화 상태에 있는 걸 멈추게 하고, 그것들에 수를 넣어 그것들이 균형과 조화 symmetra kai symphōna를 이루게 하는 것"(25d11-e2)이다.

『티마이오스』의 보다 온전한 우주론에서 비교 대상을 찾아보자면, 우리는 [『필레보스』에서의] '한정'에 대응하는 것이 창조의 원본으로서의 '형상들'이 아니라(왜냐하면, 『티마이오스』에서 이것들은 '생겨남(-됨)'의 영역 바깥에 있으며 현상계의 뒤섞임 속으로 진입하지 않기 때문이다), 오히려 '수용체'에 질서를 부여할 때 데미우르고스가 사용하는 도구로서의 규범적인 수학의 역할이라는 것을 보게 된다. 세계 영혼의 구성에서의 비율로서 그리고 세계 신체의 구성에서의 삼각형들로서 나타나는 것은 이러한 질서가 지닌 수학적 원리이다. 『티마이오스』에서 '수용체'의 수동적 질료를 조직하면서 내재적 형상의 원리로서 '한정자'와 같은 역할을 하는 것은 이러한 수학적 구조들이지 초월적 '형상들'이 아닐 것이다. 그렇다면 『티마이오스』와 『필레보스』 두 대화편 모두에서 공통적으로 최상의 인과적 힘이 세계를 조직할 수 있는 도구를 제공하는 것은 바로 수학인 것이다.

『필레보스』에서는 그에 질서가 주어져야 하는 원재료 격의 것들이 '무한정자'라는 원리를 통하여 표현된다. 이전의 우주론들에서 이러한 질료적 요인들은 두 가지 서로 다른 방식들로 이해되었다. 그것들은 첫째로는 뜨거움과 차가움, 습함과 건조함, 밝음과 어두움 등의 대립되는 힘들의 집합으로서도 이해되었고, 둘째로는 불과 땅, 그리고 바다 등 우주적 질료들의 집합으로서도 이해되었다. 생겨남(-됨)에 대한 파르메니데스의 공격에 대응하여, (아낙사고라스와 엠페도클레스, 그리고 또한 원자론자들에 의해) 자연적 변화는 대개 불멸하는 원소들의 결합과 분리로서 설명되었다.[22] 이러한 원소 형태들은 5세기의 경쟁하는 여러 우주론들 속에서 서로 다른 방식으로 식별되었다. 가장 성공적인 해결책은 엠페도클레스에 의해 제시된 체계로서, 그는 그 체계 속에서 반대자들과 우주적 질료라는 보다 오래된 두 관념들을 그 자신의 4원소설과 결합했다. 물론, 플라톤이 이어받고 아리스토텔레스가 그 고전적인 형태를 마련했던 것이 바로 이러한 엠페도클레스적 구도였다.

이러한 네 원소 형태들(흙, 물, 공기, 그리고 불)은 『필레보스』에서 두드러지게 등장하지는 않는데, 왜냐하면 이 대화편이 자연학 이론

---

[22] 소크라테스가 혼합(σύμμειξις)의 원인으로서 네 번째 원리를 도입한 이후 「대화 상대자가 그에게 분리(διάκρισις)의 원리인 다섯 번째 원리가 필요하지 않은지를 묻는 이유는 소크라테스 이전 자연학에서 혼합과 분리 사이에 상정되는 전통적 대칭 때문이다(23d7). [『소피스트』 243b7에서의 우주론적 요약 속에 한 쌍으로서 제시되는 "분리와 섞임(διακρίσεις καὶ συγκρίσεις)"과 비교해 보라.] 그러나 『필레보스』에서 '한정'과 '무한정' 사이의 결합이라는 관념은 물체로서의 원소들의 자연학적 혼합과는 제법 다르며, 이는 분리라는 상호적 원리를 필요로 하지 않는다. 이런 이유로, 여기에서의 우주론에는 실상 추가되어야 할 다섯 번째 원리는 없다.

일반을 제공하지는 않기 때문이다. (이 네 원소들은 29a의 세계 영혼의 존재를 논증하는 과정에서 인간의 신체를 구성하는 구성 요소로서, 그리고 이어 우주를 구성하는 구성 요소로서 등장한다.) 대신, 무한정자의 내용은 전통적인 반대쌍들^{opposites}에 관련하여 기술되는데, 여기에는 최소한 소크라테스 이전의 우주론으로부터 친숙한 두 개의 쌍들인 차가움과 뜨거움의 쌍(24b) 및 건조함과 습함의 쌍(25c)이 포함된다. 그러나 『필레보스』의 설명에서 독특한 것은, 이러한 반대항들이 비교급 형태로, 더 뜨거움과 더 차가움 및 더 건조함과 더 습함이라는 형태로 제시된다는 것이다. 그리고 이러한 두 반대쌍들은 "더"와 "덜"이라는 비교급의 지배를 받는 반대쌍들의 더 일반적인 집합으로 이어진다. 강력함^{sphodra}과 유약함^{ērema}, 더 많음과 더 적음^{pleon, elatton}(24c), 더 빠름과 더 느림, 더 큼과 더 작음(25c), 그리고 심지어 음악적인 소리에서의 높음과 낮음까지도 말이다(26a).

플라톤은 무한정자를 이루는 반대쌍들의 체계에 대하여, '더-와-덜^{more-and-less}'의 기준을 제외하고는 그 어떤 일반적인 규정도 제공하지 않는다. 이러한 반대쌍들 가운데 몇몇(뜨거움-차가움, 건조함-습함, 음^音의 높음-낮음)은 감각적 성질들에 대응하며, '더-와-덜'이라는 기준은 아리스토텔레스적인 '질'의 범주를 연상시킨다.[23] 그러나 이러한 쌍들 가운데 몇몇(더 큰/더 작은, 더 많은/더 적은)은 명백히 양적이

---

[23]　아리스토텔레스, 『범주론』 10b26과 비교해 보라.

며, 다른 예시들은 이 중 그 어느 범주에도 속하지 않는다. 사실상 더-와-덜의 원리는 그 어떤 일정한 양도 배제하는, 비교의 변동하는 척도를 규정한다. 이처럼 정밀한 양에 대한 부정에 집중함으로써, 소크라테스는 이러한 다양한 반대자들의 쌍들을 하나의 통일된 "모음collection"으로 가져오는synagein eis hen(25d6) 것이다.

> 그 한 쌍이 그 어떤 것 속에든 들어 있으면, 그 쌍은 각각의 것이 일정한 양poson의 상태로 있지 못하게 하고 … 그 한 쌍이 일정한 양을 없애지 못하고 더함과 덜함이나 강력함과 유약함의 자리에 일정한 양과 적도to metrion가 생기는 것을 허용한다면, 바로 이 쌍들은 자신들이 들어 있던 곳으로부터 사라지게 되기 때문이네. … 더 뜨거움은 언제나 진행하고 멈추어 서지 않으며 더 차가움의 경우도 마찬가지인데, 일정한 양은 정지하고 진행을 멈추기 때문이네. 그러니 이러한 논변logos에 따르면, 더 뜨거움과 함께 그 반대의 것은 한정되어 있지 않은 셈이네. (24c3-d7)

여기에서 운동과 정지 사이의, 즉 진행함과 정지함 사이의 대조는 이러한 모든 '무한정'을 이루는 비교쌍들을 헤라클레이토스적 흐름이라는 틀 속에서 통합시키는 역할을 수행한다. 그렇기에, 대립하는 것들이 일정한 양과 적도를 만나면 사라지게 된다는 개념은 헤라클레이토스적 용어 "흘러간다"(24d2의 errei)에 의해 표현된다. '무한정자'를 따로 떼어 놓고 보면, 이것은 마치 플라톤이 『크라튈로스』와 『테아이테토스』에서 부인한 바 있는 원초적인[24] 흐름처럼 특정한 속성들 없이 체계 없는 혼돈을 구성할 것이다. 이러한 두 편의 앞선 대화편들에서 플라톤은 무제약적 변화의 원리는 그 무엇에 대해서건 어떤 일관적인 설명도 허용치 않을 것이라고 주장했다. 그와 유사한 결론이 『소피스트』에서도 도출되었다. 대상에 어떤 안정적인 요소가 없을 경우 그 어떤 앎이나 이해도 있을 수 없다 (249b-c). 무제한적인 흐름에 대한 이와 같은 이전의 묘사들에서 빠져 있었던 것이 이 대화편[『필레보스』]에서 '한정'이라는 엘레아-피타고라스적 원리에 의해 보충된다. 바로 이러한 원리가 대립되는 것들의 흐름에 "수를 부과함"으로써, 즉 우리가 『정치가들』에서 마주쳤던 측정의 기술^{metrikē}인 규범적 수학의 체계를 부과함으로써 [그 흐름에] 구조를 도입하는 것이다. 이러한 '한정'이라는 수학적 관념은 이 대화편에서 일정한 양 및 적도 개념에 의해 구체화된다. 『티마이오스』의 '수용체'가 운동 및 질적 흐름의 수동적 원천으로서의 '무한정자'의 역할을 이어받게 되는 것과 마찬가지로, 데미우르고스에 의해 도입되는 삼각형들 및 비율들은 이 대화편 『필레보스』의

---

24   여기서 '원초'는 'elemental'의 번역이다. 같은 단어를 다른 맥락에서는 '원소적인'으로 옮긴 경우가 많지만 여기서는 요소 혹은 원소(stoicheion)의 의미가 아니라 가장 원시적이고 바탕이 되는 것이라는, 시간적-요소적 의미를 동시에 갖는 'elemental'이기에 원초적이라 옮겼다. 나머지 '원초적'이라는 단어들은 대개 시간적인 의미를 강하게 갖는 'primitive'나 'primeval'의 번역어임을 알린다.

보다 간단한 개괄에서 '한정'에 의해 수행되었던 규범적 수학의 역할을 대변할 것이다. 『필레보스』에서의 이러한 '한정'과 '무한정'의 혼합은 플라톤식으로 헤라클레이토스적 흐름의 이미지를 길들여 그것을 자신의 '생겨남(-됨)'에 대한 건설적 이론의 일부로 개조하기 위한 예비적 조치로 받아들이는 것이 자연스러워 보인다.

6. 『티마이오스』와의 비교

그렇다면 어느 정도 일반적인 수준에서 『필레보스』와 『티마이오스』의 우주론들 사이에 분명한 유사성이 있다. 두 이론 모두 자연 혹은 '생겨남(-됨)'의 영역을 설명하려 시도하며, 두 이론 모두 한 쌍의 근본적 원리들(『필레보스』에서는 '무한정'과 '한정', 그리고 『티마이오스』에서는 '수용체'와 '형상들'이라는 원리들)에 하나의 이성적 원인의 작용을 더한 설명을 제공한다. 이러한 한에서 두 구상 모두 자연을 질료인, 형상인, 그리고 작용인을 통하여 분석하는 아리스토텔레스적 분석의 선례를 제공한다. 그러나 이러한 플라톤의 두 구상들 사이의 차이는 그것들이 갖는 유사성만큼이나 두드러진다. 특히, 우리는 『필레보스』의 내재적인 '한정'의 원리와 『티마이오스』의 창조된 우주 바깥에 놓여 있는 초월적 '형상들' 사이의 기본적 차이를 이미 주목한 바 있다.

[우주론에 관한] 더 간소한 형태로서 『필레보스』는 몇몇 측면에 있어서는 더욱 명시적인데, 가령 세계 영혼의 도입에 있어서 그러하다. 이 대화편은 일반적으로 '있음(-임)'을 '생겨남(-됨)'과 결합하는 문제, 즉 플라톤적 존재론의 틀을 확장하여 자연과 변화의 현상들 속의 규칙성에 대한 원리를 포함하도록 하는 문제에 대해서 더욱 주의를 기울이는데, 이러한 확장은 『티마이오스』에서는 당연한 것으로서 여겨진다. 『정치가』를 논의하는 과정에서 우리는 '있음(-임)'을 '생겨남(-됨)'과 연결시키는 다음과 같은 역설적 표현을 주목했다. "생겨남(-됨)의 필연적 있음(-임)^{hē tēs geneseōs anankaia ousia}"(앞 401-402쪽을 보라). 유사한 표현들이 『필레보스』에서도 되풀이된다. '한정'과 '무한정'의 공동 산물이 처음에는 "한정에 의해 이루어지는 적도^{metra}로 인해 있음(-임)으로 생겨나는(-되어 가는) 것^{genesis eis ousian}"(26d8)이라고, 그리고 나중에는 "혼합되어 생겨나(-되어) 있는 있음(-임)^{mēktē kai gegenēmenē ousia}"(27b8)이라고 기술된다. 그렇기에 『필레보스』는 '한정'과 '무한정'의 결합이라는 자연/본성^{physis} 속에서 '있음(-임)'과 '생겨남(-됨)'이 혼합된다고 시사한다.[25]

그러한 혼합의 결과에서 우리는 변화의 영역 속 안정적인 본성으로서의 형상에 대한 아리스토텔레스적 개념을 플라톤이 선취하

---

[25]　이 맥락에서의 "자연/본성(φύσις)"과 관련해서는 『필레보스』 31d5, 8, 32a2-3, 8, b1을 보라. 또한, 26e3, 27a9를 비롯한 여러 곳의 "생겨남(-됨)/생겨나는(-되는) 것(γένεσις/ γίγνεσθαι)"에 대한 언급들도 참고하라.

고 있음을 알아차린다. 여기에서 확연히 플라톤적인 지점은 이러한 본성을 그가 엄밀한 수학의 관점에서 이해하고 있다는 점이다.『필레보스』에서 이와 같은 '한정'의 원리는 거의 그려지지 않으나, 그것은 반대되는 것들의 흐름에 수들과 적도들에 의하여 부과되는 안정적 구조를 대변한다. 형상의 이러한 수학적 이해 방식에 대한 온전한 진술은『티마이오스』에 이르러서야 주어진다.

『필레보스』의 우주론은 더 간단할 뿐만 아니라, 더 선택적이기도 하다. '한정'와 '무한정'의 결합은 현상들에 대한 일반적 설명으로서 주어지는 것이 아니라 성공적인 혼합에서 나타나는 반복적 패턴으로서, 즉 건강이나 탁월성, 조화와 같은 긍정적 결과들의 패턴으로서 주어진다(25e-26b, 31e). 여기에서 혼합의 관념에 부여되는 강력한 규범적 편향slant은, 좋은 삶 속에서 앎과 즐거움이 성공적으로 결합되는 본으로서 이러한 우주론이 갖는 수사학적 기능을 반영한다. 이런 이유로,『필레보스』가 제공하는 것은 생겨남(-됨)에 대한 하나의 일반적 이론이 아니라, 이와 같은 규범적 기능을 하도록 고안된, 성공적 혼합에 대한 부분적 설명이다. 동시에, '있음(-임)'의 관념을 새로운 방향으로 확장시켜 그것이 감각적 흐름과 '생겨남(-됨)'의 영역을 관통하도록 하는 실마리로서 수학적 개념들을 도입함으로써, 이러한 부분적 설명은『티마이오스』의 더 큰 기획을 위한 길을 가리킨다.

7. 우주론과 변증술 사이의 관계

어떤 측면에서 『필레보스』는 『티마이오스』라면 피할 수 있는 문제들을 맞닥뜨린다. 『티마이오스』는 신화적 골조를 취하며 "그럴 듯한 이야기"로서 자기 지위를 설정하는 만큼, 이 대화편은 우주론과 변증술적 방법 사이의 관계를 정의할 필요가 없다. 그러나 『필레보스』는 이 문제를 회피할 수 없는데, 왜냐하면 여기에는 변증술에 대한 구체적인 설명이 있으며 또한 이러한 방법의 우주론적 기반을 주장하기 때문이다(16d1-2). 실제로 『필레보스』는 우주론을 전개하는 가운데 나눔과 모음이라는 전문적인 어휘들을 사용한다.[26] 변증술은 이 대화편에서도 그리고 다른 곳에서도 이성적 탐구의 일반적인 방법으로서 제시되었기에, 우주론의 탐구도 마찬가지로 변증술을 수행하는 형태를 취해야만 한다는 것은 불가피해 보인다.

그러나 변증술과 우주론 사이의 연결은 그리 직접적이지 않다. 우리가 보았듯, 변증술은 대개 본질 혹은 '어떤 사물이 무엇인지'를 찾아내는 것으로서 여겨졌다. 더욱이, 이러한 본질들은 변화를 겪

---

[26] "종류에 따라 나누고 열거함(κατ' εἴδη διιστὰς καὶ συναριθμούμενος)" 23d2, "분리해 내고(διελόμενοι)" 23e3, "모음(συναγαγόντες)" 23e5 및 25a3. 또한 "쪼개지고 흩어져 있는 것(ἐσχισμένον, διεσπασμένον)" 23e4-5, 25a3 등도 참고하라. 우주론에 필요한 요인들의 (둘, 셋, 혹은 그 이상의) 수에 관련한 소크라테스의 올바른 그리고 잘못된 셈에 대한 (23c-e와 27b에서 제시되는) 강조는 나눔의 방법에서 특정한 수가 갖는 중요성을 반영한다.

지 않는 영원한 대상들로서 고전적 이론의 '형상들'과 동일시되었다. 따라서 우리는 여기에서도 마찬가지로 변증술의 대상은 불변하는 '형상들' 혹은 『필레보스』 15a-b의 영원한 모나드들과 같은 '형상들'에 버금가는 무언가일 것이라고 예상한다. (이러한 단일체들은 정확히 "나눔을 동반한^{meta diaireseōs}"[27] (15a7) 토론의 주제로서, 즉 변증술을 암시하는 것으로서 식별되었다.) 이로부터 우주론의 대상들 속 한정과 무한정자의 혼합이 플라톤적 본질들 혹은 '형상들'의 함께 엮임과 관련해서 이해되어야 한다는 것이 따라 나오는가?

우리는 우주론의 대상들과 변증술의 대상들을 단순히 동일시할 수는 없다. 우선, '한정'과 '무한정'이라는 우주적 원리들은 '사람', '황소', '아름다움', '좋음'(『필레보스』 15a에서 정확히 언급된, 고전적 이론의 '형상들'을 상기시키는 것들) 등의 영원한 모나드들과 같은 범주에 속하지 않는다. 그러한 형상들과 달리, '한정'과 '무한정'은 '생겨남(-됨)'의 영역 속 감각 가능한 동명의 것들의 부류를 규정하는 일차적 개념들을 표현하지 않는다. '한정'과 '무한정'의 원리들은 더 추상적이며 더 일반적이고, 『소피스트』의 "최고류들"('있음(-임)', '같음', '다름', '운동', '정지')과 더 닮았다. 변증술의 대상들로서, 그러한 것들은 변화하고 생겨나는 자연 세계에 국한되지 않는, 개념적 앎의 더 넓은

---

27   원문에는 diairesiōs로 되어 있으나, 플라톤의 그리스어 원문의 올바른 단어는 diaireseōs이다. 칸의 오기로 추정되므로 번역문에서는 바로잡는다.

범위를 규정한다.

우주론의 주제와 변증술의 주제 사이의 이러한 형식적 간격은 『필레보스』의 이후 대목에 의해 심화된다. 플라톤은 그 대목에서 영원하고 불변하는 실체들을 그 대상으로 삼는 변증술과, 변화 및 생성의 문제에 관여하는 우주론 사이를 존재론적으로 날카롭게 구별한다(57e-58a).

> 어떤 이는 자신이 자연에 관해 peri physeōs 탐구한다고 생각하고 있지만, 그가 평생에 걸쳐 탐구하는 건 여기 이 우주 kosmos 와 관련해서 그것이 어떻게 생성되었고, 어떻게 뭔가를 겪고 어떻게 작용하는가 하는 것임을 자네는 알고 있는가? … 그런 사람은 '언제나 있는(−인) 것들 ta onta aei'이 아니라 생성되는 것들이나 생성될 것들이나 생성된 것들을 대상으로 하는 일을 떠맡지 않겠는가? (59a)

그러나 우리에게는 문제가 하나 남는다. 어떻게 변증술의 대상들과 자연 철학의 대상들 사이의 이와 같은 분명한 대조를 변증술적 방법의 한 응용에 해당하는 것으로서 우주론을 앞서 도입한 것과 조화시킬 수 있겠는가?(16c-d) 플라톤은 『필레보스』에서 한편으로는 순수하게 방법론적이며 어느 주제에 대해서건 적용할 수 있는 것이고, 다른 한편으로는 오직 영원한 실체들만을 그 대상으로 취

하는 것이라는, 서로 양립 불가능한 두 가지 변증술의 관념을 제시
하는 것인가?[28]

유사한 애매함이 에이도스 ^eidos, 이데아 ^idea, 그리고 게노스 ^genos [29]
에 대한 언급에 관련해서도 불거지는데, 이 단어들은 변증술에 대
한 설명에서도(이데아 16d1, 7, 에이도스 18c2) 그리고 우주론에 대한 진
술에서도(에이도스 23c12-e2, 게노스 25a1, 26d1, d2, 27a12, 겐나 ^genna 25d3, 이데
아 25b6) 등장하고 있다. 물론 이것들은 『파르메니데스』에서 비판의
대상이 되는 고전적인 '형상' 교설에서도, 그리고 다시금 『소피스
트』의 변증술의 대상에 대한 논의에서도 사용된 같은 단어들이다
(『파르메니데스』 135c2, 『소피스트』 253d-e). 에이도스와 이데아라는 이 단
어들은 여기에서 서로 다른 두 종류의 실체들을 가리키기 위해 사
용된 것이며, 그것들은 변증술에 대한 서로 다른 두 이해 방식에 대
응하고, 그중 오직 하나의 변증술만이 변화를 겪지 않는 영원한 대

28　이 질문에 대한 D. 프레데의 논의를 비교해 보라(Frede, 1993, x-xiii쪽).

29　에이도스(eidos), 이데아(idea), 게노스(genos) 셋 모두 플라톤의 형상을 가리킬 수 있
는 단어들이다. 그러한 점에서 이 단어들이 특별한 맥락 없이 사용된 경우, 이 번역서
는 세 단어를 형상이라고 번역하되 원어를 항상 병기하는 방식을 택했다. 그러나 본문
에서 이어지는 내용을 통해 칸이 밝히고 있듯이, 이 세 단어는 근원적으로 그 의미에 있
어서 어떤 애매함을 가지며 또 서로에 대해 모종의 차이점을 지닌다. 그렇기에 만일 이
세 단어가 특별한 맥락 속에서 사용된 경우 이 번역서는 그 단어들 사이의 차이를 보
일 수 있는 번역어를 택하고서 원어를 병기하였다. 가령 이 책 3장 11절에서 언급된, '더
넓은 게노스'로부터 하나의 종차를 통해 '에이도스'를 도출하는 것이 소크라테스식 정
의'라는 서술 맥락에서, 이 번역서는 '게노스'를 '유(genos)'로, 그리고 '에이도스'를 '종
(eidos)'으로 각각 번역하였다. 이 세 단어들에 대한 나아간 논의에 관해서는 현재 대
목의 논의와 더불어 이 책 1장의 연역 4절과 3장 11절을, 그리고 이 책 4장 4절의 21번
주석 등을 추가로 참고하라.

상들에 대한 플라톤의 형이상학적 사유를 포함한다는 그런 식이겠는가? 아니라면 변증술이 우주론에 적용될 때에도 어떻게 여전히 불변하는 대상들에 관련하는 것으로 남을 수 있는가?

플라톤이 변증술에 대한 하나의 일관적인 이해 방식을 가진다고 해석하려면, 우리는 지금 이 텍스트가 어떤 구별을 암시하고 있다고 가정해야만 하겠다. 변증술이 정신의 활동인 한, 그것은 가지적인 것들^{noēta}만을 대상들로 삼는다고 이해할 수도 있어야 한다. 정신의 기능은 사물들을 '영원함의 관점 아래에서^{sub specie aeternitatis}', 즉 순수한 개념들로서 보는 것이다. 따라서 이러한 측면에서 변증술의 대상들은 모두 논리적 공간에 변하지 않고 존재하는, 즉 『국가』 6권의 가지적인 장소^{noētos topos}에 존재하는 영원한 존재자들이다. 『국가』와 『티마이오스』에서와 마찬가지로 (암시적으로) 『필레보스』에서도 참된 실재들^{ontōs onta}은 바로 이러한 공간 속에 기거하는 것들이다.

다른 한편으로, 변증술의 대상들 중 다수는 (어쩌면 모두는) 또한 그것들과 이름이 같은 변화하고 사멸하는 동명의 것들에 대한 지칭을 허용한다. 이러한 측면에서, 용어 에이도스와 게노스는 본질적으로 애매하다. 기셀라 슈트리커^{Gisela Striker}는, 프레게 이후 논리학의 관점에서 게노스와 같은 용어들은 개념들로서도 그리고 유들^{classes}로서도 기능한다고 지적했다. 유들로서 이것들[게노스 같은 용어들]은 사멸하는 개별자들을 그 구성원들로서 포함한다. 그러나 유들과 달리, 이것들은 그러한 사멸하는 것들의 외연을 통하여 정의되지는 않는다.[30] 게노스와 에이도스 같은 용어들이 문제의 그 이성적 형상 혹은 종류를 인지의 무시간적 대상으로서 고유하게 지칭한다. 그러나 같은 용어가 또한 이러한 종류에 속하는 사멸하는 예화들을 가리키는 것으로서 각각에 대하여 취해질 수도 있다. 그렇기에, 단어 안트로포스^{anthrōpos}("인간")는 인간 본성의 개념("인간 자체")을 지시할 수도 있으나, 그것은 또한 사멸하는 동명의 것들인 개별적인 인간들에게 적용될 수도 있다. 바로 이러한 후자의 관점에서 우주론은 생성하고 소멸하는 것들을 그 대상으로 취한다고 할 수 있다. 『티마이오스』의 서사에 따르자면, 우주 그 자체는 하나의 생명체^{zōon}, 즉 생겨난 것이자 원리적으로는 사멸할 수도 있을 그러한 감각적인 생명체이다. 다른 한편으로, (예컨대 『파르메니데스』의 2부에서 변증술적 논증들에 의해 탐구되었듯이) '하나'와 '여럿', '다름'과 '같음' 등의 우주론의 구성 부분들은 지성의 논리적 공간 속에 안정적인 개념들로서 존재한다. 그렇기에, 그 어떤 특수한 게노스건 그것은, 하나의 정의 속에 정식화된 본질^{ousia}이라는 불변하는 가지적 단위로서도 혹은 이러한 정의를 만족하는 감각적 개별자들의 범위로서도 해석될 수 있다.

우리는 플라톤이 즐겨 사용하는 알파벳의 예시에서도 유사한 지칭상의 이중성을 알아볼 수 있다. 즉, 무성음들^{aphōna}의 에이도스

---

[30]   Striker(1970), 36-37쪽.

는, 그러한 음성학적 집단을 문법학의 무시간적인 한 구성 부분으로 지칭할 수도 있고, 혹은 실제로 시간 속에서 화자에 의해 발화된 그에 대응하는 소리들의 유를 지칭할 수도 있다. 이와 같은 두 지칭들을 한 에이도스에 대한 내포적 해석과 외연적 해석들이라고 구분하도록 하자. 내포적 의미에서의 에이도스가 무성음들을 문법학의 대상으로서 다루며 무시간적 개념을 표현하는 반면, 외연적으로 이해된 에이도스가 발화된 바 있는 혹은 앞으로 발화될 이러한 종류의 모든 개별적 소리들을 지칭한다는 것은 분명하다. 플라톤이 알파벳의 유비에 매료된 것은 아마도 이와 같은 글자들이 가지는, 지성적이면서 동시에 감각적이고, 변증술의 대상이자 또한 자연학의 대상이기도 한 이러한 이중적 지위에서 기인한 것일 수도 있겠다. 하나의 주어진 글자(혹은 음소)는 눈에 보이는 것이 되었건 들리는 것이 되었건 동일하지만, 그 자체로는 눈에 보이지도 들리지도 않는다. 본질적으로 그것은 추상적인 일련의 기호들의 내에 있는 한 독특한 위상이다.

나는 변증술의 대상들을 이해하는 두 방식을 구별함으로써, 어떻게 플라톤이 우주론을 변증술적 방법의 한 체계적 응용으로서 여길 수 있었는지를 우리가 확인할 수 있다고 주장한다. 그와 동시에 영원한 것들인 변증술의 대상들을 존재론적으로 날카롭게 구별하여, (가령 『파르메니데스』의 추상적 변증술 속에서 고려된) 우주론의 구성 부분들로서의 변증술의 대상들과, 생성하고 소멸하는 존재자들을 가리키는 이러한 같은 용어들에 대한 외연적 지칭으로서의 변증술의 대상들 사이를 플라톤이 구별할 수 있었다고도 주장한다.

8. 변증술의 대상으로서의 우주론에 대한 개괄

플라톤의 우주론을 개괄해 본다면, 이 이론에 대해 내가 제안하고 있는 견해를 분명히 하는 데에 도움이 될 것이다. 이어지는 내용에서 나는 『파르메니데스』와 『필레보스』, 그리고 '쓰이지 않은 교설들'에 대한 아리스토텔레스의 기록 중 몇몇 대목들을 통해 시사되는 방향을 따라 변증술의 개념적 도식을 제시하겠다. 내가 바로 앞서서 기술했던 이중 지칭의 체계에 따르면, 자연과 변화의 세계에 대한 기술로서 이해된 우주론은, 그 자체로는 불변하는 가지적 존재자들로만 구성된 이론적 구조를 감각 가능하게끔 투사하거나 혹은 외적인 관점에서 적용한 것으로 나타나게 될 것이다.

이러한 순수하게 가지적인 구조를 우리는, '하나'라는 순전한 단일체를 정점으로 하여 가장 아래층에 놓이는 '불특정 쌍수'의 무제한적인 다수성에까지 뻗치는 가지적 사물들 혹은 개념들의 위계 관계로서 생각해 볼 수 있다. 이러한 수직적인 전체 영역에서 우리는 『소피스트』의 '최고류들'에서 시작하여 '사람', '황소', '물'과 같은 자연종들에서 끝나는, 일반성의 정도에 따른 내림차순의 단계들을 인식한다. 그 사이에는 『필레보스』의 한정과 무한정의 원리들이 시사하는 종류의 수학적 구조들이 오게 될 것이다.

나는 이 도표에서 '좋음', '아름다움', '정의로움'이라는 규범적 트리오에 대한 언급은 모두 생략하였다. 그것들은 이 위계 내에서 어떤 구별되는 단계를 나타내는 것이 아니라, 오히려 전체 체계를 두고 봤을 때 또 다른 하나의 차원을 표현한다. 즉, 이것들은 변증술의 대상들을 합리적 욕망의 목표들과 인간 행위의 규범들로서 이해하는 또 다른 방식을 표현한다.

그리하여 다음의 도표는 세계의 합리적 구조를 이루는 가지적 형상들의 체계 속 서로 다른 단계들을 제시하고자 한다.

다음에 제시된 도식은 물론 불완전하며 오직 하나의 제안으로서 고안되었을 뿐이다. '좋음'과 '정의'와 같은 규범적 개념들을 생략한 것 외에도, 나는 '세계 영혼' 및 영혼 일반을 제외했는데, 왜냐하면 이 위계 속 그것들의 위상이 잘 정의되지 않기 때문이다. 『파이드로스』와 『티마이오스』, 그리고 『법률』 10권의 영혼은 창조의 산물이자 운동하는 실체로서 여기에 제시된 도식에서 '있음(-임)'과 '생겨남(-됨)'을 분리하는 점선 아래에 놓일 것으로 보인다. 그러나 그렇다고 해서 영혼이 감각 지각의 대상인 것은 아니다. 이러한 이유로, 인식론적으로 영혼은 오히려 그 점선 위의 실체들의 일원이 되기에 적합하다(『파이돈』 79e를 보라). 영혼의 이러한 혼합된 지위는 플라톤의 체계가 단순한 이원론이 아니라는 것을 분명하게 보여 준다.

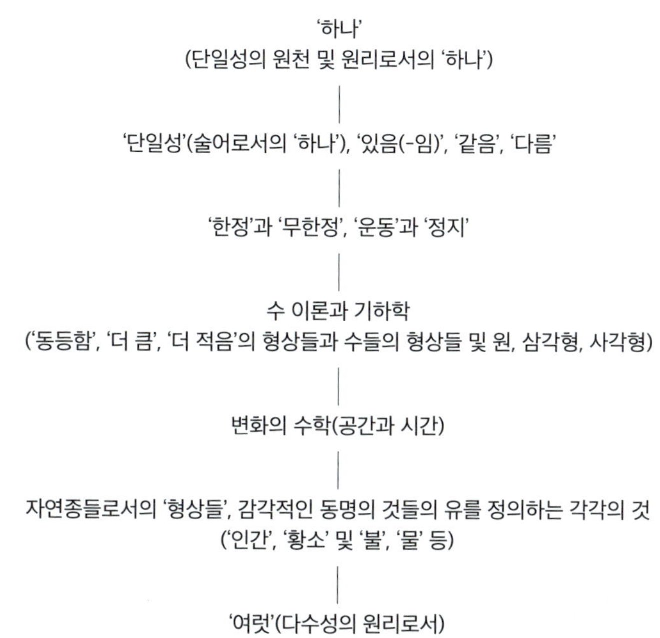

해설: '하나'가 가장 꼭대기에서 두 번, 처음에는 단일성의 일반 원리로서 그리고 두 번째에는 각각의 형상에 대한 하나의 술어로서 등장하듯이, 가장 아래 단계에서 '여럿'은 일반적으로 취해진 '형상들'의 다수성의 원리로서 등장하는 것일 뿐만 아니라 또한 각각의 '형상들'에 해당하는 사례들의 잠재적 다수성으로서도 나타난다. 그러나 이러한 감각적 예화들의 잠재적 다수성은 가지적 영역이 아니라 가시적 우주에 놓여 있으며, 이러한 이유로 그것은 '있음(-임)'과 '생겨남(-됨)'을 구분하는 아래의 점선 밑의 영역에 놓인다.

가시적 우주(생겨남(-됨)의 영역)

"이 세계", 즉 『티마이오스』 속 데미우르고스와 하위의 신들에 의하여 조직된 자연과 변화의 세계.
이는 감각 지각 수준에서의 '여럿'을 나타내며, 자연종들의 사례들과 '형상들'에 동명인 여타의 것들과 함께 천체들과 네 원소들까지 포함한다.

유사한 이유로 앞의 도식 속에는 정신이 자리하는 곳도 없다. 모든 관련된 텍스트들 속에서, 정신은 영혼과 긴밀하게 연결되어 있다(또한 그것은 분명히 영혼에 의존한다).

다른 이유로 나는 인공물들에 대한 언급도 모두 생략하였다. 감각 가능한 대상들의 유형들로서, 이것들은 자연종들과 같은 층위에 속해야만 한다. 『크라튈로스』와 『국가』 10권의 여러 대목들은 '북'과 '침대' 등 인공적인 대상들에 대하여 자연의 생산물들을 상정하는 바와 마찬가지로 [그것들의] '형상들'을 상정한다. 그러나, 『파르메니데스』 이후 자연 철학을 염두에 두고서 자신의 이론을 수정하는 가운데, 플라톤은 인공물들에 관한 영원한 '형상들'의 개념을 폐기한 것처럼 (혹은 최소한 도외시하게 된 것처럼) 보인다.

에이도스와 게노스에 대한 (앞서 7절에서 기술한) 지칭의 이중 구조를 염두에 둔다면, 우리는 '있음(-임)'과 '생겨남(-됨)'을 가르는 구분선 위의 지성적 공간 속 '형상들'의 네트워크가 또한 이 네트워크의 감각적 이미지인 현상적 세계의 구조를 정의하는 일을 한다는 것을 확인하게 된다. 그러나 물론 이는 두 가지 별개의 세계들이 아니다. 변증술에 의해 탐구되는 '형상들'의 지성적 체계는 안정적이고 불변하기 때문에, 이것은 변화와 감각 지각의 세계 **속에** 자연학적으로 현전할 수 없다. 그러나 이러한 형상적 구조가 감각 가능한 세계 속에 전적으로 자리하지 않는다는 것이 곧 그것이 다른 어딘가에 자리한다는 의미는 아니다. 그것은 애당초 그 어느 곳에도 자리하지 않는다. 그것은 오직 부재한다는^{privative} 의미에서만 자신이 그 구조를 한정하는 자연 세계로부터 "분리"된다. 이런 이유로 자연에 관해^{peri physeōs} 탐구하는 우주론자는 (변증가들이 하듯이) '형상들'을 그것들 자체로서, 즉 지성적 공간 속의 영원한 것들로서 탐구하는 것이 아니라, 변화 및 현상의 세계의 구조를 정의하고 자연종들을 규정하는 것으로서, 그리하여 생성하고 사멸하는 현상들의 유형들을 정의하는 것으로서 탐구한다. 우주론이 변증술적 방법의 특수한 한 응용이라는 것은 바로 이러한 의미에서, 즉 "'있음(-임)'으로의 '생겨남(-됨)'"에 대한 중간적 탐구 방식을 통해 그것[변증술]을 '생겨남(-됨)'의 세계에 적용한다는 의미에서 그런 것이다. 바로 이 중간적 탐구가 플라톤의 자연 철학으로의 회귀를 이룬다.

6장

『티마이오스』, 그리고 기획의 완결: 자연 세계의 복원

1. 창조 신화

'형상들'에 대한 교설이 어떻게 자연 세계에 적용될 수 있는지에 관한 오래된 질문들에 답을 찾게 되기를 기대하며, 우리는 이제『티마이오스』로 향한다. 마침내 여기에서 우리는 플라톤이 소크라테스 이전 철학자들이 일구어 왔으나 자신은『파이돈』의 결론부에서 내버린 것으로, 극 중 (소크라테스의 목소리를 통해) 표현되는 영토로 되돌아온 것을 보게 된다. 이제 그가 자연이라는 이 영토[1]를 완전하게 다루게 된 것이다. 물론『소피스트』와『필레보스』가 이러한 귀환을 예비했다고 볼 수도 있겠지만 이러한 기획이 실제로 실행되는 곳은 오직『티마이오스』뿐이다. 그러므로, 우리가 분유의 문제, 즉 '형상'

---

1   『파이돈』에서 죽음을 앞둔 소크라테스와 다른 이들의 대화를 마무리 짓는 신화 (107c-115a)는 가지적인 형상들의 세계와 감각적인 자연 세계를 각각 '참된 지구'와 '우묵한 곳'으로 나누고, 우리는 '우묵한 곳'에 살면서 마치 우리가 지구 위쪽에 사는 것처럼 착각하는 처지에 있음을 비유적으로 드러낸다. 칸의 논지는『티마이오스』 이전까지 플라톤은 참된 형상들의 세계의 존재와 그 구조를 밝히는 데 힘을 기울였지만,『티마이오스』에서는 이제『파이돈』에서 표현한 지구의 움푹 패인 곳, 즉 우리가 사는 지역에 대해 관심을 갖고 다룬다는 것이다.

이론을 어떻게 자연 세계를 설명하는 데에 적용할 것인가라는 문제에 대해 하나의 답을 찾을 수 있으리라 기대할 수 있는 곳은 오직 이곳뿐이다. 이 문제는 『필레보스』에서 생생하게 상기된 바 있고, 이제 [『티마이오스』에서] 이미지들과 모방의 관점에서 재정식화될 것이다. 어떻게 '정의' 혹은 '인간'과 같은 하나의 단일한 '형상'이 그 자체는 하나로 머무르며 변하지 않으면서도 동시에 개별적인 행위들과 개체로서의 인간들 안에 있는 그 자신의 이미지들을 한정해 주는가? 플라톤의 이론에 대한 이러한 일반적인 문제들에 더해, 『티마이오스』에서 다루어져야 하는 더 특별한 사안이 있다. 나름의 다른 목적으로 고안되었던 불변의 '형상들'에 대한 교설이 어떻게 자연 세계를 설명하도록 조정될 수 있는가라는 문제가 바로 그것이다.

이러한 내용상의 사안들을 추적하기 전에, 우리는 먼저 문학적 형식에서의 급진적인 변화를 설명해야 한다. 플라톤은 『티마이오스』에서 이 문제들에 대한 어떠한 해결책을 창조 이야기라는 틀 안에서 제시하고 있다. 『티마이오스』의 우주 서사narrative는 완성되지 못한 채 남아 있는 『크리티아스』의 후속 서사가 그런 것처럼, 소크라테스와 그의 대담자들 사이의 대화라는 익숙한 틀 내에 위치해 있다. 그러나 우주 탄생기 자체는 대화가 아니라 [한 명의 화자에 의해] 끊김 없이 이어지는 연설로 제시되고 있다. 사실상, 티마이오스의 독백은 자연에 관한 탐구peri physeōs historia라는 전통적 형식에 따른 독립된 자연학 논고이다. 플라톤은 소크라테스 이전 철학자들의 논고로부터 내용뿐 아니라, "세계의 생겨남(-됨)에서 시작하여 인간의 본성에 이르러 끝내는"(27a5) 서사적 형식 역시도 차용했던 것이다.

(29d에서 소크라테스가 짧게 [티마이오스를] 격려한 후에는) 여기서 대화자들은 서로 어떤 대화도 하지 않는데, 이는 철학적 방법과 문학적 형식상 하나의 전환을 반영한다. 왜냐하면 소크라테스적 대화의 방식을 포기함으로써 두 가지 측면의 이탈이 나타나기 때문이다. 한편으로, 대화 형식이 가진 유연성은 다양한 대화자들과 상황들을 반영하는 다양한 철학적 관점들을 허용했었다. 다른 한편으로, 이 같은 [대화] 형식은 역설적으로 후기 대화편에서 변증술적 방법에 의해 특징지어지는 높은 수준의 지적 엄밀함을 추구할 수 있었다. (다른 종류의 엄밀함은 초기 대화편들에서는 대화 상대자가 받아들인 전제들로부터의 추론을 바탕으로 그를 반박하는 논박elenchus의 기술로 대표되었다.) 소크라테스 이전 방식의 논고가 갖는 설교적 산문의 형식은 이러한 대화 형식이 지닌 두 측면—다양성과 엄밀함—을 갖지 않는다. 여기에는 토론이나 다양성이 들어설 여지가 없고, 그래서 또한 변증술적 방법도 존재하지 않는다. 오직 하나의 교설을 이의 제기 없이, 끊김 없이 설명해 나갈 뿐이다.

문학적 형식에서의 이러한 전환은 앎의 내용과 관련한 중요한 변화와도 관련된다. 『소피스트』에서처럼 '형상들' 간의 개념적 관계들을 명확히 하려 시도하거나 『테아이테토스』에서처럼 앎의 다양한 정의들을 비판하는 대신, 플라톤은 여기에서 변증술적 방법이 아닌 무언가 의견^{doxa}과 같은 것에 의지해 탐구해야만 하는, 지각과 변화의 영역 내의 현상들에 대한 건설적인 설명에 착수한다. 티마이오스가 우리에게 말해 주듯이 자연 세계는 불변하는 실재의 이미지[모상]에 불과하기 때문에, 우리는 그에 상응하는 낮은 수준의 명확성과 정밀함에 만족해야만 한다. 우주론적 이론의 몇몇 측면들이 완벽히 명료하지 않거나 비일관적으로 드러날 때, 우리는 이 주의사항을 유념해야 할 것이다.

플라톤은 변화와 지각에 대한 『테아이테토스』에서의 탐구 및 가지적 '형상들'의 네트워크에 대한 『소피스트』의 작업을 통해, 이러한 새로운 기획을 예비하고 있었다. 그러나 이 둘 중 어느 대화편에서도 이 두 영역을 서로 연관 지으려는 시도는 없었다. 『테아이테토스』는 '형상들'이 실재함을 무시하고, 『소피스트』는 변화의 세계에 대한 긍정적인 설명을 하지 않는다. 『필레보스』에서 우리는 마침내 무한정자^{apeiron}와 한정^{peras}의 혼합으로부터 두 영역 사이의 통합의 원리를 보게 된다. 그러나 어떻게 그러한 혼합이 일어나는지를 상세하게 보여 주는 일, 그리고 불변하는 '형상들'의 이론이라는 틀 속에서 변화하는 자연 세계를 설명하는 일은 『티마이오스』의 과제이다.

플라톤은 문학적 전달 수단으로서 창조 신화라는 형식을 선택했다. 이러한 문학적 장치를 선택한 것과 플라톤의 철학적 기획이 갖는 목표가 별개의 것임을 우리가 염두에 둔다면, 우리는 익히 알려진 몇 가지 해석상의 역설들을 피할 수 있을 것이다. 예를 들어, 시간의 창조에 대한 많은 논의가 있어 왔다. 어떻게 데미우르고스는 어떤 특정 시점에 세계를 창조하면서, 또한 같은 때에 시간도 창조할 수 있었을까? 나는 이러한 문제 제기는 문학적 허구와 철학적 의도 사이를 혼동한 결과라고 생각한다. 플라톤이 선택한 서사 형식에 따르자면 창조는 하나의 시간적 사건으로서 표현되어야만 한다. 그러나 철학적 해석으로 보자면 아우구스티누스가 확실히 옳았다. "시간 속에서가 아니라 시간과 함께 신은 세계를 창조하였다^{non in tempore sed cum tempore creavit Deus mundum}." 시간 자체가 시간상의 어느 한 순간에 창조되었다고 믿는 것은 비일관적이다. 하지만 이 서사가 문자 그대로 함축하고 있는 바는 바로 이것이다. 이렇게 읽으면, 이 서사는 엄격하게 이 서사가 주장하는 바, 즉 시간 자체가 창조의 산물이라는 것(37d-38c)과 양립할 수 없다. 물론, 티마이오스는 서두에서 자신의 이야기가 모순이 없지는 않을 것임을 인정하는데(29c-d), 아마도 그는 이 명백한 부정합을 잘 의식하고 있었을 것이다. 왜냐하면 세계가 가시적이고 물질적이기 때문에 그것이 '생겨남(-됨)'의 영역을 이룰 뿐 아니라 그 자체로 생겨나(-되어) 있는 대상이기도 해야 함을 증명하기 위한 미심쩍은 논변은, 시간적 사건으로서의 창조와 존재론적 범주로서의 '생겨남(-됨)' 사이의 이러한 애매성에 의지하고 있기 때문이다. 내 생각에 이 논변은 28b-c의 '생겨남(-됨)'에 대한 두 가지 별개의 관념[2]으로 만들어진 빤히 보이는 오류이다. 그러나 이러한 주장은 서사 형식이 철학적 해석과 양립할 수 있는 것처럼 보이도록 만들기 위해 **필요하다.** 플라톤에게, 물질적이고 지각되는 것은 무엇이든, 불변하는 '있음(-임)'과는 구별되는 '생겨남(-됨)'이라는 존재론적 범주에 필연적으로 속할 것이다(28b4-c2). 그러나 자연 세계가 이 범주에 속하는 것이 틀림없다 하더라도, 그로부터 이 자연 세계가 처음으로 생겨났던 그 순간이 있었다는 것이 따라 나오지는 않는다. (자연 세계는 변화하는 과정 속에 있었고 영원히 있을 것이다.) 창조 이야기의 서사 형식을 보전하기 위해서, 티마이오스는 세계를 '생겨남(-됨)'의 범주에 올바르게 분류하고도 이 세계 자체가 생겨나 있는 산물이라고 그르게 추론하는 식으로 의도적으로 미끄러지고 있다.[3]

나는 플라톤의 서사가 가지는 문자 그대로의 내용을 창조된 세계와 동연同延적인 것으로서의 시간에 대한 철학적 관념과 양립하는 것처럼 보이도록 하기 위해, 시간의 창조 이전에는 어떤 특정한

---

2   영어로는 'Becoming'으로 번역되는 그리스어 명사 'genesis' 및 동사 'gignesthai'의 두 가지 뜻에 대해서는 2장의 역주 7번을 보라. 칸의 논지는 플라톤이 "자연 세계가 'Becoming'의 범주에 속한다"고 말할 때 이는 자연 세계는 고정되어 있지 않고 계속해서 변화하여 새로운 것이 '되어 간다'는 뜻이지만, 'genesis'가 갖는 또 다른 뜻에 따라 그것이 원래 없다가 (창조에 의해) 새로 생겨난다는 뜻도 함축할 수 있다는 것이다.

3   이 철학적 주장은 세계의 내용들이 "생성하는 것들(γιγνόμενα)"(28c1), 즉 생겨나는 (-되어 가는) 과정에 있다는 것이지, 전체로서의 세계가 "생성된 것(γενόμενος)"(c2), 즉 이전의 생겨난(-가 된) 결과임을 보여 주지는 않는다. 여기서 나타나는 현재형으로부터 단순과거형(aorist)으로의 이행은 [c2의 '생겨난(-된)(γεννητά)'과 마찬가지로] 시점상 과거와 현재 사이에서 애매한 완료형 표현, '생겨나 있는/-되어 있는(γέγονεν)'(28b6과 c2)을 사용함으로써 예비되었다.

것도 일어나지 않는다고 하는 시간적 전후의 순서에 대한 의심스러운 관념을 플라톤에게 부여해야 할 필요가 있는지 모르겠다.[4]

우리는 이미 플라톤이 창조 서사의 형식을 택한 이유들을 확인한 바 있다. 그에게는 이전 우주론의 기계론적 경향들에 맞서서, 그리고 무엇보다도 생명 없는 물체들 간의 우연한 충돌들의 산물로서 세계를 설명하려 한 원자론에 반대하여, 세계 질서의 합리적이고 목적론적인 구조를 고수하는 것이 필요했다. 세계를 기예의 작품으로 제작하는 신적인 '장인'의 개념은 자연의 질서를 합리적인 계획이자 목적론적 설계의 대상으로 해석하는 플라톤에게 이상적인 장치 중 하나였다.

이 장치의 유용성에도 불구하고, 서사의 모든 측면들, 특히 신적인 행위자인 데미우르고스 자체를 모두 아우르는 하나의 분명한 철학적 해석을 내놓기란 쉽지 않다. 이 인물을 초-우주적 지성, 즉 아낙사고라스의 정신nous이 의인화된 것으로 해석하고 싶은 마음이 들 수도 있다.[5] 그러나 플라톤은 자신이 데미우르고스의 본성에 대한 설명을 제시할 준비가 되어 있지 않음을 강조한다(『티마이오스』 28c). 또한 이 인물을 정신을 표상하는 것으로 보려는 어떠한 시도

---

4 문학적 서사와 철학적 주장을 일관되게 만들려는 고전적인 시도는 그레고리 블라스토스가 한 바 있다. 특히 Vlastos(1996), 265-279쪽을 보라.

5 이러한 계열들의 해석에 대해서는 핵포스와 처니스를 자신의 선구자로 인용한 Menn(1995)을 보라.

도 늘 심각한 장애물에 부닥친다. 다른 곳에서처럼 여기서도, 플라톤은 정신을 오직 영혼 안에서만 찾을 수 있다고 강변한다.[6] 그러나 세계 영혼이 데미우르고스에 의해 창조된 것으로 이야기되기 때문에, 세계 영혼은 그 제작자와 동일시될 수 없다. 이와는 달리, 나는 아래에서 창조되지 않는 원본이 영혼과 정신 양자를 포함할 것이라 제안할 것이다. 아마도 바로 여기, 창조되지 않는 영혼의 창조되지 않는 정신 안에 데미우르고스가 숨어 있는 것일까? 하지만 그럴 경우 그는 다시금 창조를 위한 자신의 원본 안에 자리한 하나의 사물로 나타나는 것인가? 아니면 이것 역시 단지 우주 탄생 서사가 가진 또 다른 조악함인 것인가? 유감스럽게도 우리는 이 질문들을 해결되지 않은 채 남겨 두어야 할 것 같다.

어떤 독법을 취하든 분명한 것은 의도를 가진 행위자로서의 데미우르고스가 기예적 제작의 본本, 즉 목적론적 원인 작용의 본으로서의 역할을 하고 있다는 것이다.[7] 우리가 보았듯이, 이 설명의 기저에 있는 원리는 원인 작용의 관념을 동사 '포이에인poiein'의 두 가지 의미, 즉 '행하다'와 '만들다'에 기반해 이성적 행위와 기예적 제작의 관점에서 상세히 다룬 『필레보스』에서 가장 분명하게 표현되

---

6   『티마이오스』 30b, 37c, 46d, 『소피스트』 249a, 『필레보스』 30c를 보라.
7   데미우르고스를 "의인화된 기예", 즉 장인 기술의 원리 그 자체로 본 Johansen(2004), 86쪽의 최소주의적 해석과 비교하라. 『파이돈』에서 정신(nous)에 대해 제기되는 문제에 대한 하나의 응답으로서 창조자를 기예가(artist)로 보는 이해 방식의 완전한 철학적 의미에 대해서는 Lennox(2001), 280-303쪽을 보라.

었다.[8] 그렇기에 이성적 행위자이자 제작자로서의 데미우르고스의 비유적 역할은 플라톤의 형이상학적 구도 안에서 그 위치가 애매하게 남아 있더라도 [여전히] 분명하고 근본적이다.

창조 이야기의 신화적 형식은 이런 이유로만 —자연을 기예의 작품으로 제시하기 위한 이유 때문에만— 선택된 것이 아니라, 더 낮은 수준의 학적 엄밀성을 표현하기 때문에 그렇기도 하다. 티마이오스가 말하듯, 변화와 생겨남(-됨)의 세계를 기술할 때 우리는 불변하는 '있음(-임)'이라는 완전한 실재가 아니라 진리의 이미지만을 다루고 있다. 그리고 여기서 사용하는 방법은 그것이 다루는 대상의 영역에 비례하는 것일 터이다. "'있음(-임)'이 '생겨남(-됨)'에 대하여 갖는 관계처럼, 그렇게 진리는 믿음pistis에 대하여 관계한다는 것이지요"(29c3). 그러므로, 창조 서사로부터 기대할 수 있는 것은 오직 믿음 혹은 의견뿐이다. '생겨남(-됨)'의 현상들을 다루면서 변증술의 엄밀함을 요구할 수는 없다. 이미지로서의 자연 세계의 관념은 정확하게 '있음(-임)'과 '생겨남(-됨)'의 관계 — 즉 변화 및 지각의 세계와 형상들의 체계 사이의 관계에 주목하게 한다. 우리가 보았듯이, 그 관계의 본성은 『테아이테토스』와 『소피스트』 어디서도 논해진 바가 없었다. 『필레보스』에서는 오직 하나의 문제로서만 언급될 뿐이다. 이제 이 문제를 직접 대면하기로 결정한 플라톤은 『티마

---

[8]   『필레보스』 26e-27a를 다룬 이 책의 5장 2절 405-407쪽을 보라.

이오스』에서 약한 수준의 명확성과 정확성을 가진 어떤 다른 논의 방식에 의지하게끔 되었다.

2. 창조를 위한 원본으로서의 '형상들'

　　감각 세계를 실재의 이미지로서 제시함으로써, 플라톤은 그의 고전적인 '형상' 이론에 전형적이었던 존재론적 이원론의 틀을 재도입한다. 그러나 이 틀은 이제 갱신되어야 한다. 이원론적 도식의 양쪽 부분 모두, 파르메니데스의 반론들뿐 아니라 지각되는 흐름과 '형상들'의 혼합에 대한 중간에 끼어든 논의까지도 고려하는 방식으로 재서술되어야 할 필요가 있다. 즉 '형상들'을 창조자가 모방할 하나의 복잡하고 역동적인 네트워크로 보는 새로운 견해가 필요하다는 것이다. 또한 우리에게는 지각되는 사물들의 있음(-임)과 인지적 지위에 대한 새로운 설명도 필요하다. 무엇보다도, 우리는 이 두 범주들 사이의 연결을 이해해야만 한다. 이전에 [이 두 범주 사이의 관계는] 분유의 관계라고 불렸지만, 이제는 이미지와 모방의 관점에 따라 원본과 복제물의 관계로 표현된다.

　　'형상들'은 여기에서 친숙한 정식들을 통해 도입된다. "언제나 있는(-인) 반면 생겨나지(-되지) 않는 것 … 이성적 설명과 함께^{meta logou}하는 사유를 통해 파악되는 것"(27e-28a), 안정되고, 자기동일적이며, 불변하는 것^{monimon kai bebaion}(29b6). 창조를 위한 원본^{paradeigma}으로 쓰인다고 말해지는 것이 바로 이 영원한 있음(-임)이다. 현상적 속성들은 그것[영원한 있음(-임)]의 모방물이자 닮은 것들(mimēmata, 50c5, 51b6, aphomoiōmata, 51a2)로서 나타난다. 이 정도까지는 우리에게 익숙한 플라톤의 교설이다. 그런데 저 새로운 모델 안에서, 자연 세계의 창조에서 모방되어야 할 것으로 제시되는 이 '형상들'은 정확히 어떤 것인가? 우리는 이 원본에 대한 부분적 설명들을 제공하는 서너 개의 텍스트를 살펴볼 필요가 있다.

먼저 우리는 고전적 이론에 따른 '형상들'의 모집단에 대해 간략하게 재검토할 것이다. 『향연』에서 시작해 『파이돈』과 『국가』에서도 계속해서, 이 이론의 주요 예시들은 내가 '규범 삼원리'라고 부르는 것, 즉 '아름다움^{kalon}', '정의로움' 그리고 '좋음'이었다. 『파이돈』은 '동등함', '더 큼', '더 작음' 그리고 숫자들과 같은 다른 수학적 개념들도 보탰다.[9] 이 이론을 비판하기 위해 재검토하는 과정에서, 파르메니데스는 이 '규범 삼원리(아름다움, 정의로움, 좋음)'로 대표되는 윤리적 영역과 함께, '유사함', '하나', '여럿'과 같은 논리-수학적 '형상들'도 당연시한다. 그러나 젊은 소크라테스는 '인간', '불',

---

[9] 더 시적인 방식으로, 『파이드로스』의 신화는 정의(dikaiosynē)에서 시작해 절제(sōphrosynē), 앎(epistēmē, 247d6), 그리고 현명함(phronēsis, 250d4)에 이르는 '형상들'로서의 탁월성들의 목록을 도입했다. 나는 이 목록이 '규범 삼원리'를 『파이드로스』의 신화의 필요에 따라 서술 방식상 변주한 것이라고 생각한다.

'물'과 같은 자연종들에 대응하는 '형상들'을 받아들이기를 주저한다(『파르메니데스』 130b-c). 소크라테스가 보이는 망설임은 의미심장하다. 정확히 여기에서 문제적이라고 인식되는 것이 이 이론을 윤리학과 수학을 넘어 자연 현상들에까지 확장하는 바로 그 일이기 때문이다. 다른 한편으로, 그러한 소크라테스의 주저함은 적어도 원리상으로는 『필레보스』에서 극복된다. 여기에서 '인간'과 '황소'는 '아름다움'이나 '좋음'과 나란히 생성과 소멸에서 자유로운 영원한 단일체들henads **10**로 불리기 때문이다(15a).

일단 자연종들에 대한 '형상들'이 인정되기만 하면, 플라톤적 원리들에 기반한 우주론의 길이 열린다. 그리하여 『티마이오스』에서 '형상들'의 영역은 '불'과 '물'을 비롯한 다른 원소들의 본성들을 포함할 정도로 확대될 것이다. '형상' 이론이 자연 세계에 적용되기 위해 최초로 완전히 확장되는 곳이 바로 여기이다.

그러나 『티마이오스』가 이 지점에서 시작한 것은 아니다. 창조를 위한 원본은 자연학적 원소들이나 자연종들, 혹은 윤리적이거나 수학적인 개념들을 참조해 도입된 게 아니라, 완전한 형태의 생명의 표본, 즉 지성적 생명체noēton zōon로서 도입된다. '형상들'로 이루어진 그 생명체는 두 가지 의미로 지성적noēton인데, 하나는 가지적[지성 혹은 정신으로만 파악되는 것]이라는 의미에서 그렇고, 또한 (30b에서 그

것의 이미지인 세계가 그런 것처럼) 지적^{ennous}[지성 혹은 정신을 갖추고 있는 것]
이라는 의미에서도 그러하다. 이는 '형상들'의 영역에 대한 현저하
게 새로운 이해 방식이며, 이러한 새로운 원본에 어떠한 '형상들'이
포함되어야 하는지는 즉시 분명하게 드러나지 않는다. 우주론 자체
를 논하기 전에, 우리는 그 전^前-우주적[11] 원본에 대한 분명한 견해
를 확립해야 한다. 여기서 제시하는 해석은 논란의 여지가 많을 것
이기에, 텍스트들에 대한 자세한 검토로부터 시작하기로 하자.

3. 원본들에 속한 형상들의 확장

텍스트 1(30a-b): 데미우르고스가 모든 가시적인 것이 혼란스러
운 운동 중인 것을 보고는 그것을 무질서에서 질서로 이끌었다.

지성이 없는 어떠한 것도 지성을 지닌 것보다 어떠한 면에서도
더 아름다울 수는 없을 것이요, 또한 지성이 영혼^{psychē}과 떨어져
서 무엇인가에 생겨나는 일은 불가능하다는 것을 알게 되었습니

---

[11] 여기서 '전(前)-우주적'이라 옮긴 말은 'pre-cosmic'으로 여기서 'cosmic'이라는 말은
단순히 세계 전체를 지칭하는 말이 아니라, 특별히 데미우르고스가 이성적 원리에 따
라 질서를 부여한 상태가 된 세계를 뜻한다. 따라서 '전-우주'라는 말은 '질서 잡히기
전의 상태'를 뜻하는 것으로 이해할 수 있다.

다. 실로 이런 헤아림을 통해서 그는 지성을 영혼 안에, 그리고 영혼은 몸 안에 구성하고는 이 우주를 짜맞춰 나갔으니 … 그러므로 그럼직한 설명^{ho logos ho eikōs}에 따르면, 실로 그렇게 이 세계^{kosmos}는 지성과 영혼이 깃든 살아 있는 생물^{zōon empsychon ennoun te}로서 ….[12]

데미우르고스는 그의 작품이 가능한 한 최대한 아름답기를^{kalon} 원했으므로 가장 완전한 생명체를 자신의 모델로 삼았다.

개별적인 것들이든 유적인 것들^{genē}이든 간에, 다른 '생물들'을 부분으로 가지고 있는 것, 바로 그 '생물'과 이 우주는 닮았다고 놓도록 합시다. 왜냐하면 그것〔이 원본〕은 가지적인 '생물들^{noēta zōa}' 모두를 자기 안에 가지고 있기 때문이니까요. 마치 이 세계가 우리를 비롯하여 가시적인 것들을 이루는 여타 모든 피조물들을 포함하고 있듯이 말입니다. (30c)

이 텍스트가 명시적으로 지적하고 있지는 않지만, [창조를 위한]

---

[12] 30b의 주의를 기울인 표현("본성상 가시적인 것들")은 '형상들'과 같은 비가시적인 사물들 중에서도 정신을 가진 존재자들[예를 들어 신적인 영혼들이나 지자(知者)들]이 꼭 (아마도 정신을 갖지 않는) 앎의 대상인 '형상들'보다 더 나은 것일 필요는 없다는 가능성을 열어 둔다.

원본 역시도 두 가지 의미 모두에서 지성적^{noetic}이라는 것, 즉 그것이 (30b8에서처럼 마치 창조된 세계가 그러하듯) 지적인(정신을 갖춘^{ennous}) 것이면서 또한 정신의 대상으로서, 다른 모든 '형상들'이 그러한 것처럼 가지적인 것^{nooumenon}이기도 하다는 것이 요점이다.

다른 가지적 '형상들'이, 정신을 가지고 있다는 능동적 의미로서도 지성적인지는 그다지 분명하지 않다. 가시적인 생물들과의 비교는 ("지적인 것"에 해당하는 능동적 의미가 아니라) 오직 "가지적"이라는 수동적인 의미에서만 모든 형상들이 지성적인 것임을 시사하는 것 같다. 그러나 텍스트는 "지성적인"을 넓게 읽는 독법과 좁게 읽는 독법을 분명히 구별하지는 않는다. 아래의 논의를 보자.

텍스트 1A(39e): 지성이 네 개의 종들^{ideai}이 '생명체'의 '형상'^{to ho estin zoōn} 안에 존재함을 인지할 수 있기 때문에, 데미우르고스는 4원소에 대응하는 네 개의 가시적 이미지들을 만들고자 한다. 이 네 개의 종들은 (1) 하늘의 종족인 가시적인 신들, 즉 불타는 천체들, (2) 공기 중의 새들, (3) 바다의 물고기, 그리고 (4) 땅 위에서 걸어 다니는 동물들이다.[13]

능동적 지성(정신을 소유한 상태)은 가시적 물체들 가운데 인간 및 세계 전체에 더하여 '지구'와 천체들에도 귀속된다. 그러한 정신의

---

[13] 이 대목에서 가시적인 신들로 인정되는 태양, 달, 별들은 『법률』 10권에서 천체 신들로 재등장한다.

능동적인 소유(지적임)는 아마도 지성적인 원본 안에 있는 해당 부분들(즉 [지성적인 원본에서] '지구', 천체들, 그리고 인간 영혼들에 해당하는 부분들)에도 적용될 것이다.

텍스트 1과 1A는 창조를 위한 원본을, 생물에 준하는 존재자, 즉 모든 종류의 생명체들을 부분으로서 갖는 완전히 지성적인 '생명체' 혹은 '동물'의 '형상'으로 제시한다. 몇몇 주석가들은 콘포드를 따라서 이 두 텍스트가 그러한 원본을 완전하게 설명한다고 보았으며, 이에 따라 이 원본에는 오직 살아 있는 '형상들'만 포함된다고 여겼다.[14]

이러한 견해에 따르면 데미우르고스가 창조의 원본으로 사용한 이 지성적인 생명체는, 비록 그것이 "가지적인 것들 가운데 가장 아름답고 모든 면에서 완벽한 것"(30d2)이라 말해지긴 했지만, 여럿 사이 하나의 '형상', 혹은 '형상들'의 집단일 뿐이다. 그것의 완전성은 그것이 모든 종류의 다양한 생명체를 담고 있다는 데에 있다. 그러나 이 원본은 예를 들어 '불'을 비롯해 나중에 텍스트에서 언급되는 다른 원소들의 '형상'은 담고 있지 않다. 이를 원본에 대한 좁은 독법이라고 부르자.

이러한 좁은 독법은 널리 받아들여져 왔지만, 많은 문제들 역시

---

14   Cornford(1937), 41쪽, "우리는 그것〔원본〕을 '형상들'의 전체 체계 혹은 '좋음'의 '형상'
      과, … 혹은 심지어 51b 이하에서 존재한다고 특별히 확인되는 네 가지 일차적 물체들
      의 '형상들'〔과〕 동일시할 근거를 가지고 있지 않다."

불러일으킨다. 원리상, 가시적 세계의 모든 기본적 속성은 모방을 통해서 원본으로부터 파생되어야 한다. 특히, 이 원본이 지성적인 생명체zōon이기에 지성적인 영혼과 지성적인 육체를 가져야 하며, 창조된 이 세계의 영혼과 육체는 그에 상응하는 이미지이다. 더 나아가, 창조된 영혼은 그 구성 부분들 중에서 『소피스트』에 나오는 "다섯 최고류" 중 셋을 포함한다고 말해진다. (뒤의 텍스트 2를 보라.) 이 '형상들'은 분명 생성된 이미지와 지성적인 원본 모두에 존재해야 하지 않겠는가? 이와 비슷하게, 창조된 육체는 4원소들을 포함할 것이며, 실제로 티마이오스는 그에 상응하는 네 '형상들'이 있어야만 한다(뒤의 텍스트 3)고 명시한다. 만약 이 '형상들'이 원본에는 없는 것이었다면, 어째서 이것들의 이미지가 창조된 세계의 근본적 구성 요소로 나타났겠는가? 원본이 만약 이러한 원소들의 '형상들'을 포함하지 못한다면 어떻게 이것이 완전할teleos 수 있겠는가? 이 네 [원소들의] '형상들'의 존재는 후에 텍스트에서 확실하게 표현되기 때문에, 원본이 [이것들 역시] 포함해야 한다는 주장은 특히 이 경우에는 분명하다. 그러나 같은 주장은 자연 세계의 모든 근본적 특징들 일반에도 적용된다. 만약 원본에 [자연 세계의 어떤 특징들에] 상응하는 '형상'이 존재하지 않았다면, 데미우르고스가 왜 자신의 생산물에 그런 특징을 넣어 놓았겠는가?

[이 물음에 대하여] 가능한 답변 하나는, 여타 특징들이 세계가 생명체라는 사실로부터 논리적으로 수반될 것이므로, 원본 자체가 이

모든 '형상들'을 포함할 필요는 없다는 식의 것이다. 생명체란 반드시 육체를 가져야 하고, 육체는 반드시 4원소를 가져야 하며, 4원소들은 서로 **달라야** 한다는 등의 방식으로 말이다. 그러나 당연하게도 이런 주장은 원본 안에 '형상들'이 수반된다고 보는 경우에서도 똑같이 유효하다.

여전히 우리는 원본이 직접적으로 담고 있거나 원본에 (네 종류의 동물들과 같이) 부분들로서 존재하는 저 '형상들'과, 앞에 명시된 부분들이 논리적으로 수반하는 '형상들'을 포함한 더 넓은 유^{類} 사이를 구별할 수도 있겠다. 이 더 넓은 유에 바로 '형상들'의 전체 네트워크가 포함될 것이고 말이다.

플라톤의 텍스트에서 실제로 이러한 구분이 이루어졌다거나 함축되어 있다고 명확히 말할 수는 없다. 그럼에도 불구하고 39c에서 티마이오스가 '동물' 자체의 부분으로서 오직 동물의 종류만을 언급한 이유를 설명하기 위해 이런 구분을 끌어들일 수는 있을 것이다. 더 생생한 설명을 위해 플라톤은 처음에는 그의 원본과 모든 범위의 '형상들' 사이의 더 넓은 연관성을 무시하고, 대신 원본이 직접 담고 있는 네 종류의 생명체들에게 독자들의 주의를 집중시켰을 수 있다. 원본에 대한 티마이오스의 처음 기술에는 이 좁은 독법만으로 충분하다.

그러나, 내 생각에 원본에 대한 해석을 이 좁은 독법으로 제한하는 것은 실수인 듯하다. 창조를 위한 원본은, 『소피스트』에서 그려졌고 여기[대화편 『티마이오스』]서는 티마이오스의 존재론적 이원론에 대한 모두 발언에서 되새겨지는, '형상들'의 전체 체계를 담고 있어야만 할 것이다. 여기서 새로운 것은 또 다른 더 제한된 '형상들'의 집합이 아니라, 이 집합이 일종의 통일된 유기체라고, 즉 '생명체'라고 보는 이해 방식이다. 이 견해는 놀라운 것이긴 하지만 왜 플라톤이 이러한 견해에 다다르게 되었는지를 깨닫는 것은 어렵지 않다. 자연 세계는 (『필레보스』에서 주장했듯) 그 자체로 생명체이고, 세계 영혼에 의해 통일되고 통제되므로, 그것의 지성적인 원본은 그와 같은 통일성과 생기를 가져야만 한다. 콘포드와 같은 주석가들이 이 원본을 형상들의 전체 체계와 동일시하기를 꺼렸던 것이 바로 『티마이오스』에서 플라톤이 말한 원본의 "생기론적", 생물에 준하는 존재자로서의 측면 때문이었다. 그러나 나는 플라톤이 그의 원본에서 어떤 형상이든 제외할 철학적 이유를 찾지 못했다. 반대로, 데미우르고스가 창조한 지성적인 동물은 플라톤의 지성적인 체계 —우리가 5장의 말미에서 부분적인 윤곽만 그려 보았던 그러한 체계— 내에 있는 모든 항목들의 이미지를 부분들에 포함함으로써, 정확히 그렇게 함으로써 "모든 방식으로 완전하다." 이 체계의 유기적 통일성은 『티마이오스』에서 새롭게 제시된 생각이며, 이 텍스트가 그런 생각에 다다른 이유를 상세히 설명하는 것이라 할 수 있다. 이 원본은 이 세계에서의 정신의 존재를 설명하기 위해 고안되었고, 따라서 (정신은 오직 영혼 안에만 존재할 수 있으므로) 원본은 생명에 대한 형상뿐만 아니라 영혼에 대한 형상도 (이 둘이 서로 구분되는 것이라면) 모두 담고 있음이 틀림없다.[15]

플라톤이 이 이론을 발명 혹은 발견하게 되는 관점에서 보면, 가시적 세계의 지성적 구조를 드러내 준 것은 바로 그가 행한 가시적 세계에 대한 분석이었다. 이렇게 드러난 구조는 창조 이야기에서 원본이 그 자신의 역할을 하려면 필요한 것이 무엇인지를 구체화해 준다. 나는 플라톤이 창조되어야 할 세계가 갖는 필수적인 특징들 중 어느 하나라도 이 원본에서 제외해야 할 이유를 찾지 못했다. ㅡ 물론 감각들로써 접근 가능한 변화의 세계, 즉 이미지라는 범주적 지위로부터 파생된 특징들을 제외하고서 말이다. 모든 세계의 다른 기본 특징, 즉 통일성, 아름다움, 운동 등은 그에 대응하는 '형상들'로부터 명명되고 파생되어 나온 특징으로서 ['형상들'에 상응하는] 동명의 것들이어야 한다.[16]

원본이 '형상들'의 전체 체계를 담고 있다는 이 해석은 다음의 텍스트들을 통해서도 확인되는 것으로 보인다.

텍스트 2(34c-35b): 창조된 세계 영혼은 '있음(-임)', '같음' '다름'(및 그것들에 상응하는 현상적 이미지들)의 혼합으로 되어 있으며, 이는

---

15   우리는 『파이돈』 106d에서 언급된 '삶'의 '형상'을 떠올릴 수 있다. 그러나 이것이 '영혼'을 위한 '형상'과 별개의 것이어야 할 필요는 없다.

16   이와 연결해 플라톤의 논변에 대한 Keyt(1971), 230-235쪽의 비평을, Lennox(2001), 295쪽에서의 답변과 함께 보라.

우리의 영혼에 대해서도 마찬가지다.

그렇기에 이 창조된 영혼들은 『소피스트』에서 제시된 "다섯 최고류" 중 셋을 그 부분으로서 담고 있다. 지성적인 원본 그 자체가 하나의 생명체이기 때문에, 이 원본은 아마도 창조된 것이 아닌 그 자신의 영혼을 가지고 있을 것이며, 이러한 원본의 영혼도 마찬가지로 "다섯 최고류" 중 같은 셋을 자신의 부분으로서 가져야 한다.

텍스트 3(51b-52): 불과 물 등의 원소들이 서로 간에 다른 원소들로 변형되기도 하는지와 연결 지어서, 티마이오스는 다음의 질문을 제기한다. 이 원소들 각각에 대한 지성적인 '형상 eidos'이 존재하는가, 아니면 오직 우리가 감각들로써 지각하는 것만이 존재하는가? 지적 사유와 참된 판단의 구별에 기반하여, 그는 생성되지도 파괴되지도 않는 불변의 '형상'이 존재해야 하며, 그 형상과 동명의 것이자 그것과 닮은 지각 가능한 것이 어느 한곳에 생겨났다가 그곳에서 다시 사라진다고 결론 내린다(52a). 이 논변은 직접적으로는 오직 네 원소들에 대한 '형상들'만을 다루고 있지만, 이 논변의 논리는 '수용체'에서 나타나는 모든 기본적 속성들에 대해서도 똑같이 적용된다. 그러므로 그러한 모든 속성은 하나 이상의 지성적인 '형상들'의 이미지로서 설명될 것이다.[17] 여기서 우리는 자연종들에

17　모든 어휘가 하나의 진정한 속성, 즉 어떤 '형상'과 동명인 것에 대응하는 것은 아니라는 인식은 이 책 369-370쪽에서 인용한 『정치가』 263b를 보라.

대한 '형상들'이 있는지에 관한 파르메니데스의 질문에 플라톤이 긍정적인 답변을 내놓는 것을 볼 수 있으며, 같은 답변이 『필레보스』 15a에서 '황소' 및 '인간'이 '아름다움' 및 '좋음'과 나란하게 단일체들로서 언급되는 것으로도 함축된다.

그렇기에, 텍스트 2와 3으로부터의 전거는 창조를 위한 원본에 대해 좁은 독법보다는 넓은 독법을 취해야 한다는 나의 일반적 주장을 확인해 준다.

4. '생겨남(-됨)'의 지위와 흐름의 문제

플라톤의 고전적 이론에서, 자연 세계의 현상들은 [그 현상들이] '형상들'의 존재론과 이루는 두 가지 근본적인 대조점을 통해서 정의된다. 즉, 자연 세계의 현상들은 변화 아래 있고 따라서 불변하는 '있음(-임)'이 아닌 '생겨남(-됨)'의 범주에 속하며, 자연 세계의 현상들은 감각 지각과 의견의 대상들이지 지성과 앎의 대상이 아니라는 것이다. 이 중 앎과 관련된 두 번째 대조점은 플라톤의 후기 저술에서도 변하지 않은 채 남아 있으며 이는 『티마이오스』에서도 마찬가지이다.

여기서 한 가지 주의할 점이 있다. 모든 '형상들'은 변증술의 대상들로서 지성적이지만, '소리^phonē'와 같은 어떤 '형상들'은 본성상 감각들과 관계되기도 한다. 그렇기에, '소리'의 '형상'은 한편으로는 수학적 비율로 표현되나 그것은 본질적으로 듣는 행위들과 관계되기도 한다. '있음(-임)'의 관념이 그 자체로 불변의 있음(-임)과 변화하는 있음(-임)으로 나뉘게 되면서, 대비에 관한 존재론적 원칙은 더 복잡해진다.[18] 운동하는 존재자들이 부동의 존재자들과 마찬가지로 '있음(-임)' 안에 포함되어야 한다는 사실에 대한 인식은 『소피스트』 249d에서 그것이 마치 새로운 발견인 것처럼 극적으로 표명된다. 우리가 이미 보았듯이, 이 통찰은 『필레보스』에서 "있음(-임)으로 생겨남(-됨)"과 "생겨나(-되어) 있는 있음(-임)"이라는 역설적인 전문 용어 사용에 반영되어 있다.[19] '있음(-임)'과 '생겨남(-됨)' 사이를 넘나드는 혼합이라는 이 새로운 관념은, 고전적인 이론에 빠져 있는 혹은 최소한 명확히 표현된 바 없는 무언가의 자리를 마련하기 위해 고안된 것이다. 그것은 바로 현상적 변화의 세계 안에 내장되어 있는 규칙적인 본성 혹은 본질의 관념, 즉 형상들의 영원한 본질과 구별되는 (하지만 거기에 의지하기도 하는) 내재적이며 반복되는 구조에 대한 개념이다. 후기 대화편들의 플라톤이 초월적 형상들을 이러한 새로운 내재적인 본질들과 구별하기 위해 다소 중복되는

---

18 변화하는 것들을 포함한 있음(-임)의 더 넓은 관념은 몇몇 초기 텍스트들에서 암시되어 있었다. 예를 들어 『파이돈』 79a6이 그렇다. "우리는 두 종류의 있는(-인) 것들(εἴδη τῶν ὄντων)을 놓을까? 보이는 것과 비가시적인 것을?" 그러나 플라톤의 고전적인 형상 이론에서 가시적 대상들은 보통 '생겨남(-됨)'과 관련된 것으로 간주되었다.

19 앞의 5장 401쪽을 보라.

표현인 "온토스 온타^{ontōs onta}"("참으로 있는(-인) 것들" 혹은 "실제로 실재하는"[20])를 이따금 사용하게 된 것은 바로 자연 철학을 향한 전회와 연관된, 변화하는 '있음(-임)'의 범주에 대한 인정 때문이다.

"생겨나(-되어) 있는 있음(-임)"이라는 이 관념 안에서 우리는 자연 속의 규칙성을 위한 구조적 기초를 만나게 되며, 이것은 아리스토텔레스의 질료 내 형상이라는 개념의 직접적인 원조이다. 그러나 플라톤은 그 원리를 파악하는 자신만의 방식이 있다. 아리스토텔레스와는 달리, 플라톤에게 내재적 형상은 근본적으로 수학적이다. 그렇기에, 우주의 질서를 한정과 무한정 사이에 있는 형상-질료 혼합물로 파악한 『필레보스』에서, 한정이라는 형상인은 오직 수적 비례의 측면에서만 묘사된다.[21] 현상적 세계가 변동하고 질적인 내용을 갖는 것은 그[내재적 형상 혹은 한정이라는 원리]에 대응하는 무한정이라는 수동적, 물질적 원리 때문이다. 『필레보스』에서 제시된 이 두

---

20   "참으로 있는(-인) 것들" 또는 "실제로 실재하는"으로 옮긴 말의 그리스어 원어는 'ὄντως ὄντα'이다. 이 두 단어는 모두 "있(-이)다"에 해당하는 동사 에이나이(εἶναι)의 분사형에서 나온 말로, 'ὄντα'는 복수 중성 주격과 대격에 해당하는 형태로 '있는(-인) 것들'이나 '사실인 것들'로 옮길 수 있고, 'ὄντως'는 이 분사에 형용사를 부사로 만드는 어미 '-ως'를 붙여 '참으로' 혹은 '실제로' 등으로 옮길 수 있다. 이렇듯 어근이 동일하기 때문에 이 표현은 중복의 성격을 가진 것이라 할 수 있다.

21   제임스 레녹스(James Lennox)는 『필레보스』에 나타나는 형상에 대한 이러한 수학적 이해 방식이 아리스토텔레스가 『자연학』 2권 3장에서 형상인을 도입한 것에 충실하게 반영되어 있음을 내게 상기시켜 주었다. 여기서 아리스토텔레스의 본질을 위한 정식(ὁ λόγος ὁ τοῦ τί ἦν εἶναι)은 다음과 같다. "한 옥타브의 원인은 2:1의 비율, 일반적으로는 수"이다(194b28). 이것은 아리스토텔레스의 자연학 저술들에서 보이는 『필레보스』의 많은 반향들 중 하나이다. [해당 대목의 국역은 다음과 같다. "옥타브의 경우에 2:1의 비율, 일반적으로는 수이고 그 정의 안에 있는 부분들이다."]

원리들의 혼합은 『티마이오스』에서 수학적 구조들을 형상 없는 질료인 '수용체'에 부여할 데미우르고스의 작업의 길라잡이가 된다.

'수용체'의 도입은 『티마이오스』의 가장 근본적인 혁신이다. 이는 자연 세계를 형상들에 대한 파르메니데스적 존재론과 연결시키기 위해 필요한 틀을 제공함으로써 변화의 세계에 대한 플라톤의 새로운 긍정적 설명의 기초가 된다. 고전적인 이론에서 플라톤은 현상적 세계에 대한 진리를 부정한 파르메니데스를 거부했고 그 대신 'F인 것'이면서 'F가 아닌 것'으로 여겨지는 것으로서, '생겨남(-됨)'을 위한 혼합된 실재를 인정했었다. (그렇기에 오직 '아름다움의 형상'만이 단적으로 아름답다. 아름다운 얼굴이나 아름다운 몸은 어떤 관점에서는 아름답지 않기도 하다.) 사물들이 실제로 **그렇지 않은 것**으로 드러나는 — 즉 무엇이건 완전히 그리고 영원히 그렇지는 않은— 현상 세계의 혼합된 존재론을 위해, 있음(-임)의 부정에 대한 일관된 어떤 관념은 반드시 필요했다. 이것이 플라톤이 『소피스트』에서 그 자신이 파르메니데스의 공격으로부터 '있(-이)지 않음'의 개념을 구해 내야만 한다고 생각했던 이유이다. 그러나 현상 세계의 이러한 불완전한 실재성을 설명해 내기에 분유 및 이미지화라는 오래된 관념들은 설득력이 없을 뿐만 아니라 잠재적으로는 오도의 소지가 다분한 비유적 표현법들만을 제공할 뿐이었다.

형상들은 자신들과 동명의 것들이 지닌 이름들로써 식별된다. 그렇기에, '아름다움'은 모든 아름다운 것들의 원본이자 원천이다.

그러나 한 아름다운 얼굴이 파생적으로 (일시적으로, 불완전하게) 아름답다는 것은 무슨 의미인가? 아름다운 얼굴이나 아름다운 사람과 같이 형상이 아닌 것들 혹은 형상과 동명의 것들의 본성이 무엇인지를 묻는 물음은 이러한 분유의 문제와 떼려야 뗄 수 없다. 감각적 '생겨남(-됨)' 속에 있는 이러한 종류의 사물들은 어떤 종류의 **있음**(-임)을 갖고 있는가? 이 물음은 『필레보스』에서 "있음(-임)으로 생겨남(-됨)"과 "생겨나(-되어) 있는 있음(-임)"이라는 역설적인 관념에 의해 제기되는 것으로서, 이는 개개의 현상들 및 그에 대응하는 분류상의 종들 혹은 자연종들 모두에 대해 제기되는 물음이다. 그렇기에, '생겨남(-됨)'의 문제는 '형상들'의 이론을 자연 세계에 적용하는 문제가 된다. 플라톤의 해결책의 핵심은 그의 '수용체'에 대한 이론이다.

　여기서의 플라톤의 교설은 『크라튈로스』와 『테아이테토스』에서 플라톤이 흐름이라는 관념에 맞서는 과정에서 예비된 것이었다. 흐름에 대한 최초의 태도는 일종의 거부였다. 제약되지 않는 변화라는 교설, 즉 만물유전설은 거짓일 뿐만 아니라 비일관적이고 이해 가능하지 않다고 보았다. 플라톤의 논변은, 변화하는 사물들이 존재하기 위해서 그리고 그것들을 인지하고 기술하기 위해서 안정성이라는 어떤 요소가 필요하다는 것을 보여 준다. 『크라튈로스』와 『테아이테토스』의 절대적인 흐름에 대한 반박은, 플라톤이 시간의 흐름 속에서도 유지되는 필수적인 안정성의 근원이라 제안한 '형상들’의 존재론에 호응하는 함축적 논변의 서두로 간주될 수 있다. (흐름에 대한 부정과 ‘형상들’에 대한 긍정 사이의 이러한 관계가 『크라튈로스』에 함축되어 있기는 하지만, 거기서는 어떤 논변도 상세하게 제시되지는 않는다.) 『티마이오스』에서 플라톤의 과제는 만물유전설을 그 자신의 도식 안으로 통합하는 것, 즉 만물유전설을 ‘생겨남(-됨)’에 대한 불완전한 설명으로서 받아들인 다음, 어떻게 만물유전설이 ‘형상’ 이론에 의해 완성되는지를 밝히는 것이다.

흐름에 대한 『크라튈로스』와 『테아이테토스』에서의 비판은 서로 긴밀히 연결된 두 가지 논점들을 수립한 바 있다. 첫째, (“이것(touto 혹은 tode)”이라고 말하거나 생각하면서) 어떤 대상을 성공적으로 지칭하기 위해서는, 그리고 둘째, (“그러한toiouto” 것이라고 말하거나 생각하면서) 그 대상을 성공적으로 기술하고 서술하기 위해서는, 대상 안에 어떤 안정성이 필요하다는 것이다.[22] (이러한 이중성은 플라톤이 『소피스트』에서 명제의 구조를 주어(명사)와 술어(동사)로 분석한 것에 대응한다.) 『티마이오스』가 제공해야 할 것은 [명제의 기능과 구조를] 의미론적으로 지칭과 기술 및 주어와 술어로 분석하기 위한 객관적인 기초를 마련해 줄 하나의 존재론이다. 흐름에 대한 『티마이오스』의 새로운 설명에서, ‘생겨남(-됨)’의 영역에서 유일하게 완전히 안정적인 내상이자, 시

---

[22]   앞의 2장 167-168쪽에서 『크라튈로스』 439d와 『테아이테토스』 182c-d를 언급한 부분을 보라.

칭대명사인 "이것"의 유일하게 참된 지시체(50a)인 '수용체'가 바로 지칭의 기초를 놓게 된다. 다른 한편, (형용사로서의 "이러한toiouto"에 의해 표현되는) 기술은 '형상들'의 이중적인 역할, 즉 객관적 구조의 원천이면서 기술하는 언어의 기초로서의 역할에 의지하고 있다. 현상들은 이 "이것"의 부분들, 다시 말해 '수용체' 안의 위치들을 참조해서 식별되거나 분간될 수 있게 된다. 다른 한편, 현상들은 '형상들'의 이미지들이자 동명의 것들로서 구조화되고 기술될 것인데, 여기서 이미지들이란 '수용체' 안의 상응하는 부분들에 나타나고 또 사라지는 것들이며, 자신들이 모방하는 '형상들'에 따라 명명될 것이다ta de eisionta kai exionta tōn ontōn aei mimēmata(50c4). (여기서 나는 모방의 관념은 분석하지 않고 남겨 두겠다. 우리는 다음 절에서 현상들과 그에 상응하는 '형상' 사이의 관계로서 이를 다룰 것이다.) '생겨남(-됨)'의 모든 현상들은 존재하기 위해 '수용체'라는 3차원의 공간에 의지하며, 그 안에서 그 현상들은 일어나고 "자리를 점한다take place." 그러나 현상들은 자신들의 본성 및 구체적인 속성들을 위해서 자신들의 이름을 가진 '형상'에 의지한다. 이미지는 "언제나 다른 어떤 것(즉 '형상')의 영상으로서 움직이는 것인 이상, 그런 이유로 해서 이런저런 방식으로 '있음(-임)'에 달라붙음으로써 다른 어떤 것(즉 '수용체') 안에 생겨나는 것이거나, 그게 아니라면 그것은 도대체가 아무것도 아니라고 보는 게 적절합니다"(52c3). ("어떤 식으로 '있음(-임)'에 달라붙어 있음"이란 관념은 『필레보스』에서 등장한 "생겨나(-되어) 있는 있음(-임)"이라는 새로운 혼합 개념을 일깨운다.) '형상들'과 동명인 이것들은 "감각될 수 있고, 생겨난 것이자, 항상 운동 중에 있으며, 어떤 장소에서 생겨나는가 하면 다시 그곳으로부터 사라"진다(52a5). 티마이오스가 이 과정을 기술하는 것은 '생겨남(-됨)'에서 가장 근본적인 사례인 4원소들에 대해서이다. 그러나 그의 설명은 원리상 모든 자연종에도 (그렇기 때문에, 그가 논하지는 않지만, 또한 개체들의 예시들에도) 적용된다. 그의 주제는 자연 속의 규칙성이며, 그것은 현상들 안에서 내보여지는 '형상들'이고, 본질적으로 『필레보스』에서 기술한 "있음(-임)으로 생겨남(-됨)" 그리고 "생겨나(-되어) 있는 있음(-임)"과 동일하다. 그렇기에 우리는 '불'을 비롯한 다른 원소들에 대한 설명을 자연종들의 생겨남(-됨)이라는 일반적 현상들의 대표 격으로 이해해야 한다.

'생겨남(-됨)'에 대한 분석이 두 단계에 걸쳐서, 즉 데미우르고스가 작업에 착수하기 전과 후에 나뉘어 제시되는 것은 비로소 완전해진 창조 서사의 핵심적인 특징이다. 이는 플라톤이 두 유형의 원인 작용을 구별하는 데 도움을 준다. 그 두 유형의 원인 작용이란 전-우주적 상태에서 표현되는 '필연'과 데미우르고스의 작업으로서의 '이성'이다. 최초의 단계는 (오비디우스^{Publius Ovidius Naso} 이래로) '카오스^{Chaos}'라 불리는 혼돈, 즉 "신이 떠나 있을 때"(53b3)의 '수용체'의 상태로 알려져 왔다.[23] 이것이 "아낭케^{Ananke}[필연]의 작품들"이라는 시

적인 제목 아래 도입된 주제로서, 즉 전-우주적 원소들의 구조화되지 않은 채 벌어지는, [그래서] '정신'의 설득하는 행위를 통해 길들여지고 모양 잡히게 될 그런 운동이다(47e-48b). 더 구체적으로 말하면, 우리는 원소들의 본성과 사물들의 조건이 "하늘의 생성 이전에"(48b3), 즉 질서 잡힌 우주가 창조되기 이전에 일반적으로 어떠했는지에 대한 그림을 얻게 된다. 그러나 창조 서사의 이 두 번째 부분은 하나의 세련된 도입부 이후에 제시될 것이다.

5. '수용체'와 창조 이야기의 새로운 도입부(48e-53b)

플라톤이 여기서 착수하는 일은 복잡한 데다 어느 정도는 모순적이기도 하다. 한편으로, 그는 자신의 새로운 원리인 "모든 '생겨남(-됨)'의 수용자로서 마치 유모와도 같은" '수용체'를, 그 자체로는 어떤 속성도 가지지 않지만 다른 근원들, 즉 '형상들'로부터 그 모든 속성들을 수용할 수 있는 것으로서 그려 내게 된다. 여기까지 그의 설명은 본질적으로 부정적이다. 즉 '수용체'가 어떤 특정한 속성

혹은 "공백"을 나타내기 위해 헤시오도스가 사용한 용어를, 무질서(ataxia)에서 질서(taxis)로의 전환의 첫 단계에 대한 플라톤의 설명에 적용한 저자인 것처럼 보인다. 그러나 더 이전에 스토아 우주 탄생기의 소실된 저작에서 카오스(chaos)라는 말이 이 관념을 가리키기 위해 쓰였을 수도 있다.

도 갖지 않는다는 것을 강조하기 때문이다. 다른 한편으로, 플라톤은 또한 "방황하는 원인"(48a7), 즉 데미우르고스와는 독립적이면서도 그의 작업의 조건이 되는 모든 물질적이고 기계적인 요인들에 대해서도 설명해야만 한다. (이 요인들은 『크라튈로스』와 『테아이테토스』에서 나왔던 만물유전설을 개선한 원소들의 흐름에 대한 설명을 포함한다.) 이제, 방황하는 원인이자 '필연'의 산물들로 파악된 전-우주적 상태의 이 측면은 내용에 있어 긍정적인 것이 되어야 하는데, 왜냐하면 그것의 과제는 구성적인 '이성'이 만든 것이 아닌 세계의 특징들을 설명하는 것이기 때문이다. '필연'의 대표 격으로서의 '수용체'의 이 긍정적인 측면은 새로운 도입부의 말미에서 제시되는 전-우주, 즉 창조 이전의 세계의 신체(52d-53b)에 대한 티마이오스의 묘사에서야 나타난다. 그러고서 창조 서사는 53b4에서 데미우르고스의 개입과 함께 다시 시작된다. 그러나 이 새로운 서사는 [분량상] 균등하지 않은 네 개의 절로 이루어진 긴 해설 이후에 시작된다.

(1) 무엇을 "이것"이라 불러야 하는지에 대한 예비적인 아포리아 aporia(49b-50a),

(2) '수용체'를 이미지들의 장소로 설명하기(50a-51b6),

(3) 4원소들에 대한 '형상들'이 존재한다는 증명(51b-52a4), 세 원리들 사이의 구별에 대한 마지막 진술과 함께(52a-d1),

(4) 창조 이전의 '수용체'의 상태(52d-53b).

나는 이 네 개의 절을 순서대로 다루겠다.

1) 예비적인 아포리아와 흐름에 대한 새로운 설명(49b-50a)

예비적인 난제의 시작점은 흐름이라는 현상으로, 이 흐름은 이 대목에서 4원소들 각각이 현상적으로 서로 다른 원소들로 변형되는 것으로 그려진다. 이 대목은 소크라테스 이전 철학에서 익히 다루어진 주제를 되풀이한다.[24] 플라톤이 이 주제를 다루는 방식은 『크라튈로스』와 『테아이테토스』에서 그가 제시한 흐름에 대한 설명을 통해 예비되어 있다. 이전의 논의들로부터 이제 그는 심지어 원소적 물체들의 경우에서도 현상의 흐름이 지시적인 지칭을 위한 신뢰할 만한 대상, 즉 시간이 흘러도 동일한 것으로서 남아 있을 "이것"을 제공해 주지 못한다는 부정적인 결론을 이끌어 낸다. 여기서 새로운 것은 긍정적인 논리적 귀결이다. 외견상의 변형들 안에서 영속성을 가진 유일한 요소는, 그래서 지칭을 위한 신뢰할 만한 대상이 되는 것은 오직 보편적인 장소 혹은 '수용체'이며 그 안에서 "그것들 각각(불 등)이 언제나 … 생겨남(-됨)으로써 나타나는가 하면, 다시 그것으로부터 사라"(49e7)진다. 현상적 세계에서 우리에게 "이것"이라 불리기에 충분히 안정적인 존재자를 제공하는 것은 서로 반대되는 성질들도 원소 형태들도 아닌 오직 이 보편적인 공

24　아낙시메네스 DK13A7.3, 헤라클레이토스 DK22B31 및 DK22B36, 멜리소스 DK30B8.3을 보라. 아낙사고라스 DK59B16과도 비교하라.

간 혹은 틀뿐이다. 불이나 물, 뜨거움과 차가움과 같이 우리가 서로 다른 시점들에 서로 다른 것이 되어 간다고 여기는 것은 "이것touto"이라고 불릴 수 없는 것이며 "이러한" 혹은 "이러한 종류의toiouto"라고 불려야만 한다. 우리가 불이나 물이라고 기술하는 것은 특정한 대상이 아니라 사물의 반복적인 종류, 그러니까 '것res'이 아니라 '성질quale'이고, 명사적인 것이 아니라 형용사적인 것이며, "언제나 유사하게 되풀이되는 그러그러한 것toiouton aei peripheromenon homoion"이고, 지속되는 존재자가 아니라 질적인 흐름의 순환 속에서의 특정한 한 국면이다.[25]

형용사적인 "이러한"은 '수용체' 안에서 이미지 내지 동명의 것으로 나타나는 것들에 상응하는 '형상'에 대한 지칭을 통해 설명된다. 그렇기에, '수용체' 자체는 유일하게 지속하는, 자기-동일적인 변화의 기체, 자연 세계 속에서 유일한 실체, "생겨나는 모든 것들에 자리를 제공하되 그 자신은 감각의 동반 없이 어떤 서출庶出적 추론을 통해서나 포착될 수 있으며, 지극히 믿기 어려운 것"이자 "사실상 우리가 꿈을 꾸는 듯한 상태에 놓이며, '존재하는 모든 것to on hapan은 필연적으로 어느 장소 안에 있어야 하고, 일정한 공간chōra을 점유 해야 하며, 땅에도 없고 하늘 어디에도 없는 것은 아무것

---

25   49e5. 49c-50a의 논란이 분분한 대목에 대한 나의 독법은 Zeyl(1975)과 일치한다. 이에 대한 더 완전한 논의는 나의 『티마이오스』에서의 흐름 및 '형상들'"(Kahn, 2002b)을 보라.

도 없다’고 말하게” 되는 그 어떤 것(52b1-5)이라 인식된다. (이 부정적인 결론은 티마이오스에 의해 주장되는 것으로서가 아니라 실재에 대해 우리가 꿈을 꾸는 듯한 상태에서 보게 되는 것으로서 제시된다는 점에 유의하라.) 그렇다면 암시적으로, [현재 다루고 있는] 텍스트는 세 가지 종류의 있음(-임) on을 인정하는 것이다. ‘형상들’, 그것들의 이미지들, 그리고 이 이미지들이 나타나는 ‘수용체’가 그것들이다. 지각되는 것으로서, 전통적으로 세계를 이룬 건물의 벽돌에 해당하는 4원소들은 그 자체로 존재하는 것들이 아니라, 실체적인 것이 아닌 형용사적인 것에 불과한 ‘수용체’의 변용들로 드러난다. 이 올바른 설명은 이 새로운 원리[‘수용체’]를 유일하게 참된 변화의 기체로 제시한다. “불은 매번 그것의 타오르는 부분이 나타나는 것이고, 물은 적셔진 부분이 나타나는 것이며, 다른 부분들은 나타나기를 흙과 공기 역시 이 형상들의 모방물들이 받아들여지는 만큼 나타나는 것이라고 말입니다”(51b4).

이 텍스트는 현상이라는 관념에 초점을 맞추고 있다. 우리는 이제 지각에 주어지는 원소적 이미지들의 현상적 측면을 다룰 것이다. 그것들의 자연학적 기초는 단순히 여기서 ‘수용체’의 변용된 부분들로, 즉 공간적 연속체의 지각적으로 어떤 성질을 띤 부분으로 가정되어 있다. 이 지각되는 이미지들에 상응하는 자연학적 구조들은, 후에 기하학적 용어들로 기술될 것이다.

2) 이미지들의 장소로서의 '수용체'(50a-51b6)[26]

그러므로 현상적 흐름 아래를 떠받치는 것은 보편적인 모체 matrix이자, 플라톤이 원자론의 무한한 허공을 대체하도록 내놓는 것이면서도, 자연 세계를 위한 원재료의 근원으로서도 기능한다. 3차원상의 (그리고 아마도 구체 모양의) 연장을 제외한 어떠한 고유한 속성들도 갖지 않지만 현상적 세계의 모든 속성들을 받아들일 수 있는 이러한 공간적 존재자를 우리는 어떻게 파악해야 하는가? 사실상 플라톤은 아리스토텔레스가 발전시키게 될 가능태와 관련한 개념을 탐구하고 있는 셈이다. '수용체'는 가능적으로 모든 현상적 속성들의 주체로 기술될 수 있지만, '형상들'과 접촉하기 이전에 그 자체로서는 무엇의 주체도 아니다. 다른 한편, 그러한 접촉은 자동적으로, 이미 전-우주적 상태에서 시작된다. 이야기 형식에 따라 티마이오스는 창조 전에 (즉 시간의 시작점 이전에!) '수용체'에 대한 설명을 해야만 했다. 그는 이것이 '형상들'의 혼란스럽고 불분명한 이미지들로 이미 점유되어 있다고 묘사할 것이다. 그러나 우선 그는 '형상들'에서 오는 어떤 영향으로부터도 독립적인, 그것만의 고유한 본성에 대한 개략적인 설명을 시도한다.

---

[26] 원문에는 50a-52d1로 되어 있으나 해당 내용이 등장하는 대목은 50a-51b6이다. 칸의 인용 표기 오류로 추정되므로 번역문에서는 바로잡는다.

이 개략적인 설명은, 획득할 특성에 대해 중립적이어야만 그것들을 충실히 받아들일 수 있는 원재료의 예시들을 제공한다. 첫 번째 예시는 서로 다른 형태들^{ideai}로 성형해야 하는 금이고, 그다음은 [향유를 만드는 과정에서] 서로 다른 향기를 위한 중립적인 베이스이며, 세 번째는 점토같이 부드러운 물질로부터 서로 다른 모양들^{schēmata}을 빚어내는 것이다. 각각의 경우에서 기체는 처음에는 그것이 얻게 될 어떤 속성들도 결여해야만 하고, 어느 하나의 속성 및 그것의 반대되는 속성과 관련해 중립적이기도 해야 한다. (흐름 이론의 맥락에서, 이 중립성은 전-우주적 상태에서는 모든 현상적 속성들이 반대자들 사이에서 왔다 갔다 하며 요동칠 것임을 함축하는데, 이는 그것이 정적인 조건에 있다는 편견을 피하기 위해서이다.) 즉시 문제 되는 속성들은 4원소들의 성질들, 즉 뜨거움과 차가움, 습함과 건조함이다. 그러나 원칙적으로 이 추론은 원소들뿐 아니라 복합물들에도, 더 나아가서는 보다 높은 수준의 구성물에도 적용된다. 형태를 위한 '수용체'로서, '생성'의 모체는 습함과 마름 사이에서 중립적일 뿐 아니라, 피와 뼈 사이에서, 인간과 개 사이에서, 그리고 여성과 남성 사이에서도 중립적이어야만 한다.

'수용체'는 그 자체로 고유한 속성들을 갖지는 않겠으나, 그럼에도 '형상들'의 이미지로서 현상 안에서 발생하는 사물들의 모든 성질들과 종류들에 의해 변용될 것인데, 이는 창조 이전에도 마찬가지이다. 그리고 여기서 우리는 플라톤의 창조에 대한 설명 안에서 항상 분명하게 구별되지는 않는 서로 다른 수준들 혹은 단계들을 인식해야만 한다.

가장 먼저, (i) '형상들'의 이미지를 수용하기 이전에 '수용체'가 가진 고유한 본성, (ii) 창조 이전에 '형상들'의 자동적인 영향으로 인해 그것이 가진 최초의 속성들, 그리고 (iii) 창조 행위 이전에 데미우르고스의 지성적인 작업으로 인한 그것의 부수적인 속성들이 있다. 본래 의미에서의 감각적 성질들, 예를 들면 지각되는 뜨거움이나 지각되는 차가움 등은 영혼과의 접촉에 의지하는 것이기 때문에 이 중에 마지막 단계에 속할 것처럼 보이지만, 단계 (i)과 단계 (ii)에서 영혼은 언급되어 있지 않다. 다른 한편, 데미우르고스의 개입이 있기 이전에도, '수용체'는 처음부터 어떤 성질을 갖춘 것처럼 묘사된다. 더 나아가 창조에 대한 앞선 설명에서도, '수용체'가 도입되기 이전에 이미 생성의 영역은 "물체의 특성을 지닌 것, 즉 볼 수 있고 만질 수 있는 것^{hapton}"(31b4)[27]이라고 가정된다.

여기에 한 가지 문제가 있으니, 바로 이 지점에서 우리의 해설은 플라톤의 텍스트보다 더 정밀해야 한다. 시각과 촉각으로 성질들을 현실적으로 지각하는 데는 감각혼[28]에 의한 수용이 필요하며, 이것은 플라톤의 전-우주에서는 주어지지 않는다. 태고의 영혼은 (티마

---

[27]   원문에는 30b4로 되어 있으나 해당 내용이 등장하는 대목은 31b4이다. 칸의 인용 표기 오류로 추정되므로 번역문에서는 바로잡는다.

[28]   감각혼에 대해서는 2장 247-248쪽을 보라.

이오스가 고수하듯이) "생성에 있어서나 훌륭함에 있어서나 몸보다 더 앞서며 연장자인 것으로, 즉 지배당할 몸의 지배자이자 주인으로 구성"(34c)된 것으로서, 이성일 뿐인 것으로 드러난다. 이것은 "영혼의 불멸의 원리"이며, 데미우르고스 자신에 의해 창조된 유일한 부분이다. 감각 지각 능력을 포함한 영혼의 필멸적 요소들은 더 낮은 신들, 즉 데미우르고스의 후예들이 나중에 신체에 영혼을 불어넣는 순간에 덧붙여진다(69c). 그렇다면 엄밀히 말해, 영혼이 깃든 생명의 창조 이전에 해당하는 전-우주 상태에는 색깔, 열 혹은 습함의 감각들은 존재할 수 없다. 티마이오스가 일관된 견해를 가지고 있다고 말하려면, 우리는 플라톤은 하지 않은 하나의 구별을 두어야 한다. 엄밀히 말하면, 창조 이전에 태고의 '수용체'에는 **가능적으로만** 뜨겁거나 습한 혼돈적 운동들밖에 없다. 그러나 이 운동들은 육화된 영혼에 의해 지각되기 전까지는 현실적으로는 뜨겁거나 습하지 않을 것이다. 플라톤은 가능태에 대한 개념을 갖고 있지는 않다. (심지어 관련 전문 용어를 사용했던 아리스토텔레스도 언제나 주의 깊게 이를 구별하지는 않는다.) 플라톤에게 가능적인 감각적 성질들과 현실적인 감각적 성질들 사이의 구별은 그러한 성질들이 (비록 가능적인 것일 뿐이라 하더라도) 전-우주적 세계의 부분으로서 갖는 객관적 지위보다 중요하지는 않다. 플라톤과 아리스토텔레스에게 중요한 점은 뜨거움이나 습함과 같은 성질들이 창조된 것이 아니라 지각 행위에 의해 드러나거나 혹은 완전히 실현되는 것이라는 점이다.[29]

‘수용체’에 대한 묘사 부분을 계속해서 살펴보면, 우리는 ‘수용체’가 그 자체로 “비가시적이고 형체가 없는 amorphon 어떤 종에 속하며, 무엇이든 받아들이는가 하면, 지극히 당혹스러운 방식으로 가지적인 것에 참여하는 것이자 가장 파악하기 힘든 것”(51a7)이라는 점을 알게 된다. “가지적인 것에 참여함 metalambanein”이라는 어구에 따르면, ‘수용체’는 합리적이지만 모호한 인지의 대상, 즉 무엇이든지 생겨나는(-되는) 것은 그것이 위치한 장소를 가져야만 한다는(52b) 서출적인 종류의 추론의 결과에 의지한다는 점에서 “가까스로 믿을 만한” 대상이다. 그렇기에, ‘수용체’는 변화라는 현상들에 대한 어떤 합리적인 설명이든 그것을 위한 틀로서 필요하다.

뒤에 나올 것을 생각하면서 우리는 다음과 같이 물을 수 있다. ‘수용체’는 무엇을 수용하게끔 고안되었는가? 창조 **이후에** ‘수용체’에 나타나고 또 사라지는 이미지들이란 정확히 무엇인가? (이것은 흐름 교설의 긍정적인 측면이다.) 플라톤은 우선적으로 사물들의 종들, 즉 사라지고 또 반복되는 유적인 유형들을 언급하고 있다. 그러나 흐름의 예시들은 또한, 사라지지만 반복되지는 **않는** 개체적으로 예화된 것들, 이를테면 잠깐의 구름이나 물웅덩이 같은 것들까지도 포함해야만 한다.[30]

---

29   이 점에 대한 추가 논의로는 이 장의 마지막에 있는 ‘보충 내용’(6장 9절)을 보라.
30   [‘유’라고 보통 번역해 왔던] 게노스(γένος)에 대한 플라톤의 이해 방식의 애매성은 5장에서의 논의(429-432쪽)를 보라.

하나의 물웅덩이가 마르면, 물은 공기나 흙으로 대체된다. 동일한 장소에 비가 오면 그 물웅덩이는 다시 채워지지만 동일한 물로 채워진 것은 아니다. 흐름에 대한 플라톤의 첫 번째 요점은 강은 동일해 보이더라도 강물은 늘 새로운 것이라는 헤라클레이토스의 통찰이다. 여기서 새로운 요점은 '수용체'의 해당 부분 안에서의 안정성을 인정하는 것이며, 따라서 전자['수용체']를 변화의 기체로서 식별한다는 것이다. 이 개별적인 장소, '수용체'의 이 어느 한 부분은 영구적인 것이고 그런 의미에서 가지적이다. 그러나 여기서 주목해야 할 또 한 가지 요점이 있다. '수용체'의 변용들 역시 규칙적이라는 것이다. 이 반복되는 유형적 동일성이 비가 온 후에 이전의 물웅덩이와 유사한 새로운 물웅덩이를 만든다. 순간적인 이미지들의 흐름 **안에** 있는 규칙성이라는 이러한 특징이 바로 『필레보스』에서 한정이라는 원리에 의해, 그리고 "생겨나(-되어) 있는 있음(-임)"으로서의 본성이라는 개념, 즉 흐름 안의 안정성이라는 요소에 의해 포착되었던 것이라 할 수 있다. 안정성 혹은 내재적 형상이라는 이 원리는 『필레보스』에서 수 및 비율의 관점으로 식별된 바 있다. 『티마이오스』에서 이것은 기하학적인 입체들의 형태로 나타날 것이다. 이것이 플라톤 후기 작품에서 수학에 부여되는 새로운 역할이다.

'생겨남(-됨)'에 대한 플라톤의 초기 논의들에서 강조된 것은 흐름이라는 원리였다. 하지만 『필레보스』에서 그는 변화의 다음과 같은 두 번째 측면에 주의를 돌린다. 흐름 안의 규칙성이라는 패턴,

무한정한 것 안에 있는 한정이 바로 그 변화의 두 번째 측면이다. 플라톤은 여기에서, 훗날 아리스토텔레스에게는 본성의 관념이 될, 질료 안에 내장된 형상 즉 개체들이 태어나고 사라지기를 반복하는 가운데서도 존속하는 종 혹은 종류를 설명해 주는 무언가를 발전시키고 있다. 생겨남(-됨)의 목표이자 결과로서의 종-형상, 바로 이것이 『필레보스』에서 "생겨나(-되어) 있는 있음(-임)"으로서 의미한 바이다.[31] 『티마이오스』에서 반복되는 이미지, 즉 "들어오고" "떠나며" 또한 동일하지는 않지만 인지 가능할 만큼 유사한 것으로서 되돌아오는 것이 바로 이 종-형상이다. 이 규칙적인 반복의 패턴에 의해 '생겨나(-되)'는 현상들은 '형상들'의 불변하는 '있음(-임)'과 연결된다. 다수의 물웅덩이들은 그것들이 '물'의 동일한 '형상'의 "모방물들"이기 때문에 같은 본성을 갖는다. 물웅덩이들끼리(혹은 새들끼리 혹은 물고기들끼리) 갖는 유사성 관계로서의 유는 오직 순간적인 이미지들이 공통적이고 불변하는 '형상'에 고정적으로 의지한 덕분

---

31 아리스토텔레스는 그의 생물학 저작들에서 반복적으로 『필레보스』의 이 원리를 인용은 하지 않은 채 상기시킨다. "생겨남(-됨)이 있음(-임)을 위해 있는 것이지, 있음(-임)이 생겨남(-됨)을 위해 있는 것이 아니다"(『동물부분론』 1권 1장 640a18, 이는 『동물발생론』 5권 1장 778b2에서도 다시 언급). 제임스 레녹스는 이것이 『필레보스』 54b-c를 암묵적으로 인용한 것이라고 나에게 일러 주었다. [위에서 칸이 인용한 구절의 앞뒤 맥락을 위해 국역을 소개하면 다음과 같다. "그런데 존재 방식에서 출발해 생성에 대해서까지 이야기해야 한다. (그 순서는 앞서 말한 것과 마찬가지이다. 처음에는 각 부류에 대해 현상적인 것들을 파악하고, 그다음에 그것들의 원인들에 대해 말해야 한다.) 왜냐하면 집짓기와 관련해서도 집의 형상이 이런저런 것이기 때문에 이것이 따라 나오는 것이지 이런저런 방식으로 집이 생겨나기 때문에 집이 이런저런 것은 아니기 때문이다. 즉 생성이 실체를 위해 있는 것이지 실체가 생성을 위해 있는 것은 아니다."]

에 존재한다. 시간이 흘러도 동일하게 남아 존속하는 존재자란 없으며, '수용체'에 "들어오"기 전에 혹은 '수용체'를 떠난 후에 존재하는 이미지도 없다. 들어오고 나가는 것에 대해 이야기하는 것은 어떤 특정한 유형의 이미지가 해당 장소에 생겨나고 사라지는 것을 회화적으로 표현한 것일 뿐이다. 내재적 '형상들'이라는 초기 관념—『파이돈』에 언급된 "우리 안의" 작음과 큼—은 이제 특정한 위치들에 생겨나고 사라지는 이미지들에 대한 이야기로 대체된다.

플라톤이 모방으로써 의미하려는 바는 뒤에서 논해질 것이다. 그러나 이미지라는 관념은 『티마이오스』에서나 고전적 이론에서나 모두 다음과 같은 것을, 즉 현상적 세계의 반복되는 특징들이 하나 혹은 다수의 불변하는 '형상들'과의 연결로부터 파생되고 또 거기에 기반해서 인식된다는 것을 함축한다.[32] 형이상학적 용어로 하면, 이미지 자체는 —물웅덩이가 현상으로 나타난 것은— '수용체'의 국지적이고 일시적인 변용, 즉 여기서 지각적인(시각적이거나 촉각적인) 관점에서 식별되는 변용에 지나지 않는다. 하지만 자연학적 설명은 세계의 구성 부분들인 원소들의 수학적 구조 역시도 언급해야 한다. 원소들에 대한 기하학을 통해 티마이오스는 여기서 현상적 이미지로서 묘사되는 것에 대한 자연학적 설명을 제공할 것이다.

---

[32] 우리가 이미 보았듯이, 『파이드로스』에서 이 인식은 상기로, 즉 "다양한 감각에서 시작해서 논리적인 추론을 통해 하나로 통합된 것"(249b7), 곧 탄생 이전에 '형상들'과의 친숙함의 결과로 인식되는 단일성으로의 이행으로 이해된다.

3) ‘형상들’을 위한 논변과 세 가지 원리들에 대한 마지막 요약 제시
(51b6-52d1)

51b-e에 걸친 ‘형상들’의 존재에 대한 증명은 구체적으로 ‘불’ 및 다른 원소들에 대해 던져진 다음과 같은 질문에 대답으로 주어진다. 그것들이 우리가 보는 유일한 것들인가? 그러나 그 질문은 또한 “우리가 몸을 통해 지각하는 다른 모든 것들”(51c2) 일반을 언급하고 있으며, 그 논변 자체도 아주 일반적인 것이다. 만약 지적 사유가 참된 의견과 다르다면, 감각 지각으로는 우리에게 알려지지 않고 오직 지적 사유의 대상들일 뿐인 ‘형상들’ 그 자체가 있게 될 것이다. 이 논변은 그러고서 이 두 가지 인지 능력이 실제로 구별되는 것을 보여 주기 때문에, 이로부터 즉시 각각의 능력은 그 고유한 대상을 가져야 함이 추론된다. (우리는 여기서 플라톤의 특징적인 실재론을 인식하게 된다. 만약 두 개의 인지적인 능력들이 각각 구별되는 대상을 갖지 않았다면, 어떻게 그 능력들이 서로 구별될 수 있었겠는가?) 정신의 대상은 “동일성을 유지하는 형상이라는 것인데, 그것은 생겨나지도 파괴되지도 않으며, 다른 데서 오는 것을 자기 안으로 받아들이지도 않고 자기가 어딘가의 다른 것 안으로 들어기지도 않으며, 눈에 보이지 않을뿐더러 다른 방식으로도 지각되지 않는 것”이다. 다른 한편, ‘형상’과 동명인 것이자 유사물^{homoion, simulacrum}, 즉 연속적인 운동과 생성 중에 있는 이미지는 감각 지각을 통한 의견에 의해 파악될 것

이다(52a). 그렇기에, 우리는 『티마이오스』의 해설이 시작하는 부분 (27d-28a)에서 소개된 바 있었던 '형상들'의 영역에 대한 재서술 및 정당화를 여기에서 만나게 된다. 나는 우리가 이 논변에 의해 확립된 지성적인 '형상들'이 『소피스트』에서 변증술의 대상으로서 인식된 개념들의 완전한 체계와 동연적, 혹은 심지어 동일한 것이라 봐도 된다고 생각한다.

세 원리들에 대해 마지막으로 요약해 주는 이 대목은 현상적 세계를 이루는 이미지들의 영역에 대해서는 우리에게 새로운 것을 말해 주지 않는다. 티마이오스는 단지 이 공동의 아이[이미지들]가 부모 양측에 모두 의지하고 있음을 강조한다. 즉 '형상들'은 아버지요, '수용체'는 어머니인 것이다.

> 그러니까 이미지의 경우, 그것이 생겨나는 기반 자체는 결코 이미지 자신에 속할 수 없고, 언제나 다른 어떤 것〔즉 상응하는 형상〕의 영상으로서 움직이는 것인 이상, 그런 이유로 해서 그것은 이런저런 방식으로 존재에 달라붙음으로써 다른 어떤 것〔즉 '수용체'〕 **안에** 생겨나는 것이거나, 그게 아니라면 그것은 도대체가 아무것도 아니라고 보는 게 적절합니다. (52c)

이미지들에 대한 더 완전한 설명을 위해서 우리는 뒤에 나올 부분을 살펴보아야 하며, 먼저 새로운 도입부를 마무리하는 '수용체'

의 전-우주적 상에 대해 살펴보아야 한다.

4) 데미우르고스의 개입 이전 '수용체'의 상태(52d-53b)

첫 번째 창조 서사는, 47e에서 '필연(아낭케)'을 언급하며 중단되었고 지금까지 빠져 있었던 하나의 원리, 즉 '수용체'를 설명하기 위해 새로이 시작되어야만 했었다. 두 번째 창조는 52d에서 '수용체'의 전-우주적 상태에 대한 묘사로 시작해 53b에서 데미우르고스의 개입으로 이어진다.[33] 이 두 서사들은 우리가 이미 (5절의 1에서) 논했던, 무엇을 "이것"이라 불러야 할 것인지에 관한 아포리아로 시작된 긴 도입부에 의해 분리된다. 이 도입부의 나머지 부분과 마찬가지로, 이 아포리아에서 원소들의 흐름(49b-e)에 대한 묘사는 세계의 현재 상태, 즉 오늘날 경험되는 요소들을 언급하는 것이지 전-우주의 어떤 상태를 언급한 것이 아니다.[34]

흐름에 대한 이 대목을, 그 이후에 나오는 "하늘이 생겨나기 이

---

[33]　창조 서사의 재개는 53a8의 "없었어요(εἶχεν)"와 53b1의 "착수했[을 때](ἐπεχειρεῖτο)"에서 보듯 과거 시제로 표현된다. 53a2 및 b4의 τότε("그때")와도 비교하라. 중간에 삽입된 새로운 도입부는 현재형이었다. (아래 주석 34번을 보라.) Zeyl(2000), 42쪽 주석 58번이 지적하듯이, 현재형 어간으로 된 부정형 동사 형태들의 사용은 또한 52d-e에서 혼돈의 묘사를 더 생생하게 만든다.

[34]　흐름에 대한 대목에서의 동 시간대로서의 언급은 현재 시제 사용에 의해 알아챌 수 있다. 49b8-c1의 "우리가 그렇게 여기듯이 … 봅니다(ὡς δοκοῦμεν … ὁρῶμεν)", c7의 "나타나는 것입니다(ὡς φαίνεται)", e2의 "도망쳐 버리[다](φεύγει) 등을 보라. 물론 이는 『테아이테토스』에서 거부되는 흐름과는 부분적인 유사성만 있다.

전부터 있었다는”(52d) ‘수용체’에 대한 설명과 헷갈리기 쉬운데, 왜
냐하면 여기서 그 기술이 어떤 한 관찰자의 관점에서 다시금 주어
지기 때문이다. “보기에 [수용체는] 온갖 종류의 모습으로 나타”난다
pantodapēn idein phainesthai(52e1). 두 대목에서 플라톤은 자신이 영상이
라 부르는 것, 즉 (셀라스에 따르면) 세계에 대한 현시적 이미지[35]라 표
현할 수 있는 것, 다시 말해 우리가 감각 지각으로 경험하는 현상들
을 다루고 있다. 그러나 두 대목 사이의 공통점은 이 현상적인 관점
뿐이다. 첫 번째 텍스트(49b-e)는 질서 지어진 세계에서의 우리의 현
재 경험을 언급하는 반면, 둘째 텍스트는 창조 이전에 혼돈의 조건
에서 한 상상 속 관찰자가 ‘수용체’를 경험한 것을 기술하고 있다.
우리가 현재 다루는 것은 바로 후자의 대목(52d-53b)이다. 이는 『티
마이오스』 내에서 전-우주적 상태(30a와 48a에서 미리 암시되었고 69b에
서 다시금 떠올려지는 그 상태)에 있는 ‘수용체’를 기술하려 한 유일한 대

[35] 셀라스는 인간이 세계를 인식하는 방식을 각각 ‘현시적 이미지(manifest image)’와
‘과학적 이미지(scientific image)’로 구별하였다. 현시적 이미지란 우리가 일상 속에서
세계를 관찰하고 설명하는 틀로 그 안에는 행위의 이유와 그에 대한 평가, 규범성 같은
것이 포함된다. 이와는 달리, 과학적 이미지란 과학의 환원적 설명으로 세계와 그 과정
들을 기술하고 설명하는 정밀한 체계 구축의 방식이다. 셀라스는 이 두 이미지들을 종
합하여 우리가 살아가는 삶에 대한 의미 있는 담론과 합리성을 확보하기 위한 통관적
시각(synoptic vision)을 가질 것을 모색하고 있다. 우리의 맥락에서, 플라톤이 원소들
의 기하학적 구조를 통해 이 세계에 대한 과학적 설명을 제공하는 것과 별개로, 우리
에게는 감각적 성질들을 통해 경험되는 세계에 대한 이미지 역시도 주어지는데 바로
이것을 칸은 셀라스의 현시적 이미지라고 부르고 있는 것이다. 이것이 올바른 동일시
인지는 독자의 판단에 맡긴다. 어쨌든 이후 대목에서도 ‘manifest’와 ‘manifestation’
을 셀라스 관련 우리말 문헌들의 번역에 따라 ‘현시적’과 ‘현시’로 옮긴다.

목이다.[36]

서사 형식에 따라 여기서 창조에 대한 설명은 두 단계, 즉 데미우르고스가 작업에 들어가기 전과 후로 나뉜다. 첫 단계는 창조자의 이성적이고 선의에 따른 benevolent [37] 행위와는 무관한 세계의 측면들을 묘사한다. 이는 창조가 가능하도록 미리 준비되어 있어야 했던, 그리고 창조자가 할 수 있는 것의 제약이 되었던 원재료를 구체화한다. ('수용체'는 처음에는 "어떤 것에서 신이 떠나 있을 때 모든 것들이 처할 법한 그런"[53b] 자연 상태에 있었다.) 이것은 시적詩的으로 아낭케—신들마저도 피할 수 없는 '필연'—라 언급되는 단계이며, 산문 투로는 "방황하는 원인"이라 언급되는 단계이다. 이 원초적 조건은 (상상의 관찰자에게) 무질서한 운동과 질적인 다양성으로 특징지어진다. 그리고 이 두 특징들은 본질적으로 서로 연결된 것으로 사유된다. 그렇기에, 이 세계의 현상적 성격은 처음부터 주어져 있다. '수용체'는 "보기에 온갖 종류의 모습으로 나타"난다(52e1).

원소들과 관련된 성질들을 포함한 세계의 여러 지각되는 성질들이 데미우르고스의 활동과 독립적으로 (또한 감각적 관찰자들의 현실

---

36   전-우주에 대한 부분적이고 미시적인 유사물은 갓 태어난 육체에 새로이 육화된 영혼이 갖는 혼란스러운 상태에 대한, 이전 43a-44a의 서술에서 찾아볼 수 있다.

37   티마이오스는 이 세계의 창조자가 훌륭하여 혹은 선하여 어떤 것에도 악의가 없었기에 자신이 창조한 모든 것들이 최대한 자신과 닮기를 원했다고 밝히고 있다(『티마이오스』 29e). 즉 창조자가 이 세계에 수학적으로 된 질서를 부여해 아름답게 만들었던 것은 그의 선의에 따른 행위였다.

적인 지각과도 독립적으로) 주어져 있다는 것은 플라톤의 설명이 가진 중요한 특징 중 하나이다. 티마이오스가 나중에 감각 지각에 대한 설명을 하게 되었을 때, 그는 (데미우르고스의 작품으로서) 한편으로는 원소들과 그 복합물들의 기하학적 속성들을, 다른 한편으로는 시각에 대한 생리학을 덧붙일 것이다. 그러나 불의 정사면체가 우리에게 뜨겁게 느껴지고 물의 이십면체가 우리에게 습한 것으로 느껴진다는 것은 데미우르고스의 행위로서 설명되지 않는다. 이 질적 특징들은 세계의 전-우주적 상태로부터 이어져 내려온 것으로서, 영혼의 지각 능력들에 작용하는 경향성들로서 당연시되고 있다. ─ 심지어 그러한 영혼이 있기 이전에도 말이다.

이 현상적 다양성은 어디에서 온 것인가? '수용체' 자체는 아무 속성도 가지지 않기 때문에 이 성질들은 전-우주적 '수용체' 내에 있는 원소들의 "흔적"[53b2]들을 나타내는 것이어야 한다. 그렇기에, '습하게 느껴짐'은 물이라는 원소의 본성이고, '뜨겁게 느껴짐'은 불의 본성이며, 이는 그 느낌들이 적절한 영혼의 능력[지각 능력]이 갖추어지기까지는 실현될 수 없다 하더라도 그렇다. 그렇다면 원리상 지각적 성질들은 창조 이전에 ─아리스토텔레스라면 "가능적"이라 말할 방식으로─ '수용체' 안에 주어져 있는 것이다. 대조적으로, 그것의 우주적[39] 구조는 나중에, 데미우르고스의 행위로부터 온다. 이 구별은 티마이오스의 서사 안에서 우리가 현시적 이미지라고 부를 수 있는 것과 과학적[39] 설명 사이의 분할에 의해 표시된다. 데모크리토스가 이미 비슷한 구별을 한 적이 있지만, 이는 다른 관점에서, 즉 서사적 틀과는 독립적으로 한 것이었다. "관습상nomos 단 것, 관습상 쓴 것, 관습상 뜨거운 것, 관습상 차가운 것, 관습상 색깔이 있지만, 실제로는 원자와 허공만 있다"(DK68B9).[40] 데모크리토스에게, 그리고 셀라스에게, 실재에 상응하는 것은 오직 과학적 설명뿐이다. 그러나 플라톤에게, 두 설명들 모두가 '생성'에 대한 설명으로서 참이다. 우리가 기억하듯이 『테아이테토스』에서 플라톤은 지각되는 성질들의 관점에서 지각에 대한 설명을 제시한 바 있다.[41] 『티마이오스』에서 그는 데모크리토스가 했던 것처럼 이 현시적 이미지를 당연시하고 있지만, 논리적 순서는 뒤바꿔 놓았다. 『티마이오스』에서는 주관적이고 지각적인 설명이 원초적이고 문제 제기의 여지가 없는 것으로 여겨진다. 과학적 설명은 새로운, 그리고 원인을 밝혀 주는 설명으로서 도입된다. 플라톤의 기획

38   'cosmic'은 여기서 '질서 잡힌'으로 옮길 수도 있다. 앞서 'pre-cosmic'에 대한 6장 11번 역주를 보라.

39   앞서 셀라스의 현시적 이미지를 설명한 6장 35번 역주를 보라.

40   해당 대목에 대한 강철웅 등의 국역은 다음과 같다. "데모크리토스는 때때로 감각들(aistheseis)에 나타나는 것들(phainomena)을 부정한다. 그는 이것들이 결코 진리(aletheia)에 맞게 나타나는 것이 아니라 다만 의견(doxa)에 맞게 나타날 뿐이며 있는 것들 가운데 참된 것은 원자들과 허공(keno)만이 있다는 점이라고 주장한다. 실로 그는 관습상(nomoi) 단 것, 관습상 쓴 것, 관습상 뜨거운 것, 관습상 차가운 것, 관습상 색깔(이 있지만), 실제로는 원자와 허공(만 있다)고 말한다"(『학자들에 대한 반박』 VII. 135).

41   이 책 2장의 부록 3을 보라.

은 이제 데모크리토스와는 다른 식으로 원인에 대한 대안적 설명을 제공하는, 즉 기하학적 원자론의 좀 더 새로운 개선판인 것이다.

이로부터 플라톤의 서사에서 '형상들'이 두 번, 그러니까 데미우르고스의 개입 이전과 이후 모두에서 기능하게 될 것이라는 점이 따라 나온다. 전-우주적 '수용체'는 이미 4원소들의 무질서한 "흔적들", 즉 각각 뜨거움과 습함을 지각적 성질들로 갖는 불과 물의 불안정한 형태들morphai로 채워져 있었다. '수용체'는 이 속성들이 기계적으로 영사되는 일종의 영사막 역할을 하며, 이는 곧 '동굴의 비유'에서 그림자들이 동굴의 벽에 투영되는 것과 같다. 그렇기에, 창조 이전의 '수용체'는 이미 현시적인 이미지가 가진 질적인 다양성을, 불안정하고 왜곡된 형태로 가지고 있게 될 것이다. (엄밀하게 말하자면, 이 무질서한 운동들은 오직 **가능적으로만** 뜨겁거나 습하며, 감각혼에 의해 지각될 때를 기다리고 있다.) 그러나 (플라톤의 대안적 이론인 "그럴듯한 설명"에 따르면) 불과 물의 참된 이미지들을 이루는 기하학적 구조들은 데미우르고스가 작업에 들어가기까지는 모양을 갖추지 못할 것이다.

그러나 '수용체'의 전-우주적 상태는 이미 복잡하다. 우리는 '수용체'가 그 자체로서는 속성들을 지니지 않으며, 마치 조형하기 위해 준비된 점토가 그렇듯이 오직 다양한 형태들을 받아들일 수 있는 질료적 능력만을 가진다는 것을 떠올릴 수 있다. 그러나 데미우르고스가 개입하기 이전에, '수용체'는 이미 '형상들'의 영향을 받는 상태에 있다. 그렇지 않다면 '수용체'는 아무런 성격도 갖지 못했을 테니 말이다. 이는[전-우주적 '수용체'가 가진 성격은] 원소들의 현상적 "흔적들"뿐 아니라 무질서한 운동을 통해서도 드러난다. 이 현상적이고 운동적인 속성들은 서로 거의 구별되지 않는다. 초기 그리스 자연학에서 이 둘이 분리되지 않았던 것처럼 말이다. 오히려 열은 증가하고 팽창하며, 차가움은 수축하고 굳어진다. (이것은 일반적으로 참이다. 『티마이오스』에서, 아리스토텔레스에게서, 그리고 후기 자연학에서도 마찬가지이다.) 여기서 로크 ^{John Locke}식의 제1성질과 제2성질 사이의 구별을 도입하는 것은 실수일 것이다. 뜨거움이나 습함과 같은 성질들은 마치 데카르트 ^{René Descartes} 이후의 이원론에서 그런 것처럼 자연적 운동에서 파생된 것 혹은 떨어져 나올 수 있는 것으로 파악되지 않는다. 우주 안에서 세계 영혼이 세계의 몸을 감쌀 정도로 물리적으로 확장되듯이, 전-우주에서도 감각되는 뜨거움이나 감각되는 습함과 같은 제2성질은 원리상 '수용체'의 무작위 운동들과 구별되지 않는다.[42]

창조 이전에 '수용체'는 공간상의 연장뿐 아니라 움직여질 수 있는 물질적 실체와도 같은 것을 가지고 있는 것처럼 보인다. 여기서

---

[42] 우리는 운동적 속성들과 지각적 성질들 사이의 긴밀한 연결이 전-우주에만 국한되지 않음을 보게 될 것이다. 『티마이오스』 67b-c에 걸친 듣기에 대한 설명에서 물리적 요소들과 감각적 요소들 사이의 뒤섞임에 대한 바커의 논평들과 비교하라. "티마이오스는 머리와 간 사이의 운동이 듣기의 대상이라고 … 혹은 그것이 듣기의 원인이 되어 준다고 말하지 않는다. 그는 이 운동이 바로 듣기라고 말한다"(Barker, 2000, 88쪽, 『티마이오스』 67b-c에 대하여).

도, 전-우주적 '수용체'에 대한 플라톤의 설명은 완전히 일관적이지는 않은 것 같다. 예를 들어, 창조 이전의 '형상들'의 자동적인 영향은 '수용체'의 부분들을 서로로부터 구별해 주어야 하는데, 만약 이러한 국지적인 불균등함으로 전-우주의 불균형과 움직임을 설명해야 한다면, 이는 현상적으로뿐만 아니라 물리적으로도 그래야만 한다. 그런데 어떻게 '수용체'의 부분들이 어떤 부분들은 뜨겁고 다른 부분들은 차가우며, 어떤 부분들은 타오르고 다른 부분들은 습하다는 그런 식으로 서로 다를 수가 있겠는가? 무엇이 서로 다른 흔적들이 서로 다른 장소들에 그렇게 분배된 것을 설명해 줄 수 있는가? 균형은 모든 4원소의 '형상들'이 모든 위치에 반영되어 있음을 시사할 것이다. (혹은 만약 그렇지 않다면, 왜 그렇지 않은가?) 그러나 만약 그렇다면, 왜 그것들은 서로 상쇄되지 않고, 오히려 티마이오스가 전-우주적 '수용체'에 배정하는 것과 같은 앞뒤로 흔들리는 운동을 만들어 내는가?[43]

혼돈에 대한 이 묘사에는 아마도 훨씬 더 다루기 까다로운 또 하나의 문제가 있다. 어떻게 '수용체'는 흔들릴 수 있을 만한 물리적 구조를 가질 수 있을까? 이 혼돈스러운 운동은 '수용체'를 운동과

---

[43] 게다가, 비합리적 영혼이 아직 창조되지 않았는데 전-우주적 운동이 영혼을 운동의 시원(archē kinēseōs)이라 한 플라톤 그 자신의 이해 방식과 양립 가능한가? 아니면 영혼은 오직 데미우르고스가 개입한 뒤에 나타나게 될 합리적인, 질서 잡힌 운동만의 근원인가?

변화를 위한 순수하게 기하학적인 틀이라기보다는 원재료들의 저장고라고 보는 이해 방식을 함축하기 때문이다.

플라톤의 설명에 대한 하나의 더 기발한 독법이 여기서 그 설명의 일관성을 증명할 수 있을지도 모른다.[44] 내가 보기에 플라톤은 소크라테스 이전 자연학을 그 자신의 '아낭케(필연)'에 대한 구상에 가능한 한 통합시킬 수 있기를 바랐기 때문에, '수용체'를 질적으로 중립적인 것으로 이해한 자신의 이해 방식과 완전히 일관되게 들어맞지는 않는 전-우주에 대한 설명을 내놓았던 것이다. '닮은 것이 닮은 것에게로 like-to-like'라는 원리[45]로 전-우주적 운동을 설명하

---

44   예를 들어, 누군가는 '수용체'의 불균형과 흔들림을 성질적 중립성의 원리로 설명하려 할지도 모르겠다. 즉 어떤 부분도 어느 한 성질에 의해 규정되고 그와 반대되는 성질은 밀어내는 것을 논리적으로 거부함으로써 말이다. 그렇게 되면 이러한 논리적 양립 불가능성의 물리적 결과는 반대되는 성질들 사이를 앞뒤로 흔들거리며 운동하는 것이 될 수 있다는 것이다.

45   "닮은 것이 닮은 것에게로"라는 원리란 엠페도클레스가 감각 및 인식 작용을 설명하기 위해 도입하는 원리로(DK31B90, DK31B109), 우리가 어떤 사물을 감각하는 것은 감각 대상과 우리의 감각 기관이 서로 닮은 것이기 때문이라고 보는 견해이다. DK31B109는 아리스토텔레스가 『영혼론』 1권 2장 404b8 이하와 『형이상학』 3권 4장 1000b6에서 엠페도클레스의 것이라 인용하고 있는 단편이다(이 외의 언급은 『영혼론』 1권 5장 409b26-7, 이 원리를 통한 인식에 대한 아리스토텔레스 자신의 설명은 『니코마코스 윤리학』 6권 1장 1139a8-11, 플라톤의 감각 설명은 『티마이오스』 45b를 보라). 이후 이 원리는 데모크리토스의 자연학 일반의 원리로 받아들여진다(아낙사고라스의 DK59A42, DK59B15와 데모크리토스의 DK68B164 및 이를 인용한 이 책의 6장 519-521쪽을 보라). 즉 이 세계를 이루는 사물들이 서로 닮은 것들끼리 모여들고 다른 것들끼리는 분리되는 운동이 자연적으로 일어난다는 것이다. 『티마이오스』의 52e-53a에 나오는 수용체의 요동침은 엠페도클레스와 아낙사고라스 및 데모크리토스의 이러한 자연학적 견해를 반영하고 있다. 플라톤은 그러한 세계의 자연적 운동을 받아들인 뒤, 이 세계에 분명히 존재하는 질서와 합목적성의 원리를 데미우르고스의 창조 행위로부터 찾고 있다.

기 위해서는 '수용체' 안에 위치들과 힘들 사이의 차이들이 미리 존재해야 한다. 그러나 이는 티마이오스가 조형하는 금 혹은 점토 그리고 향유를 만들기 위한 중립적인 베이스를 준비하는 것의 비유로 생생하게 설명한 것과 같이 '수용체'가 전-우주적 상태에서 중립적이어야 한다는 원리와 모순되는 것처럼 보인다. '수용체'의 흔들림(52e)에 함축된 최초의 불균형과 이질성은 아낙사고라스나 데모크리토스가 바라보는 우주의 구도에 아무런 문제도 일으키지 않을 것이다. 그러나 이 ['수용체'의 흔들림에 함축된] 비대칭을 그 자체로 무형의 성격이라는 플라톤의 원리['수용체'가 그 자체로 무형이어야 한다는 원리]—어쨌든 매우 어렵고 모호한 것으로 인정할 만한(49a3)—와 짜맞추어 넣기란 어렵다.

6. 이미지들과 모방: 분유의 문제에 대한 『티마이오스』의 해결책

53b에서 데미우르고스는 '수용체'의 혼돈 상태를 손에 받아 들고 거기에 '형상들'의 구조를 모방하여 자연적 질서의 한 체계를 부여한다. 그러나 감각 지각의 변화하는 현상들이 '형상들'이라는 영원한 실재를 모방하는 것이 어떻게 가능한가? 창조 서사의 바로 이 지점에서 플라톤은 분유의 문제를 맞닥뜨려야만 하게 되었다.

『파르메니데스』에서 제기되었고 『필레보스』에서 재론되었듯이,

분유라는 관념이 제기하는 문제는 다음과 같다. 어떻게 하나의 주어진 '형상'이 ─'아름다움'의 '형상' 혹은 '인간'의 '형상'이─ 영원히 하나이자 동일한 것으로 남아 있으면서도 다수의 감각적이고 사멸하는 개체들 안에 있을 수 있거나 혹은 그것들에 의해 공유될 수 있는가?

이미 말한 바 있듯이, 이 문제는 해결될 수 없다. 『티마이오스』는 '형상'이 변질되지 않으며 "분리되어 있음"을 강조한다. '형상'은 그것을 분유한 것들 안에 있을 수 없고, 분유한 것들이 '형상'과 접촉할 수도 없다. 왜냐하면 "그것은 생겨나지도 파괴되지도 않으며, 다른 데서 오는 것을 자기 안으로 받아들이지도 않고 자기가 어딘가의 다른 것 안으로 들어가지도 않"기 때문이다(52a2). 이는 '형상들'이 내재함에 대한 단호한 부정의 표현이다. 게다가 어떤 경우건 이전의 텍스트들에서 '아름다움'의 '형상'의 이미지가 (『파이돈』의 전문 용어로) "우리 안에 있는 아름다움"이라고, 혹은 "우리가 가진 아름다움"(『파르메니데스』 130b4에 나온 똑같이 문제적인 표현)이라고 표현한 것에서 암시되었던 내재적인 형상이라는 관념으로부터는 [분유의 문제에 대한] 충분한 해명이 주어지지 않을 것이다. 왜냐하면 그러한 내재적 현상들은 (플라톤식 형상 이론에 대한 아리스토텔레스의 비판, 그리고 이미 『파르메니데스』 133b에서 제시된 "가장 큰 아포리아"에서 드러난 것처럼) 초월적인 '형상'을 불필요한 것으로 만들 것이고, 혹은 우리는 수많은 내재적 형상들(나의 '인간임'과 너의 '인간임')을 유일무이한 형상 그 자체와 어떻게든 관련지어야 한다는 문제를 다시 떠안게 될 것이기 때문이다. 그러므로, 내재적 형상들 혹은 '형상들'의 이미지를 통한 이러한 해결책은 일견 그럴듯하게 보이지만 실상은 우리가 해결하려고 노력했던 문제에 맞먹는 것으로 드러난다. 즉, 어떻게 다수의 구별되는 이미지들(예를 들어, 나의 '인간임'과 너의 '인간임')이 단일하며 불변하는 원본인 '인간성' 자체와 관계 맺는가?

이제 플라톤이 분유에 대해 말하기를 포기하고서 이 감각적인 이미지들은 '형상'을 **모방한다**거나 혹은 그것을 **닮았다**고 주장할 것이라면, 우리는 이와 관련하여 유사성이라는 관념을 해석하는 문제를 떠안게 된다. 감각적인 불이 전혀 뜨겁지 않은 '불'의 '형상'을 닮았다는 것은 무엇을 의미할 수 있는가? 유사성의 개념은 여기서 '형상'과 그와 동명의 것이 같은 구조를 지닐 수 있게 해 주는 형상적 관계를 가리켜야만 한다. 그러한 구조는 중간항, 즉 영원한 (가지적인) '이데아'와 사멸하는 (감각적인) 예화들 사이의 연결을 제공해 줄 수 있다. 하나의 '형상'을 여러 동명의 것들과 연결하기 위해, 하나이면서 여럿인, 그 자체는 가지적이지만 그에 상응하는 감각적인 것을 위한 구조를 제공해 줄 수 있는, '중간에 있는 무언가'가 있어야만 한다.

플라톤이 이제 수적 비율이나 4원소들의 기하학적 형태들을 포함한 수학적 구조들로써 마련하려 할 것이 바로 정확히 '형상'과 그와 동명인 것 사이의 이 잃어버린 연결고리이다. 첫 번째 예시는

4원소 중 하나인 불을 구성하기 위해 티마이오스가 묘사하는 정사면체가 될 것이다. 화덕에서 타고 있는 불이 '불'의 '형상'을 모방할 수 있는 것은 바로 그 기하학적 구조를 예화함을 통해서이다. 더 나아가, 두 감각적인 불들이 서로 닮은 것은 바로 그 같은 종류의 구조적 유사성을 통한 것으로, 즉 그 둘이 공유하는 원소 구성 덕분이다. 두 불들 사이에 있는 시각적 혹은 촉각적 닮음—감각적 유사성—은 각각의 감각적 이미지를 가지적인 원본에 연결해 주는 더 근본적인 유사성의 관념에서 파생되거나 혹은 그에 의존한다. 영원한 '형상'을 분유한다거나 모방한다는 것이 문자 그대로 무엇을 뜻하는지에 대한 답으로서, 우리는 이제 눈에 보이는 정사면체들과 에우클레이데스 기하학에서 다뤄지는 그것들의 공통 원본 사이에 있는 이 유사성 관계를 갖게 된 것이다.

이 분유 관계를 가장 단순한 경우에서 표현하자면, 종이 위에 혹은 모래 위에 그려진 두 개의 등변 삼각형을 생각해 보라. 이 눈에 보이는 삼각형들은 평면 기하학에서 정의된 등변 삼각형의 패턴을 예화하고 있기 때문에 서로 닮아 있다. 이 두 눈에 보이는 삼각형들은 모두 등변, 즉 에우클레이데스 기하학의 정의에서 구체화된 조건들을 만족시키고 있기 때문에 같은 이미지 혹은 종-유형을 재현하고 있다. 이러한 눈에 보이는 삼각형들의 존재는 종이 혹은 모래라는 적당한 수용체 위 그것들이 점한 위치에 의지한 것이다. 그러나 이 둘의 삼각형으로서의 동일성은 에우클레이데스 기하학에서 구체화된 등변 삼각형의 형상과의 관계에 의지한다.

인간이나 황소의 형상과 같은 『티마이오스』의 종-유형은 위의 등변 삼각형과 비슷한 수학적 구조, 그러나 훨씬 더 복잡한, 즉 항상 고유하게 정의된 하나이면서도 동시에 무한정 반복될 수 있는 입체 기하학상 하나의 구조에 해당할 것이다. (우리는 아마도 DNA 분자와 유사한 수학 공식을 떠올릴 수 있을 것이다.) 수학은 이렇게 가지적인 것과 지각적인 것, 영원한 것과 변하는 것 사이에서 중간자적 역할을 하면서 하나의 불변의 형상이 '수용체'의 규칙적인 변용들에 반복적으로 예화됨에 따라, 하나가 여럿이 될 수 있는 도구를 제공해 준다.[46]

나는 이것이 분유의 문제에 대해 플라톤이 내놓은 해결책 배후에 있는 추론임을 제안한다. 더 완전한 그림을 위해, 창조 서사에서 전-우주를 설명하는 단계, 즉 데미우르고스가 개입하는 순간 이전으로 돌아가 보자. 우리가 보았듯이, 이 전-우주 안에는 '생겨남(-됨)'의 질적인 다양성이 존재하는데, 이는 뜨거움과 차가움, 건조함과 습함이라는 각 원소들의 "힘들"로 표현된다. 수동적 장이자 "어머니"인 '수용체' 자체는 오직 그러한 힘들이 나타나고 운동하는 그러한 공간만을 제공해 줄 뿐이다. 모든 현상적 성질들을 포함한 모

46　이미지의 본성에 대한 『티마이오스』 52c와 비교하라. "이미지의 경우, 그것이 생겨나는 기반 자체가 결코 이미지 자신에 속할 수 없고, 언제나 다른 어떤 것의 영상으로서 움직이는 것인 이상, 그런 이유로 해서 그것은 이런저런 방식으로 '있음(-임)'에 달라붙음으로써 다른 어떤 것 안에 생겨나는 것이거나, 그게 아니라면 그것은 도대체가 아무것도 아니라고 보는 게 적절합니다."

든 구조와 다양성은 '형상들', 즉 '생겨남(-됨)'의 "아버지"로부터 온다. 그러나 이 전-우주적 '수용체' 안에서 '형상들'의 이러한 흔적들은 오직 성질들의 혼돈스럽고 뒤섞인 잡탕, 즉 『필레보스』의 무한정에 대한 설명에서 나오는 반대자들 사이의 진동을 연상케 하는 그 상태를 이룰 뿐이다. 이 단계에서 우리는 질적인 다양성과 물리적 움직임을 위한 소박한 원재료만을 가지고 있을 뿐이다. 닮은 것이 닮은 것에게로 이동해 가는 경향성에도 불구하고, 여기에는 이미지를 구성할 만큼의 충분히 규정되거나 안정된 것이 없다.

(무작위적인 흔적들과는 구별되는) '형상들'에 대한 체계적인 모방은 데미우르고스의 행위로 시작한다. 그의 첫 번째 과제는 이 질적인 뒤범벅을 종적으로 규정된 사물들로, 즉 '수용체'의 여러 영역에서 '생겨남(-됨)'의 서로 다른 순간들마다 나타나고 사라지고 다시 나타나는 것으로 지각되는 현상들의 여러 유형들로 조직하는 것이다. 한편으로, 이 반복되는 것들은 오직 '수용체'의 국지적인 변용들로서만 존재한다. 타오르는 부분은 불로 나타나고, 습한 부분은 물로 나타난다는 것이다. 다른 한편으로, 이것들은 그에 상응하는 '형상'의 이미지로 식별될 수도 있다. 이 현상적 유형들은 『필레보스』에서 "생겨나(-되어) 있는 있음(-인)$^{gegenēmenē\ ousia}$"이라고 표현되는, 반복해서 생겨나는 본성들을 이룬다. 이러한 '생겨남(-됨)'과 '있음(-임)'의 혼합이 바로 이전 대화편들에서 하나의 '형상'을 분유하는 것이라 표현되었던 것에 상응한다. 『티마이오스』의 신화적 어법에서,

이 '있음(-임)'과 '생겨남(-됨)'의 혼합은 혼돈에 질서를 부여하는 데 미우르고스 활동의 요체이다.

이제 우리의 과제는 데미우르고스의 그러한 활동이 분유라는 이전의 관념을 설명하기 위한 대체물임을 알아차리는 것이다. 데미우르고스가 '형상들'의 이미지를 만들어 낸다는 것이 뜻하는 바는 정확히 무엇인가? 그에 대한 답은 신화적 서사의 결정적인 한 지점, 데미우르고스가 개입하는 바로 그 순간에 나타난다. "신은 도형과 수를 가지고서 형태를 부여해 나갔던 것입니다 dieschēmatisato eidesi te kai arithmois"(53b4).

데미우르고스가 '형상들'의 이미지들로서 질서 있는 세계의 몸과 영혼을 만든 것은 바로 전-우주적 '수용체'의 현상들의 무질서한 운동에 수학적 구조를 부여함으로써―무한정에 한정을 부여함으로써―였다. 특히, 물체의 창조를 위해 그는 두 개의 요소 삼각형들을 조합하고 배가하여 (혹은 흙의 경우 하나의 삼각형을 배가하여) 4원소들의 무작위한 흔적들을 규칙적이고 법칙을 닮은 이미지들로 변환시켰다. 그는 이 물체로서의 원소들에 기하학적 구조를 부여하고, 영혼에 수적 비율들을 부과함으로써 '형상들'을 모방한다. 그렇기에, 그는 '수용체'의 현상들과 움직임들이 데미우르고스의 원본의 역할을 한 영원한 '형상들'의 체계를 가능한 한 최대한 닮아 있게 만들어 그것들을 그에게 주어진 한 최선의 방식으로 조직하기 위해 수학적 원리들을 사용했다.

그렇다면 플라톤은 바로 수학을 통해서 감각적인 것들이 어떻게 '형상들'을 모방하는지에 대한 자신의 대답을 구체화한 것이다. 감각적인 것들은 적절한 수학적 구조들을 예화함으로써, '형상들'을 모방하며, 이는 4원소의 형성부터 시작된다. 그렇기에, 수학은 단지 데미우르고스가 혼돈에 질서를 부여할 때 쓴 장치에 그치지 않는다. 그것은 동시에, 그리고 같은 식으로, 이미지가 '형상'과 닮아 있도록 함으로써 플라톤이 분유의 역설을 해소한 도구이기도 하다.

7. 이 해석을 위한 텍스트상의 근거

나는 물체로서의 원소들과 세계 영혼을 수학적으로 구성한 이러한 방식이 자연 세계가 '형상들'의 모방물이라는 주장에 대한 플라톤의 최후의 해설이라고 제안한다. 이런 해석을 위한 텍스트상의 근거로서 나는 이제 티마이오스가 바로 이 설명을 해 주기로 약속한 바 있던 그 대목을 언급하려 한다.

'수용체'에 대한 그의 설명을 요약하면서, 티마이오스는 '수용체'를 '생겨남(-됨)'을 위한 자연적 모체^{ekmageion}로 표현한다.

들어오는 것들에 의해 움직여지고 형태를 얻으며^{diaschēmatizo-menon}, 그것들에 따라 그때그때 다르게 나타난다는^{phainetai} 것입니다. 그런데 들고 나는 것들은 언제나 '있는 것들'의 모방물들 mimēmata이며, 설명하기는 쉽지 않지만dysphraston 어떤 놀라운 방식으로 그것들로부터 얻은 자국들인데typōthenta, 그 방식에 대해서는 다음에eis authis 살펴보도록 하겠습니다. (50c2-6)

이것은 감각적 현상들이 '형상들'을 모방하는 방식에 대한 티마이오스의 유일한 직접적 언급이며, 다음에 살펴보겠다는 그의 약속이 대화편의 이후 대목에서 지켜졌다고 이야기할 수 있는지는 완전히 분명하지 않다. 콘포드는 (그리고 그를 따른 많은 이들은) 이 대목의 '에이스 아우티스eis authis'를 "다른 때에"라고 번역하였고 이 약속이 지켜지지 않은 채 남겨졌다는 것을 암시한 바 있다. 그러나 이 구절이 『티마이오스』 내에서 앞으로 나올 대목을 언급하는 것이라 간주하는 것도 충분히 가능하다.[47] 그렇게 보는 경우 이 약속과 연관된 대목은 우리가 중심적으로 다루었던 53b4, 즉 스테파누스 쪽수로 세 쪽 이후에 나오는 곳일 텐데, 바로 데미우르고스가 무질서 속에 있는 사물들을 취하여 "도형과 수를 가지고서 형태를 부여해 나갔다dieschēmatisato"라고 이야기되는 대목이다. 동사 'dieschēmatisato'의 문법 구조는 이 두 맥락에서 약간 다르다(왜냐하면 데미우르고스는

---

47   앞으로 나올 내용에 대한 언급의 의미로서의 'authis'에 대해서는 『티마이오스』 61d4 에서 69a 이하를 언급한 것을 보라.

53b에서는 행위자로 나오지만, 50c에서는 그렇지 않기 때문이다).[48] 그러나 이 두 대목은 사용 빈도가 극도로 드문 이 동사가 플라톤 안에서 쓰인 단 두 사례들이다.

만약 53b가 이전 대목의 반향이라면, 그 방식에 대한 놀랍고도 설명하기 어려운 설명에 대한 약속은 요소들의 기하학적 구성에 의해 사실상 지켜진 셈이다. 후자[원소들의 기하학적 구성]는 "생소한 설명 aēthēs logos"(53c1)으로서 도입되지만, 대화자들이 또한 잘 따라올 수 있을 그런 설명이기도 한데, 왜냐하면 그들이 "논의 내용을 입증하는 데 필요한 방법들을 교육을 통해 공유하고 있"기 때문, 즉 고급 기하학의 방법들을 익혔기 때문이다. '형상들'을 모방하는 그 어려운 설명이란 그렇기에 완전 입체들로서의 원소들의 구성에 의해 제공된다.

(대부분의 주석가들의 주의를 비켜나 있던 것으로 보이는) 50c의 '에이스 아우티스'를 이렇게 텍스트-내적으로 읽는 독법은 모든 이들에게 논란의 여지가 없는 것으로 받아들여지지는 않을 것이다. 게다가, 이러한 독법이 받아들여지더라도, 티마이오스는 **어떻게** 이 수학적 구조들이 '형상들'과 닮은 것들 혹은 '형상들'의 자국들로 기능할

---

[48] '형태를 부여하다' 또는 '모양을 잡다' 등으로 번역할 수 있는 동사 '디아스케마티제인(diaschēmatizein)'이 53b4에서는 데미우르고스를 주어로 하여 창조라는 과거의 행위를 나타내는 부정과거 시제의 3인칭 단수 형태인 'dieschēmatisato'라고 쓰인 반면, 50c2에서는 그때그때 형태를 갖추는 '수용체'를 서술하도록 수동태 분사인 'diaschēmatizomenon'으로 쓰였다는 것에 주목한 서술이다.

수 있는지를 정확하게 설명하는 것은 아니다. (만약 그것이 어디서든 설명되었어야 했다면, 그것은 오직 플라톤이 구술한 가르침으로서만 가능했을 것이다.) 그러나 그것들이 정말 그러한 기능을 한다는 것은 이 두 텍스트를 연결 지어 놓고 보거나, 혹은 둘 중 어느 텍스트를 취해서 보더라도 분명하게 함축되어 있다.

8. '형상들'과 수학의 관계에 대한 최후의 사유들

데미우르고스에 의해 만들어진 수학적 구성물들은 물론 그가 사용한 원본, '형상들' 자체와는 구별되어야만 한다. 이 궁극적인 본, 『티마이오스』에서 지적인 '생명체'라고 표현되는 이것은 『소피스트』에서 변증술의 대상으로 표현된 '형상들'의 네트워크에 어떤 식으로 상응해야만 한다. 『티마이오스』의 수학적 구조들은 이 가지적인 '형상들'과 감각 지각에 일어나는 현상들 사이의 중간항을 제공하는 것으로 볼 수 있다. 이 수학적 구조들은 『필레보스』에서 한정과 무한정자의 조합으로 제시되었던 자연 세계 속 '있음(-임)'과 '생겨남(-됨)'의 저 혼합을 이룬다. 데미우르고스가 만든 이 구성물들은 그렇기에 아리스토텔레스가 플라톤이 구술한 가르침에 대한 보고에서 "수학적인 것들"이라 부른 것에 상응할 것이다. 아리스토텔레스의 설명에 따르면, 플라톤의 수학적인 것들은 '형상들'과 감각적인 개별자들 사이 매개적 역할을 한다. "이것들[수학적인 것들]은 영원하고 운동하지 않는다는 점에서는 감각물과 다르지만, '형상' 그 자체는 각각 하나뿐인데 비해 수학적인 것들은 같은 것들이 여럿 있다는 점에서 '형상들'과는 다르다."[49] 그렇기에, 『티마이오스』에서 기술된 비율들과 구조물들은 '형상들'이 아니라 '형상들'의 이미지들을 표현한다. 이미지들images로서, 이것들은 우리가 그 원본이 무엇을 닮았는지를 상상할imagine 수 있게 해 준다. 그러나 이 비율들과 구조물이 정의하는 것은 어떤 '형상'이 아니라 하나의 종-유형, 즉 초월적인 '형상'과 그것의 사멸하는 예화들 중간에 있는 것이다. 이것은 '수용체'의 공간의 주어진 한 부분이 서로 다른 '형상들'의 영향으로 변할 때 사라지거나 재등장할 수 있는 일시적이면서도 규칙적인 '수용체'의 변용이다.

자연적 유형 혹은 종-형상이라는 이러한 플라톤적 이해 방식은 분명하게 아리스토텔레스적 관념인 질료-내-형상을 선취하고 있다. 그러나 적어도 두 가지 관점에서 이 둘은 근본적으로 다르다. 먼저, 이 종-형상은 구조상 순수하게 수학적인 것이다. "수 대 수 혹은 도량 대 도량의 온갖 관계"(『필레보스』 25a). 갈릴레오 갈릴레이Galileo Galilei가 표현했듯이, 자연이 책은 수학의 언어로 쓰여 있다. 바로 이 점 때문에 플라톤의 견해는 케플러Johannes Kepler와 라이프니츠

[49]   『형이상학』 1권 6장 987b14-18.

Gottfried Wilhelm Leibniz에서 화이트헤드Alfred North Whitehead와 하이젠베르크Werner Heisenberg에 이르기까지 수 세기에 걸쳐 수학자들과 물리학자들을 매료시켰던 것이다. 그리고 두 번째로, 어떤 전체로서의 '수용체'를 제외하고는 자연적 개체들—참된 "이것"—은 없다는 것이다. '수용체'는 아리스토텔레스의 질료와는 달리 개별화의 역할을 수행하기에 충분한 어떤 고유한 구조를 지니지 않는다. 『티마이오스』에서의 개체적인 이미지들은 오직 '수용체'에서 자신들의 위치에 의해, 혹은 한 위치에서 다른 위치로의 이동의 연속성을 통해서만 [개체로서] 식별될 것이다.[50] 수학을 '형상들'과 그것들의 감각적인 이미지들 사이의 연결로 이해한 플라톤의 이해 방식은 '형상들' 자체가 수학적 구조 비슷한 무언가를 가질 것이라 시사한다. 하지만 플라톤이 정확히 어떻게 '형상들'의 준-수학적인 구조를 이해했는지 우리는 거의 추측할 수 없다. 우리에게 남아 있는 문헌 자료들만으로는 플라톤이 '좋음'에 대한 공개 강연 혹은 아카데미아의 사적인 논의들에서 제시했던 추론을 복원할 수 없다.

후기 대화편들이 확인해 주는 것은, 이전에 『국가』의 수호자 교육의 기초로 제시되었던 하나의 원칙이었던 수학에 대한 학습이, '형상들'을 이해할 수 있도록 정신을 준비시킬 것이라는 원리이다.

---

[50] 우리와 같은 생명체들은 아마도 지속하는 영혼으로 개체화될 것이다. 인격 동일성의 문제는 (만약 플라톤이 그것을 조금이라도 다뤘다면) 그것은 오직 영혼에 대하여, 그리고 오직 신화의 틀 안에서만 다뤄질 것처럼 보인다.

소크라테스가 『필레보스』의 결론부에서 우리에게 상기시켜 주는 것처럼, 조화metrion와 비례symmetron에 대한 학습을 통해서 우리는 '좋음'의 현관(64c)에 다다를 수 있다. 그러므로 플라톤이 가장 피타고라스주의자처럼 나타나는 곳이 바로 이 후기 대화편들에서다. 물론, 『티마이오스』에서 설명을 위해 제시되는 원리들은 여전히 고전적 이론의 익숙한 특징들을 보유하고 있다. 세계의 제작자인 데미우르고스가 훌륭했으므로agathos, 그는 모든 것을 가능한 한 훌륭한 것으로 만들고자 했다(『티마이오스』 29e-30a). [『티마이오스』의] 우주론은 『국가』의 중심 주제를 의심의 여지 없이 반복하는 것으로 시작한다. 『티마이오스』에서 많은 것들이 바뀌어 있는 것도 사실이지만, 규범적 원리가 갖는 이 근본적인 우위성은 결코 변하지 않는다.

그러나, 고전적 이론에 비해 후기 작품들에서는 규범적 이해 방식들과 수학적 이해 방식들이 훨씬 더 병합되는 경향이 있다. '좋음'에 대한 플라톤의 유명한 강연에서 건강이나 즐거움 같은 좋은 것들에 대한 흔한 관념에 대해서는 이야기하지 않고 수학, 수, 단일성에 대해서만 이야기하는 그에게 청중들이 실망했다는 보고 내용이 설명해 주는 것이 바로 이것일 것이다. 물론 규범적인 관심사들은 여전히 근본적이다. 그러나 좋음의 개념은 원리상 수학의 형상적 구조들과 더 이상 구별되지 않는 것처럼 보인다. 이 점이 바로 『필레보스』의 결론부에서 좋은 삶의 구성 요소로서 좋은 삶을 만들어 내는 것들의 목록에서 적도, 균형, 비례가 서두를 차지하는 이유를 설명해 준다. 『고르기아스』(508a)에서 나온 오래된 주제를 반복하되 자연 철학의 새로운 상세함과 정밀성을 더하여, 『필레보스』와 『티마이오스』는 우주의 수학적 구조를 인간의 좋은 삶을 위한 신적인 패턴으로 제시하고 있는 것이다.

9. 『티마이오스』의 감각적 성질들에 대한 보충 내용

『티마이오스』의 플라톤은 데모크리토스와의 보이지 않는 경쟁 속에서, 지각되는 대상들의 원자 구조에 입각하여 감각 지각에 대한 설명을 내놓는다. 그러나 플라톤에게 이것은 단지 전체 이야기의 한 부분일 뿐이다. 플라톤의 설명이 갖춘 기계론적 상세함에도 불구하고, 그가 데모크리토스를 따라 이러한 감각 경험에 대한 학적 설명과 감각 경험의 더 질적인 차원, 즉 데카르트 이후의 이원론에서 오직 심적이거나 주관적인 것으로만 여겨져 왔던 지각의 측면 사이에 철저한 구별을 두었다고 믿는 것은 잘못이다.[51] 플라톤은 다른 노선을 탄 이원론자이다. 그렇기에, 그는 결코 뜨거움이나 차가움의 느낌들이 지각하는 자의 정신에만 존재한다고 시사한 적이 없다. 그와는 달리, 이러한 질적 경험은 유기체 전체에 속한다. 대상

---

51   데카르트의 『성찰』 제6성찰을 보라.

쪽에서도 상황은 더 복잡하다. 색깔이나 소리는 지각되는 사물들 안에 속하며, 그것들에 대한 우리의 지각함 속에만 속하는 것이 아니다. 열이나 습기와 같은 느낌들은 객관적인 "힘들"로서, 우리의 감각 기관들에 작용하여 그에 상응하는 감각들을 우리 속에 만들어 내는 것으로 여겨진다. 그리고 뜨거움의 느낌이 일어나면, 그것은 우리 몸의 관련 부분에서 일어나지, 일종의 정신적 상관자 혹은 분리된 심적 능력에서 일어나는 것이 아니다. 이 모든 관점에서 보았을 때, 플라톤의 지각에 대한 견해는 데카르트 이후의 주류 전통과 근본적으로 다르다.

플라톤의 견해가 가진 복잡성은 감각 지각에 대한 설명이 이루어지는 『티마이오스』 61c 이하의 텍스트들을 더 자세히 보게 되면 분명해질 것이다. 우리는 도처에서 그의 기계론적 설명이, 상응하는 성질이 객관적 실재성을 갖는다는 가정과 결합되어 있음을 보게 될 것이다. ─ 즉 어떤 성질이란 신체에서 일어난 사건[즉, 감각 지각]에 속하는 동시에 그것의 외부적인 원인에도 속한다는 것이다. 그렇기에, "어떻게 해서 우리가 불을 '뜨겁다'고 말하게 되는지에" 관한 질문에 대답하는 과정에서, 티마이오스는 "그 느낌^{pathos}이 일종의 날카로움^{oxy}이라는 것은 우리들 거의 모두가 감가하는 것"이라고 주장하며 시작한다. 열에 대한 설명은 체계적으로 기계론적이다. 그것은 미시적인 정사면체가 갖는 모서리의 예리함, 각들의 날카로움, 부분들의 작음, 그리고 운동의 빠름(61e), 즉 그리하여 "불

은 맹렬하고 예리한 상태로 있으면서 마주치는 것들을 언제나 날
카롭게 잘라 내니, … 다른 본성이 아니라 바로 그 본성이야말로 우
리의 몸을 가르고 잘게 조각내는 것으로서, … 오늘날 우리가 '뜨겁
다'라고 그럼직한 방식으로〔eikotōs, 즉 닮음에 의하여〕 말하는 그런 인
상pathēma과 이름을 부여한 것이라고 …"(62a).

이 대목에서 설명되어야 하는 이 인상은 몸에 가해지는 물리적
결과(잘려 나감)와 그에 대응하는 감각(열을 느낌) 둘 다를 포함한다. 육
체적 영향과 감각적 영향 사이의 구별은 이루어지지 않는다. 설명
되고 있는 것은 '열을 느낌'이라는 신체적 사실이지, 뜨거움에 대
한 별도의 정신적인 감각이 아니다. 불의 외부적인 속성 역시 비슷
한 이원성을 가진 것으로 특징지어진다. 관찰자에게 뜨거움의 감각
이 전달되는 것을 설명하기 위해 [티마이오스가] 드는 것은 기하학적
모양이긴 하지만, 어쨌든 불은 성질상 뜨거운 것으로 가정된다. 지
각의 주체와 지각의 객체 혹은 대상 사이의 성질상의 결합은 같은
낱말 '뜨거운'이 둘 모두에 "그럴듯하게eikotōs" 적용될 정도로 긴밀
하다(62a4). 이렇게 하나의 이름이 이중적으로 사용되는 것, 즉 같은
이름이 수동적인 받아들임(인상)[52]과 그것의 능동적인 원인 모두에

---

[52] 인용한 『티마이오스』의 국역과 본문에서 '인상'으로 옮긴 말은 그리스어 'pathēma'였
는데, 이 문장에서 칸은 이를 'passive affect'라고 썼다. pathēma가 파생되어 나온 동
사 'paschein'(겪다)에서 알 수 있듯이, pathēma는 '겪어진 것', 즉 외부 대상의 행위나
작용을 받아들인 쪽에서 수동적으로 생겨난 것, 혹은 영향받은 그 상태를 뜻한다. 그
래서 이 말은 주로 우리가 속수무책으로 겪게 되는 '불운'이나 '고통', 그리고 우리가 마

이중적으로 사용된다는 점은 텍스트상에서 반복적으로 강조된다. 이 언어적 이중성은 지각에 대한 근본적인 사실, 즉 지각되는 성질은 자동적으로 그것의 외부적 원인에 할당된다는 것을 지적한다. 이 이름이 그 감각과 그것의 원인에 잘못 적용되거나, 혹은 제한적 의미에서만 적용되는 일은 없다. 불과 그것에 대한 느낌은 모두 엄밀한 의미에서 "뜨겁다"라고 불린다.

같은 요점이 이어지는 차가움에 대한 설명에서도 지적된다. 차가움을 겪는 상태는 기계론적으로, 즉 보다 큰 수분 입자들이 침습하여 들어와 가하는 압력에 몸이 떨고 흔들리며 반응하는 것으로써 설명된다. 그럼에도, "그런 모든 상태^{pathos} 및 그것을 일으키는 것^{to drōn auto}의 이름이 '차가움'"이다(62b5). 이 점은 65b의 요약 부분에서 일반화되어 제시된다. "자, 그럼 몸 전체에 공통된 인상들^{pathēmata}과 그 인상들을 산출하는 것들에 주어진 모든 이름들^{epōnymiai}에 대해서는 거의 다 이야기한 셈이네요."[53] 여기에서 감각과 그것의 외부적 원인 사이의 인과적 연결 자체가 순수하게 기계론적인 관점으로 묘사되고는 있지만, 성질과 관련한 동일한 의미에서 "차가운" 것이라 불리는 것이 당연하게 받아들여진다. 이것을

음대로 제어할 수 없이 우리를 엄습하는 '감정', 우리가 어떤 경험 후에 들어가게 되는 '상태', 그리고 본문에서 보듯이 지각 대상에 의해 우리의 신체 기관이 겪게 되는 '인상' 등으로 다양하게 옮길 수 있다.

53   'eponymy'에 대해서는 4장 역주 11번을 보라.

우리는 중요한 구두 메시지를 점과 선으로 이루어진 전기 신호로 전달하는 전보의 과정과 나란히 비교할 수 있다. 송신자와 수신자 사이의 연결은 엄밀히 말해 기계적일 뿐이지만, 인지적-감정적 내용은 양쪽 끝 모두에게 의미 있게 전달된다. 이와 유사하게, 티마이오스는 불과 그에 대한 느낌이, 그 사이의 인과적 연결 자체는 기계론적인 관점에서 설명될 수 있다고 하더라도, 실제로 뜨거운 것이라고 가정하고 있다.

우리가 보게 되겠지만, 뜨거움과 차가움, 습함과 건조함과 같은 이러한 이차적 성질들은 전-우주적 운동을 설명하는 데 있어 더욱 근본적인 역할을 한다. 데미우르고스의 창조 행위로 각 요소들이 기하학적 구조를 부여받기 이전에도 물체들을 초기 분포 상태로 있게끔 한 것은 바로 성질들 사이에서 '닮은 것이 닮은 것에게로' 움직인다는 원리에 따른 원초적 움직임이다. 그렇기에 감각적 성질들의 객관적 실재성은 영혼의 지각 능력이 개입되기 이전에 전-우주에서의 물리적 움직임의 원인으로서 가정된다. 이런 맥락에서, 이 성질들의 감각적 측면은 마치 이차적인 것인 양 보이고, 성질들이 갖는 역학적kinetic 역할이 오히려 일차적인 것으로 보인다.

철학사적 관점에서, 우주 탄생기에서 플라톤이 이차적 성질들을 동적으로 이해한 것은 원자론 이전의 것인 반면, 감각 지각을 기계론적으로 설명한 것은 원자론 이후의 것이라고 말할 수도 있을 것이다. (더 통합된 견해로서, 『테아이테토스』에서 감각 지각을 운동들의 체계로 바라보는 보다 통일된 견해는 이 책의 2장 부록 3을 참조하라.) 어떤 경우에서든 이 대목이 데카르트 이후의 어떠한 견해와도 근본적으로 다르다는 것만큼은 분명해 보인다. 플라톤이 전-우주적 움직임들을 설명하는 데에 뜨거움과 차가움이라는 성질들의 역할이 근본적이었던 것과 마찬가지로, 창조가 끝난 세계에서도 이 성질들의 객관적 실재성은 당연하게 받아들여진다. — 그것들의 지각에 대한 상세한 설명이 순수하게 기계론적인 것일 수 있음에도 불구하고 말이다.

우리는 "심적인 것the mental"에 대한 근대의 관념에 너무 익숙해져 있는 나머지, 이것이 데카르트가 『성찰』의 제2성찰에서 처음으로 도입한 혁신이라는 것을 쉽게 알아보지 못한다. 데카르트는 몸이 없는 어떤 주체가 할 법한 사유와 감각 경험의 영역 전체를 상상해 보는 회의懷疑 전략을 통해 ["심적인 것"이라는] 이 관념을 창조해 냈다. 감각 경험의 순전히 심리적인 혹은 심적인 영역에 대한 시야를 열어젖힌 것이 바로 '육체 없이 지각하는 자아'라는 데카르트의 환상이었다.[54] 우리가 (데카르트와 원자론자들을 따라서) 감각 지각에 의

---

[54] 소랍지(Sorabji) 기념 논문집에 수록된 나의 논문 「아리스토텔레스 대(對) 데카르트」 (Kahn, 2005)를 보라. 물론 데카르트식의 정신-신체 이원론의 선구자들은 고대에도, 특히 신플라톤주의-아우구스티누스주의적 전통에도 있었다. 그 시작은 플로티노스까지 거슬러 올라가며, 그는 아마도 인간의 신체를 원리상 지각의 주체와 분리 가능한 외부 대상으로 파악하려 한 최초의 주요 사상가였다. 우리는 그 이전에도, 예를 들어 『파이돈』에서 소크라테스가 미래에 있을 자신의 시신 매장에 무관심한 태도를 취한 것 등에서 이따금 이러한 태도가 암시된 것을 찾을 수 있다. 하지만 물리적 신체를 인간 주체의 외부에 있는 무언가로 보는 이러한 이해 방식은 플라톤이 감각 지각을 설명하는 가운데 있어서는 그 어떤 역할도 하지 않는다.

해 몸 안에서 생겨나는 생리학적 변화들과 그러한 감각 지각의 질적 내용 사이에 명확한 선을 그으려 하는 곳에서, 플라톤은 이 둘을 체계적으로 동일시할 것이다. 그는 감각적 느낌을 그것에 상응하여 주체 안에서 일어나는 신체적 사건 안에 규칙적으로 위치시키면서도,[55] 이러한 느낌의 질적 내용이 외부적 원인에서 기인하며 바로 그렇기 때문에 외부적 원인에 올바르게 귀속될 수 있다고 믿는다.

이런 태도가 그럴듯하게 들리긴 하지만, 그 결과는 실로 놀라운 것일 수 있다. 그렇기에, 『티마이오스』 67b의 듣기[akoē]에 대한 세심한 연구에서, 앤드류 바커[Andrew Barker]는 듣기를 통해 얻는 감각은 머리로부터 간을 지나가는 신체 내부의 운동[kinēsis]에 의해 야기되는 것이 아니라 그것과 동일시된다는 것에 주목한다. 다른 한편, 듣기의 기계적 원인은 몸 **밖에서** 시작해서 귀를 거쳐 뇌에 닿는 공기의 운동이다.[56] 그렇기에 플라톤에게 지각이란 신체적 사건이지만 그 사건의 핵심적인 본성은 [이 신체적 사건과] 같은 이름을 공유하는 지각의 외적 근원의 성질을 반영한 무언가이다. 이러한 신체 연관적 이해 방식이 감각적 인지에 대한 고대인들의 견해를 얼마나 깊이

---

55   여기서 '규칙적으로 위치시킨다'로 옮긴 원어는 'regularly locates'로, 플라톤이 우리가 감각을 통해 느끼는 감각적 성질을 다룰 때마다, 이를 물질적 차원에서 그에 상응하는 신체적 사건과 항상 꼬박꼬박 연관 짓는다는 뜻이다. 이는 플라톤의 서술 방식이 그렇다는 것뿐 아니라 실제로 모든 감각적 성질이 플라톤의 견해 속에서는 그에 상응하는 신체적 사건과 사실상 동일하다는 것으로 이해할 수 있다.

56   Barker(2000), 85-99쪽.

관통하고 있는지를 알아보기 위해서는, 플라톤의 견해에 역사적 맥락이 되어 줄 몇 가지 보다 이전의 설명 방식들을 살펴보는 것이 유용할 것이다.

우리가 소크라테스 이전의 범심론^{panpsychism}이라 부를 수 있는 것 중에서 가장 완전한 진술은 엠페도클레스의 단편에서 찾을 수 있다. 어쩌면 엠페도클레스가 "마음을 향해^{epi phrena} 흘러가는 설득의 충동"에 대해 언급한 것을 단지 비유적인 것이라 생각할 수도 있다.[57] 그러나 사실 엠페도클레스는 자신이 다루고 있는 정신적 사건, 즉 누군가가 들은 것에 설득되는 사건에 대한 아주 구체적인 물리적 이해 방식을 갖고 있었다. 모든 것이 생각하고^{phroneousi}, 즐거움과 고통을 느끼는 것은 바로 그것들의 신체적 요소들을 통해서이다(DK31B107). 인간의 사유^{noēma}는 심장 주위의 혈액에 가장 온전하게 위치해 있는데(DK31B105), 이는 신체 중 이 부분에서 원소들이 가장 성공적으로 혼합되기 때문이다.[58]

인간의 사유에서 혈액이 중요한 역할을 한다는 것은 "모든 것은

---

[57] DK31B114. "인간들을 설득하기 위한 최대의 길이 마음에까지 곧장 파고들"어 있다고 표현한 DK31B133과도 비교하라. [DK31B114에 대한 강철웅 등의 국역은 "확신이 마음에 밀어딕쳐 와노(pistios hormē) 인간은 달가워하지 않는다"이다. 칸이 이 단편을 언급한 이유는 여기서 엠페도클레스가 '확신(pistios)'이 물질성을 가지고서 특정한 장소, 즉 마음의 장소인 횡격막 혹은 가슴을 향해(epi phrêna) 공간적으로 이동해 간다고 생각했음을 보여 주기 때문이다. DK31B133에서도 마음은 역시 횡격막 내지 가슴으로 옮길 수 있다.]

[58] 테오프라스토스의 『감각에 대하여(De Sensibus)』 10장도 보라.

생각phronēsis을 갖고 사고noēma의 몫을 가진다"라는 엠페도클레스의 일반적 견해의 가장 두드러지는 예시이다. 보다 큰 이 주장은 엠페도클레스가 그의 가르침들이 "그들 자신의 친한 종족에게 가기를 바라"는 욕망(DK31B110)을 갖기에, 집중하지 않는 청자를 금방 포기하게 될 것이라고 경고하는 가운데 제시되고 있다. 엠페도클레스의 교설들에서 말하는 '닮은 것이 닮은 것에게로' 가는 원리에 따른 욕망이라는 관념은 대담한 비유처럼 들릴 수 있지만, 이는 문자 그대로를 의도한 것으로 보인다. '닮은 것이 닮은 것에게로'의 움직임이라는 기계적 원리는 여기서 신체적 요소들에 적용되는 것과 정확히 똑같은 방식으로 인간의 말의 인지적 내용에도 적용된다.

우리는 이렇게 신체화된 심적인 것과 관련해 엠페도클레스가 가졌던 것과 다르지 않은 견해가 히포크라테스의 논고 『신성한 질병에 관하여』에서도 나타나 있음을 확인할 수 있다. (이 논고는 히포크라테스 자신이 쓴 것이라 인정받을 만한 주요 작품이므로, 나는 이 논고의 저자를 히포크라테스라고 부르겠다.) 히포크라테스는 심장이 사유나 지성의 자리일 수 있음을 부정하는데, 그것은 뇌의 기능이기 때문이다. 심장은 횡격막과 함께 오직 느낌과 지각aisthēsis의 중추가 될 수 있을 뿐이다(20장).

뇌는 신체를 주관하는 기관인데, 왜냐하면 뇌의 역할은 공기로부터 지성을 받아들여 그것을 신체로 전달하는 것이기 때문이다. 사지와 신체의 다른 기관들은 뇌의 인지 활동ginōskein에 따라 자신들의 역할을 수행한다. 뇌는 지성을 공기로부터 이해synesis로 전달하는 전달자이다. "왜냐하면 사람이 숨을 자신에게로 끌어당기면 숨은 뇌에 가장 먼저 도착하고 그래서 공기는 그 자신의 정수akmē, 즉 분별적이고phronēsis 사려gnōmē를 지닌 것을 남긴 다음 몸의 나머지 부분으로 흩어지기 때문이다."[59] 그가 심리와 관련해 사용하는 용어가 완전히 투명하지는 않으며, 아마 일관되지도 않은 것 같다. (그렇기에, 10장에서 누군가가 감각들을 잃은 상태는 '우덴 프로네인ouden phronein'이고, 의식을 되찾는 것은 '프로네사이phronēsai'라 표현된다. '아이스타네스타이aisthanesthai'는 "알아차리다"와 감각들로써 지각한다는 것 모두를 의미한다.) 여기서 나는 이 오래된 텍스트의 인지 관련 전문 용어를 복원하려는 것이 아니라, 단지 이것이 데카르트식의 모든 심신 이원론과 근본적으로 다르다는 것을 확립하려는 것이다. 분명한 것은, 히포크라테스에 의하면 인지는 공기로부터 인간에게로 들어오며 뇌를 통해서

---

[59] 『신성한 질병에 관하여』 19장. 텍스트상의 난점으로 인해 나는 W. H. S. 존스(Jones)가 "몸 전체는 공기를 나눠 가진 만큼에 비례하여 지성을 나눠 갖는다"라고 번역한 매우 흥미로운 구절을 누락하였다. 호흡과 '공기로부터 인지를 받아들임' 사이의 연결에 대해서는, 아리스토텔레스가 보고하는 (소위 "오르페우스 찬가"에서) 교설, 즉 영혼이 "호흡하는 중에 … 바람에 실려 우주로부터 안으로 들어온다"(『영혼론』 1권 5장 410b28)라는 교설과 비교하라. 공기로부터 생명과 지성이 파생된다는 이러한 오래된 견해는 아리스토파네스의 『구름』에서 길게 그려진다. [한편 여인석·이기백 역은 위 문장이 속한 곳을 16장으로 해 놓았으며, "공기가 관여하는 만큼 몸 전체에 분별이 생기기 때문이다"라고 번역하였고, 텍스트상의 논란을 주석 132번에 언급하고 있다. 즉 존스는 'intelligence'라고, 국역에서는 '분별'이라고 옮긴 필사본상의 원어 'phronēsis'가 실은 운동을 뜻하는 'kinēsis'여야 하지 않겠냐는 것이다. 그러나 칸의 논지에 따르면 'phronēsis'로 읽는 것이 고대적 사고방식을 이해하는 데 있어 더 의미심장하다.]

몸의 나머지 부분에 분배된다는 것이다.

엠페도클레스와 히포크라테스를 한편으로 하고 플라톤을 다른 한편으로 놓을 때, 그 사이에 혁명적인 인물 데모크리토스가 있다. 그는 감각 지각과 합리적 사유 사이를 분명하게 구별하고(DK68B11, DK68B125), 무엇보다도 감각적 성질들의 물리적인 실재성을 부인하였는데, 이를 통해 그는 이전에 있던 범심론적 경향으로부터 급진적으로 단절하게 되었다. 원자들과 허공으로 된 세계는 철저하게 기계적인 관점에서 파악되어 감각적 성질들을 위한 자리는 남지 않게 되었으니, 심지어 인지의 기반조차 문제적인 것이 되었다. (감각들이 합리적 사유에게 말하는 바대로 말이다. "우리의 전복은 그대에게는 몰락이다!") 원자들은 기하학적 속성들 외에 오직 단단함과 (외견상) 무게만을 갖는다.[60] 『티마이오스』에서 플라톤은 한발 더 나아가, 무게조차도 물체들이 닮은 것이 닮은 것으로 움직여 가는 기계적 경향성으로부터 도출한다.

물체들 간의 끌어당김이라는 근본적인 원리로서 '닮은 것이 닮은 것으로'의 움직임은 소크라테스 이전 사유에서, 만유인력이 뉴턴 역학에서 하는 역할을 하고 있다. 플라톤이 『티마이오스』에서 이 원리를 이용할 때, 이 원리는 전-우주에 감각적 성질들이 존재

---

60   여기서 원자가 가진 단단함(solidity)이란 경도(硬度)가 아니라 결코 나누어지지 않는다는 의미의 단단함, 즉 물질의 최소 단위로서의 성질을 뜻한다.

한다는 것을 전제한다. 이것은 아낙사고라스와 엠페도클레스의 자연학에서도 마찬가지로 참일 것이다. 다른 한편, 원자론자들에게도 동일한 원리가 근본적인 것으로 남아 있긴 하지만, 기본적 닮음은 더 이상 감각적 성질들이 아닌 오직 무게와 기하학적 형태 등의 요인들에만 의존하게 될 것이다. 이런 차이점을 제쳐 두면, 레우키포스는 우주적 바퀴^{dinē} 안에서 사물들이 닮은 것들이 닮은 것들에게로^{ta homoia pros ta homoia} 운동해 감으로써 서로 분리된다는 식으로 세상의 기원을 설명하려 하였다는 점에서 그의 선대 사상가들을 따르고 있는 것일 수 있다. "마치 체로 걸러지듯 미세한 것들이 바깥의 허공으로 물러" 나간다. 다른 한편, 무거운 것들은 중심으로 서서히 모여들어 땅[흙]을 이루게 된다.[61]

레우키포스는 우리가 아는 한 이를 농기구 중 하나인 체와 비교한 최초의 인물이며[DK67A1], 이 이미지는 데모크리토스와 『티마이오스』의 우주 탄생기에서 반복되어 제시된다. 데모크리토스는 이를 보편적인 법칙으로 제시하였다.

비둘기들이 비둘기들과 함께 두루미들이 두루미들과 함께 모이

---

[61] DK67A1. 테오프라스토스의 주장에 따라 디오게네스 라에르티오스가 레우키포스를 다룬 것을 보라. [DK68A33에서 디오게네스 라에르티오스는 데모크리토스의 작품들을 개괄하는 가운데 『대우주』를 레우키포스의 책이라고 말하는 테오프라스토스 추종자들의 주장도 소개한다.]

며, 그 밖에 이성을 갖지 않은^{alogōn} 모든 것들[짐승들]의 경우도 마찬가지로 그렇듯이, 생물들은 같은 종류의 생물들끼리 모인다. 그리고 체로 걸러지는 씨앗들뿐 아니라 바닷가의 조약돌에서도 볼 수 있는 것처럼, 생명이 없는 것들^{apsychōn}[무생물]의 경우에도 그러하다.[62] 왜냐하면 그 경우에도 체를 치는 동작에 따라서 씨앗들이 서로 구별되어서 콩은 콩과 함께, 보리는 보리와 함께, 밀은 밀과 함께 놓여지고, 파도의 움직임에 따라서도 타원형의 돌은 타원형의 돌과, 둥근 돌 역시도 둥근 돌과 같은 자리로 밀려 나가는데, 이는 마치 사물들 안에 있는 유사성이 가진 무언가가 사물들을 끌어당기듯^{synagôgon ti} 하는 것이기 때문이다.

(DK68B164)

그렇기에, 원자론자들에게 모양과 무게는 근대 역학에서 질량이 하는 끌어당김의 역할을 한다.

플라톤은 곡식을 모양이 아니라 (더 실제에 가깝게) 크기와 무게에 의해 분리되도록 하는 키의 이미지 속에서 위와 같은 그러한 교설들을 반복하고 있다(『티마이오스』 52e-53a). 그렇기에, '닮은 것이 닮은 것에게로'라는 원리는 선대 철학자들에게 그랬던 것과 마찬가지로 플라톤에게서도 원초적 우주에서 원소들이 동심원들처럼 땅[흙]을

---

[62]   이 이하의 내용은 국역본에는 번역되어 있지 않아, 역자가 원문을 직접 번역하였다.

중심에 두고 켜켜이 층을 이루고 있는 상태를 설명하기 위해 활용되고 있다. 물론 그 '수용체'는 처음에는 완전한 혼란 상태였다. "적셔지기도 하고 타오르기도 하며, 흙이나 공기의 형태를 받아들이는가 하면, … 온갖 종류의 모습으로 나타나"는데, 이는 "닮지도 균형 잡히지도 않은 힘들dynameis로 가득 차 있"었기 때문이다(52d-e). 질서의 첫 번째 징후들이 그다음에 나타난다. "그때 네 종류의 것들은 그렇게 수용체에 의해 요동치게 되니, … 가장 닮지 않은 부류들을 서로에게서 가장 멀리 떨어뜨려 놓는 반면, 가장 닮은 부류들은 최대한 같은 곳에 모이게 한"다(53a). 이 종류들은 감각적 성질들로서 식별되며, 수용체가 "적셔지기도 하고 타오르기도 하며, 온갖 종류의 모습으로 나타나"게끔 한다. 그러나 이 동일한 성질들은 또한 타오르는 흔적들은 가장자리로, 무거운 흔적들은 중심으로 밀어내는 힘들이기도 하다. 그렇기에 플라톤의 '힘들'이란 뜨거움이나 밝음과 같은 감각적 성질들인 동시에, 또한 그 성질들을 서로 다른 곳으로 분리하는 경향의 무질서한 운동을 낳는 혹은 그 운동에 반응하는 역학적kinetic 힘들이기도 하다.

바로 여기에 플라톤과 원자론자들 사이의 가장 근본적인 차이가 있다. 원자론자들에게 '닮은 것이 닮은 것에게로'라는 원리는 오직 물리적 요인들(모양, 크기, 무게)에만 적용되고, 감각적 성질들에는 적용되지 않는다. 반면에 플라톤에게는, 그러한 기하학적 성질들은 그것 자체가 이성의 표현이기에 늦추 등장하며 데미우르고스가 작업에 착수하기 전에는 출현하지 않는다. 데모크리토스와 비교했을 때, 플라톤의 전-우주는 더 질적이며, 덜 합리적으로 구조화되어 있다. 그렇기에 이 설명에 따르면 선행하는 것은 현시적 이미지이긴 하지만, 혼돈의 형태를 한 현시적 이미지이다. 이로써 플라톤은 하나의 근대적인 역설, 즉 인간의 지각 행위 안에서 혹은 지각 행위에 의해서 창조된 세계의 현시적 이미지를, 그 기반을 이루는 과학적 설명과는 기계적 연관밖에 갖지 못하고서도 인정해야만 한다는 역설을 피해 갈 수 있는 것이다. 플라톤의 설명에서 과학적-수학적 이미지는 데미우르고스의 합리적인 작품으로서 우주 생성의 최후 단계에 등장하나, 그 설명은 전-우주에 주어져 있던 자연의 질적 다양성을 당연한 것으로 받아들일 수 있다.

플라톤의 전-우주에 대한 설명에서 가능적인 감각적 성질들과 현실적 감각적 성질들 사이의 구별이 아무 역할도 하지 않는다는 것에 주목하라. 왜냐하면 감각적 성질들은 우주가 발전하는 과정에서 나중에 생겨나는 감각 기관들의 창조 이전에는 현실화될 수 없기 때문이다. 따라서 엄밀하게 말하면, 전-우주에서 모든 감각적 성질들은 오직 가능적인 것일 수밖에 없다. 그러나 이는 전-우주를 구성하는 요소들이 자신들의 감각적 성질들에 기반해 (차가운 것은 중심으로, 뜨거운 것은 말단으로) 분포하게 된다고 보는 플라톤의 이론에서는 별 고려 사항이 되지 않는다.

이 가능태-현실태 구별이 플라톤에 대한 전체적으로 일관된 설명을 제시하는 데 충분한지는 두고 볼 일이다. 아마도 이 지점 역시 완전한 정도의 일관성은 포기할 수밖에 없다는 플라톤 자신의 최초 선언(29b-c)이 적절하게 들어맞는 곳들 중 하나일 것이다.

플라톤, 한 명의 정치 철학자

지금까지 이 연구는 플라톤의 이론 철학적 작업에 초점을 맞추어, '형상들'에 대한 비판 및 앎과 '있음(-임)'에 대한 설명들로부터 시작하여 그다음에는 변증술이라는 방법을 탐구하고, 마지막으로 자연 세계에 대한 플라톤의 이론으로 끝맺었다. 그 과정에서 우리는 『테아이테토스』에서 등장한 윤리학에 관한 여담 및 『정치가』에 나타나는 철학자와 정치가의 관계에 대해서도 언급했다. 하지만 나는 이 대화편들에 담긴 정치 철학에 대해서는 아무것도 말하지 않았고 『필레보스』에서 논해진 것과 같은 좋은 삶에서의 즐거움의 역할에 대해서도 아무것도 말하지 않았다. 무엇보다도 나는 훌륭한 사회 속 시민들의 삶을 조직하는 데에 전념한 플라톤의 최후의 가장 긴 대화편인 『법률』을 도외시했다.

그렇게 되면 아리스토텔레스식으로 이론과 실천을 구별하지 않은 채 철학을 이해했던 플라톤 자신의 방식을 나의 이 연구가 잘못 전달할 위험이 있다. 『일곱 번째 편지』에서 플라톤은 자기 가문의 많은 일원들이 그랬던 것처럼 자신도 젊은 날에 (아마 마흔 살까지!) 정치적 경력을 쌓게 될 것이라 예상했었노라고 우리에게 전해 준다.

그의 가장 긴 세 편의 대화편인 『고르기아스』, 『국가』, 『법률』이 주로 윤리학과 정치학을 다루고 있다는 것은 우연이 아니다. 여기서 논의되는 대화편들은 플라톤이 아테네에서의 철학적 활동을 두 차례에 걸쳐 중단하고, 시켈리아의 정치 상황에 영향력을 발휘할 수 있으리라는 희망으로 길고 위험한 여행을 떠났던 시기에 쓰였다.

플라톤 후기 철학의 실천적 차원을 제대로 다루기 위해서는 또 다른 책 한 권이 필요할 듯싶다. 이 책의 부족함을 부분적으로나마 채우기 위해, 여기에 나는 이러한 방향성을 지닌 두 개의 소논문을 추가한다. 하나는 『법률』 10권의 무신론 반대 논변에 대한 설명, 그리고 다른 하나는 『정치가』와 『법률』의 정치적 주제들에 대한 나의 이전의 논문을 개작한 것이다.

1. 『법률』 10권의 우주론

『법률』은 플라톤의 죽음으로 인해 미완으로 남겨진 작품으로 보이므로, 『법률』 10권의 우주론 대목은 이 주제에 대한 플라톤의 마지막 발언일 것이다. 그러나 여기서 제시되는 교설은 『티마이오스』의 완전한 우주론 및 『필레보스』의 보다 간소화된 이론과 놀랄 만큼 다르다. 여기에는 영원한 '형상들'의 흔적도, 우주적 '장인'[데미우르고스]이나 '수용체'도 없으며, 심지어 '한정'과 '무한정' 간의 이원론도 없다. 그래서 어떤 해석자들은 이러한 대비가 자연 세계의 본성과 철학 내 자연학의 위상에 관해 말년의 플라톤에게 일어난 중대한 심경의 변화를 반영한 것이라고 믿어 왔다.

나는 이러한 해석이 틀린 것이라고 생각한다. 『법률』은 여러 면에서 특이하다. 형식적인 관점에서 보더라도 특이한데, 이 대화편은 소크라테스가 등장하지 않는 유일한 작품으로, 플라톤 자신이 나이 든 아테네인으로 살짝 모습을 바꾸어 주요 대화자로서 대화를 이끌어 가기 때문이다. 다른 대화자들인 스파르타인과 크레타인은 철학에 대한 배경지식을 가지고 있지 않으며 자신들의 도리아 전통 바깥의 세계에 대해서는 문외한인 인물이다. 내용을 놓고 보더라도, 『법률』은 마찬가지로 변칙적이다. 극 중 아테네인은 철학적 이론의 심오한 질문들을 다루는 것을 의도적으로 꺼리는 모습을 보인다. 그러한 주제들이 대화자들에게 너무나 익숙지 않은 것이라, 아테네인은 논증을 정교하게 다듬어 가며 그들을 이끌고 가는 것에 이따금 양해를 구해야 했다(예를 들어 892d-893a). 『법률』의 일반적인 특징은 상대적으로 철학적 이론이 부재한 대신 실천적이고 현세적인 관심사들에 체계적으로 집중한다는 것이다.

그렇다면 『법률』의 교설과 『국가』 및 『티마이오스』의 교설 사이의 눈에 띄는 철학적 대비가 플라톤의 견해가 말년에 근본적으로 변한 결과라고 보는 것은 실수일 것이다. ― 예컨대 마치 그가 [『법률』에서는] '형상들'에 대한 교설과 영혼 삼분설을 포기했다는 식의 해석이 함축하는 것처럼 말이다. 『법률』을 이루는 열두 권의 책들은 플라톤이 수년간 준비했던 것이 틀림없으며, 몇몇 권은 『필레보스』 및 『티마이오스』와 거의 동시에 쓰였을 것이다. 나는 『법률』의 교설이 가진 특이성들을 설명하기 위해 말년의 플라톤이 마음을 바꿨다고 추정할 것이 아니라, 그가 이 작품을 철학적으로 정통하지는 못한 완전히 다른 독자층을 위해 기획했다고 이해할 것을 제안한다.

여기서 다루게 될 『법률』 10권의 대목은 그것이 우주론의 전문적인 사안들을 다룬다는 점에서 특별한 경우이다. 그러한 이론적 질문들과 관련해 언급이 거의 없는 『법률』의 일반적인 면모와는 별개로, 『법률』 10권에는 그 맥락에 의해 규정되는 개별적인 상황들이 있다. 여기서의 논의가 목표로 하는 바는 신들의 존재와 무신론의 거짓됨을 증명하는 것이다. 우리의 텍스트는 불경不敬을 다스리는 법률의 서문, 즉 "신들이 있다는 것, 신들이 보살펴 주는 이들이라는 것"(907b)을 보이기 위해 고안된 서문의 일부분이다. 더 구체적으로 말하면, 이 논변은 천체들의 원형 운동을 일으키는 이성적 영혼들로서 신들의 실재성을 확립하는 것을 목적으로 한다. 이는 플라톤 신학에서 가장 덜 형이상학적이면서도 가장 접근하기 쉬운 대목으로서, 하늘에서 일어나는 가시적인 현상들 속에서 직접적으로 드러나는 신적인 힘들을 역설하고 있다.[1]

가시적 움직임의 직접적 원인이 되는 존재자들과 원리들만을 언급함으로써,『법률』10권의 논변은 '수용체'나 영혼 삼분설과 같은 이론적 주제들을 피하는 것과 마찬가지로 데미우르고스나 불변의 '형상들'과 같은 초월적인 원리들을 언급하는 것도 피하고 있다. 철학적으로는 문외한인 스파르타인 메길로스와 크레타인 클레이니아스와의 대화는 철학적 해설이 담고 있는 이 복잡한 주제들에 대한 자신의 생각을 플라톤이 다시금 펼쳐 놓거나 고쳐서 보여 주기에 시의적절하지 않다. 여기서 그는 오직 무신론 방지 입법을 위한 최소한의 이론적 기초를 놓는 데만 관심을 가진다.

신들이 존재한다는 논변은 두 부분으로 이루어져 있다. 첫 번째 부분(892a에서 896c까지)은 물체적-기계적 요인들보다 영혼의 인과성이 우선적이라는 것을 증명하는 부분이다. 영혼은 여기서 자기-운동의 원리로서 이해되며 그렇기에 인과의 일차적인 원천으로 이해되고, 그 반면 물체적 운동들은 이차적이고 파생적인 것임이 보여진다. 여기서 옹호하는 영혼의 우선성은 그렇기에 시간적인 우선성일 뿐 아니라 또한 지배 관계에서의 우위성이기도 하다. "[영]혼은 지배하나^{archousa}, 몸은 자연의 이치에 따라(본성상, kata physin) 지배받는다"(896c2). 여기에서 이 논변은 영혼이 운동과 변화의 시원^{archē kinēseōs}으로 정의되는 생명의 원리라는, 영혼에 대한 생물학적 이해

---

1   신들을 가시적 현상들의 직접 원인으로 이해하는 유사한 이해 방식은 플라톤의 집필 비서였던 오푸스의 필리포스(Philippus of Opus)가 『법률』에 덧붙인 것으로 보이는 책인 『에피노미스』의 천체 종교에서도 제시되었다.

방식에 근거하고 있다. 영혼을 인지보다는 운동의 관점에서 정의하는 방식은, 이미 영혼 불멸성에 대한 고풍스러운 문체의 논변을 담은 『파이드로스』 245c-e에서 플라톤 자신이 한 번 도입한 바 있다. 그러나 자기-운동의 관점에서 영혼을 이해하는 방식은 『티마이오스』와 『필레보스』에서는 대체로 무시되었다.[2]

　『파이돈』과 같은 대화편들에서 플라톤이 영혼을 다루는 방식은 양면적으로, 어떤 때는 생명의 원리로서의 영혼이 가진 생물학적 기능을 언급하면서도, 그보다는 더 자주 앎과 지각의 능력으로서 영혼이 가진 인지적 역할을 언급하기도 한다. (아리스토텔레스는 영혼의 생물학적 기능과 인지적인 기능을 정확하게 구별해 놓았지만, 플라톤에게서 이 구별은 일반적으로 암묵적으로만 남겨져 있다.) 『법률』 10권의 논변은 영혼을 생명의 원동력으로서 이해하는 이런 더 오래된, 생물학적인 영혼의 이해 방식에 근거하며, 이는 운동을 일으키는 자석이 살아 있다고 보았던 대중적 견해와 일치한다. 『법률』 10권의 논변은 천체들

---

[2]　　자기-운동에 대한 『티마이오스』의 유일한 언급은 식물에 대한 문제적 대목인 77b-c로서, 식물은 자기-원인적인 외부로 향하는 운동들을 결여하고 있지만, "자기 안에서 자기를 중심으로"(b7) 회전/자전하는 것은 가능한 것으로 이야기된다. 이는 외부로 향하는 자기-운동이 동물의 영혼들(psychai)에만 독특한 것임을 함축하는 것으로 보인다. [칸은 해당 대목에서 식물이 외부적 운동을 '결여한다(deprived of)'고 말해지고 있다고 쓴 반면, 김유석의 국역은 "외부로부터의 운동"을 "밀쳐 내며"라고 번역하였으며, 원문 τὴν … ἔξωθεν ἀπωσαμένῳ κίνησιν도 국역의 뜻에 더 가까운 것으로 보인다. 그러나 이로부터 칸이 이끌어 내는 함축을 고려했을 때, 국역을 따라서는 이 주석에서 칸의 짧은 추론이 이해되지 않는다는 문제가 있다. 그래서 해당 텍스트 원문에 대한 칸의 이해가 의심스럽다는 언급을 이와 같이 남겨 놓되, 번역은 칸의 영어 원문에 맞게 하였음을 알려 둔다.]

의 거대한 유기적 조직체에 이 필수적인 역할을 부여하며, 그리하여 긴 부분을 할애해서 플라톤이 『필레보스』와 『티마이오스』에서 도입했던 세계 영혼의 관념을 발전시키고 있다.

결과적으로, 영혼의 인과적 우선성에 대한 여기서의 논변은 『티마이오스』의 중심 주제를 단순화시켜 대체하고 있다. 이성이 필연을 설득하여 이성 자신의 기획에 통합시킴으로써 우세하게 되어(48a) 합리적 설명들aitia이 기계적 필연성synaitia을 상대로 승리함을 보여 준 것이다. 영혼의 인지적이고 감정적인 활동들—다시 말해 사유와 느낌—은 『법률』 10권에서는 일차적인 작용들prōtourgoi로 간주된다. 영혼에 해당하는 이 원인들은 신체의 기계적 운동들을 자극하도록 작용하며, 그 기계적 운동들이란 성장과 쇠퇴, 분리와 조합 등의 이차적 작용들deuterourgoi이다. 그다음으로 이 신체적 운동들은 그 결과로서 이차적 성질들인 "따뜻함과 차가움, 무거움과 가벼움, 딱딱함과 부드러움, 흰 빛깔과 검은 빛깔, 떫은맛과 단맛"(897a)을 갖는다. 이 짧은 대목에서, 아테네인은 그렇게 『티마이오스』의 자연학적 이론의 일종의 미리 보기에 해당하는 개요를 제시하는 것인데, 이는 합리적 인과관계를 설명의 우선적 형식으로 들면서도, 이어지는 결과의 단계에서 물체의 운동들과 실적인 변화들도 포함되게끔 한다.

플라톤의 자연학에 대한 이 짧은 요약에 이어 이제 두 번째 부분에서는 데미우르고스의 목적론적 활동을 대체하는 새로우면서도 덜 수학적인 방식으로 발전된 대체물이 다루어진다. 좋음을 겨냥해 이루어지는 우주적 운동들의 패턴은 "덕으로 가득 찬" 지혜로운 것 ^{to phronimon}의 원리에 의해, 즉 "온 우주를 보살피며 그런 길을 따라 … 이끈다"(897c)[3]라고 하는 정신^{nous}을 동반한 "최선의 영혼"의 선의에 따른 활동에 의해 인도된다. 이 목적론적 기능은 후에 『법률』 12권의 말미 결론부에서 '이성'이 [천체들의 운동을 주관하여] "천체들 및 우주에 질서를 부여"(966e3)했다고 한 표현을 통해 상기된다. 이는 마치 『티마이오스』에서는 모든 곳에 배어 있었던 데미우르고스의 우주적 활동이 여기 『법률』의 설명에서는 천체들의 가시적인 공전 운동에 대해서만 국한되는 것처럼 보인다.

『티마이오스』에서처럼 그러한 우주적 인도는 세계를 가능한 한 좋은 것으로 만들고자 한다.[4] 『법률』 10권에서 [그 우주적 인도의] 이 좋은 결과들은 '이성' 자체의 운동을 가시적 이미지로써 보여 주는 천체들의 영원한 공전에서 구체적으로 표현된다. 우리는 천체들의 끝없는 순환 안에서 자신의 활동을 드러내게 되는 아리스토텔레스

3 　위 인용만으로는 "그런 길"이 뜻하는 바가 분명치 않아 다음과 같이 897c의 전체 부분을 싣는다. "아테네인: 선생이시여, 만약에 하늘과 함께 거기에 있는 모든 것들의 모든 길과 운행이 지성의 운동과 회전, 그리고 헤아림과 닮은 성향을 지니고 있고 같은 방식으로 나아간다면, 최선의 혼이 온 우주를 보살피며 그런 길을 따라 그것이 이끈다고 말해야만 한다는 게 명백하다고 주장합시다. 클레이니아스: 옳은 말씀입니다."

4 　『법률』 12권 967a와 비교하라. 천문학에 대한 연구는 어떻게 현상들이 "좋은 것들의 실현들과 관련된 계획적인 의도들로 인한(διανοίαις βουλήσεως ἀγαθῶν πέρι τελο- υμένων)" 것인지를 우리가 이해할 수 있게 해 준다.

의 우주 신에 대한 이해 방식에 다가가고 있다. 우주를 위한 지성적인 영혼을 이렇게 이해하는 방식은 플라톤이 『법률』에서 인식한 최상위의 신적 존재를 표현한다. 그러나 이 신적 원리가 어떻게 물체들의 운동의 원인이 되는가? 그 대답은 열려 있기는 하지만, 하나의 가능성은 "신은 비물질적이기 때문"에 세계의 운동이 "바깥에서, 어떻게 어떤 식으로"(899a) 온다는 것이다. 여기서 우리는 '부동의 원동자the Unmoved Mover'가 세계를 운동하도록 만든다는 우주적 사랑erōs이라는 교설(『형이상학』 12권 7장 1072b3)이 어떻게 플라톤의 질문에 대한 아리스토텔레스의 대답이 되는지를 알아볼 수 있다.

『티마이오스』의 세계 영혼은 『법률』 10권에서 최상위 신으로 탈바꿈되어 있으며, 거기서 모든 수학적이거나 천문학적인 세부 사항은 생략되고, '형상들'이나 데미우르고스 같은 모든 형이상학적 요인들 역시 제외된다. 그렇기에 『법률』의 일반적인 방법에 따라, 내부용[5] 이론은 제거되었고 플라톤의 신학은 완전히 자연화되어 변화kinēsis에 의해 규정되는 감각 세계 안에 위치하게 된다. 『법률』의 신은 단지 자기-운동하는 우주 영혼(혹은 영혼들), 즉 운동의 시원으로서 천체들의 영원한 공전에서 드러나는 세계의 생명-원리인 우

---

[5] 여기서 '내부용'으로 옮긴 원어는 'esoteric'이다. 플라톤이 설립한 교육기관인 아카데미아 내부에는 그의 철학에 익숙하고 전문적인 내용을 소화할 능력을 갖춘 소수를 위한 강연, 이른바 '쓰이지 않은 교설들(agrapha dogmata)'이 존재했을 것으로 추정하는 입장이 있음에 기인한 번역어 선택임을 밝혀 둔다.

주 영혼이다. 무신론에 대한 플라톤의 반박은 그렇기에 별들의 순환을 신적인 생명의 가시적 표현이자, 동시에 세계를 통제하는 이성의 통제력이 자연 세계 속에서 현시된 바로서 인식하는 것을 그 핵심으로 한다. 그러므로, 그는 이성을 직접 쳐다보면서 실명失明의 위험을 무릅쓰는 대신,[6] 천체들의 공전에 깃든 영원하고 변하지 않는 대칭성 속에서 그와 닮은 것을 바라보라고 촉구한다(897d-e). 특히, 태양의 운동은 (898d-899a에서) 이성의 신적인 활동에 해당하는 가시적 이미지로서 주어진다. 그렇기에 『법률』 10권의 우주론적 논변은 태양이 '좋음'의 지고한 역할, 즉 운동의 시원이자 앎의 대상 둘 모두로서의 역할을 위한 이미지로서 기능하고 있는 『국가』 6권의 미묘한 반향을 남기며 끝맺는다.[7] 천체의 순환을 이성의 이미지라 이해하는 방식이 반복해서 언급되는 것은 『법률』에서 운동과 변화의 영역 바깥에 있는 실재와 신성의 개념을 가리키는 가장 분명한 실마리일 수 있다.

결론적으로, 우리는 『법률』 10권과 『티마이오스』 사이의 비교점들과 대조점들 모두를 인식할 수 있다. 이 두 텍스트에서 다루어지

---

6 『파이돈』 99d-e를 보라. "물이나 그런 어떤 것 안에서 태양의 상(像)을 관찰하지 않으면 어떤 사람들은 눈을 버리기도 하네. 그런 어떤 것을 나도 생각했고, 사물들을 눈으로 바라보고 감각들 각각으로 그것들을 파악하려 하다가 영혼이 완전히 눈멀어 버리지 않을까 두려웠던 거지."

7 이미지 또는 모상에 해당하는 단어인 'εἰκών'은 이 맥락에서 3번 등장한다. 『법률』 897e1, e5 및 898b3.

는 논적은 동일한 것으로서, 바로 자연이 우연과 필연에 의해 지배받는 원소들과 반대자들[반대되는 성질들]을 기본 요인으로 삼은 채 오직 물질적 원리들에만 의존한다는 이해 방식이다. 이 견해에 따르면, 무생물적 자연이 일차적이고 근본적인 것이요, 기술과 이성은 이차적이며 파생적인 것이다[10권 889a 이하].『티마이오스』와『법률』10권 모두에서 플라톤은 자연을 재해석함으로써 이 주장을 뒤집는다. 그러나『법률』10권에서 그는 자연physis을 (『티마이오스』에서처럼) 기예의 작품으로 제시하는 대신, 영혼의 원동력의 관점에서, 그리고 우주를 움직이는 결정적인 원동자는 **좋은** 영혼이고 그의 원인 작용은 이성에 의해 인도된다는 추가적인 주장과 함께 재정의한다.

이러한 일반적인 유사점들에도 불구하고, 우리는『법률』10권의 우주론이『티마이오스』에서 제시된 완전한 교설이나 심지어『필레보스』에서 제시된 더 짧은 형태의 것과도 얼마나 거리가 먼 것인지를 인식해야 한다.『법률』10권에 나오는 최소화된 형태의 플라톤의 자연학 이론은 철학자가 아닌『법률』의 대화자들에게 맞춰져 있으며, 신적인 것을 자연주의적으로 이해하는 방식으로써 무신론을 반박해야 하는 과제에 국한되어 있다.『티마이오스』와는 달리,『법률』의 우주론에 대한 논의는 동일한 분야에 대한 데모크리토스나 다른 자연주의자들의 설명을 더 나은 이론으로 대체하는 것을 목표로 하지 않는다. 이 기획은 좀 더 제한적인 목표를 갖는데, 바로 자연주의적 전통에 따른 유물론적이고 무신론적인 경향들을 그것의 기반이 되는 자연 관념을 재해석함으로써 물리치는 것이다. 플라톤이 염두에 두고 있는 청중은 그의 다른 후기 대화편들에서 대상으로 삼고 있는 전문적인 철학자들이 아니라 훨씬 더 폭넓은 독자층이다.[8]

그 독자층에는 자연주의적 전통의 대중적 성공에 깊은 인상을 받은 더 젊은 세대 구성원들도 포함될 것이다. 플라톤의 논변은 무엇보다도 이전 대화편들에서 칼리클레스와 트라시마코스가 전형적으로 보여 주었던 전통적인 경건과 도덕성에 대한 회의적 비판에 깊은 영향을 받아 온 이들을 향하고 있다. 여기서 목표는 엄밀하게 합리적인 근거들을 들어 신의 섭리라는 원리를 옹호하는 것이다.

그렇기에, 『법률』 10권의 논변의 목적은 『티마이오스』의 우주론을 대체할 새로운 철학 이론을 제시하는 것이 아니라 자연에 대한 더 간단한 반-유물론적 이해 방식을 명확히 하는 것으로, 영혼과 이성이라는 원리들을 기계적 필연성에 대한 어떤 교설보다도 더 근본적이고 더 설명력 있는 것으로 제시하는 것이다. 하지만 더 폭넓은, 그러나 전문적이지는 못한 청중을 위해 고안된 것이라는 바로 이 점 덕분에, 『법률』 10권의 우주론은 고대 사상과 종교의 미래에 깊은 영향력을 지니게 되었다. '제일의 원동자the Prime Mover'에 대한

---

[8]   그렇기에, 이 논변들은 이해가 더딘 자들(dysmatheis), 그래서 반복적으로 학습해야 하는 자들에게도 향하고 있다(891a).

아리스토텔레스의 이해 방식에 직접적 원형이 된 이후에도, 『법률』 10권의 신은 헬레니즘 신학에서 주류가 되어 간 우주적 신의 교설의 가장 주요한 원천이 될 것이었다. 서구 사상사의 관점에서, 『법률』의 신학은 아주 예외적으로 큰 영향력을 발휘했다. 그러나 플라톤 자신의 철학 맥락에서 보면, 신성을 자연화한 이해 방식이 표현하는 바는 본질적으로 대중적 이해 방식들과 이룬 일종의 타협책이었고, 그런 한에서 이론적 진전은 아니었다고 할 수 있다.

2. 『정치가』의 신화[9]

플라톤의 신화들 중에서, 『정치가』의 신화는 특이한 경우이다. 다른 사후심판의 신화들이 대화편 말미에 원래 하려던 논변이 모두 제시된 후 일종의 부기附記로 제시되는 것과는 다르게, 『정치가』의 신화는 대화편의 시작 부분에 좀 더 가깝게 배치되어 있고, 이후에 이어지는 논변을 위한 일종의 전제 역할을 하는 것처럼 보인다. 이런 측면에서, 『정치가』의 신화는 『파이드로스』에서 이 세계에 태어나기 이전의 영혼을 마차의 모습으로 시각화한 대목과 닮았는데, 이 역시 대화편의 한가운데 위치하며 이어지는 상기에 대

---

9   이 논고의 이전 판은 Kahn(2009), 148-156쪽으로 출판된 바 있다.

한 설명의 기초 역할을 하기 때문이다. 게다가, 『정치가』와 『파이드로스』의 해당 대목들 모두 제대로 된 의미에서의 신화이다. 이 두 대목 모두 초자연적 요소들을 포함할 뿐 아니라, 거기에 나오는 환상적인 이야기가 이후에 따라 나올 이론에 교설 차원에서 기여하는 바가 있기에 그에 대한 불신을 얼마간 유보할 것을 요하기도 한다. 이 점에서 이 두 대목은, 때로 신화라고 불리기는 하지만 실은 비유라고 해야 적절할 『국가』의 '동굴' 이야기와 구별된다. 제대로 된 신화와 대조적으로, '동굴' 이야기는 기본적으로 현실적^{naturalistic}이며 어떤 초자연적 요소들도 들어 있지 않고, 그에 대한 믿음을 요구하는 일도 없다. '동굴' 이야기는 '선분의 비유'에 제시된 선분을 따라 올라가는 과정을 그린 강력한 삽화이지만,[10] 『국가』의 인식론

10　'선분의 비유'와 '동굴의 비유'는 『국가』 6권에서 철학자들이 알게 되는 좋음 자체가 무엇인지를 설명해 달라는 글라우콘의 요구에 소크라테스가 제시하는 비유들로, 그에 앞서 앞의 에필로그 536쪽에서 언급했던 대로 좋음이 태양이 그렇듯 모든 사물들의 있음(-임)의 근거이자 인식됨의 원인이 된다는 '태양의 비유'가 가장 먼저 제시된다. 그다음으로 '선분의 비유'란 이 세계를 가지적인 영역과 감각적인 영역으로 분리하고, 각 영역을 다시 이미지들에 해당하는 사물들의 영역과 그 이미지들의 원본에 해당하는 사물들의 영역으로 다시 나눈 것을 하나의 선분 위에서 표현하되, 이렇게 나뉜 선분의 각 부분들 간의 비율이 그러한 각 영역에 대한 인지의 상대적인 명확성과 불명확성에 따라 배분되도록 나타낸 것이다. 이에 따르면 감각 세계에서 이미지들에 대한 인지는 상상(eikasia), 그 이미지들에 대한 원본들, 즉 자연물들에 대한 인지는 확신(pistis)이고, 가지적 세계에서 원본들, 즉 형상들에 대한 인지는 인식(noēsis)이며, 그 형상들의 이미지들, 즉 수학적 대상들에 대한 인지는 추론적 사고(dianoia)라고 불린다. 7권 시작에서 제시되는 '동굴의 비유'는 이러한 선분의 비유에 해당하는 네 영역과 각 영역에 대한 인지를 동굴 안팎의 공간들로 재현하고 있다. 이는 어떤 죄수가 동굴 안 벽에 비치는 그림자들을 보다가 속박에서 풀려나 동굴 바깥으로 오르면서 차례대로 그 그림자의 원본이 되는 조각상들, 그리고 동굴 밖 진짜 세계에서는 사물들의 그림자나 물에 비친 상들을 보고 최후에는 진짜 세계의 사물들과 태양을 보게 되는 과정

자체는 이 삽화에 전혀 의존하지 않는다. 또한 벽의 그림자들을 마주한 채 묶여 있는 죄수들이 실제로 있었다고 믿어야 할 필요도 없다. 반면에 『파이드로스』에서 제시되는 사랑에 대한 이론을 위해서는 우리가 탄생 이전에 '형상들'을 본다는 내용의 신화가 꼭 필요하다. 이와 유사하게, 『정치가』에서 제시되는 신화의 어떤 측면은 '정치가politikos'를 올바르게 정의하기 위해 결정적인 것으로 보이며, 이 점을 우리는 앞으로 살펴보게 될 것이다. 그러나 이 경우에, 이 신화가 이후에 정치체제와 관련된 이론을 논하는 데에 정확히 어떻게 기여하는 것인지는 아직 분명치 않다.

이 신화는 267b-d에서 '정치가'의 기술을 두 발 달린 동물인 인간 무리를 양육 혹은 사육trophē하는 앎으로 특정하는 최초의 정의가 가진 문제점에 대한 대응으로 도입된다. 그 문제점이란 목자들이나 소치기들이 자신들의 무리를 돌보는 능력으로는 아무 경쟁상대가 없는 반면, '정치가'의 경우는 인간 무리의 양육과 보전에 기여한다고 주장하는 —제빵사부터 의사에 이르는— 수많은 경쟁자들에 둘러싸여 있다는 것이다(267e-268b). '정치가'를 이 경쟁자들로부터 분리해 낼 때까지는 우리의 정의는 충분하지 않을 것이다. (이 경쟁자들은 이후의 정의 단계에서 하나하나 세서되는 일련의 경쟁자들 중 겨우 첫 순

서에 불과하다는 것이 드러난다.) 경쟁자들이 있다는 이 문제가 신화 안의 무언가로 곧장 해결되는 것은 아니다. 도리어, 274e에서 신화 이야기 이후 엘레아에서 온 손님이 그로부터 어떤 교훈을 이끌어 내려 할 때, 그는 원래 다루기로 되어 있었던 경쟁자들의 문제를 거의 언급하지 않는다. (오직 275b2-3에서 지나가면서 한 번 언급할 뿐이다.) 대신, 그는 이 신화가 두 가지 잘못을 일깨워 줌으로써 유용할 것이라 말한다. 그중 더 큰 잘못은 우리 시대의 인간 지배자의 정의가 아니라 크로노스 시대의 신적인 목자의 정의를 제시했다는 것이고, 더 작은 잘못은 지배의 형태 ho tropos tēs archēs(275a8)를 명시하지 않은 채로 '정치가'를 도시의 지배자로 정의했다는 것이다. 신화는 자발적인 지배와 강제적인 지배를 구별하는 데서(276d11-e13) 다시 언급되는, 철저히 정치적인 두 번째 잘못과는 전혀 상관없는 것처럼 보인다. 처음 정의의 이런 결점—참된 정치가를 열등한 형태의 정치적 지배자와 구별해 내는 것의 실패—은 훨씬 나중에, 즉 대화편의 핵심 부분을 차지하는 서로 다른 정치체제의 형태들을 논의하는 데서 교정될 것이다.

그렇기에, 신화 이전과 이후 모두에서, 엘레아에서 온 손님이 말한 신화의 기능과 실제로 신화 이후 이어지는 대화편의 내용 사이에는 흥미로운 불일치가 있다. 두 가지 이차적인 문제들, 경쟁자들이 있다는 문제와 정치체제의 형태에 관한 문제는 지금까지 내려진 정의가 불완전하며 이후 더 완전하게 논의되어야 한다는 일종의 경고로만 언급되고 있는 것으로 보인다. 신화는 오직 원래의 정의가 지닌 "몹시 소중하고 … 훨씬 크고 광범한 것"(274e7)이라 표현된, 즉 그 원래의 정의가 인간 지배자가 아니라 신적인 목자에게 적용되는 것이었다는 잘못만을 다루고 있다. 이 실수는 다름 아닌 목자를 '정치가'를 위한 본paradeigma으로 삼은 오류 때문에 발생했음이 밝혀지게 된다(275b1-4).

그런데 엘레아에서 온 손님은 애초에 왜 그런 잘못된 정의를 제안했던 것인가? 왜 그는 이 실수를 바로잡기 위해 이렇게나 장황한 우주 신화를 도입한 것인가? 지배자를 신적인 목자로 삼은 잘못이 오직 신화 이야기를 꺼내기 위한 목적으로만 고안된 것인가, 아니면 어떤 독립적인 관심사에서 비롯한 것인가? 『정치가』의 경우 이 신화에 대한 해석은 대화편 전체에 대한 해석과 결코 분리될 수 없음이 밝혀질 것이다.

이 더 큰 질문들을 곧장 마주하기 전에, 먼저 신화 및 그 신화가 교정하도록 되어 있는 처음의 정의를 좀 더 자세히 살펴보도록 하자.

1) 신화

『정치가』의 신화는 정교한 짜임새를 갖고 있다. 그것의 구성 성분에는 (1) 전통적인 신화들 속의 이야기들, (2) 엠페도클레스가 다론 화제들, 특히 그의 우주적 순환들에 대한 설명에서 다뤄지는 주제들, (3) 윤회설과 유사한 점들, (4) 『티마이오스』에서 더 완전하게 전개되는 플라톤 자신의 우주론의 여러 사항들, (5) 문명의 기원에 대한 짧은 설명이 있다. 또한 (6) 플라톤의 희극적 상상에 따른 환상적인 예시들도 나오는데, 그중에서 가장 기억에 남을 만한 것은 거꾸로 흐르는 인간 삶의 주기에 대한 설명으로, 하얗게 센 머리에서 다시 검은 머리가 나고, 수염에 덮인 얼굴이 다시 보드라워지고, 젊은이들은 아기가 된다는 것이다. 잠깐 이 희극적 요소들을 제쳐 두고, 플라톤 자신의 우주적 순환에 대한 앞의 다섯 가지 구성 요소들을 열거하면 다음과 같다.

1. 플라톤은 먼저 시가 전통에 속한 세 가지 일화를 언급하며 자신의 이야기를 위한 신화적 분위기를 조성한다. 첫째는 튀에스테스가 아트레우스에게 저지른 죄의 대가로 태양과 별들이 일시적으로 역행했었다는 이야기, 둘째는 헤시오도스가 전해 주는 크로노스 치하의 황금 시대 이야기, 셋째는 땅에서 인간이 태어났다는 전설이 그것이다. 이 셋은 플라톤 자신의 신화에서도 중요한 역할을 하지만, 각각은 완전히 새로운 의미를 갖게 된다. 특히, 플라톤은 엠페도클레스를 따라 아트레우스 이야기에서 나타난 천체들의 일시적 역행 사건을 하나의 우주적인 시대로 변형한다.

2. 신화의 전체적인 형식은 엠페도클레스의 것과 유사하게 진행된다. 이 유사함은 이 신화를 "세 단계의 순환, 즉 크로노스의 시대

와 제우스의 시대, 그리고 그 사이에 끼어 있는 역진의 기간"[11]이 존재하는 것으로 보는 최근의 해석에 의해 다소 불명확해졌다. 엠페도클레스와의 유사점들은 더 단순한, 두 단계의 순환, 즉 서로 정반대의 상황들 사이에 앞과 뒤로 가는 대칭적 움직임이 있다는 것을 가리킨다. 그렇기에 엠페도클레스 단편 DK31B17 7-8행의 "어느 때에는 … 다른 때에는 … allote men … allote de …"(이는 단편 DK31B20 2-4행에서도 반복된다)이라는 구절은 플라톤에 의해서 "한 때는 … 다른 때에는 … tote men … tote de …"으로 『정치가』 269c4-5 및 270a3-5에서 두 번 반복된다. 이러한 엄격한 대칭성은 역진의 시기와 크로노스 시대 사이에 어떤 구분도 둘 수 없도록 만든다. 주목할 것은 엠페도클레스의 우주적 순환을 어떻게 해석할지를 둘러싼 현대의 논쟁은 플라톤의 우주적 기간들을 둘러싼 논쟁에 영향을 주지 않는다는 것

11 　Rowe(1995), 13쪽, 188-197쪽 및 Brisson(1995)의 비슷한 해석에 대한 해당 부분의 언급들도 보라. Grube가 주목하듯(1935, 278번), "두 이미지, 즉 모든 삶이 거꾸로 진행되는 이미지와", 세계가 신의 지시사항들을 서서히 잊어버림에 따라 "이상(理想)으로부터 점점 더 멀어지는 이미지"(273b-c) 사이 신이 없었던 시기에 대한 신화적 설명에는 약간의 비일관성이 있다. 이런 비일관성이 있다는 것은 사실이지만, 그렇다고 세 단계의 순환을 가지고서 이 비일관성을 제거하려는 시도는 병 자체보다 더 나쁜 약을 쓰는 셈이다. [칸이 언급하는 크리스토퍼 로우(Christopher Rowe)와 뤼크 브리송(Luc Brisson)의 『정치가』 신화 해석은 신화에 총 세 가지 시대 내지 기간이 있다는 것으로 그 구체적인 내용은 다음과 같다. 먼저 (1) 크로노스 시대가 있다(271c3-272d6). 그러다 신이 떠난 세계가 (2) 홀로 돌기 시작하는데(272d6-273e4), 이 기간에 세계는 크로노스 시대와는 반대 방향으로 돈다. 그러나 이 두 번째 기간 동안 노인에서 아이로 되는 등의 인간의 삶의 모습은 크로노스 시대의 것과 달라지지 않는다. 그러다 신이 돌아온 (3) 제우스 시대(273e4-274e1)가 되면 세계는 다시 크로노스 시대 때의 방향으로 돌게 되지만, 인간의 삶은 정반대가 된다.]

이다. 연구자들은 엠페도클레스가 둘 이상의 우주 탄생기를 가지고 있었는지에 대해서는 논쟁하고 있지만, (그 우주론 안에) 단일성과 다수성이라는 두 극 사이를 오가는 상반된 두 우주적 운동들이 있다는 것에는 누구나 동의한다. 정확히 이것이 플라톤이 엠페도클레스로부터 빌려 온 것이었으며, 이미 앞선 대화편[『정치가』에 앞선 대화편인『소피스트』]에서 시켈리아의 무사 여신들이라 인용되며, 그의 교설이 바로 이러한 형태, 즉 "때로는 … 때로는 …"(『소피스트』 242e5-243a1)이라는 식으로 보고되고 있는 것이다.

신화에는 또 다른 엠페도클레스의 반향들이 남아 있는데, 그중 가장 중요한 것은 이전의 시기[크로노스의 시대]를 인간과 짐승이 서로 조화를 이룬 시기이자 전쟁이나 불화가 없는 시기로 묘사한다는 것이다(271e1-2, 엠페도클레스의 단편 DK31B128 및 DK31B130과 비교해 보라).

3. (흙에서 태어난 자들이 "다시 태어났다"라고 이야기되는 271b5-7 등) 윤회설을 암시하는 대목들은 엠페도클레스를 떠올리게 하지만,『파이드로스』 등에서 플라톤 자신이 제시한 바 있었던 비슷한 교설들도 떠올리게 한다. 그렇기에, 272d6-e3에서 환생에 걸리는 고정된 기간은『파이드로스』의 1,000년간의 환생 주기에 비견된다. 이 둘은 엠페도클레스 단편 DK31B115 및 116에서 전해지는 영靈, daimōn의 처벌 기간에 대한 생각을 이어받은 것이다. 아마도 엠페도클레스와 플라톤이 의존하고 있는 보다 오래된 피타고라스주의나 오르페우스교 전통이 있을 것이다. 이 오래된 전통은 또한 특출난 개인들이 환

생의 순환으로부터 해방될 수도 있다는 발상의 원천일 수도 있다.

4. 엠페도클레스의 반향들보다 더욱더 체계적인 것은 이 신화가 플라톤이 『티마이오스』에서 더욱 완전하게 표현한 그 자신의 우주론의 내용을 많이 차용하고 있다는 것이다. 그렇기에, 우리는 『정치가』와 『티마이오스』 간에 최소한 여섯 가지 공통점들을 찾아볼 수 있다. 우주가 장인인 신(dēmiourgos)에 의해 제작된 살아 있는 지적인 피조물이라고 하는 관념, 그것이 신적인 존재자들이 지닌 불변의 안정성을 가장 닮은 본유적 원형 운동[제자리 회전]을 한다는 것(269d1-5), 또한 우주의 창조에 앞서 무질서의 시기가 있다는 것 (273b1-5) 등이 그런 공통점들이다. 『티마이오스』와 『정치가』가 공유하는 이 공통점들은 플라톤이 『소피스트』-『정치가』 연작을 집필하고 있을 때, 그 자신의 우주론 구도의 윤곽들을 이미 계획하고 있었으리라는 것을 시사한다.[12]

『정치가』의 신화가 『티마이오스』에 비견되는 또 하나의 대목은 우주의 역진으로 인해 대파괴가 일어난다는 것(270c11)이다. 그러나 인류가 불과 물에 의해 주기적으로 파괴되었다는 이야기는 『티마이오스』에서는 우주론 자체에 속하는 것이 아니라, 액자식 구성의 액자틀에 해당하는 부분에 속해 있다. (『티마이오스』 22c, 이는 『크리티아스』 112a와 『법률』 667a에서도 반복된다.) 플라톤은 이 동일한 신화적 주제를

---

[12] 이는 Rowe의 주석서(1995, 188-190쪽)와 비교하라.

서로 다른 대화편에서 서로 다른 목적으로 사용하고 있는 것이다.

5. 신화는 문명탄생기記, Kulturentstehungsgeschichte에 대한 짤막한 전통적인 설명으로 끝을 맺는다. 프로메테우스가 불을, 헤파이스토스와 아테나가 기술들technai을 선물했다는 등의 이야기다(274c-d).

『정치가』속 신화의 내용적 풍부함은 여러 다양한 출처들로부터 각 요소들을 가져다 쓴 것에서 비롯한다. 그러나 중심적이면서 가장 독창적인 발상은 플라톤이 엠페도클레스식의 우주적 역행들을 각색하여 인간의 삶의 조건들이 근본적으로 역행해 가는 크로노스의 시대를 그려 냈다는 것이다. 이러한 역행은 노인들이 다시 아기의 상태로 녹아내린다는 생생한 표현에서 상징적으로 나타난다. 그러나 이것의 철학적 요점은, 황금 시대에는 신들이 인간의 삶을 직접 돌보았기에 인간은 그 어떤 기술들도, 가족이나 정치 조직들 ― 정치체제politeia 없이도 평화와 자연의 풍요 속에서 여유롭게 살아갈 수 있었다는 점이다(271e8). 이러한 전前-정치적 시대에는 정치가의 기술politikē 역시도 당연히 필요하지 않았다. 그렇기에 '정치가'를 정의하려는 엘레아에서 온 손님의 첫 번째 시도가 실수로 드러나야 한다는 점은 아이러니하다. 왜냐하면 '정치가'를 우주의 이전 시대에나 있던 인류의 신적인 목자로 기술하여 결국 "죽게 마련인 자 대신에 신"(275a2)을 발견하게 되었기 때문이다. 곧 밝혀지듯이, 이 실수의 원인은 '정치가'를 목자라는 본을 가지고서 찾았기 때문이다. 다른 한편, 참된 정치가가 인간보다 더 신적이라는 관념은 이 대화편의 이후 절들에서 긍정적인 역할을 하게 될 것이다.

그렇다면, 인간 정치가와 우주의 이전 순환에서의 신적인 목자 사이를 대조하여, "이 사람 자신을 더 또렷하게 보기 위해서도, 곧 목자들과 소를 치는 자들의 본에 따라, 인간 양육을 돌보는 일을 맡는 자로서 유일하게 이 칭호의 자격을 갖기에 적절한 것으로 확인하기 위"(275b6)함이 신화의 핵심 요점이라는 것은 분명하다. 문제가 되는 칭호는 "인간 무리의 목자"라는 것이며, 그런 칭호를 받을 수 있는 사람은 오직 우주의 이전 시대의 신적인 목자뿐이다. 우리의 목적은 우리가 살고 있는 사회의 인간 정치가를 정의하는 것이었으므로, 앞선 정의는 분명히 잘못된 방향으로 우리를 이끌고 간 것이었다. 바로 이러한 실수를 교정하기 위해 신화가 필요했던 것이다. 이러한 실수는 276d5에서 돌보는 인간과 신적인 목자 사이를 구별함으로써 공식적으로 교정된다. 엘레아에서 온 손님은 두 유형들이 모두 탐구되어야 한다고 주장하지만(275c6), 크로노스 시대의 수호신은 이제 대화편의 남은 부분에서는 사실상 무시되는 것처럼 보인다.

그렇다면 왜 이러한 신적인 인물을 도입하고는 우주 신화로써 이를 교정해야 하는 식으로 최초의 정의가 내려지게 되었을까? 이는 명백히 플라톤의 입장에서 의도적인 선택이었을 것이다. 그러나 그의 동기가 정확히 무엇이었는지는 대화편의 텍스트만으로는 답변될 수 없다. 텍스트-외적meta-textual 대답을 시도하기 전에, 먼저 이 대화편이 인간 정치가politikos에 대해 우리에게 무엇을 말해 주어야 하는지를 살펴보자. 그리고 이후에 우리는 신적인 목자에 대한 질문도 다룰 것이다. 그럼 신화에 앞서 등장했던 '정치가'에 대한 최초의 정의에서 시작해 보자.

2) '정치가'의 정의

처음에 대화편은 이전 장에서[13] 분석했던 방법에 따라 '정치가'를 몇 단계의 나눔을 통해 정의하려 시도한다.

지배자의 기술은 그 자신의 권위에 입각해 명령하는 앎이라고 잠정적으로 정의된다(260e). 이는 지배의 일반적인 정의로, 정치적 지배와 더불어 가정을 지배하거나 노예들을 지배하는 일에도 똑같이 적용된다. (정치적인 지배의 경우는 이후에 "도시를 지배함"(275a3)으로 구체화될 것이다.) 처음부터 강조되며 이후에도 반복되는 바는, 정치적 명령을 내리는 앎은 지배자로 활동하지 않는 누군가의 것일 수도 있다는 것, 그리고 그러한 사람은 아무리 그가 정치적 지배를 행사하지 않는다 하더라도 올바른 의미에서 정치술을 소유한 것으로 간주될 수 있다는 것이다(259a6. 이는 292e10에서도 다시 한번 떠올려진다). 정치적 전문성이 실제로 권력을 갖지 않는 누군가에게도 있을 수 있

---

13   앞의 4장 4b절을 보라.

다는 지금의 주장에서 플라톤이 실은 자기 자신의 경우를 가리킨다고 보는 것은 자연스럽다.

어쨌든 지금까지는 첫 번째 정의가 실수인 것으로 보이지 않는다. 문제는 261b1부터, 즉 엘레아에서 온 손님이 "그 모든 지배자는 명령을 이용함으로써 **무언가가 생겨나게끔 하고자**geneseōs tinos heneka 명령을 내리는 것을 알지 못합니까?"라고 묻는 곳에서 시작된다. 몇 줄 뒤에, 이는 태어남과 양육genesis kai trophē(261d4)으로서 다시 표현된다.[14] '정치가-왕'은 그의 명령하는 힘을 살아 있는 것들의 "태어남과 양육"에 대하여, 더 정확하게는 무리를 지어 살아가는 것들에 대하여 행사한다. 지배자는 목자와 함께 같은 범주로 분류되었고, 이어지는 나눔의 단계들은 단지 '정치가'가 지배하는 인간 공동체를 다른 동물들의 무리들과 구별하기 위해 필요한 것일 뿐이다. 마침내 우리는 '왕'이 다스리는 그 무리에 대한 더 긴 정의와 더 간결한 정의 둘 모두를 얻게 된다. 그[왕]는 발이 달린 육지동물들 중, 뿔이 없고, 이종 교배하지 않고, 두 발 달린 동물, 혹은 (더 간결한 표현으로는) 깃털 없는 두 발 달린 동물을 돌본다. 이 두 가지 표현들은 모두 '정치가의 자격'을 "인간 치는 기술anthrōponomikē"(266e8, 267c1)

---

14   'genesis'의 기본적인 두 가지 의미에 대해서는 2장의 역주 7번을 보라. 여기서는 지배자의 앎이란 양이나 소의 목자들이 그러한 것처럼 자신이 다스리는 무리의 동물들이 새끼를 치는 것과 관련되어 있음을 강조하는 맥락이기에 'genesis'를 탄생으로 옮겼다. 이를 출산으로 옮길 수도 있다.

로 구체화하고 있다.[15]

손님은 (261-267에 걸친) 동물학적 분류, 그러니까 인간을 다른 동물 무리들과 분리하는 일에 자신의 방법론적 재간을 전부 들이고 있다. 아무 기준으로 묶어 나눈 임의적 "부분" 혹은 부류^{morion}와 자연종 혹은 자연적인 형상^{genos, eidos} 사이의 중요한 구별이 이루어지는 것도 바로 이러한 생물학적 맥락에서다. 즉 언어가 갖는 모든 어휘들이 자연을 그 마디들에 따라 나누는 데 소용되는 것은 아님을 깨닫는 것이 중요하다. 그러나 신화가 문제 삼는 바는 이 방법론적인 논지와 연관되는 것이 아닌, 그 논지 앞에 나오는 논의와 연관되어 있다.

'정치가'를 정의하려는 시도는 두 가지 가정들에서 시작되었다. 첫 번째 가정은 (여기서는 동의어로 쓰이는) '정치가'와 '왕'이 모두 어떤 형태의 앎, 지배하는 기술 혹은 지배에 관한 학을 통해, 즉 권위를 가지고 어떻게 명령을 내릴지를 아는 것을 통해 정의된다는 것이다. 이 앎과 관련된 가정은 어떤 이의 제기 없이 대화편 전체를 관통한다. 두 번째 가정은 목자가 자기 양 떼를 돌보는 기술과의 유사성에 따라 정치적 기술이 이해되어야 한다는 것이었다. 신화로써 반박하게 될 것은 바로 이 두 번째 가정, 더 일반적으로는 목자를 ['정치가를 위한'] 본으로 사용하는 일이었다.

---

15   이 정의에 들어 있는 희극적 요소들은 앞의 4장 367-369쪽을 보라.

　신화로부터 교훈을 이끌어 내면서, 손님은 신화가 이전의 정의 과정에서 벌어진 두 가지 실수들을 나타내는 데에 유용할 것이라 말한다. 우리가 보았듯이, "훨씬 크고 광범한" 실수는 "지금의 우주 회전과 출산 아래서의 왕과 정치가에 대한 질문을 받고서는, 우리가 대답하기를 그 반대 회전 때의 인간 무리의 목자를, 즉 죽게 마련인 자 대신에 신을 말했다는 것"[274e-275a]이었다. 이 근본적인 실수는 '정치가'를 목자라는 잘못된 본에 따라 좇았기 때문에 생긴 결과이다(278b5). 이후의 대화에서 우리는 직조공이라는 더 나은 모델을 찾게 된다. 무엇보다 목자는 "한결 더 신적인 동물이어서 자기들보다 하찮은 다른 부류들을 돌보"(271e6)는 자이다. 인간인 목자가 그의 양들보다 더 우월한 것처럼, 크로노스 시대의 우리 지배자들은 우리 인간 무리보다 더 우월했다. (그것이 신화가 우리에게 가르쳐 주는 바이다.) 그러므로, 우주의 이전 순환에 있었던 신적인 목자는 "왕의 경우보다 한결 더 위대한데, 현생대의 이 지상에 있는 정치인들은 그 자질에 있어서 통치를 받는 자들과 훨씬 많이 닮았으며, 교육과 양육의 경우에도 더더욱 같은 정도로 받"(275c1)았다. 그래서 나눔을 통한 정의로 돌아가자면, 결정적인 분할은 돌봄의 역할을 하는 인간으로부터 신적인 목지를 떼어 내는 것이어야 하겠다(276d5. 이는 『소피스트』 265b6에서 신적인 제작술poiētikē과 인간의 제작술을 구별한 것을 반복한다). 이러한 분할은 신적인 목자와 인간인 지배자들을 그 하위 종으로 포함하는, '사회를 돌보는 자'라는 하나의 유를 식별하기 위해 "양육^{trophē}"이라는 단어를 더 중립적인 단어인 "돌봄^{epimeleia}"으로 대체하게끔 한다. 이 용어상의 변화는 목자를 정치적 지배자의 정의를 위한 모델로 삼았던 근본적인 오류를 바로잡아 이를 엄밀하게 받아들인 결과이다.

마지막에 우리는 플라톤이 왜 '정치가'에 대한 그의 논의를 이렇게 기본적인 오류로부터 시작하여 장황한 신화로 교정하는 식으로 전개하기를 택했는가 하는 텍스트-외적 질문으로 돌아올 것이다. 신적인 목자는 신적인 지배자와 인간인 지배자 사이를 나눈 이후에 등장하지 않는데, 그럴 것이라면 신적인 목자는 애초에 왜 도입되었던 것인가? 그러나 먼저 우리는 텍스트가 우리에게 그 양분된 것의 다른 절반, 인간인 정치가에 대해 무엇을 말해 줄 수 있는지를 보아야만 한다.

3) "정치가"와 "정치체제들"

손님은 최초의 정의에서 드러나는 두 번째 오류로서 정치가가 도시를 다스리는 방식으로서의 지배의 형태^{ho tropos tēs archēs}를 구체화하지 못했다는 것을 든다. 우리가 보았듯이, 그는 이렇게 빠뜨린 것을 채우기 위해 자발적인 지배와 강제적인 지배를 각각 나누며, 이를 통해 왕과 참주를 구별한다(276d-e). 그러나 젊은 소크라테스가 정의가 완전히 내려졌다고 여겨 성급하게 만족을 표현하면서

(277a-1) 정치 제도들에 대한 논의는 곧 멈춰 선다. 손님은 '정치가'의 초상은 이제 겨우 윤곽만 그려졌을 뿐이며, 아직 채워야 할 세부 사항들이 많다고 응수한다. 그러나 정치적 논의를 이어 가는 대신, 그는 본들paradeigmata의 기능에 대한 새로운 방법론적 설명을 시작하며, 이는 직조의 예시를 통해 상세히 설명된다. 이제부터, 직조공은 '정치가'에 대한 최종적인 정의를 위한 본으로서 목자를 대체할 것이다. 그러나 그사이에 그 정의 자체를 좇는 일은 잠시 유예되며, 본들에 대한 확장된 논의 및 두 가지 종류의 측정술의 구별 등을 포함한 측정술에 대한 논의까지 여담이 이어진다.

손님은 287b1에서 마침내 '정치가'에 대한 정의 문제로 다시 돌아오며, 이제 직조공의 모델을 적용하겠다고 약속한다. (물론 그는 실제로는 한참 후에야 이를 실행한다.) 그러나 정치체제의 구조를 분석하는 데로 돌아오는 대신, 그는 먼저 (신화 이전에 이미 언급은 했으나 이제야 본격적으로) '정치가'에 대한 우리의 설명으로부터 그의 경쟁자 및 그와 비슷해 보이는 자들을 배제하는 문제에 착수한다. 손님은 우리가 이미 '정치가'를 다른 동물들의 무리들을 돌보는 자들과는 구별했음을 보고한다(287b). 이제 우리는 나눔으로써 정의 내리는 일로 돌아와 '정치가'를 도시아 관련된 다른 요인들과 분리하며, 이 각각을 책임 있는 원인들aitia과 보조 원인들 혹은 필요조건들synaitia로 이해한다. 이렇게 보조 원인들과 하급자들을 치워 버린 이후에야 우리는 291a에서 고유하게 정치적인 주제를 다루면서 "온갖 무리의 부류 … 사자들과 켄타우로스 … 들을 닮았으나 … 사티로스들 … 을 닮았고, 재빨리 모습들도 바꾸며 능력까지도 다른 것들의 능력들로 바꾸”는 자들을 인지하게 된다. 이 이상한 생명체들은 당대 도시들의 통상적인 정치인들인 것으로 밝혀지며, ‘정치가’의 정의로부터 가장 마지막으로 떨어져 나가야 할 경쟁자들이다.[16]

우리가 서로 다른 정치체제들^{politeiai}에 대한 근본적인 논의에 이르는 것은, 정의 작업 가운데 ‘정치가’ 내지 ‘왕’이라는 칭호를 놓고 겨루는 통상적인 경쟁자들이 제거되는 바로 이 단계에서이다. 이는 303d2에서 마무리되는데, 여기서 (일종의 환형 구성을 보여 주는 표현상의 반복을 통해) 우리는 당대 정치가들과 지배자들을 나타내는 “켄타우로스와 사티로스들”에게 작별을 고한다.

291b-303d에 걸쳐 행해지는, 정치체제들 내지 “지배의 형태들^{tropoi tēs archēs}”에 대한 긴 논의의 중점은 앎의 지배가 법률의 지배보다 우월하다는 것이다. 플라톤은 먼저 정치체제들을 (헤로도토스 이후의 전통적인 방식에 따라)[17] 왕정, 귀족정, 민주정으로 분류하며, 이를 법

---

16 이 이후에도 또 하나의 잠재적인 경쟁자들이 있기는 하다. 303d-305d에 걸쳐 언급되는 교육자들, 장군들, 연설가들, 판관들[배심원들]이 그들이다. 그러나 이 역할들은 경쟁자들이라기보다는 참된 정치가가 부리는 하급 기능들로 밝혀진다.

17 여기에서 헤로도토스가 언급된 것은 그의 『역사』 3권 80-82장의 소위 “정치체제 논쟁” 때문이다. 이 논쟁의 배경은 이렇다. 페르시아에서 명군으로 꼽히는 키루스 2세를 이어 즉위한 캄비세스는 폭정을 일삼다 페르시아의 제사장에 해당하는 마고스들의 반란 상황에 직면하게 되고 이를 진압하려다가 죽고 만다. 이러한 혼란기에 오타네스와 메가비조스 등의 귀족들과 다레이오스를 포함한 총 7인이 반란을 진압하고 왕권을 회복하려 거사에 나선다. 이들은 반란을 진압한 후, 이후 국정을 어떻게 다스려야 하는

률을 갖지 않은 정치체제들과 법률을 가진 정치체제들 사이의 새로운 나눔과 중첩시킨다. 이렇게 이중의 분류로 생겨난 여섯 개의 정치체제의 형태들 중에서, 법률을 준수하는 왕정이 최선의 정체이고, 참주정 혹은 법률 없이 다스리는 왕정이 최악의 것이다. (참주정에 대한 플라톤의 판단은 『국가』 이후로 달라지지 않았다.) 민주정은 법률을 갖춘 세 정치체제들 중 가장 약한 것이지만, 그것은 법률이 없는 정치체제들 중에서는 가장 덜 나쁜 것이다. 하지만 이 여섯 개의 형태들은 모두 불완전하며, 사실 거의 정치체제들이라고 불릴 수도 없는 것들이다. 사실상 그 정치체제들의 정치인들은 정치가^{politikoi}라기보다는 당파의 무리들 혹은 "파벌의 전문가들^{stasiastikoi}"(303c1)이다. 유일하게 참된 정치체제는 전문적인 앎에 의해 다스려지는 정치체제이다. 유일하게 참된 왕 혹은 정치가는 관련 지혜, 즉 인간들을 지배하는 기술 혹은 지배를 위한 학을 보유한 사람이다(292d3).

대화편은 이 지배의 기술이 어떤 내용을 갖는지는 구체화하지 않는다. 그러나 지혜로운 지배자는 정의를 추구하고 도시와 시민들을 더 낫게 만들 것이기에(297b1), 그는 정의가 무엇인지 알고 있

지에 대해 논의하는데, 이 자리에서 오타네스는 국정을 페르시아인들이 모두 공동으로 맡아야 한다는 "이소노미에(isonomiē, 법에 대하여 모두가 평등한 체제)"를 주창한다. 반면에 메가비조스는 훌륭한 자들이 다스리는 과두정을 제안하고, 다레이오스는 탁월한 한 사람의 지배인 왕정을 제안한다. 결국 여타 4인이 다레이오스를 지지하여 왕정이 유지되고, 다레이오스가 그 왕이 된다. 이들 간의 토론에서 민주정과 과두정, 왕정 각각의 장점과 단점이 상세하게 논의되며, 이것이 서구 정치사상에서 가장 오래되고 전형적인 정치체제에 대한 분류로 여겨진다.

어야 하고 또 무엇이 좋은 것인지를 알아야만 한다.[18] 그런 지혜에 의해 지배되는 도시만이 참된 정치체제를 가지고 있다. 다른 도시들은 이 진정한 정치체제의 모방물들만을 갖고 있으며, 어떤 것은 더 나은, 어떤 것은 더 나쁜 복사물들일 뿐이다(293e, 297c-d, 300c4, 301b2). 더 나은 정치체제들은 모두 법률을 준수하는 정치체제들이다. 그러나 정치체제들을 판단하는 기준으로서 준법성[19]이 가진 중요성에도 불구하고, 최종적인 분석에서 성문법은 결코 지혜로운 지배자보다 우월할 수 없다. 인간 세계의 그 어느 것도 앎을 능가할 수 있는 것은 없다.

엘레아에서 온 손님은 이런 주장을 길게 설명하는데, 이 부분이 이 대화편에서 가장 완전하게 전개되는 철학적 논변이다(293e-299e). 성문법이 유용하고 심지어 필수 불가결한 것이라 해도, 법률들은 참된 앎을 갖춘 지배자의 행위를 제약할 권리를 가질 수는 없다. 그렇기에 법률의 지배는 오직 차선으로만 인정된다(297e-4, 300c-2). 하지만 앎 없이 멋대로 지배하는 것은 더더욱 나쁘다(300a-

---

18   여기서 '형상들'에 대한 언급은 전혀 없다. 우리가 보았듯이, 『소피스트』-『정치가』에서는 일반적으로 초월적 형이상학을 피하고 있다. 그러나 『정치가』는 감각들로는 닿을 수 없는 비물질적이고 신적인 존재자들에 대해 한 번 언급하고는 있다(285e4-286a7).

19   여기서 '준법성'으로 옮긴 원어는 'legality'로 이는 어떤 행위 등이 법률에 합치된 것이라는 뜻에서의 합법성을 뜻하기도 한다. 그러나 여기서 '준법성'을 번역어로 택한 이유는 이것이 정치체제의 한 속성으로서, 이 체제가 법을 가지고 있으며 지배자의 행위가 법을 준수하는 방식으로 이루어진다는 것을 강조하기 위함이다.

b). 그러므로 지혜로운 지배자 없는 정치체제는 참된 정치체제를 모방함으로써 그 자신을 보전해야만 한다(293e, 297c).

여기서 모방의 관념은 준법성이라는 원리(어떤 법률이든 거기에 복종하는 것)를 차선의 것이라 인식함으로써 여섯 가지 유형의 경험적인 정치체제들을 하나의 참된 정치체제와 연결시키는 역할을 한다. 그러나 모방의 관념은 여기서 서로 완전히 양립하지는 않는 몇 가지 다른 방식들로 적용되고 있다. 어떤 곳에서는 불완전한 정치체제들이 "하나인 올바른 정치체제의 성문법들을 사용해야 한다"(297d-6)라는 것이 시사된다. 그러나 우리가 그러한 법률들의 문자화된 사본 같은 것을 갖고 있지 못하기에 [법률의 내용과 관련된] 실질적인 제안은 거의 없는 셈이다. (아니면 혹시 이는 미래에 쓸 『법률』을 앞서 언급하는 것일 수도 있을까?) 그러나 일반적으로 법률을 준수하는 정치체제들은 더 나은 모방물들이다(293e). 그러므로, "가장 참된 정치체제의 흔적들을 좇기" 위해 성문법전을 따르는 것이 꼭 필요하다(301e-3). 확립된 법률들은 경험, 그리고 조언자들의 설득력 있는 조언에 기반한 것이다. 법률이 가능한 한 앎을 가진 자들에 의해 쓰일 때, 그 법률들은 "진리의 모방물들"일 것이다(300b-c).

최선의 정치체제를 그것의 성문법전을 사용해서 모방한다는 관념은, 『법률』에서의 자신의 입법 작업이 『국가』에서 그려진 이상적인 정치체제 형태를 (차선으로) 모방한 것이라 보는 플라톤 자신의 이해 방식을 나타내는 것일 수 있다. 그렇기에 『법률』은 필수적인 앎을 갖춘 한 정치가에 의한, 말하자면 플라톤 자신에 의한 법전의 창조를 그 내용으로 한다고 볼 수 있다. 누군가가 실제로 지배하고 있든 아니든 알맞은 형태의 앎을 가졌다면 그는 참된 왕 ^{basilikos}이라 는 것이 엘레아에서 온 손님의 꾸준한 주장이었음을 떠올려 보자 (292e9).[20] 그러나 참된 정치가가 부재한 상태에서 차선책은 준법성 의 원리, 즉 도시의 법률들을 결코 위반해서는 안 되는 것이라고 받 아들이는 원리를 뜻한다(297e1-5, 300c2-3).

이제, 성문법들이 매우 나쁜 것인 상황을 생각해 보자. 차선책 은 도시가 이미 확립된 법률들을 바꿀 수 있도록 허용하는가? 손 님은 [기존의 법률을 개정하자는] 설득의 가능성을 언급하기는 한다 (296a). 그러나 모방의 관념을 정치적 개혁에 대한 이론으로 발전 시키는 대신, 그는 첫째로 설득 없이 강제로 그렇게 하는 경우에도 지배자들의 선의에 따른 행동이라면 정당화될 것이라고 주장한다 (296b-297b). 그리고 두 번째로, 그는 앎에 따른 지배에 대한 유일한 대안은 어떤 법률이든지 그것에 복종하는 것임을 주장한다. 법률 개정은 그 가능성이 무시되거나, 위법 행위나 다름없는 것처럼 보 인다. 그렇기에, 손님은 한 개인 혹은 과반수 이상의 다수가 "대안 이 더 나은 것이라 해서" 법률에 거스르는 행동을 하는 경우를 고 려해 본다. 그는 그렇게 행동하는 이들이 참된 정치체제를 모방하

---

[20]   입법 전문가로서의 『법률』의 저자에 대한 Rowe(2000), 257쪽과 비교하라.

려 시도하고 있다고 표현한다. "만약에 앎도 없는 자들이면서 그런 짓을 한다면, 이들은 그 참된 것을 모방하려 꾀하겠지만, 아주 나쁘게 모방할 걸세. 하지만 전문 지식[앎]을 갖추고서 그런다면, 이는 여전히 모방인 게 아니고 바로 가장 참된 그것일세"(300d4-e2). 여기에 전문가에 의해 다스려지는 유토피아와 같은 지배와, 현행 법률들이 무엇이든 거기에 맹목적으로 복종하는 것 사이의 절충은 없다. — 즉 이 대화편에는 (『법률』에서는 갖춰지게 될) 법률 개정을 위한 합법적 절차를 위한 공간이 존재하지 않는다는 것이다. 모든 현실 속 정치 제도들은 오직 경멸적인 것으로만 표현되며, 누구든 그런 지배에 참여하는 사람은 어떤 처벌이든 받아도 마땅하다고 이야기된다(299a7). 『정치가』는 아마도 플라톤이 기원전 367년 시라쿠사이에서 겪은 끔찍한 경험에서 비롯한 완전한 정치적 비관주의에 빠져 있었을 때 쓰인 것처럼 보인다.

그러나 인간 중에 대체 누가 참된 정치체제에 필요한 앎을 소유할 수 있을까? 아니면 모든 현실 속 체계는 차선일 뿐이고, 선호될 정치체제는 플라톤이 『국가』에서 시사했던 것처럼 오직 "하늘에 본으로서 바쳐져"(9권 592a) 있을 뿐인 것일까? 이 점에 대해서 『정치가』의 입장은 분명치 않다. 한편으로, 정치적 지배자들이 기술 혹은 앎을 갖추고 있다면entechnoi, 그들이 행하는 것은 모방이 아니라 "진리 자체"이다(300e1). 그러므로 진정한 앎을 갖춘 사람만이 지배한다면, 그는 참된 왕이고 그의 도시는 유일하게 참된 정치체제를

갖춘 것이다(301b5-8). 그러나 평범한 왕은 기껏해야 참된 의견^{doxa}
(301b2)만을 가질 것이다. 더 나아가, "저 일인의 왕을 사람들은 못
마땅해하"고, "또한 아무도 덕과 앎을 갖추고서 지배하여 정의로운
것들과 경건한 것들을 모두에게 옳게 배분하고자 하며 또한 그럴
수 있을 정도의 통치 자격을 갖춘 자가 결코 될 수 없는 것으로 불
신"한다(301c-d). 그들은 사실 견제되지 않는 권력을 가진 지배자가
참주가 하듯이 피지배자들을 학대하고 착취하지 않을까 하는 두려
움에 사로잡혀 있다.

> 우리가 말하는 그런 사람이 정작 생길 때는, 애정으로 반기게 될
> 것이며, 바른 나라 체제를 행복하게 조종해 가는 엄밀한 뜻에서
> 유일한 자로서 통치하게 될 것이네만. … 하지만 이제 실제로 그
> 런 사람이 생기지 않을 경우에는, 우리가 말하듯, 나라들에 왕
> 이, 이를테면, 벌집들에서처럼, 바로 신체적으로나 혼에 있어서
> 특출한 한 왕이 생기지 않을 경우에는, 그야말로 함께 모여서, 가
> 장 참된 나라 체제의 형적을 추적해 가면서, 법규들을 초안해야
> 만 할 것 같네. (301d4-e4)

나는 선호될 정치체제와 "이제 실제로^{nun de}" 사이의 대조가 의
미하는 바가 다음과 같다고 여긴다. 우리가 알고 있는 인간 세계에
참된 정치체제란 없으며, 우리는 좀 더 낫거나 좀 더 나쁜 모방물들

에 만족해야만 하고, 그때 조금이라도 더 나은 정치체제들은 모두 법의 지배를 포함한다는 것이다. 그러므로, 준법성의 원리를 받아들이는 것은 차선의 정치체제를 위한 필요조건인 것이다.

신적인 목자라는 본이 신화를 도입함에 따라 사라지게 된 이후에, 우리는 인간 지배자에 대한 설명을 찾으려 애썼고 그러면서 계속된 나눔의 과정을 거쳐 다양한 경쟁자들과 참칭자들로부터 참된 '정치가'를 분리해 정의해 왔다. 켄타우로스와 사티로스 무리들이라 표현된 마지막 참칭자들은 현실 속 여섯 개의 정치체제들에서 주도적인 인물들로 밝혀진다. 유일하게 참된 정치체제, 그러므로 역시 유일하게 참된 '정치가'와 '왕'은 진정한 앎에 의해 다스려지는 도시라는 일곱 번째 경우에 해당한다. 그러나 여섯 개의 보통의 정치체제들과 그 지도자들이 거부되고 나면, 참된 '정치가'는 모방물들로만 가득했던 역사 속 폴리스의 세계로부터 사라진다. 결국에, 참된 '정치가'는 이 세상에 속하지 않는 것으로 드러난다. 일곱 번째 형태는 "인간들에게서 신을 제외해야만 하듯, … 다른 정체들에서 분리해 내야만"(303b4) 한다. 이것이 플라톤이 다루는 『정치가』에서의 마지막 주제로 보이며, 이는 훗날 아리스토텔레스의 『정치학』에서도 반복된다. 다른 모든 이들과는 비교할 수 없는 탁월함을 지닌 왕으로 타고난 자는 "인간들 중에서 신"과 같다(3권 13장 1284a10).

4) 신화의 의미

그리하여, 참된 '정치가'와 신화 속 신적인 목자 사이에는 실상 어떤 유사함이 있는 셈이다. 둘 모두 인간 종을 지배하는 신과 같은 지배자들이면서, 그러면서도 보통의 인간 세계, 폴리스의 세계에는 현전하지 않는다. 물론, 이 두 인물상이 동일하지는 않다. 최소한 원리상으로는 '정치가'는 도시를 지배하며, 그의 지배는 다른 현실 속 도시들의 정치체제들이 모방해야 할 원본이다. 반면 신적인 목자는 황금 시대의 인간들을 폴리스 없이, 그러니까 정치체제들 없이 돌보는 자이다. 그러나 우리가 두 이상적인 지배자 사이에 의미 있는 유사함이 있다고 인정한다면, 우리는 신화에 숨겨진 더 깊은 동기가 무엇인지, 그리고 인간인 정치가 대신 신적인 지배자를 찾게 되어 이 신화를 꺼내게끔 만들었던 최초의 오류에 숨겨진 더 깊은 동기가 무엇인지를 이해할 수 있게 된다. 이제 우리는 신화가 이상적인 '정치가'를 인간 세계로부터 떼어 내어 그를 지금과는 다른 우주적 순환이 있던 신화적 공간으로 옮겨 놓기 위한 장치임을 인식할 수 있다. 하지만 신화에 등장하는 신적인 지배자가 참된 '정치가'와 나란하게 비교될 수 있는 만큼, 그는 우리 세계의 정치체제들과 어떤 연관성을 가지고 있다. 이 정치체제들은 지배를 위한 그의 지혜를 할 수 있는 한 최선을 다해 모방해야만 한다. 현실 속의 그 어떤 지배자도 참된 정치술이라는 지혜를 가지고 있지 않기에 이 인간의 제도들은 차선일 수밖에 없다. 그러므로 최선의 타협책은 법률의 지배가 될 것이다. 법률은 "차선책", 곧 "두 번째 항해^{deuteros plous}"이다(300c2, 297e4도 함께 보라).

바로 이 점에서 『정치가』의 정치 철학은 『법률』의 정치 철학을 예비하고 있다. 지배자들이 법률의 종이 되어야 하는 『법률』의 도시는 반복적으로 차선의 것이라 표현된다(『법률』 739a, e, 807b, 875d). 그렇기에, 『법률』은 『정치가』의 핵심 주장을 여전히 따르고 있는 셈이다. 만약 적절한 앎을 갖춘 한 인간에게 절대적인 권력이 맡겨질 수 있었다면, 그의 권력을 법률을 통해 제한해야 할 어떤 이유도 없을 것이다. 그 어떤 것도 앎보다 더 높은 것일 수 없다(『법률』 874c-875d).

만약 법률의 지배가 차선의 것에 불과하다면, 최선에 해당하는 것은 무엇인가? 『정치가』에서 선호될 모델은 참된 '정치가' 혹은 '왕'으로 의인화되어 나타나는 앎의 지배이다. 『법률』로 오면, 우리가 선택할 수 없는 최선의 선택지는 『국가』의 도시, 즉 철학자-왕들의 지배일 것이다.[21] 각각의 경우[『정치가』와 『법률』의 경우] 차선은 동일한 것이기에, 우리는 두 대화편에서 최선의 선택이라 제시되는 것들 사이, 즉 지혜로운 '정치가'와 철학자-왕 사이에 어떤 동일성

---

[21] 이것이 보통의 견해이며, 나 역시 이를 받아들인다. 뒤에서 보보니치(Bobonich)가 이런 견해를 거부한 것에 대한 논의를 보라.

이 있으리라 생각하는 것이 자연스럽다. 물론 『정치가』의 텍스트는 이러한 동일시를 직접적으로 지지하지는 않는다. 『정치가』는 모든 형이상학적 교설을 피하기 때문에, 이 대화편은 도시에 명령을 내리기 위해 필요한 앎 이상으로 '정치술'의 인지적 내용을 구체화하지 않는다. 하지만 우리가 보았듯이, '정치가'가 "앎과 정의로움을 이용해서 나라를 … 가능한 한 더 좋게 만들어야"(293d8, 297b1-3과 비교하라) 한다면, 그는 정의와 좋음에 대해 무언가를 알아야만 한다. 더 구체적으로 말하면, 그의 앎은 좋은 것, 정의로운 것, 아름다운 것agatha, dikaia, kala(295e, 296c)이라는 규범 삼원리를 포함해야 한다. 그러나 수학에 대한 훈련 혹은 변증술을 통해 초월적인 '형상들'에 접근하는 일에 대해서는 아무것도 언급되고 있지 않다. 그래서 우리는 『정치가』에서의 전문성을 『국가』의 인식론 및 형이상학과 단순 동일시할 수 없다.[22] 그러나 내용에 대한 질문을 제쳐 두고 철학적 지혜를 실용적으로 응용한다는 점에만 주목한다면, 참된 정치가의 인지적 능력과 철학자-왕의 인지적 능력을 원리상 구별할 이유는 없다.

두 인물상이 어느 정도 동등하다고 가정한다면, 우리는 『정치가』와 『법률』이 정치 이론상 본질적으로 동일한 입장을 보여 주고

---

[22] 그러나 『정치가』 286a에 이 동일성에 대한 암시가 있기는 하다. 감각적 이미지들을 갖지 않는 "가장 아름답고 위대한 것들"이라는 표현이 그렇다.

있다고 볼 수 있다. 다른 측면들에서의 차이점들에도 불구하고, 두 대화편 모두 지혜로운 '왕'이 정의로움에 대한 헌신, 그리고 무엇이 좋은지에 대한 앎을 가지고서 지배하는 것이 가능한 최선의 정치적 해법임을 주장한다. 더 나아가, 그런 지배자가 현실적으로 마련될 수 없기에 최선의 타협책은 법률에 의해 엄격하게 지배받는 도시라고 보는 것에서도 두 대화편은 일치한다.

그러나 이런 측면에서 두 대화편이 같은 정치 철학을 개진하고 있다고 하더라도, 이는 근본적으로 각기 다른 관점에 따라 이루어지고 있다. 더 앞선 작품인 『정치가』에서 플라톤은 차선의 선택지, 즉 법률의 지배를 받아들이기 전에 다시 한번 가장 강력한 방법으로 앎의 최우선성을 확고히 해야겠다고 느꼈던 것 같다. 그 이후에 저술된 『법률』은 준법성의 원리를 아무 문제 제기 없이 받아들이는 관점을 취하며 철학의 지배에 대한 플라톤의 깊은 선호를 오직 간접적으로만, 마치 지나간 것에 대한 향수인 것인 양 표현한다. 『법률』은 인간이 아니라 법률이 지배해야 한다는, 그리고 최고위 지배자들은 법률의 종들이라는 원리에 완전히 찬동하고 있다(715d). 전체 정치체제는 행정관들의 권력을 제약하도록 고안되어 있다. 그러나 철학자-왕이라는 원리가 포기되어야 하는 것(875a-d)은 오직 인간 본성의 허약함과 절대 권력이 일으킬 부정적 영향[23] 때문일 뿐

이다. 그런 점에서 보면, 『정치가』와 『법률』은 서로의 거울상이라고 할 수 있다. 『정치가』가 앎의 최우선성을 열렬히 주장하며 오직 타협책으로서만 준법성을 받아들인다면, 『법률』은 법률의 지배를 소리 높여 외치고 앎의 지배에 대한 깊은 선호는 다소 기어들어 가듯 언급할 뿐이다.

『정치가』를 플라톤이 『국가』에서 『법률』로 자신의 입장을 바꿔 가는 이행기적 대화편으로 보는 것은 옳다. 플라톤에게 이런 변화는 기념비적인 중요성을 가지며, 그는 그러한 변화를 우주적 신화로 상징화하였다. 만약 신화가 이상적인 지배자를 크로노스라는 신화적 시대에 위치시키고 있음을 우리가 본다면, 우리는 처음의 질문에 대답할 수 있다. 왜 이 대화편은 '정치가'를 신화적인 황금 시대의 신적인 인물과 동일시하는 "실수"로 시작되는가? 우리가 얻은 답은 거기가 바로 『국가』의 철학자-왕이 다시 놓였던 곳이기 때문이라는 것이다.

『정치가』의 신화에 대한 나의 해석은 어떤 의미에서는, 황금 시대의 신적인 목자가 참된 '정치가'와 철학자-왕 모두를 의미함을 함축한다. 이러한 독법은 크로노스 시대로부터 배운 교훈에 근거해

of absolute power'로, 이는 아무리 훌륭한 인간이라도 절대 권력을 갖게 되면 그가 가지고 있던 철학적 지혜에 입각해 지배하겠다는 각오나 결의가 무뎌진다는 것을 뜻한다. 어떤 인간이든 견제되지 않는 절대 권력을 가진 경우 그것을 남용하려는 필연적인 경향성을 띠게 된다는 것은 플라톤에게 흔히 가해지는 비판의 내용이다.

준법성의 원리를 확립한 『법률』 4권에서 플라톤 자신이 이 신화를 사용한 것으로 확인된다.

크로노스 시대에 어떤 형태의 몹시 행복한 지배와 [나라] 경영archē이 있었다고 하거니와, 오늘날 가장 훌륭하게 경영되는 나라들 가운데는 어느 나라나 이의 모방 형태mimēmata를 지니고 있는 것이라니까요. … 우리는 그때의 복 받은 삶에 대한, 즉 모든 것을 얼마나 풍족하고 저절로 갖게 되었던 삶이었던가에 대한 서사를 전하여 받아 갖고 있습니다. 그 일들의 까닭은 이런 것이라고 합니다. 그러니까, 우리가 이미 언급했듯, 크로노스는 인간의 어떤 자질도 모든 인간사를 능히 제힘으로 스스로autokratōr 경영할 수는 없다는 걸, [그렇다고 해서] 오만과 올바르지 못함으로 가득 차 있는 것도 아니라는 걸 알고 있는 터라, 이 일들에 대해 생각해 보고서는, 우리 인간의 나라들에 왕들과 지배자들을 그때 임명했는데, 이들은 인간들이 아니라 인간보다도 더 신과 같고 더 나은 부류인 수호신들daimones입니다. … 이 서사는 오늘날에도 진실을 말하고 있으니, 그건 신이 아니라 죽게 마련인 누군가가 다스리는 하고많은 나라에 살고 있는 사람들에게는 나쁜 일들과 고난에서 벗어남이 있을 수 없다는 것입니다. 그러나 우리로서는 모든 방책을 다 써서 크로노스 시대의 것이라는 삶을 본받도록 해야만 하며, 또한 우리 안에 불사성을 지닌 것이 있는 한, 공적으로 그리고 사적으로도 이에 복종하며 가정들과 나라들을 경영해야만 하는 것으로 생각됩니다. 지성의 배분^{hē tou nou dianomē}을 법^{nomos}으로 일컬으면서 말씀입니다. (『법률』 4권 713b–714a)

『법률』의 이 텍스트는, 인간에게 최선의 정치체제란 『정치가』에서처럼 이상적인 '정치가'의 지배를 모방한 것이 아니라, 『정치가』의 신화를 떠오르게 하는 (그러나 우주의 역행들과 정치체제의 부재는 나타나 있지 않은) 신화 속 크로노스 시대의 신적인 목자의 지배를 모방하는 것이라고 이야기하고 있다는 점에서 주목할 만하다. 그렇기에 플라톤은 내가 제안했던 해석, 즉 『정치가』의 신화가 신적인 인물로서의 완벽한 지배자를 이상적인 공간에 다시 위치시키고 있다는 나의 해석을 확증해 준다.

『정치가』의 교설에서와 마찬가지로, 『법률』의 신화에서 이상적인 지배자는 인간이 모방하기 위한 모델로 기능하며, 두 경우에서 모두 최선의 모방은 법률에 의해 지배되는 도시이다. 『법률』 4권의 이 대목에서 새로운 것은 법률을 이성^{nous}의 지배로 보는 이해 방식이다. 이것은 『정치가』의 주안점이었던 법률과 앎 사이의 긴장을 해소하는 플라톤의 방식이다. 법률의 지배는 여전히 차선이긴 하지만, 이제는 이성의 지배의 표현, 따라서 앎의 지배의 표현으로 여겨진다. 또한 여기에는 『국가』에서 보였던 메시아적 정치에 대한 암시도 있다. 방금 인용한 『법률』의 대목에 따르면, 신적인 지배에 요청되는 "나쁜 일들과 고난에서 벗어남"은 철학자-왕들의 군림에 대해 약속했던 "나라들에 있어서 … 인류에게 있어서도 나쁜 것들의 종식 kakōn paula"(『국가』 5권 473d5)을 떠오르게 한다. 그러나 『법률』에서 행복한 공적 삶을 위한 필요조건으로서 현실적으로 제안되는 것은 차선의 것, 즉 법률의 지배뿐이다.

두 후기 대화편들에서 두드러져 나타나는 법률의 지배에 대한 관심은 플라톤의 저작에서 새로운 주제는 아니다. 소크라테스가 감옥을 탈출하기를 거부하는 것은 『크리톤』에서 준법성의 원리, 즉 법정에서 이루어진 판결은 반드시 행해져야 한다고 정한 기본법에 호소함으로써 설명된다(50b). 또한 『크리톤』에서 소크라테스의 주장은 의인화된 '법률'의 입을 통해 이루어진다. 『국가』 전체는 하나의 입법 작업이며, 거기에는 교육에 대한, 혼인에 대한, 그리고 재산 소유에 대한 법률들이 그 체계의 요체를 이룬다. 그럼에도 불구하고, 이 법률들은 궁극적으로는 철학자-왕의 손에 쥐어진 도구이며, 그들의 권위에 대한 주장은 (세이빈 George Sabine 이 주목했듯이) 그 어떤 법률적 조항에 근거하지 않고 "오직 그만이 인간과 국가를 위해 무엇이 좋은지를 알고 있다는 사실"에 근거하고 있다.[24]

『정치가』의 논변은 그와 같은 주권자를 어떤 성문화된 규칙들

---

[24] Sabine(1961), 68쪽.

의 체계에 종속시키자는 제안이 플라톤의 입장에서 얼마나 어려웠는지를 분명하게 보여 준다. 그러나 그의 삶의 어떤 지점에서, 아마도 시켈리아에서의 쓸쓸한 경험의 결과와, 그러면서도 그리스 세계의 입법에 실질적인 영향력을 갖고 싶었던 그의 욕망으로 인하여, 그의 이론적 관심은 메시아적 정치로부터 입법적 개혁의 기획으로 옮겨 가기 시작했다. 이러한 변화는 『법률』에서 상세한 법전을 만들어 내는 방대한 작업에 반영되어 있다. 『정치가』에서 우리는 플라톤이 입법이라는 자신의 마지막 기획을 철학적으로 정당화하기 위해 필요한 법률의 지배에 대한 근본적인 찬동과 여전히 씨름하고 있는 것을 볼 수 있다. 우리 대화편이 신화를 통해 이상적인 '정치가'를 "실수로" 신화적 과거에 위치시켰던 것도 그러한 노력의 흔적이라 볼 수 있다. 『법률』을 쓸 때의 그는 차선의 해법과 타협한 상태였고 이 타협책을 지혜로운 결정이라고 간주할 수 있었다. 『법률』 4권에서 인용했던 대목 조금 뒤에, 아테네인은 "법률이 지배자들의 주인이고, 지배자들은 법률의 종들인"(715c-d) 도시가 번영할 것이라는 견해를 다시 내놓는다. 클레이니아스가 아테네인의 전망이 예리한 것이라 말하자, 그는 이렇게 대답한다. "젊을 때 모든 사람은 제 스스로 이런 일들을 아주 둔하게 보겠지만, 연로해져서는 아주 날카롭게 보니까요"(715e1). 이는 플라톤 자신이 『국가』에서 『법률』로의 정치 철학의 전환에 대해 스스로 논평한 것으로 보인다.[25]

여기에서 나는 이 신화에 대해 완전히 새롭지는 않지만 그렇다고 완전히 검토된 바도 없었던 한 독법을 주장했다. 그 요점은 예를 들면 그루베Grube에 의해 인지된 바 있다. "완전한 앎을 갖춘 『국가』의 철학자-왕은 … 신화적인 과거로 그리고 역시 그처럼 신화적인 미래로 내려앉는다."[26] 『정치가』의 신적인 목자와 『국가』의 수호자들의 지배 사이의 나란함은 많이 지적된 바 있다.[27] 이론적인 쟁점들을 완전하게 논의한 것은 세이빈으로, 그는 『국가』의 국가는 『정치가』에서 "분명하게 '하늘에 붙박인 본'으로서, 그러나 성취해야 할 것이 아니라 인간이 모방해야 할 본으로서 격하되어 있다"고 말한다.[28]

법률에 의해 지배되는 도시에 대한 플라톤의 선호는 더욱 무조건적인 것이 되어 갔다. 그러나 모방의 관념이 『정치가』에서나 『법률』에서나 차선의 해법을 『국가』의 원래 전망과 연결시키는 역할을 한다. 연륜에서 오는 지혜는 플라톤이 견제받지 않는 권력이 가진

---

25 역사를 통해서 지나간 것을 사후에 살펴보면 알아보기 어렵지는 않으나 "그때에〔도리아인들의 선사시대〕 그걸 미리 내다볼 수 있었다면, 그걸 미리 내다본 사람은 우리보다도 더 지혜로웠"을 것이라는 유사한 통찰이 이야기되는 『법률』 3권 691b와 비교하라.

26 Grube(1935), 279쪽.

27 예를 들어 Ostwald(1992), XVII쪽을 보라.

28 Sabine(1961), 74쪽. 세이빈의 설명은 오직 한 가지 측면에서만 틀렸다. 『국가』에 빠져 있는 것은 법 그 자체가 아니라 지배자들의 행위보다 더 우위에 있는 법률의 우위성이라는 원리이다. 세이빈의 오류는 그의 학생이었던 글렌 모로(Glenn Morrow)가 바로 잡았다. 그는 플라톤의 "어떤 인간도 책임질 수 없는 권력을 맡을 수 없다는 이후의 견해"를 논하면서 "법률의 중요성을 뒤늦게나마 인정했다는 점에서가 아니라 바로 여기에서 『법률』과 『국가』의 차이를 찾을 수 있다"고 본다. Morrow(1960), 583쪽을 보라.

위험성을 더 예리하게 감각하게 했고 그렇기에 법률의 지배를 더 심원하게 음미하도록 했지만, 그의 철학적 원리들을 포기하는 데까지는 이르게 하지 않았다! 만약 법률이 가장 우위에 서서 군림할 만하다면, 그것은 오직 법률이 이성의 구현인 한에서 그럴 수 있다.

3. 『법률』에서의 최선의 정치체제는 무엇인가?

아테네인은 『법률』에서 세 번에 걸쳐 그가 전개하고 있는 입법 기획을 차선의 것이라 언급한다.

1. 첫 번째 언급은 5권 739a로, 종교와 도덕적 성품에 대한 처음의 긴 도입부에 이어 입법이 막 시작하는 대목에서다. 아테네인은 한 입법자에게 조언을 할 때는 먼저 최선의 정치체제와 차선, 그리고 차차선을 모두 제시해 준 후 입법자로 하여금 그것들 가운데 선택하도록 해야 한다고 말한다. 이어서 아테네인에 따르면 "으뜸가는 나라와 나라 체제 그리고 최선의 법률"은 도시 전체가 오래된 격언인 "친구의 것들은 공동의 것들koina ta philōn"이라는 원리에 따라 조직된 도시, 즉 아내들과 아이들 그리고 재산들이 공동인 도시에 있다. 실제로 존재하든 언젠가 존재할 것이든 아니면 신들이 사는 곳이든 신들의 아이들이 사는 곳이든 간에, 이것은 본이 되는 정치체제로서 남아 있어야 한다(739c-d). "지금 우리가 착수한 나라 체

제가 어떤 식으로든 실현된다면, 불멸성에 가장 가까운 것일 것이며 둘째로 값진 것일"(739e) 것이다. 이어지는 내용은 토지와 가옥들을 평등함의 원리에 따라 분배하는 것이다.

2. 7권 807b에서, 우리는 보편적인 공유에 대한 이러한 선호를 다시 떠오르게 하는 내용을 만난다. 여성들이 공동 식사를 포함해 얼마나 남성들의 활동을 함께해도 되는지 그 정도를 논한 후에, 아테네인은 그가 묘사하는 삶의 방식이 아마도 아내들과 아이들 및 가옥들이 사적인 것으로 남아 있는 한 완전히 실현될 수는 없을 것이라 덧붙인다. "그러나 그것들 다음의 것들로 다시 방금 말한 차선의 것들이 우리에게 있어서 실현된다면, 그 실현은 아주 적절한 것 mala metriōs일 겁니다"(807c1).

3. 9권 875d에서, 지금의 입법 작업이 완전히 다른 이유에서 차선이라고 표현된다. 쟁점은 가족과 경제적인 것들에 대한 사적 소유 대 공유의 문제가 아니라, 『정치가』에서도 논해진 바 있는 정치적인 핵심 문제, 즉 앎을 갖춘 지배자에 대한 법률의 우위성에 관한 것이다. 그리고 여기서 『법률』의 정치체제를 열등한 것으로 보게 되는 그 관점은 『정치가』에서 준법성의 원리가 차선의 것이라 표현되는 그 이유와 사실상 동일하다(297e4, 300c2). 두 대화편에서 모두, 이상적인 정치체제는 완전한 앎을 갖춘 인간의 지배일 것이기 때문이다.[29]

흔히 『법률』의 이 대목들을 『국가』의 도시를 최선의 정치체제로 언급하고 있는 것이라 믿어 왔다. 예를 들어서, 빌라모비츠^{Ulrich von Wilamowitz-Moellendorff}는 첫 번째 대목(739a-b)에 다음과 같이 주석을 남 겼다. "플라톤은 그가 이전에 독특하면서도 지속하는, 가능한 한 가 까워져야 할 본으로서 윤곽을 그렸던 정치체제를 기술하고 있다. 플라톤이 『법률』에서 윤곽을 그린 정치체제가 바로 그것[본에 최대한 가까워지기]을 하고 있으며, 그렇기에 두 번째 방식으로서 유일한 참 된 정치체제라 할 수 있다. 그러나 이는 오직 윤곽일 뿐이며, 그것 의 실현은 더 많은 타협책들을 필요로 할 것이다. 그 결과 이루어진 국가는 그렇기에 세 번째 것이 될 것이다."[30]

『법률』에서의 차선의 정치체제에 대한 이러한 언급들이 단적으 로 최선인 『국가』의 정치체제를 전제하고 있는 것이라고 가정하는 다른 연구자들을 인용하는 것은 쉬울 것이다.[31] 이 언급들을 이렇게 이해하는 방식에 최근[2002년] 크리스토퍼 보보니치^{Christopher Bobonich} 가 이의를 제기하고 있다. 그는 오직 첫 번째 대목만을 논하며, 이 대목이 "『국가』의 도시가 아니라, 도시 전체에 걸쳐 재산과 여성 그 리고 아이들을 공동으로 소유하는 그러한 도시를 최선의 도시라고

---

29 Rowe(2000), 256쪽은 『정치가』의 차선과 『법률』의 차선을 구별할 것이다. 전자는 단 지 "법률에 대한 엄격한 준수"만을 언급하기 때문이다. 그러나 이 원리는 또한 『법률』 에도 적용되며, 두 경우에서 모두 대조는 전문성을 갖춘 일인왕에 의한 무제약적 지배 에 대하여 이루어진다.
30 Wilamowitz-Moellendorff(1948), 521쪽 주석 1번.
31 예를 들어 Laks(2000), 269쪽.

제시"하고 있는 것이라 주장한다.[32]

공동 소유라는 원리를 도시 전체에^{kata pasa tēn polin} 적용하는 가운데,『법률』739c1의 텍스트가『국가』의 계급 구조 및 이 원리가 두 상위 계급들[철학자-왕들에 해당하는 지배자 계급과 이들을 보조하는 보조자 계급]에만 제한된다는 사실을 무시하고 있는 것은 사실이다. 그리고 계급 삼분 구조가 정확히『법률』의 정치체제가 모방하지 않는 본의 특징 중 하나인 것도 사실이다. 그러나 이것이 곧 플라톤이 완전히 다른, 무계급적 본을 최선의 것으로서 염두에 두고 있다고 믿어야 할 이유는 되지 못한다. 오히려 대조적으로, 공동의 재산과 공동의 가족을 가져야 할 명분으로 도시의 탁월함을 위한 최상위의 기준^{horos}으로서 통일성이 강조되는 것(739d5)은『국가』5권 462-64에서 제시하는 것과 정확히 동일하다.

앞에서 인용한 대목 1과 2는『국가』5권에서의 세 파도들 중 앞의 두 역설의 파도들,[33] 즉 여성의 평등 및 재산과 아이들의 공동 소

---

32   Bobonich(2002), 11쪽.

33   『국가』5권에 등장하는 '세 개의 파도'란 소크라테스와 두 형제가 이상국가를 구상하는 가운데 제시한, 사람들에게 쉽게 받아들여지지 않을 세 가지 제안들을 말한다. 첫째는 이상국가의 수호자들에는 남성뿐 아니라 알맞은 본성을 타고난 여성 또한 포함되며 수호자들을 위한 교육은 남성뿐 아니라 여성도 대상으로 해야 한다는 제안이나. 둘째는 그 유명한 처자공유제로, 수호자들끼리 일종의 집단혼(集團婚) 체계를 이루어 개개인이 이루는 가정 없이 남녀 수호자들 전체가 서로의 배우자가 되고, 여성 수호자들이 낳은 자녀들 역시 모든 수호자들의 자녀가 되도록 하여 개인끼리의 이해관계의 충돌의 뿌리를 제거하려는 제안이다. 셋째는 철학자가 지배해야 한다는 제안으로 이 역시 철학자라고 불리는 사람들이 당시 여러 의미에서 악평을 받고 있었다는 것을 고려하면 불편한 제안이다. 그러나 플라톤은 지배자가 철학을 하거나 철학자가 지배하지 않

유를 언급하고 있다. 대목 3은 세 번째 파도인 철학자-왕의 지배를 염두에 두고 있음을 함축하며, 여기서 이는 "앎보다는 법률도 그 어떤 법령도 더 우월하지 못하며, 지성이 그 어떤 것에 종속된다거나 종노릇을 한다는 건 가당치도 않"다는 원리에 의해 거듭 주장되고 있다(875c6).

『법률』의 정치체제가 차선인 것은 정확하게 그 정치체제가 역설에 해당하는 이 모든 파도들, 즉 『국가』에서 가장 강렬하고 가장 논란의 여지가 많은 세 가지 주장들에 대해서 타협해야만 했기 때문이다. 그렇기에, 『법률』에서 차선이 언급되는 이 세 대목들과 『정치가』에 나오는 두 개의 비슷한 대목들과의 관계에서 고려했을 때, 『국가』는 모든 경우에 자연스러운 비교의 기준점이 된다. 그렇다면 플라톤이 최선의 정치체제를 위한 본으로서 마음에 두고 있었던 것이 무엇인지를 의심할 이유가 대체 어디에 있는가?

으면 인류에게 악의 종식은 없다고 말하면서, 5권 후반부부터 7권까지를 철학자라는 사람들이 누구이며 무엇을 하는 사람들인지를 밝히는 데 할애하고 있다.

Allen, R. E. (ed.) (1965) *Studies in Plato's Metaphysics*, London.

______________ (1997) *Plato's "Parmenides"*, revised edn., New Haven.

Annas, J. and Rowe, C. (2002) *New Perspectives on Plato, Modern and Ancient*, Harvard University Press.

Barker, A. (2000) "Timaeus on Music and the Liver" in M. R. Wright (ed.), *Reason and Necessity: Essays on Plato's 'Timaeus'*, Duckworth, 85-99.

Bobonich, C. (2002) *Plato's Utopia Recast*, Oxford.

Brisson, L. (1995) "Interpretation du mythe du Politique," in Rowe and Schofield (2000).

__________ (2002) "'Is the World One?' A New Interpretation of Plato's *Parmenides*," *Oxford Studies in Ancient Philosophy* 22, 1-20.

Burnet, J. (1900-7) *Platonis Opera*, 5 vols., Oxford.

Burnyeat, M. (1976) "Plato on the Grammar of Perceiving," *Classical Quarterly* 26, 29-51.

____________ (1982) "Idealism and Greek Philosophy," *Philosophical Review* 91, 3-40.

____________ (1990) *The "Theaetetus" of Plato*, Indianapolis, Hackett.

____________ (2002) "Plato on How Not to Speak of What is Not: Euthydemus 283a–288a" in Canto-Sperber and Pellegrin (2002) 40-66.

Caizzi-Decleva, F. (1966) *Antisthenis Fragmenta*, Milan.

Canto-Sperber, M. and Pellegrin, P. (eds.) (2002) *Le Style de la Pensée. Recueil de texts en hommage à Jacques Brunschwig*, Paris, Les Belles Lettres.

Cherniss, H. (1932) "Parmenides and the Parmenides of Plato," *American Journal of Philology* 53, 122-38.

__________ (1944) *Aristotle's Criticism of Plato and the Academy*, Baltimore.

Cooper, J. (1970) "Plato on Sense-Perception and Knowledge (*Theaetetus* 184-186)," *Phronesis* 15, 123-46.

_________ (1999) *Reason and Emotion: Essays on Ancient Moral Psychology and Ethical Theory*, Princeton University Press.

Cornford, F. M. (1934/1957) *Plato's Theory of Knowledge*, Indianapolis, Bobbs-Merrill.

_____________ (1937) *Plato's Cosmology*, Routledge and Kegan Paul, London.

_____________ (1939) *Plato and Parmenides*, London.

Diels, H. and Kranz, W. (1952) *Die Fragmente der Vorsokratiker*, 3 vols., 6th edn., Berlin.

Fine, G. (1993) *On Ideas: Aristotle's Criticism of Plato's Theory of Forms*, Oxford.

Frede, D. (1993) *Plato. "Philebus"*, Indianapolis/Cambridge, Hackett.

Frede, M. (1967) "Prädikation und Existenzaussage," *Hypomnemata* 18, Göttingen.

_________ (1992) "Plato's *Sophist* on False Statements" in Kraut (1992) 397-424.

Gill, M. L. (1996) "Introduction" in Gill and Ryan (1996) 1-109.

Gill, M. L. and Ryan, P. (1996) *Plato. "Parmenides"*, Indianapolis.

Grube, G. M. A. (1935) *Plato's Thought*, London, Methuen.

Harte, V. (2002) *Plato on Parts and Wholes: The Metaphysics of Structure*, Oxford.

Heath, T. L. (1921) *A History of Greek Mathematics*, Oxford, Clarendon.

Heinamen, R. (1997) "Plato: Metaphysics and Epistemology" in Taylor (1997) 356-93.

Henry, P. and Schwyzer, H. (1973) *Plotini Opera*, 3 vols., Leiden.

Huffman, C. A. (1993) *Philolaus of Croton: Pythagorean and Presocratic*, Cambridge.

Johansen, T. K. (2004) *Plato's Natural Philosophy*, Cambridge.

Kahn, C. H. (1960) *Anaximander and the Origins of Greek Cosmology*, Columbia.

_________ (1981) "Some Philosophical Uses of 'To Be' in Plato," *Phronesis* 26, 105-34.

_________ (1985) "Democritus and the Origins of Moral Psychology," *American Journal of Philology* 106, 1-31.

_________ (1993) "Proleptic Composition in the Republic, or Why Book 1 Was Never a Separate Dialogue," *Classical Quarterly* 43(1), 131-42.

_________ (1996) *Plato and the Socratic Dialogue*, Cambridge.

_________ (2002a) "On Platonic Chronology" in Annas and Rowe (2002) 93-128.

_________ (2002b) "Flux and Forms in the Timaeus" in Canto-Sperber and Pellegrin

(2002) 113-31.

_________ (2003) *The Verb "Be" in Ancient Greek*, Indianapolis, Hackett (reprint of 1973 edn.).

_________ (2004) "A Return to the Theory of the Verb 'Be' and the Concept of Being," *Ancient Philosophy* 24, 381-405.

_________ (2005) "Aristotle versus Descartes on the Concept of the Mental," in R. Salles (ed.), *Metaphysics, Soul, and Ethics in Ancient Thought. Themes from the Work of Richard Sorabji*, Oxford University Press.

_________ (2007) "Why is the Sophist a Sequel to the Theaetetus?," *Phronesis* 52, 33-57.

_________ (2009) *Essays on Being*, Oxford.

Keyt, D. (1971) "The Mad Craftsman of the Timaeus," *Philosophical Review* 80, 230-35.

Kirk, G. S., Raven, J. E. and Schofield, M. (1983) *The Presocratic Philosophers: A Critical History with a Selection of Texts*, Cambridge.

Kock, T. (1884) *Comicorum Atticorum fragmenta* vol. 2, Leipzig, Teubner.

Kraut, R. (ed.) (1992) *The Cambridge Companion to Plato*, Cambridge.

Laks, A. (2000) "The Laws" in C. Rowe and M. Schofield (eds.), *The Cambridge History of Greek and Roman Political Thought*, Cambridge.

Lennox, J. G. (2001) "Plato's Unnatural Teleology" in *Studies in the Origins of Life Science*, Cambridge University Press.

McDowell, J. (1973) *Plato "Theaetetus"*, Oxford.

Meinwald, C. (1991) *Plato's "Parmenides"*, Oxford.

_________ (1992) "Good-bye to the Third Man" in Kraut (1992) 365-96.

Menn, S. (1995) *Plato on God as Nous*, Carbondale, Southern Illinois University Press.

Morrow, G. R. (1960) *Plato's Cretan City*, Princeton University Press.

_________ (1970) "Plato and the Mathematicians: An Interpretation of Socrates' Dream in the Theaetetus," *Philosophical Review* 79, 309-33.

Mueller, I. (1983) "Parmenides 133a-134e: Some Suggestions," *Ancient Philosophy* 3, 3-7.

Nehamas, A. (1979) "Self-Predication and Plato's Theory of Forms," *American Philosophical Quarterly* 16, reprinted in Nehamas (1999) 176-95.

__________ (1982) "Participation and Predication in Plato's Later Thought," *Review of Metaphysics* 36, reprinted in Nehamas (1999) 196-223.

__________ (1999) *Virtues of Authenticity*, Princeton University Press.

Ostwald, M. (1992) *Plato: Statesman*, J. B. Skemp (trans.), Indianapolis, Hackett.

Owen, G. E. L. (1957) "A Proof in the ΠΕΡΙ ΙΔΕΩΝ," *Journal of Hellenic Studies* 77, 103-11.

__________ (1970) "Notes on Ryle's Plato" in Wood and Pitcher (1970) 341-72.

Palmer, J. (1999) *Plato's Reception of Parmenides*, Oxford.

Patterson, R. (1985) *Image and Reality in Plato's "Metaphysics"*, Indianapolis.

Peterson, S. (1973) "A Reasonable Self-Predication Premise for the Third Man Argument," *Philosophical Review* 82, 451-70.

__________ (1981) "The Greatest Difficulty for Plato's Theory of Forms: The Unknowability Argument of Parmenides 133c-134c," *Archiv für Geschichte der Philosophie* 63, 1-16.

__________ (1996) "Plato's Parmenides: A Principle of Interpretation and Seven Arguments," *Journal of the History of Philosophy* 34, 167-92.

Rickless, S. C. (2007) *Plato's Forms in Transition. A Reading of the "Parmenides"*, Cambridge University Press.

Robinson, R. (1953) *Plato's Earlier Dialectic*, 2nd edn., Oxford.

Ross, W. D. (1924) *Aristotle's "Metaphysics"*, 2 vols., Oxford.

Rowe, C. J. (trans.) (1995) *Plato. "Statesman"*, Aris & Phillips.

Rowe, C. J. in Rowe, C. J. and Schofield, M. (eds.) (2000) *The Cambridge History of Greek and Roman Political Thought*, Cambridge University Press.

Ruijgh, C. J. (1979) "A Review of: C. H. Kahn, *The Verb 'Be' in Ancient Greek*," *Lingua* 48, 43-83.

Sabine, G. H. (1961) *A History of Political Theory*, 3rd edn., New York.

Sayre, K. (1996) *Parmenides' Lesson*, Notre Dame.

Sedley, D. (1998) "Platonic Causes," *Phronesis* 43, 114-32.

__________ (2004) *The Midwife of Platonism: Text and Subtext in Plato's "Theaetetus"*, Oxford, Clarendon Press.

__________ (2007) *Creationism and its Critics in Antiquity*, University of California Press.

Strang, C. (1963) "Plato and the Third Man," *Proceedings of the Aristotelian Society, Supplementary* vol. no. 37, reprinted in Vlastos (1971) 184-200.

Striker, G. (1970) *Peras und Apeiron: Das Problem der Formen in Platons Philebos*, Vandehoeck & Ruprecht.

Taylor, A. E. (1934) *The "Parmenides" of Plato*, Oxford.

Taylor, C. C. W. (ed.) (1997) *Routledge History of Philosophy*, vol. I, *From the Beginning to Plato*, London.

Vlastos, G. (1954) "The Third Man Argument in the Parmenides," reprinted in Allen (1965) 231-63.

__________ (1996) "Creation in the Timaeus: Is it a Fiction?" in *Studies in Greek Philosophy*, vol. II, 265-79.

Vlastos, G. (ed.) (1971) *Plato: A Collection of Critical Essays*, vol. I, New York.

Wilamowitz-Moellendorff, U. von (1948) *Platon*, Berlin/Frankfurt, Weidmannsche Verlag.

Wood, O. and Pitcher, G. (eds.) (1970) *Ryle: A Collection of Critical Essays*, Garden City.

Zeyl, D. J. (1975) "Plato and Talk of a World in Flux," *Harvard Studies in Classical Philology* 79, 125-48.

__________ (2000) *Plato "Timaeus"*, Hackett.

내용